한국기술혁신학회 정책총서 ❹

충남대 국가정책연구소 과학기술정책 기획연구 ❸

출연연 공공관리 정책

지식창출자로 자리매김

(사)한국기술혁신학회 · 충남대학교 국가정책연구소

이찬구 · 황병상 · 고순주 · 김태수 · 박기주 · 오현정 · 이상길 · 장문영 · 정용남 · 최원재

"과학기술이 만드는
더 행복한 사람, 더 좋은 세상을 꿈꾸며"

2023년도는 대한민국의 과학기술 역사를 성찰하고 미래를 설계하는 전환의 시점이 되어야 한다. 그동안 우리나라 과학기술의 상징이었던 대덕연구개발특구가 설립된 지 50년이 되었고, 출연연은 대덕연구개발특구의 성장과 발전을 견인해 왔다. 이 과정에서 출연연에게 경제성장과 국가발전을 위한 정책수단으로써 정책대상자의 역할을 강조했다면, 미래의 지식생태계에서는 출연연이 좀 더 자율성을 가진 정책주체로의 역할 전환이 필요하기 때문이다. 출연연은 과학기술정책에서 정책대상자와 정책집행자로서의 이중 지위를 가지고 있지만, 국민과 정부는 물론 연구자 스스로도 출연연을 정책대상자로 인식하는 경향이 있어 이의 극복이 필요한 시점이다.

대덕연구개발특구의 출연연은 과거의 고도 경제성장기에 산업발전에 필요한 선진 외국의 과학기술을 받아들여 이를 개량하고 보완하여 민간에 전달하는 지식수입자·전달자 역할을 성공적으로 수행해 왔다. 그러나 최근 기술안보주의를 앞세우는 국제 정치경제의 환경변화로 미래에 필요한 과학기술 지식을 우리 스스로 창출해야 하는 상황이다. 따라서 앞으로 우리는 국가사회의 성장과 발전에 필요한 핵심 지식을 대학과 출연연 등의 지식공동체가 스스로 창출하도록 국가발전 전략과 과학기술정책의 대전환이 필요한 시점이다. 특히 대덕연구개발특구에서 핵심 역할을 담당하는 출연연이 대한민국의 미래 50년을 준비하는 지식창출자로 자리매김하기 위한 정책기조의 전환이 과학기술계와 정부 모두에게 필요하다. 즉, 미래의 출연연은 선진 기술을 수입·소비하는 수동적인 정책대상자에서 우리 사회에 필요한 핵심 과학기술 지식을 창출·확산하는 능동적인 정책주체가 되어야 한다.

이러한 정책기조 전환의 필요성에도 불구하고, 그동안의 출연연 정책은 정책형성과 정책변동에 치중하면서 정책집행자로서 출연연의 정책역량을 높이기 위한 노력은 매우 부족했다고 할 수 있다. 이를 극복하기 위해서는 출연연 자체가 중요한 정책집행자라는 점을 인식하여, 이들의 정책집행 및 경영역량 증진이라는 관점에서 출연연 공공관리(public management) 정책을 재구성할 필요가 있다. 지난 반세기에 걸쳐 축적된 출연연의 역량이 환경 변화에 맞춰 국가·사회의 정책목표 달성에 지속적으로 기여하기 위해서는, 일반적인 정책자원인 (1) 조직, (2) 인력, (3) 재정, (4) 지식정보에 더하여 출연연에 특화된 정책자원인 (5) 연구시설장비의 공공관리 정책이 합리적으로 결정되고 효율적으로 집행되어야 할 것이다.

이러한 문제인식에서 이 공동연구는 공공 연구개발 수행조직으로서 독자성을 가지면서 과학기술정책의 핵심적인 집행자인 (1) 출연연의 조직, 인력, 재정, 연구시설장비에 관한 공공관리 정책의 현황을 분석하여 정책문제를 도출하고 (2) 정책주체로서의 출연연이 정책역량 증진을 통해 과거의 지식소비자에서 미래의 지식창출자로 거듭나기 위한 정책방향을 체계적·이론적으로 논의하였다.

연구의 주요 결과는, 첫째, 조직정책에서는 출연연 거버넌스로서 현행 연구회 체제의 적정성을 검토할 필요성과 출연연 내부 조직설계의 영속성을 확보하기 위한 방안을 제안하였다. 둘째, 인력정책에서는 출연연 재직인력의 연구개발 전문역량을 증진하기 위한 정책방향과 조직공정성 강화를 통해 출연연의 우수 연구인력을 유지하기 위한 방안을 논의하였다. 셋째, 재정정책에서는 출연연의 재정확보 안정성을 높이기 위한 예산편성 제도의 개혁방안과, 주어진 예산의 효율화를 넘어 연구개발 재정의 다원화를 추구하는 PBS 제도의 혁신방안을 제안하였다. 이어 출연연에서의 연구비 사용의 자율성을 높이기 위해 국가연구개발혁신법 등의 상위법과 연구관리 제도간의 괴리를 해소하기 위한 방안을 검토하였다. 넷째, 연구시설장비정책에서는 기존의 국가차원에 더하여 출연연에 특화된 정책이 집행될 수 있도록 정책구성 요소별로 혁신방안을 도출하였다.

조직, 인력, 재정, 연구시설장비에서의 출연연 공공관리 정책의 혁신방안은 출연연 스스로가 정책역량 강화를 통해 지식창출·확산자로서의 자율성을 확보하는 밑거름이 될 것이다. 지식창출자로서의 자율성을 확보한 출연연은 자신들이 정책대상자를 넘어 중요한 정책집행자임을 인식하고, 정책과정에서 외적 책임성(accountability)과 함께 내적 책임성(responsibility)을 스스로 강화하는 노력을 기울여야 한다. 이를 통해 출연연은 대덕연구개발특구의 미래 50년에서도 당당한 주인공으로서의 역할을 할 수 있을 것으로 기대한다.

　마지막으로 대덕연구개발특구가 50년의 짧지 않은 역사를 가지고 있지
만, 우리나라의 출연연이 핵심적인 지식공동체로 견고한 뿌리를 내리기에
는 충분하지 않음을 국민과 정부, 그리고 연구자 모두가 공감할 필요가 있
다. 이러한 공감대가 이루어지면 국민과 정부는 기다리고 연구자는 최선을
다함으로써, 출연연은 우리나라 미래의 핵심적인 지식창출·확산자로 자리
매김할 수 있을 것이다.

2023년 12월

지식창출자로서의 미래 50년을 준비하는
대한민국 혁신의 근원지 대덕에서

집필진의 열정에 감사하여, 이찬구

차 례

책을 펴내며 ⋯⋯⋯⋯⋯⋯⋯⋯⋯⋯⋯⋯⋯⋯⋯⋯⋯⋯⋯⋯⋯⋯⋯⋯⋯⋯⋯⋯⋯⋯ 004

제1부 출연연 공공관리 정책의 정책기조 전환 ⋯⋯⋯ 011
지식창출자로 자리매김 | 이찬구·오현정

제1장 정책주체로서의 출연연 역할 재인식 ⋯⋯⋯⋯⋯⋯⋯⋯⋯⋯⋯ 013

제2장 출연연 정책의 선행연구 ⋯⋯⋯⋯⋯⋯⋯⋯⋯⋯⋯⋯⋯⋯⋯⋯ 019
제1절 출연연 정책 관련 논문 검색 결과
제2절 출연연 정책 연구의 현황 및 한계

제3장 연구목표 및 연구범위 ⋯⋯⋯⋯⋯⋯⋯⋯⋯⋯⋯⋯⋯⋯⋯⋯⋯ 030

제4장 배경이론 및 총괄 분석틀 ⋯⋯⋯⋯⋯⋯⋯⋯⋯⋯⋯⋯⋯⋯⋯ 034
제1절 공통 적용 이론
제2절 정책 분야별 고유 이론
제3절 정책문제 도출의 기본 구조
제4절 총괄 분석틀 : 분석 절차와 분석요소

제5장 분석대상 정책 및 연구주제 ⋯⋯⋯⋯⋯⋯⋯⋯⋯⋯⋯⋯⋯⋯ 051

제2부 출연연 공공관리 정책 분석 ⋯⋯⋯⋯⋯⋯⋯⋯⋯⋯⋯ 055

제1장 외부조직 설계정책 | 정용남 ⋯⋯⋯⋯⋯⋯⋯⋯⋯⋯⋯⋯⋯ 059
과학기술계 정부출연연구기관 거버넌스의 적정성 연구
: 연구회 체제를 중심으로

제2장 내부조직 설계정책 | 고순주 ⋯⋯⋯⋯⋯⋯⋯⋯⋯⋯⋯⋯⋯ 131
출연연 내부 조직설계 변동 요인과 특성 분석
: 책임성과 자율성의 조화를 중심으로

제3장 인력양성 정책 | 김태수·이찬구 ⋯⋯⋯⋯⋯⋯⋯⋯⋯⋯⋯ 187
과학기술분야 출연연 재직인력의 연구개발 전문역량 증진방안

제4장 인력유지 정책 | 박기주 ⋯⋯⋯⋯⋯⋯⋯⋯⋯⋯⋯⋯⋯⋯ 231
조직공정성 이론을 통해 본 과학기술 출연연구기관의 인력유지 정책 사례 연구
: 주52시간제도, 정년환원, 비정규직의 정규직 전환 정책을 중심으로

제5장 재정확보 정책(1) | 최원재 ⋯⋯⋯⋯⋯⋯⋯⋯⋯⋯ 279
  과학기술 출연연의 안정적 재정확보를 위한 예산편성제도 연구

제6장 재정확보 정책(2) | 장문영·오현정 ⋯⋯⋯⋯⋯⋯ 331
  과학기술 출연연 PBS 제도의 정책변동 분석
  : 자율성과 책임성의 균형 확보 방안

제7장 재정관리 정책 | 이상길 ⋯⋯⋯⋯⋯⋯⋯⋯⋯⋯⋯ 403
  정부출연연구기관의 연구비 사용의 자율성
  : 국가연구개발사업 법령의 변화를 중심으로

제8장 연구시설장비 정책 | 황병상 ⋯⋯⋯⋯⋯⋯⋯⋯ 451
  과학기술 정부출연연을 위한 연구시설장비 정책 제안
  : 정책의 구성요소별 분석을 중심으로

제3부 출연연 공공관리 정책의 혁신 ⋯⋯⋯⋯⋯⋯⋯⋯ 495

제1장 조직 정책의 혁신 ⋯⋯⋯⋯⋯⋯⋯⋯⋯⋯⋯⋯⋯ 498
  제1절 출연연 거버넌스로서의 연구회 적정성 검토
  제2절 출연연 내부 조직설계의 영속성 확보

제2장 인력 정책의 혁신 ⋯⋯⋯⋯⋯⋯⋯⋯⋯⋯⋯⋯⋯ 502
  제1절 출연연 재직인력의 연구개발 전문역량 증진
  제2절 조직공정성을 통한 출연연의 인력 유지 강화

제3장 재정 정책의 혁신 ⋯⋯⋯⋯⋯⋯⋯⋯⋯⋯⋯⋯⋯ 507
  제1절 재정확보 안정성을 위한 예산편성 제도 개혁
  제2절 재정 관점에서의 출연연 PBS 제도 혁신
  제3절 출연연 연구비 사용의 자율성 강화

제4장 연구시설장비 정책의 혁신 ⋯⋯⋯⋯⋯⋯⋯⋯⋯ 515

제5장 출연연의 정책역량 강화와 지식창출 선도 ⋯⋯ 519

네 번째 정책총서를 마무리하며 ⋯⋯⋯⋯⋯⋯⋯⋯⋯ 528

66

The Paradigm Shift of Public Management Policy for
Government-funded Research Institutes :
Transfer to a Knowledge Creator

99

제1부

출연연 공공관리 정책의 정책기조 전환

지식창출자로 자리매김

이찬구 • 오현정

제1장
정책주체로서의 출연연 역할 재인식

제1절 서 론

2023년도는 대한민국의 과학기술 역사에서 한 시대를 정리하고 새로운 한 시대를 준비해야 하는 전환의 시기가 되어야 할 것이다. 그동안 우리나라의 과학기술정책에서 핵심 역할을 담당하였던 과학기술계 정부출연연구소(이하, 출연연)가 밀집해 있는 대덕연구개발특구가 설립된 지 50년이 되는 해이기 때문이다. 많은 국민들은 26개의 출연연이 위치하고 있는 대전광역시 소재의 대덕연구개발특구를 명실상부한 대한민국 혁신의 중심지로 인식하고 있다(데일리한국, 2023.)

우리나라의 출연연은 과학기술정책에서 매우 중요한 정책수단(policy means)이면서 정책대상자(policy target)로서의 지위를 가지고 있다. 또한 1966년에 한국과학기술연구원(KIST)이 설립된 이후에 60여 년 가까운 역사를 거치면서 우리나라의 출연연은 소속 연구자와의 관계에서는 정책집행자(policy implementer)의 역할을 수행하여 왔다. 이처럼 우리나라에서 출연연은 과학기술정책에서 정책대상자와 정책집행자라는 이중 지위(dual position)를 가지고 있지만, 지금까지는 출연연을 정책대상자로 인식하는 경향이 좀 더 일반적이었다고 할 수 있다.

이러한 과정에서 우리나라의 출연연들은 경제성장과 산업발전에 필요한 선진 외국의 기술을 받아들여 이를 개량하고 보완하여 민간에 전달하는 지식수입자 또는 지식소비자로서의 역할을 주로 수행하여 왔다. 한편, 최근의 국제적인 정치경제 환경은 기술패권주의 또는 기술안보주의의 논리에 따라 선진국들은 과학기술 지식의 국제적 공유를 제한하거나 국가 간 이전을 엄격하게 통제하는 경향을 보이고 있다. 이러한 상황에서 2023년 현재 세계 10위권의 경제규모로 성장한 우리나라가 우리에게 필요한 과학기술 지식을 우리 스스로 창출하지 못하고 다른 나라에 의존한다면 대한민국의 지속가능한 성장과 발전은 난관에 봉착하게 될 것이다. 따라서 앞으로 우리는 국가사회의 성장과 발전에 필요한 핵심 지식을 대학과 출연연 등의 지식공동체가 중심이 되어 스스로 창출할 수 있어야 한다.

이러한 관점에서 우리나라 과학기술지식 생태계의 중심인 대덕연구개발특구에서 중심 역할을 담당하는 출연연을 대한민국의 미래 50년을 준비하는 지식창출자로 재정립하기 위한 정책기조의 전환이 과학기술계와 정부 모두에게 필요하다. 즉, 출연연은 선진 기술을 수입·소비하는 수동적인 정책대상자에서 우리 사회에 필요한 핵심 과학기술 지식을 생산하는 능동적인 정책주체가 되어야 할 것이다. 출연연이 지식창출자로서의 능동적인 정책주체로의 전환 필요성은, 〈표 1〉과 같이 2021년도 기준으로 총 국가연구개발비 집행액 26조 5,791억원에서 출연연이 사용하는 연구개발비가 36.14%로서 다른 연구수행 주제들보다 높은 것을 통해서도 알 수 있다(한국과학기술기획평가원, 2022). 출연연에 투입되는 막대한 국가예산이 선도형 혁신국가를 지향하는 국가사회의 정책목적에 기여하기 위해서는, 출연연 스스로는 좀 더 적극적·능동적 관점에서 자신들의 역할을 미래의 지식창출자로 설정하고 정부는 이러한 역할설정을 담보하기 위하여 출연연을 정책주체로 인식하는 정책기조의 전환이 이루어져야 할 것이다.

이상과 같은 출연연의 역할 재정립과 정책기조 전환의 필요성에도 불구하고, 그동안 우리나라의 출연연 정책은 정책결정 단계에 치중된 측면이 강하였다. 즉, 정부는 출연연을 활용한 경제성장과 사회발전이라는 정책목표를 달성하기 위하여 출연연 자체를 대상으로 하거나 출연연과 관련된 많은

〈표 1〉 출연연의 국가연구개발비 사용 현황(2021년도 기준)

연구수행 주체		집행액	비율(%)
출연연구소 **1)**		9조 6,058억원	36.14%
	부처 직할	4조 5,321억원	(17.05%)
	국가과학기술연구회	4조 4,891억원	(16.89%)
	경제·인문사회연구회	5,847억원	(2.2%)
국공립연구소		1조 2,313억원	4.63%
대학		6조 3,317억원	23.82%
민간		7조 214억원	26.52%
	중소기업	4조 9,721억원	(18.71%)
	중견기업	1조 6,166억원	(6.08%)
	대기업	4,327억원	(1.63%)
정부부처		2,634억원	0.99%
기타		2조 1,254억원	8.00%

---

1) 한국과학기술기획평가원(2022)은 출연연 유형을 국가과학기술연구회 산하 출연(연), 부처 직할 출연연, 경제·인문사회연구회 산하 출연연의 3가지로 구분하고 있다.

정책을 결정·집행하여 왔다. 이러한 과정에서 출연연 정책은 정권변동 또는 장관교체에 따라 경쟁적으로 기존 정책과의 차별화를 추구하는 새로운 정책을 만들기만 하였지, 연구현장에서 그 정책을 어떻게 받아들이고 실행하는가에 관해서는 관심이 낮았다고 할 수 있다. 이에 따라 출연연 정책이 〈정책결정〉과 또 다른 정책결정인 〈정책변동〉에 집중되고, 이러한 정책결정은 다음 단계의 〈정책집행〉과 〈정책평가〉와의 연계가 약하여 정책과정의 〈단절화〉와 〈경로의존성〉이 심화되고 있는 것으로 분석되고 있다(이찬구 등, 2022).

한편 출연연 정책을 연구현장에 합리적·효율적으로 적용하는 집행단계인 출연연 공공관리(public management) 정책은, 기존 통제 중심의 단순 관리에서 출연연 자체의 정책집행 및 경영역량 증진이라는 관점에서 재구성할 필요가 있다. 과거에는 정권변동 때마다 콘트롤타워 또는 거버넌스라는 이름으로 조직체계 변경, 연구비 사용의 효율화를 위한 재정관리 등이 강조되었다. 이처럼 조직과 재정 중심의 출연연 공공관리 정책은 과학기술과 혁신의 핵심인 〈사람〉, 즉 연구인력에 대한 경시로 나타났고, 이는 다시 출연연 정책에서 가장 중요한 정책대상자인 연구자의 사기를 저하시키는 요인으로 작용하였다. 따라서 지난 60여 년을 통해 축적된 출연연의 역량을 국가·사회의 정책목표 달성에 효율적으로 활용하기 위해서는, 일반적인 정책자원이며 공공관리 영역인 (1) 조직, (2) 인력, (3) 재정, (4) 지식·정보에 더하여 출연연의 업무 특성상 필요한 자원인 (5) 연구시설장비가 〈체계적으로 구축·동원〉되고 〈합리적·효율적으로 활용〉될 수 있도록 정책이 결정되고 집행되어야 할 것이다(이찬구 등, 2018).

따라서 향후 새로운 50년을 준비해야 하는 우리나라의 출연연 정책은

〈부분성〉과 〈편향성〉이 동시에 극복해야 할 것이다. 우선적으로 미래의 출연연 정책은 (1) 출연연의 위치와 임무를 규정하는 〈정책과정〉과 (2) 출연연의 임무 수행에 필요한 정책집행력 제고를 위한 자체 역량강화와 관련된 〈공공관리〉와 〈연구관리〉 분야의 정책이 균형을 이루어야 한다. 다음으로는 출연연의 공공관리 정책에서는 핵심 정책자원인 (1) 조직, (2) 인력, (3) 재정, (4) 지식·정보, (5) 연구시설장비를 대상으로 출연연 내부의 역량강화를 위한 정책이 균형적으로 결정·집행될 필요가 있다.

종합적으로 이 연구의 목적은 우리나라의 과학기술정책에서 공공 연구개발 수행조직으로서의 독자성을 가지고 있으면서 핵심적인 정책수단인 출연연의 비중과 역할을 고려하여, (1) 출연연의 조직, 인력, 재정, 지식·정보, 연구시설장비에서의 공공관리정책의 현황분석과 정책문제를 도출하고 (2) 정책주체로서의 출연연이 정책역량 증진을 통해 과거의 지식소비자에서 미래의 지식창출자로 거듭 나기 위한 정책방향을 체계적·이론적으로 논의하고자 하는 것이다.

연구목적 달성을 위한 분석의 시간적·공간적 범위는 다음과 같이 설정하였다, 우선 시간적인 연구범위는 출연연 정책의 역사가 시기적으로는 60여 년 이상이지만, 현재의 정책상황에 좀 더 크게 영향을 미치고 있는 박근혜, 문재인, 윤석열 정권 중심으로 분석에 집중하되, 정책 분야에 따라 필요한 범위에서 과거 정책도 포함하였다. 다음으로 공간적인 연구범위는 광의의 중앙정부 정책을 대상으로 한다. 따라서 출연연 공공관리에 영향을 미치는 (1) 입법부, 행정부, 사법부의 모든 상위 정책과 (2) 출연연을 공공 연구개발 수행의 정책수단으로 직·간접으로 활용하는 모든 정부 부처의 실행 정책을 동시에 포함하였다.

한편 이 연구는 기존 연구결과를 재분석하고 그 의미를 재해석하는 메타 분석(meta analysis)과 연구종합(synthesis of research)의 질적 연구방법을 주로 활용하여 수행하였다. 구체적인 분석대상에 따라 다소간의 차이는 있으나 분석기간이 길게는 50년 짧게는 10년 이상에 걸쳐 있어, 당시의 전체적인 정책과정과 정책내용을 정확하게 파악할 수 있는 1차 자료의 확보가 쉽지 않은 상황이다. 따라서 기본적으로 정책자료, 예산안, 보도자료 등 정부의 발간물, 관련 선행연구, 정책보고서 등을 분석하였고, 정책추진 당시의 환경과 이해관계자 의견 등을 파악하기 위하여 언론기사를 추가적으로 분석하였다. 이에 더하여 연구결과에 대한 적실성과 실현성을 높이기 위한 방안으로, 출연연, 관리기구, 정부 부처 등의 관계자와 심층면담 또는 중요집단면접(FGI)을 실시하였다.

제**2**장
출연연 정책의 선행연구

이 장에서는 앞에서 논의하였듯이 정책 자체로서는 물론 연구주제로서의 중요성이 커지고 있는 출연연 공공관리 정책의 연구현황을 검토·분석함으로써 이 연구의 중요성을 논증하고자 한다. 이를 위한 선행연구의 분석대상은 암맹평가(blind review)와 전문가 평가(peer review)를 동시에 수행하는 학술지 논문으로 한정하였다. 암맹평가와 전문가 평가는 학문 공동체에서 연구결과의 과학성, 객관성, 보편성 등을 확보하기 위하여 가장 보편적으로 활용하는 방법이기 때문이다.

제1절 출연연 정책 관련 논문 검색 결과

선행연구를 위한 기초 자료를 확보하기 위하여 한국연구재단의 KCI(Korea Citation Index) DB를 대상으로 1999년부터 2022년까지의

24년 동안에 출연연 정책과 관련된 논문을 검색하였다. 검색어는 결과를 충분히 얻기 위해서 (1) '과학기술 출연연 정책'을 기본으로 (2) '과학기술 출연연', (3) '출연연 정책', (4) '정부출연 연구기관'의 네 가지 검색어를 활용하였고, 이중에서 중복 논문을 제외하여 기초 논문 목록을 구성하였다. 한편 실제적인 검색과정에서는 검색범위를 제목과 키워드로 한정하는 경우에 검색 논문의 양이 매우 적게 나타나, 별도로 검색범위는 지정하지 않고 KCI DB에 포함된 모든 항목을 검색하였다. 또한 정부출연 연구기관으로

〈표 2〉 과학기술 출연연 정책관련 논문 현황(1999-2022)

검색어	과학기술 출연연 정책	과학기술 출연연	출연연 정책	정부출연 연구기관	합계
검색결과(편)	38	90	96	342	566
중복 논문 제외 후의 총 논문 (편)					445
과학기술 출연연과 관련 없는 논문 제외 후의 총 논문(편)					253

(그림 1) 연도별 과학기술 출연연 정책 관련 논문 발표 현황(1999-2022)

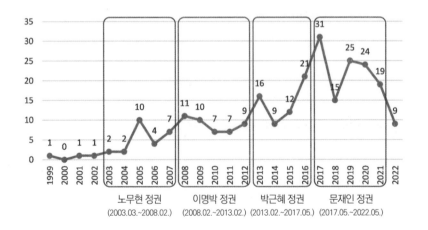

검색한 논문이 342편으로 가장 많았는데, 이러한 논문이 과학기술 분야 출연연과의 관련성이 있는가를 판단하기 위해서는 제목, 키워드, 초록의 구체적인 내용을 확인하여 포함 여부를 결정하였다.

이상의 네 개 키워드를 활용하여 1차 검색한 결과에서, 중복 논문 및 실제로 과학기술 출연연에 관한 논문이 아닌 것을 제외하면 〈표 2〉와 같이 총 253편의 논문을 확인할 수 있다. 한편 연도별 논문 게재 건수는 (그림 1)과 같이 2000년도 이후에 10편 내외의 논문이 꾸준히 발표되다가 2017년에 가장 많은 31편의 논문이 발표되고 그 이후에는 감소하는 경향이 나타나고 있다.

제2절 출연연 정책 연구의 현황 및 한계

이 절에서는 출연연을 대상으로 수행된 연구들이 과학기술정책학의 연구범위 관점에서 균형성과 적절성을 갖추고 있는지를 판단함으로써, 전체적인 출연연 정책 연구와 출연연 공공관리 정책의 한계와 방향성을 논의하고자 한다. 이러한 논의를 통해 우리나라에서 과학기술정책의 직·간접 집행자인 출연연의 정책역량 강화를 위한 출연연 공공관리 정책연구의 필요성을 제안하고자 한다.

지난 20년 이상에 걸쳐 수행된 출연연 정책 연구의 균형성과 적절성을 판단하기 위한 준거는, (그림 2) 및 (그림 3)과 같은 과학기술정책학의 연구범위와 연구범위 간 관계를(이찬구 등, 2018) 활용하였다. 이찬구 등 (2018: 22-23)은 독자적인 단일 학문으로서의 과학기술정책학(science and

(그림 2) 과학기술정책학의 4대 연구범위

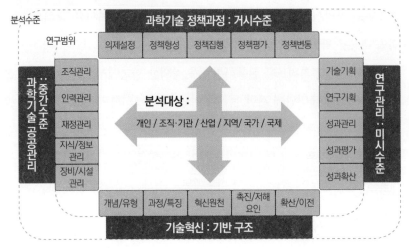

출처: 이찬구 등(2018: 22)

(그림 3) 과학기술정책학의 4대 연구 범위간 관계

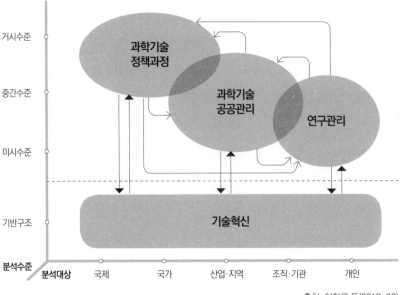

출처: 이찬구 등(2018: 23)

technology policy studies)이 현대 과학기술정책의 특성을 충분히 반영하기 위해서는 과학기술 정책과정, 과학기술 공공관리, 연구관리, 기술혁신이 핵심 연구범위가 되어야 함을 논의하고 있다. 또한 각각의 연구내용이 주로 기능하는 수준을 과학기술 정책과정은 거시 수준, 과학기술 공공관리는 중간 수준, 연구관리는 미시수준, 그리고 기술혁신은 기반구조로 분류하면서 연구 범위 간의 관계를 설정하고 있다. 이러한 논의에 따르면 과학기술정책의 집행에 필요한 각종 자원의 동원과 관리를 대상으로 하는 과학기술 공공관리 정책은 거시 수준의 과학기술 정책과정과 미시 수준의 연구관리를 연계하는 정책 영역으로서의 위치를 차지하게 될 것이다. 한편 과학기술정책에서 정책 대상자와 정책집행자로서의 이중 지위를 가지고 있는 출연연은 과학기술 공공관리의 대상인 조직, 인력, 재정, 지식정보, 연구시설장비의 정책자원을 연구현장에서 가장 직접적으로 접하게 되는 정책참여자라고 할 수 있다.

기존의 출연연 정책 연구를 과학기술정책학의 4대 분야로 분류하면 (그림 4)와 같이 종합할 수 있다. 이에 따르면 과학기술 공공관리가 전체 논문

(그림 4) 출연연 정책 연구의 과학기술정책학의 4대 분야별 분포   (단위 : 편, %)

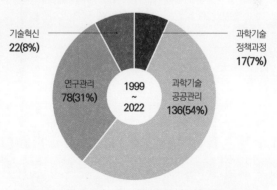

의 54%, 연구관리가 31%를 차지하고 있어, 우리나라에서는 과학기술정책의 집행에 해당하는 공공관리와 연구관리가 주된 연구영역이었음을 확인할 수 있다. 한편 효율적인 정책집행이 이루어지기 위해서는 합리적·민주적인 정책과정이 필요함을 전제하면, 우리나라의 과학기술정책에서는 과학기술 공공관리와 연구관리와 같은 정책집행의 방향성을 결정하는 과학기술 정책과정에 대한 연구는 전체의 7%를 차지하고 있어 연구범위 간의 불균형성이 크게 나타나고 있음을 알 수 있다.

이러한 경향은 아래 (그림 5)의 연도별 논문 분포에서 더욱 뚜렷하게 나타난다. 2000년대 중반 이후 출연연 정책에 대한 연구가 꾸준히 증가하는 중에도, 과학기술 정책과정에 관한 논문이 한편도 발표되지 않은 시점이 존재한다. 앞의 (그림 1)에서 2016과 2017년에 출연연 정책 연구가 크게 증가했던 것은 연구관리 분야의 논문이 많이 발표된 것이 영향으 미쳤을 것으

(그림 5) 출연연 정책 연구의 과학기술정책학의 4대 분야 연도별 분포 (단위 : 편)

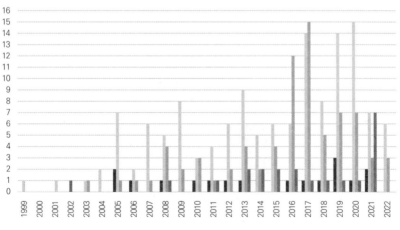

로 (그림 5)를 통해 추론해 볼 수 있다.

한편, 과학기술 정책과정 중에서는 정책집행 분야의 연구가 집행단계 활동인 과학기술 공공관리 및 연구관리 연구와 직·간접 연계성이 큰 연구영역이라고 할 수 있다. 이런 관점에서 기존 출연연 정책 연구를 과학기술 정책과정별로 분류하면, (그림 6)과 같이 광의의 정책결정이라고 할 수 있는 정책의제 설정, 정책결정, 정책변동에 관한 연구가 전체의 76%를, 정책평가가 24%를 차지하고 있다. 이에 따르면 우리나라에서는 과학기술 정책과정에 대한 연구 자체가 많지 않을 뿐만 아니라, 과학기술 공공관리 및 연구관리와 같은 집행단계의 활동을 지도(guide)하는 정책집행에 관한 연구가 적정히 수행되고 못함을 알 수 있다. 이처럼 특정 정책 분야에서 정책과정과 공공관리의 연계 역할을 수행하는 영역에 대한 정책연구의 미흡은 정책결정자와 정책집행자 간의 합리적인 역할 분담 또는 협업체계의 문제분석 미흡과 관련 정책대안의 결여로 이어질 가능성이 크다고 할 것이다.

이 연구의 핵심적인 주제인 출연연 정책연구의 과학기술 공공관리의 세

(그림 6) 출연연 정책 연구의 과학기술 정책과정 분류 현황　　　　　(단위 : 편, %)

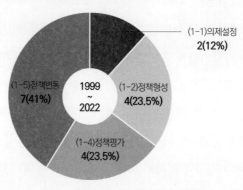

(그림 7) 출연연 정책 연구의 과학기술 공공관리 분류 현황 （단위 : 편, %）

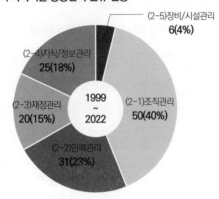

(2-5)장비/시설관리 6(4%)
(2-4)지식/정보관리 25(18%)
(2-3)재정관리 20(15%)
1999 ~ 2022
(2-1)조직관리 50(40%)
(2-2)인력관리 31(23%)

■ (2-1)조직관리 ■ (2-2)인력관리 ■ (2-3)재정관리 ■ (2-4)지식/정보관리 ■ (2-5)장비/시설관리

부 내용은 (그림 7)과 같이 분류할 수 있다. 조직관리 정책에 대한 연구가 전체의 40%로 가장 많은 비중을 차지하고 있으나, 공공관리 연구의 일반적인 대상인 인력관리 정책, 재정관리 정책, 지식정보관리 정책이 균형적으로 이루어지고 있음을 알 수 있다. 다만 과학기술 분야에서의 공공관리 정책의 특징이라고 할 수 있는 연구시설장비 관리정책에 대한 연구는 전체의 4%로 상대적으로 활성화되어 있지 못한 상황이다.

또한 (그림 8)에 나타나는 것처럼 조직관리 정책에 관한 연구는 역대 정권 변동 시기와 맞물려 단기적으로 증가하는 경향을 보이고 있다. 이러한 시기들은 과학기술계 출연연의 상위기구인 국가과학기술연구회의 상위 감독관청 변경 및 연구회 체제의 변화 시점과도 일치한다. 연구의 양적 규모가 크지는 않지만, 다른 분야의 연구 현황과 확연한 차이를 나타내고 있어 조직정책에 관한 연구의 증가는 출연연을 통제 중심의 단순 관리 대상으로 인식하는 기존의 시각이 반영된 것이라고 볼 수 있다. 이와 함께 과학기술 공공관리 정책연구에서 특징적인 사항의 하나는, 기존의 많은 연구가 일

(그림 8) 출연연 정책 연구의 과학기술 공공관리 관련 논문 발표 현황(1999~2022) (단위 : 편)

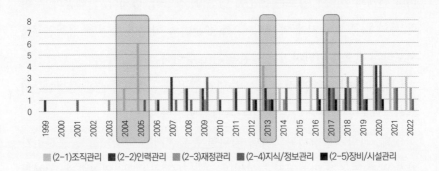

■ (2-1)조직관리 ■ (2-2)인력관리 ■ (2-3)재정관리 ■ (2-4)지식/정보관리 ■ (2-5)장비/시설관리

반 관리기법 또는 민간기업에서 시작된 관리기법을 출연연에 도입·적용하려는 연구가 중심이어서 공공 연구개발 수행조직으로서의 출연연의 특성을 충분히 고려하지 못하는 한계를 가지고 있는 것으로 판단할 수 있다.

분석 기간 동안에 출연연 정책과 관련된 총 253편의 논문이 게재된 학술지는 총 110종으로 파악되었다. 단일 학술지로는 기술혁신학회지에 52편, 기술혁신연구에 14편이 발표되어 각각 20.6%와 5.5%로 가장 높은 비율을

(그림 9) 학술지 별 출연연 정책 연구의 분포 현황 (단위 : 편, %)

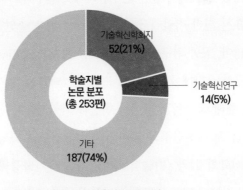

■ 기술혁신학회지 ■ 기술혁신연구 ■ 기타

차지하지만, 3편 이상 논문이 발표된 학술지도 21종으로 확인되고 있다. 그러나 전체의 74%에 이르는 논문이 행정학, 경영학, 경제학, 산업공학, 복합학 등의 다른 학술지에 게재되어, 특정 분야의 학문이 출연연 정책연구를 선도하는 것으로 판단하기는 쉽지 않은 상황이다.

이상과 같이 출연연 정책 또는 출연연 공공관리 정책에 관한 선행연구의 분석결과를 종합하면 다음과 같은 특징을 발견할 수 있다.

첫째, 과학기술정책학의 4대 범위별 분류에서는 과학기술 공공관리가 가장 많이 연구가 이루어진 분야이며, 과학기술 공공관리의 방향을 전체적으로 결정하는 과학기술 정책과정에 대한 연구는 가장 적게 수행된 분야로 나타나고 있다.

둘째, 과학기술 정책과정에서는 전반적으로 광의의 정책결정 활동에 대한 연구가 중심을 이루고 있으며, 과학기술 공공관리의 방향타 역할을 수행할 것으로 기대되는 정책집행 단계에 대한 연구결과는 거의 축적되지 않았음을 알 수 있다.

셋째, 과학기술 공공관리는 기존에 연구결과가 가장 많이 축적된 분야로 나타나고 있다. 그러나 많은 연구결과에도 불구하고 기존 연구들은 일반 관리기법 또는 민간 기업에서 시작된 관리기법을 출연연에 도입·적용하려는 연구가 많아, 공공 연구개발 수행조직으로서의 출연연의 특성을 충분히 고려하지 못하는 한계를 보이는 것으로 분석되고 있다.

넷째, 현대 국가의 정책에서 혁신과 과학기술이 상수(常數)로 작용함에도 불구하고, 혁신연구와 과학기술정책 연구를 표방하는 전문 학술지인 〈기술혁신학회지〉와 〈기술혁신연구〉가 과학기술정책과 더 나아가 출연연 공공관리 정책에 대한 연구를 선도하지 못하는 것으로 나타나고 있다.

따라서 향후 출연연 공공관리 정책연구는 과학기술 정책과정 중에서 정책집행 단계의 연구와 연계하여 출연연을 기존의 정책대상에서 정책주체로의 역할을 증진할 수 있는 방향으로 연구 주제를 확대할 필요가 있다. 또한 출연연이 우리나라의 공공 연구개발 체계에서 차지하는 기능을 감안하여, 민간 기업 등에서 활용하는 관리기법을 단순 적용하는 연구보다는 공공 연구기관으로서의 정책역량을 증진할 수 있는 관점의 연구를 활성화할 필요가 있다. 또한 현대국가에서 가장 강력하며 효율성 높은 정책수단을 제공할 수 있는 과학기술과 혁신을 학제적으로 접근하는 학술단체들이, 넓게는 출연연 정책 좀 더 세부적으로는 출연연 공공관리 정책의 이론적·체계적인 연구에서 좀 더 적극적인 역할을 할 필요가 있을 것이다.

제3장
연구목표 및 연구범위

이 공동연구의 근본적인 목적은 출연연의 자체적인 정책역량 강화를 통해 출연연을 미래 지식창출자로 육성하기 위한 이론적·논리적 체계를 마련하고자 하는 것이다. 따라서 우선적으로 상위 영역인 출연연 정책연구의 방향성 설정이 필요한데, 이는 다음과 구체화할 수 있을 것이다. 첫째, 출연연 정책연구는 출연연의 이중 지위를 반영하여 정책과정, 공공관리, 연구관리 분야의 균형성 있는 연구를 수행한다. 둘째, 출연연 정책의 핵심을 구성하는 출연연 공공관리 정책에서는 일반 관리기법 또는 민간 기업에서 시작된 경영을 넘어 공공 연구개발 수행조직으로서의 출연연의 특성을 충분히 반영할 수 있는 정책연구를 수행한다. 셋째, 출연연 공공관리 정책연구에서는 과학기술과 연구개발의 핵심 자원인 ① 조직, ② 인력, ③ 재정, ④ 지식·정보, ⑤ 연구시설장비를 균형적으로 다루는 연구를 수행한다.

이상과 같은 출연연 정책연구의 큰 연구방향 속에서, 이를 뒷받침하기 위한 출연연 공공관리 정책연구의 기본 방향 설정이 가능한데, 이는 공공관리와 연구관리 이론에 근거하여 각 정책 분야별로 다음과 같이 제시할 수 있다.

(1) 조직정책은 통합적·체계적 조직 설계와 민주적·효율적인 조직운영을 추구한다. (2) 인력정책은 최고의 인재를 양성하고 이들의 자발적인 동기를 이끌어 낸다. (3) 재정정책에서는 연구개발 재정의 다양성을 확보하면서 예산집행에서는 연구자의 책임성과 자율성의 조화를 최대한 도모한다. (4) 지식·정보정책에서는 각종 다양한 지식정보 자원의 연계성을 추구하면서 국가사회에서의 통합적인 활용과 함께 관련 분야로의 적극적인 확산을 촉진한다. (5) 연구시설장비정책은 체계적인 구축과 공동 활용을 도모하면서 시설장비 산업화를 통해 관련 산업의 육성을 촉진한다.

앞의 두 가지 원칙을 반영하여 출연연 공공관리 정책의 세부 연구목표는 다음과 같이 5가지로 종합하여 제시하고자 한다.

첫째, 공공 연구개발 수행조직으로서의 출연연의 특성을 반영하여 일반관리 및 민간 분야와 구별되는 출연연 공공관리 정책의 중요성을 논의한다.

둘째, 개별 정책 분야를 대상으로 정책변동 과정과 유형을 분석하고 이를 통해, 현재의 정책이 내포하고 있는 정책과정 상의 구조적인 문제를 도출한다.

셋째, 정책학에서 제시하는 정책구조와 각 연구주제가 근거하고 있는 고유 이론, 예로서 행정학, 경영학, 조직학, 사회학, 심리학, 언론학 등을 병행적으로 활용하여 정책내용의 문제를 도출한다.

넷째, 분석을 통해 도출된 정책과정과 정책내용의 문제를 해결하여 공공연구개발 수행의 핵심 주체인 출연연의 정책역량을 강화하여 지식창출의 선도자로 육성하기 위한 정책혁신방안을 논의한다.

다섯째, 출연연을 지식창출의 선도자로 육성하기 위한 분야별 정책혁신

방향 논의에서는 기존의 기술혁신 중심 관점에서 경제혁신과 사회혁신을 통합적으로 추구하는 통합혁신 관점(integrated innovation approach)을 최대한 적용하여 논의를 전개한다.

한편, 이상과 같은 연구목표를 달성하기 위해서는 분석대상이 적합하게 설정되어야 한다. 이와 관련해서 먼저 우리나라에서 과학기술정책에의 공식적 참여자를 논의할 필요가 있는데, 이는 (그림 10)과 같이 제시할 수 있다. 최상위 수준에서는 국회, 대통령실, 국무조정실이 핵심 정책참여자가 될 것이며, 상위 수준의 참여자는 기획재정부, 과학기술정보통신부, 산업통상자원부 등 대형 국가연구개발을 수행하는 많은 중앙부처가 해당될 것이다. 다음으로 중범위 수준에서는 국가과학기술위원회와 각 중앙부처의 연구관리 기관이 주요한 정책참여자가 될 것이다. 한편 정책현장 수준에서는

(그림 10) 과학기술정책의 공식적인 참여자와 출연연 공공관리 정책의 연구범위

정책과정 / 공공관리 정책수준	정책의제 설정	정책형성	정책집행	정책평가	정책변동
	조직, 인력, 재정, 지식·정보, 시설장비				
국가 차원 (macro level)	국회 대통령실 기재부 과기부	기재부 과기부 산업부 등		국회 대통령실 국무조정실 기재부 감사원 법원	국회 대통령실 국무조정실 기재부 감사원 법원
부처 자원 (messo level)			과기부 산업부 등	기재부 과기부 산업부 등	과기부 산업부 등
관리기구 차원 (micro level)		과기 연구회 연구관리기관	과기 연구회 연구관리기관 출연연	과기 연구회 연구관리기관 출연연	과기 연구회 연구관리기관 출연연

국가과학기술연구회, 다양한 중앙부처의 연구관리 기관, 정책집행자로서의 개별 출연연이 주된 참여자가 될 것이다.

이 연구에서는 〈출연연 공공관리 정책〉을 출연연의 정책결정과 자원관리에 영향을 미치는 모든 정부 활동의 집합체로 정의하고자 하며, 이에 따르면 출연연 공공관리 정책은 정책집행에 집중된 과학기술정책의 하위 영역으로서, 정책과정 상의 정책형성, 정책평가, 정책변동과 직간접인 연관성을 가지는 정책영역이 될 것이다. 따라서 출연연 공공관리 정책의 연구범위를 정책과정, 공공관리, 정책수준의 세 가지 사항을 조합하여 표기하면 (그림 10)에서 갈색의 타원 부분이 될 것이다.

제4장
배경이론 및 총괄 분석틀

이 연구는 출연연 공공관리 정책이라는 큰 주제 하에서, 세부적으로는 공공관리에서 공통적인 자원으로 활용되는 조직, 인력, 재정, 지식정보와 과학기술 분야에서의 특수한 자원인 연구시설장비를 포함하고 있다. 따라서 배경이론 검토에서도 과학기술 공공관리 정책에 공통적으로 적용할 수 있는 이론을 먼저 논의하고, 다음에는 각 정책영영을 특성을 나타낼 수 있는 분야별 고유 이론을 제시하고자 한다.

제1절 공통 적용 이론

여기에서는 출연연 공공관리 정책연구의 기본적인 사항들을 규정하는 이론적 배경으로서 출연연 공공관리론, 정책과정론, 정책변동론, 통합혁신론의 내용 중에서 본 연구와 직접 관련된 내용에 한정하여 논의하고자 한다.

1. 출연연 공공관리론

출연연 공공관리론은 아직은 학문적으로 정립되어 있는 연구 분야라고 할 수는 없다. 따라서 이 연구에서는 출연연 공공관리 정책을 '출연연의 정책결정과 자원관리에 영향을 미치는 모든 정부 활동의 집합체'로 잠정적으로 정의하고자(working definition) 하며, 이를 설명하기 위한 논리적인 근거를 출연연 공공관리론으로 구성하고자 한다.

1) 조직 정책 : 출연연 조직의 설계와 운영

출연연의 조직 정책은 크게 (1) 조직설계 정책과 (2) 조직운영 정책으로 대별하여 논의할 수 있다.

조직설계 정책은 통합적·체계적 관점에서 출연연과 관련된 조직을 설계하는 것으로서, 이는 다시 대외적 관점과 내부적 관점으로 구분할 수 있다. 첫째, 대외적 관점의 조직설계는 출연연에 영향을 미치는 정부조직 체계 및 형태의 구성에 관한 사항으로서, 거버넌스, 종합조정기구, 행정체계, 관리기구 역할(대리인 이론), 부처-출연연 관계 등이 주요 내용이 될 것이다. 이러한 내용들은 국가 차원에서는(national level) 국가연구개발사업에서 정부 부처와 민간 및 제3섹터와의 역할 정립, 여러 부처의 과학기술 활동과 연구개발을 통합·조정하기 위한 종합조정기구(control tower) 등으로 구체화될 것이며, 부처 차원에서는(administrative level) 개별 부처 내에서 과학기술 활동 및 연구개발을 효율적으로 수행하기 위한 조직 체계를 설계하는 것으로서, 부처와 중간 조직(연구회, 연구관리 전문기관 등), 그리고 연구수행 조직(출연연, 대학, 기업, 해외 및 국제기구 등)과의 관계를 설정하는 일이 될 것이다. 또한 중앙부처가 연구개발을 수행하기 위한 방법으로, 자체적으로 직할 조직을 설치할 것인지 아니면 외부의 연구기관에 연구비를 지원할 것인지 등을 결정하여야 할 것이다. 둘째, 내부적 관점의 조직설계는 출연연이 고유한 목적의 연구개발을 수행하기 위하여 자체적으로 내부 조직을 설계하는 사항이다. 이는 먼저 연구부서와 기술지원 부서, 그리고 행정부서의 관계를 설정하는 문제와 그 다음에는 연구부서의 형태를 전통적인 계층제로 설계할 것인지 아니면 TF, 프로젝트 팀, 매트릭스 조직, 네트워크 조직 등의 유기적 조직으로 설계할 것인가의 문제가 될 것이다.

조직운영 정책은 출연연이라는 연구개발 조직을 민주적이며 효율적으로 운영하기 위해 필요한 사항들로서, 리더십, 동기부여, 의사소통, 조직문화, 변화관리 등이 주요한 내용이 될 것이다.

2) 인력 정책 : 최고의 과학기술 인력 양성 및 유지

출연연의 인력 정책은 최고의 과학기술 인력을 양성하고 유지하고자 하는 것으로서 (1) 인력양성 정책과 (2) 인력유지 정책으로 대별하여 논의할 필요가 있다. 첫째, 출연연의 인력양성 정책에서는 이공계 인력양성, 이공계 기피 현상 극복, 여성과학기술인 양성, 융복합 과학기술 인력 양성, 의사 과학자 양성 등이 내용이 중요 정책현안으로 논의되고 있다. 둘째, 인력유지 정책은 출연연의 연구자들이 자발적으로 동기부여가 됨으로써 최고의 연구 성과를 창출할 수 있는 환경과 여건을 만들어주는 것으로서, 공직 윤리 및 연구윤리, 보수 및 연구제도, 복지제도, 성과 평가 및 관리, 재교육 및 훈련, 퇴직 후 경력 관리 등이 검토사항이 될 것이다.

3) 재정 정책 : 재정의 다원화 및 예산집행의 통일성·자율성 조화

출연연의 재정 정책은 (1) 재정확보 정책과 (2) 재정관리 정책으로 대별할 수 있다. 첫째, 재정확보 정책은 과학기술 재정의 다원화를 추구하는 것으로서, 안정적인 국가 예산의 확보, 민간자원의 유인책, 국가 예산과 민간자원의 균형, 해외 및 국제기구 재원 확보 등이 정책현안으로 다루어져 왔다. 이런 관점에서 연구과제예산제도(PBS : project base system)는 국가연구개발사업에서 민간자원을 활용하려는 관점의 재정확보 정책이라고 할수 있다. 둘째, 재정관리 정책은 연구현장에서 연구비 집행의 통일성과 자율성의 조화를 도모하고자하는 것으로서, 연구유형별 예산 배분 체계, 다년도 및 연동형 예산제도, 정산제도의 합리화, 성과평가와 예산 배분의 연계등이 주요한 내용이 될 것이다.

4) 지식정보 정책 : 지식정보의 확보, 활용, 확산

출연연의 지식정보 정책은 연구유형 및 단계별 지식·정보 확보, 디지털 환경의 지식·정보 수요 변화, 창출된 지식·정보의 출연연 내외부에서의 공동 활용, 지식·정보의 경제적·사회적 확산 등을 논의해야 할 것이다.

5) 연구시설장비 정책 : 시설장비의 구축, 활용, 확산

출연연의 연구시설장비 정책은 연구개발에 필요한 시설장비의 효율적 구축, 시설장비의 출연연 내외부에서의 공동 활용, 출연연 내부에서의 구축운영 경험을 활용한 시설장비의 산업화 등의 주요 현안이 될 것이다.

2. 정책과정론

정책과정은 정책이 만들어져 실행되고 평가된 다음에 변동이 발생하거나 종결되는 정책활동 전체를 과정적 관점에서 논의하는 개념이다. 이러한 일련의 활동은 분석적으로는 정책의제설정, 정책형성, 정책집행, 정책평가, 정책변동으로 구분할 수 있으며, 모든 정책은 이러한 개별 활동 단계를 순차적으로 거치거나 또는 중복적으로 한 두 단계의 정책활동이 동시에 발생하게 된다.

정책연구에서 이러한 정책과정의 구분과 분석이 필요한 이유는 특정 단계의 정책활동은 그 자체로서는 완결성을 가질 수 없기 때문이다. 즉 여러 유형의 다양한 정책효과는 직접적으로는 정책집행의 영향이 가장 크겠지만, 장기적으로는 정책의제 설정과 정책형성의 민주성, 합리성, 대표성 등에 의해서도 영향을 받기 때문이다.

이 공동연구처럼 50년 이상의 역사를 가지고 있는 출연연 공공관리 정책은 지난 오랜 시기의 정책과정이 만들어 낸 결과이며, 여러 정책과정 단계에서의 장단점이 복합적으로 작용하여 현 시점에서의 출연연 공공관리 정책의 특성을 보여주는 것이라고 할 수 있다. 이처럼 경로 의존적 특성을 크게 보여주는 정책에서는 현재 시점에서의 정책문제를 해결하기 위해서는, 과거에 발생했던 정책문제의 특성과 해당 문제 해결을 위해 채택되었던 정책대안들이 제대로 작동하지 못한 원인을 규명할 수 있어야 할 것이다.

따라서 공통 배경이론으로서의 정책과정론은 정책문제 도출을 위한 기본적 분석도구로서의 역할을 수행할 수 있을 것이다. 정책과정을 구성하는 개별 정책활동은 학자에 따라 다양하게 제시하고 있으나, 일반적으로 정책의제설정, 정책형성, 정책집행, 정책평가, 정책변동의 6단계로 구분하고 있다(정정길 등, 2013; 강근복 등, 2016). 정책과정을 구성하는 각 단계의 정의 및 주요 분석 내용은 〈표 3〉과 같이 종합할 수 있으며, 예시로 연구장비 공동활용 정책의 정책과정 분석 및 구분은 〈표 4〉로 나타낼 수 있다.

〈표 3〉 정책과정의 정의 및 주요 분석 내용 종합 (다음 페이지 계속)

정책과정	주요 분석 내용	분석 자료
	사회문제를 해결하고자 하는 정부의 공식적인 의지 표명 (~을 한다, 안한다의 의사결정)	
정책의제 설정	• 의제설정 유형(사회주도형, 내부 주도형, 동원형 등) • 의제의 진행 과정(사회문제 → 사회쟁점 → 공중의제 → 정부의제) • 의제설정 형태(점진형, 급진 확산형, 폭발형 등)	• 대통령 선거 공약(특히, 당선인) • 국회의원 및 지방선거 공약 • 정부 출범 시의 국정과제 • 관련 부처의 연두 업무보고 • 관련 부처 장관의 중점 시책 등
	정책목표의 범위와 수준 결정, 정책목표 달성을 위한 정책대안 및 정책도구의 분석·채택	
정책형성	• 정책환경 변화에의 대응성 • 정책목표 설정 합리성(정책기조 → 이상목표 → 상위목표 → 계획목표) • 정책대안(목표–수단)의 합리성·효율성·실현가능성 등 • 정책도구(조직도구, 규제도구, 유인도구, 정보도구, 설득도구 등)의 정합성 등	– 관련 법률의 제정, 개정, 폐지 현황 – 관련 부처의 예산안, 사업설명 자료
	정책목표 달성을 위한 정책대안 및 정책도구의 정책대상자에의 실제적인 적용과 실행 [(1) 집행정책(executive policy) 형성과 (2) 이의 구체화·실행화 과정]	
정책집행	• 집행정책 형성의 구체성과 충분성 • 집행전략의 효율성(상향적 접근, 하향적 접근, 통합적 접근 등) • 집행주체의 순응성(정책결정 주체와 집행주체와의 관계) • 정책대상자의 수용성(결정주체/집행주체와 정책대상 집단/개인과의 관계)	• 집행정책: 시행령, 시행규칙, 행정규칙 (행정규칙: 시행세칙, 규정, 규칙, 고시, 준칙, 예규, 훈령, 기본계획, 5개년 계획 등) • 관련 부처의 예산안 및 사업설명 자료

〈표 3〉 정책과정의 정의 및 주요 분석 내용 종합

정책과정	주요 분석 내용	분석 자료
정책평가	과정평가: 정책결정과 정책집행의 합리성·경제성·효율성·형평성 등 판단 총괄평가: 정책목표 달성도(효과성) 및 장·단기 정책결과의 경제성·효율성·형평성 등 판단 • 정책기조 → 이상목표 → 상위목표 → 계획 목표에 따른 정책성과 파악 • 〈계획목표〉의 평가에서는 단기 산출과 함께 중·장기적 관점의 정책성과 중시 필요)	• 공식·비공식의 각종 평가·분석 자료(국정감사, 감사원 감사, 정부업무평가, 부처 자체평가, 언론, 학술논문, 연구보고서 등
정책변동	정책과정에서 획득한 정보를 활용한 정책목표의 수정·보완, 집행전략·정책도구·정책대상자 등의 보완과 발전 (기존 정책을 대상으로 한 새로운 정책결정 과정) • 정책변동 유형(혁신, 유지, 승계, 종결) • 정책변동의 원인과 인과관계 규명 • 정책변동 관리전략의 유무와 합리성 등	• 관련 법령의 제정, 개정, 폐지 현황 • 관련 부처의 예산안, 사업설명 자료

〈표 4〉 정책과정의 분석 예시 : 연구장비 공동활용 정책

연 도	핵심 정책	주요 내용	정책과정 구분	
1988	한국과학재단 부설 기초과학연구지원센터 설립 (현, 한국기초과학지원연구원)	첨단/고가 연구장비의 구비 및 공동활용 추진	정책형성	
1995	연구개발정보센터	정부출연연구기관의 고가 연구장비기자재 DB구축 시작	정책형성	정책집행
2006	NTIS에 연구장비 전주기적 관리 통합시스템 구축	연구장비의 도입,활용,폐기 과정의 정보등록 및 활용	정책집행	
2007	한국기초과학지원연구원의 역할 강화	범부처 연구장비 전담기관으로 지정	정책집행	
2009	한국기초과학지원연구원 부설 국가연구시설장비진흥센터 (NFEC) 설립	범부처 연구시설장비 총괄 지원기관	정책집행	
2010	국가연구시설장비 관리 표준지침 제정	매년 국가연구시설장비 운영관리 실태조사 실시	정책집행	정책변동 (정책유지)
2011	국가연구개발사업 연구시설장비 예비타당성 조사 시작	500억원 이상의 연구시설장비 구축 시, 기재부의 예비타당성 조사	정책집행	정책변동 (정책유지)

자료: 이찬구(2016: 371)

3. 정책변동론

1) 정책변동의 개념과 중요성

정책변동은 정책결정과 정책집행을 통해 정책결과가 나타난 후에, 정책환경과 정책문제의 새로운 변화요인을 인식하여 이를 다음의 정책과정에 환류하여 기존 정책을 상황에 맞게 수정 및 종결하는 활동을 의미한다(정정길 등, 2011; 강근복 등, 2016). 즉, 정책변동은 정책결정, 정책집행, 정책평가의 각 단계에서 획득한 새로운 정보를 다음 단계의 정책의제설정 및 정책형성, 정책집행 활동에 환류하여 정책과정 전체를 더욱더 합리적이고 효율적으로 만들기 위한 정책활동이라고 할 수 있다. 따라서 정책변동은 분석적 관점에서는 정책과정의 마지막 단계로 인식할 수 있으나 실제로는 정책과정 전체에서 발생하게 된다(유훈, 2009: 130).

정책과정을 경로의존적인 과거의 추격형에서 미래지향적인 선도형으로 전환하기 위해서는 합리적이고 효율적인 정책변동 관리가 무엇보다 중요해져야 한다. 선도형 정책에서는 과거와 비교할 수 없을 정도로 급격하고 광범위한 대내·외 환경변화에 정책이 적절하게 대응 및 적응할 수 있어야 하고, 이의 중심활동이 합리적·효율적으로 정책변동을 관리하는 것이기 때문이다. 정책과정을 유발하는 사회문제는 정치체제의 환경이 변화함에 따라 성격이 달라지며, 정책집행의 결과로서 나타나는 정책효과의 환류나 기타 영향이 문제의 성격을 변화시키기도 한다. 따라서 정책과정에서 환경과 정책문제의 변화를 적시에 인지하고 파악하여 정책변동을 관리하는 것은 정책효과를 극대화하는 방안의 하나가 될 것이다(정정길 등, 2011: 609-700).

이런 관점에서 정책평가에서 특정 정책의 효과가 미흡한 것으로 밝혀졌다면, 다음의 정책의제 설정에서는 해당 정책이나 하위 사업을 종결시키거나 재구성하는 결정을 해야 하며, 정책형성에서는 기존 정책목표와 정책수단의 당위성과 실현성 등에 대한 검토가 필요하고, 정책집행 단계에서는 정책수단의 능률성 및 정책목표와의 정합성을 판단하는 작업이 필요할 것이다.

2) 정책변동 유형과 상호관계

정책변동은 변화를 추구하는 정도와 범위 등에 따라 변동관리 전략도 달라져야 하므로 정책변동의 유형을 논의하는 유용성이 있을 것이다. 이와 관련하여 Hogwood와 Peters(1983: 27)가 제시한 정책혁신, 정책유지, 정책승계, 정책종결이 정책변동의 일반적인 유형으로 가장 많이 논의된다(양승일, 2014: 50). 여기에서는 연구목적에 부합되는 범위 내에서 핵심 내용을 간략히 논의하고자 한다.

첫째, 정책혁신은 정부가 이전에는 개입하지 않았던 분야에 진출하여 새로운 정책을 수립·집행하는 것으로서, 해당 정책과 관련된 법률, 조직, 예산 등이 없는 경우이다. 이론적 의미에서의 순수한 정책혁신은 현실에서는 드물지만, 정책변화의 상대적 크기에 따른 개념으로 이해할 필요가 있다. 이런 관점에서 Hogwood와 Peters(1983)는 정책혁신을 창조형과 반복형으로 대별하고 있다. 둘째, 정책유지는 환경변화에 따라 기존 정책의 핵심 내용은 그대로 유지하되, 본래의 정책목표를 달성하기 위하여 정책대상자 조정과 집행수단의 변경 등을 추구하는 것이다. 이를 위해 정부는 관련 법령을 개정하고 예산을 조정한다는 점에서, 정부는 환경변화에 대한 수동적 적응 이상의 활동을 한다(유훈, 2009: 141). 정책유지는 정책대상자의 반응 정도에 따라 순응형과 불응형으로 분류할 수 있다(양승일, 2014: 51-52). 셋째, 정책승계는 정부가 동일 분야에서 기존 정책을 새로운 정책으로 대체하는 것이다. 새로움을 추구한다는 점에서 정책혁신과의 유사성이 있으나, 정책승계는 정부가 새로운 분야에 처음으로 진출하는 것이 아니라는 점에서 차이가 있다. 정책승계는 정책을 수정·조정하는 과정에서 다양한 세부 유형이 나타나는데, 선형형, 비선형형, 정책통합형, 정책분할형, 부분 종결형으로 논의할 수 있다(양승일, 2014: 51-52). 넷째, 정책종결은 기존 정책을 의도적으로 중지하거나 종결하는 것을 말한다. 현실에서는 완전한 정책종결보다는 부분 정책종결이나 정책유지·정책승계와의 타협적인 형태로 나타나는 경우가 많으며, 세부 유형으로는 폭발형, 점감형, 혼합형으로 분류할 수 있다(유훈, 2009: 138-139; 정정길 등, 2011: 842-843). 이상에서 논의한 정책변동의 4가지 유형과 각각을 발생시키는 기본성격, 법률, 조직, 예산의 내용을 종합하면 〈표 5〉와 같다.

〈표 5〉 정책변동의 종합적 유형

연도	정책혁신	정책유지	정책승계	정책종결
기본 성격	의도적	적응적	의도적	의도적
법률 측면	기존 법률 부재	기존 법률 유지	법률 제정 및 개정	기존 법률 폐지
예산 측면	기존 예산 부재	기존 예산 유지	기존 예산 조정	기존 예산 폐지
조직 측면	기존 조직 부재	기존 조직 유지 또는 보완	기존 조직 개편	기존 조직 폐지
세부 유형	창조형, 반복형	순응형, 불응형	선형형/비선형형, 정책통합형/분할형, 부분 종결형	폭발형, 점감형, 혼합형

자료: Hogwood와 Peters(1983), 양승일(2014)을 활용하여 재구성)

한편 여러 정책변동 유형 간의 관계는, 정책이 처음으로 만들어지는 정책혁신 이후에 환경변화에 따라 정책산출물이나 정책대상자 등에 대한 낮은 수준의 수정·보완인 정책유지가 이루어진다. 이러한 정책유지는 환경변화에 따라 높은 수준의 수정·변경인 정책승계로 이어지거나 지속 필요성이 없는 정책은 종결된다. 또한 승계된 정책은 다시 환경변화에 따라 정책이 유지되거나, 종결된 정책은 새로운 정책환경에 대응하기 위한 또 다른 정책혁신의 출발점으로 작용하기도 한다(정정길 등, 2011: 709).

4. 기술·경제·사회·정책의 통합 혁신론[2]

최근 국내·외적으로 제4차 산업혁명에 대한 논의가 활발하게 진행되면서, 출연연 정책에서도 정책기조 전환 또는 정책변동의 핵심 요인으로 작용하고 있다. 제4차 산업혁명은 파괴적 기술혁신을 통해 경제혁신과 사회혁신을 달성하고자 한다는 점에서, 향후의 출연연 공공관리 정책은 제4차 산업혁명이 유발하는 혁명적인 사회변화를 적절하게 반영할 수 있는 정책과정이 이루어져야 할 것이다. 즉, 제4차 산업혁명의 성공이 국가 성장동력의 확보로 연계되기 위해서는, 출연연 공공관리 정책의 기조와 방향이 기술개발과 경제성장의 실현을 넘어 사회통합 및 정책역량 증진과 같은 새로운 가치까지도 포함할 수 있어야 할 것이다. 이러한 관점에서 이하에서는 미래 사회의 핵심 정책변동 요인으로 작용하게 될 제4차 산업혁명의 혁명적 변화상을 논의하고, 이를 뒷받침하기 위한 통합혁신의 필요성을 제안하고자 한다.

---

[2] 본 내용은 이찬구 등(2018, 12-34)의 기존 연구를 이 연구주제에 맞게 재구성하여 사용하였다.

1) 혁명적 사회변화로서의 제4차 산업혁명

정책과정의 관점에서 분석할 때, 제4차 산업혁명은 혁명적인 사회변화 (societal change)의 한 유형으로, 출연연 정책에 과거와는 다른 범위와 속도로 작용하는 핵심적인 환경변화로 인식할 수 있다. 첨단 과학기술과 이들의 상호작용 및 융·복합으로 인해 나타나는 파괴적이고 급진적인 기술혁신이, 산업과 경제, 사회와 문화, 정책과 제도에 미치는 영향과 파급효과가 과거와는 전혀 다른 모습으로 전개될 것으로 예측되기 때문이다(Schwab, 2016).

따라서 제4차 산업혁명의 성공과 정착을 위해서는 정책과정 및 정책체계에 투입요소로 작용하는 기술·경제·사회 영역에서의 다양한 혁신활동이 상호 연계되어야 한다. 즉 제4차 산업혁명이 성공하기 위해서는, 첫째, 파괴적 혁신을 이끌어 낼 수 있는 새로운 과학기술 지식의 발견과 응용(기술혁신), 둘째, 급진적인 기술혁신의 결과를 활용할 수 있는 산업구조와 경제체제로의 변화(경제혁신), 셋째, 기술혁신이 수반하는 각종 변화를 수용할 수 있는 개인과 집단 차원에서의 인식과 관련 제도의 전환(사회혁신), 넷째, 혁신을 지원하기 위한 관련 정책 및 제도의 설계와 정책과정 자체의 혁신(정책혁신) 등이 긴밀하게 연계되어야 한다. 따라서 제4차 산업혁명의 환경변화에 대응하기 위한 출연연 공공관리 정책은 기술혁신의 성공이 경제혁신, 사회혁신, 정책혁신으로의 순방향 또는 역방향의 환류로 이어지는 혁신의 '전환'과 '통합'을 가능하게 해야 할 것이다.

2) 제4차 산업혁명 시대의 출연연 공공관리 정책 : 통합혁신 정책

이미 논의하였듯이, 제4차 산업혁명이라는 환경변화는 다양한 기술 분야의 동시다발적인 혁명적 진화를 기반으로 경제혁신, 사회혁신, 정책혁신 등이 총체적으로 이루어지는 패러다임적 변화와 진화라고 할 수 있다.

과거 3차례에 걸친 산업혁명에서는 기술혁신, 경제혁신, 사회혁신, 정책혁신의 과정이 단계적이며 순차적으로 장기간에 걸쳐 나타나는 선형모형 (linear model)이었다. 따라서 개인·기업·사회·정부 등 각각의 혁신주체들은 다가올 환경변화를 예측하여 이에 대응할 수 있는 시간적 여유가 있었다. 이 때문에 과거의 산업혁명 시대에서는 혁신체계 전체적인 관점에서의 통합·연계된 대응보다는 특정 혁신활동에서의 분야별·기능별 대응방식이 상대적으로 효율적이었다.

그러나 앞으로의 제4차 산업혁명에서는 기술·경제·사회 영역에서의 혁신이 동시다발적으로 발생하면서 상호 영향성을 가지게 된다. 따라서 제4차 산업혁명 시대의 정책환경 변화는 선형모형에 의한 분석과 처방으로는 적실성과 타당성을 확보하지 못할 것이다. 또한 제4차 산업혁명에서는 각 분야의 혁신활동이 그 자체로서 종결되지 않고 다른 분야의 새로운 혁신을 유발하는 핵심 동인으로 작용할 것이다. 이처럼 제4차 산업혁명에서는 혁신 자체의 전환이 필요함은 물론 영역별 혁신 간 통합이라는 현상이 동시에 발생할 것으로 예측되고 있다.

이상과 같은 혁신의 전환 및 통합이라는 관점에서 출연연 공공관리를 위한 미래의 정책은 과거의 선형모형과는 달리 (그림 11)과 같이 기술·경제·사회·정책 혁신의 '통합혁신모형'(integrated innovation model) 관점에서 설계할 필요가 있다.

(그림 11) 기술·경제·사회·정책 혁신의 통합모형

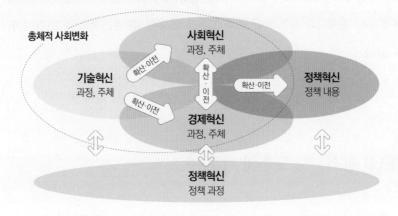

제2절 정책 분야별 고유 이론

출연연 공공관리 정책연구은 조직, 인력, 재정, 지식정보, 시설장비 등의 다양한 영역의 자원관리를 대상으로 하고 있다. 따라서 앞에서 논의한 공공 정책의 분석과 대안 모색에 일반적으로 활용할 수 있는 정책과정과 정책변동 등의 공통 이론 이외에도 분야별 고유 이론의 활용이 필요하게 된다. 이는 정책학이 정책과정(policy process)과 정책내용(policy contents)의 통합적 분석을 통해 실현가능하고 적실성 높은 정책대안을 모색하고자 하는 문제해결을 지향하는 융합학문이기 때문이다.

이런 관점에서 각 정책영역이 기반하고 있는 고유 이론은 이 공동연구의 객관성, 합리성, 타당성 등을 제고하기 위해 필수적이라고 할 수 있다. 따라서 행정학, 경영학, 경제학, 조직학, 사회학, 심리학, 문헌정보학 등 개별 연구주제의 근거 이론을 최대한 활용하여야 할 것이다. 구체적으로는 조직정책에서는 조직학과 조직행태론이, 인력정책에서는 인사행정론이, 재정정책에서는 경제학과 재정학이 고유 이론을 제공할 수 있는 학문적 기반이 될 수 있다.

제3절 정책문제 도출의 기본 구조

우리나라의 출연연 정책, 더 나아가 출연연 공공관리 정책은 과학기술정책을 넘어 국내외의 정치 환경 및 제도와의 깊은 연계성을 가지고 있어, 비합리적인 정책변동과 이로 인한 정책표류가 발생하는 경우가 많이 있었다. 이런 문제인식에서는 이 연구에서는 출연연 공공관리의 정책문제는 정책환경, 정책변동, 정책내용의 다차원적 관점에서 구조화하여 도출하고자 한다.

첫째, 정책환경은 출연연 공공관리 정책에 직·간접적으로 영향을 미치는 현 대한민국의 사회문화와 정치구조 등을 의미하는 것이다. 이러한 정책환경은 단기적으로는 정책실패의 간접적인 원인으로, 장기적으로는 새로운 사회변화의 수용과정에서 장애 요인으로 작용하기 때문에 정확한 분석이 필요하게 된다.

둘째, 정책과정과 정책변동 관점에서는 정책의제 설정과 정책형성 단계에서는 새로운 사회변화와 국민수요를 반영할 수 있는 부단한 정책혁신과 시의적절한 정책종결이 이루어지고 있는지를 판단하여야 한다. 또한 정책집행 과정에서는 정책의 안정성과 지속성을 위하여 적정 수준에서의 합리적인 정책유지와 정책승계의 여부 및 적절성 등을 고려하여야 한다.

(그림 12) 정책문제 도출의 범주화

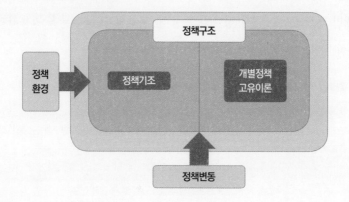

셋째, 정책내용은 정책구조와 분야별 정책의 고유 이론을 활용하여 문제점을 도출할 수 있다. 특히 정책내용의 문제점은 정책변동을 구체화하고 실현하는 과정에서 나타나는 사항으로서, 행정부의 정책형성 및 집행정책 형성과 관련성이 높다. 먼저 정책구조 관점에서는 정책기조, 정책목표, 정책수단 및 도구, 정책대상자 등과 관련된 문제점을 도출해야 할 것이며, 실제적·내용적 측면의 정책문제는 개별 정책의 근거 이론에 의해 최대한 많이 도출할 필요가 있다. 이상의 논의를 바탕으로 출연연 공공관리 정책에서의 정책문제 도출은 (그림 12)와 같이 범주화하여 나타낼 수 있다.

제4절 총괄 분석틀 : 분석 절차와 분석요소

앞에서 논의한 출연연 공공관리 정책의 공통 이론, 정책 분야별 고유 이론, 정책문제 도출의 기본 구도를 활용하여 이 연구의 총괄 분석틀로서의 분석 절차와 공통 분석요소를 제시하면 〈표 6〉과 같이 종합할 수 있다. 한편, 개별 정책에서는 대상 정책의 특성 및 분야별 고유 이론을 활용하여 공통 분석 내용의 수정, 삭제 및 추가가 가능할 것이다.

〈표 6〉 총괄 분석틀 : 분석 절차와 공통 분석요소 및 내용

분석 절차	분석 요소	공통 분석 내용
1단계 정책의 중요성	–	• 일반 조직 및 민간기업과 구별되는 공공 연구개발 수행 조직으로서의 출연연 특성 도출 및 중요성 논의
2단계 정책변동 분석	기본 성격	• 의도적 vs 적응적
	법률	• 관련 정책의 법적 근거 및 제·개정 현황
	예산	• 예산 변화 사항(부재, 유지, 조정, 폐지 등)
	조직	• 조직 변동 사항(부재, 유지/보완, 개편, 폐지 등)
	종합	• 정책변동 유형 분류(혁신, 유지, 승계, 종결)
3단계 정책내용 분석	정책구조	• 정책기조, 정책목표, 정책수단/도구, 정책대상자 등
	개별 이론	• 개별 정책의 근거 이론을 활용한 정책내용의 문제
4단계 정책문제 도출	정책환경	• 미래사회 변화에의 대응성 여부 • 국가·사회의 과학기술·경제·사회적 수요 등
	정책과정	• 정책과정 개관 • 정책변동 원인 및 유형
	정책내용	• 정책기조, 정책목표, 정책수단/도구, 정책대상자 • 개별 정책의 근거 이론에 의한 정책내용의 문제
5단계 정책혁신 방안	논의 방향	• 1단계 : 현행 정책문제 해결을 위한 혁신 방안 • 2단계 : 근원적·장기적 정책문제 해결을 위한 혁신 방안
	전제 조건	• 혁신의 실효성 위한 거시적·포괄적 관점의 해결 사항 (선택)
	정책환경	• 미래사회 변화에의 장·단기적 대응 및 적응 방안 • 통합혁신 정책 추구 등
	정책과정	• 정책과정의 〈혁신성〉과 〈안정성〉 조화의 추구 • 혁신성 : 정책혁신과 정책종결 강화 • 안정성 : 정책유지와 정책승계 균형
	정책내용	• 정책기조, 정책목표, 정책수단/도구, 정책대상자의 혁신 • 실제적·구체적 측면의 정책문제 해결 방안

제 5 장
분석대상 정책 및 연구주제

이 공동연구에서는 제3장의 (그림 10)에서 제시한 연구범위 내에서 〈국가과학기술연구회〉 산하 출연연을 중심으로 공공관리 활동 전체를 대상으로 하는 연구주제를 선정하였다. 다만 지식정보정책은 참여 연구진의 섭외가 어려워 이번 연구에서는 제외하였다. 따라서 이 연구는 출연연의 정책역량을 강화하고 이를 통해 출연연을 미래의 지식창출자로 육성하기 위해 필요한 조직정책, 인력정책, 재정정책, 연구시설장비정책 등 공공관리 정책의 핵심 분야를 대부분 포함하고 있다. 분야별 정책에서는 최근 출연연 현장에서 정책현안으로 거론되는 빈도가 높은 사항들을 중심으로 연구주제를 선정하였다. 종합적으로는 〈표 7〉과 같이 총괄 및 연구설계 외에, 8개의 주제를 선정하여 정책연구를 수행하였다.

〈표 7〉 출연연 공공관리 정책연구의 연구주제 종합

정책 분야			연구 제목
총괄 및 연구 설계			출연연 공공관리 정책의 정책기조 전환 : 지식창출자로 자리매김
조직 정책	조직 설계 정책	대외 조직 설계	1. 과학기술계 정부출연연구기관 거버넌스의 정정성 연구 : 연구회 체제를 중심으로
		내부 조직 설계	2. 출연연 내부 조직설계의 변동 요인과 특성 분석 : 책임성과 자율성의 조화를 중심으로
인력 정책	인력양성 정책		3. 과학기술분야 출연연 재직인력의 연구개발 전문역량 증진방안
	인력유지 정책		4. 조직공정성 이론을 통해 본 출연연 인력유지 정책 사례 연구 : 주 52시간제도, 정년환원, 비정규직의 정규직 전환 정책을 중심으로
재정 정책	재정확보 정책		5. 과학기술 출연연의 안정적 재정확보를 위한 예산편성제도 연구 6. 과학기술 출연연 PBS 제도의 정책변동 분석 : 자율성과 책임성의 균형 확보 방안
	재정관리 정책		7. 정부출연연구기관의 연구비 사용의 자율성 : 국가연구개발사업 법령의 변화를 중심으로
연구시설장비 정책			8. 과학기술 정부출연연을 위한 연구시설장비정책 제안 : 정책의 구성요소별 분석을 중심으로

참고문헌

강근복·김재관·박근후·박정택 (2016), 「정책학」, 서울: 대영문화사.

데일리한국 (2023), "국민 22%, 과학도시 하면 '대전' 떠 올린다"(https://www.hankooki.com/
news/articleView.html?idxno=60170.(2023.03.01.) (2023년 4월 1일 검색)

양승일 (2014), 「정책변동론: 이론과 적용」, 서울: 박영사.

유민봉 (2013), 「한국 행정학」, 서울: 박영사.

유훈 (2009), 「정책변동론」, 서울: 대영문화사.

이공래 (2000), 「기술혁신이론 개관」, 서울: 과학기술정책연구원.

이찬구 (2016), "연구장비 공동활용 정책의 ㅈ비행 효율화 방안 : 정책ㅈ비행의 상향적 접근방법을
중심으로", 「기술혁신학회지」, 19(2) : 368-394.

이찬구·오현정·김은미 (2018), "과학기술정책학의 패러다임 논의 : 학문적 정의와 연구범위를 중심
으로", 「기술혁신학회지」, 21(1) : 1-32.

이찬구·이장재·고용주·최병철·황규희·황병상 (2018), 「한국 제4차 산업혁명 연구」, 대전: 임마누엘.

이찬구·장문영·손주연·이향숙 (2022), "국가성장동력 정책의 변동 분석 : 정책문제와 정책혁신 방향",
「기술혁신학회지」, 25(2) : 193-226.

이향숙·이찬구 (2021), "기술혁신 개념의 새로운 탐색", 「기술혁신학회지」, 24(4) : 777-798.

이향숙·유인혜·조민혁·이찬구 (2022), "기술·경제·사회혁신의 확산요인 탐색 : 통합혁신모형 개발을
중심으로", 「기술혁신학회지」, 25(4) : 687-715.

정선양 (2021), 「연구개발경영론」, 서울: 시대가치.

정정길·최종원·이시원·정준금·정관호 (2011), 「정책학원론」, 서울: 대명출판사.

한국과학기술기획평가원 (2022), 「2021년도 국가연구개발사업 조사·분석보고서」, 충북 진천.

황병상 (2019), "한국 제4차 산업혁명 정책의 발전방향 논고: 정책문제 정의 및 정책의 구성요소를
중심으로", 과학기술정책연구원, 「과학기술정책」, 2(1): 5-30.

Hogwood, B. W. and G. B. Peters(1983), *Policy Dynamics*, N.Y.: Martin's Press.

Nonaka, I.(1994), " A Dynamics Theory of Organizational Knowledge Creation",
Organization Science, 5(1) : 14-37.

Schwab, K.(2016), *The Fourth Industrial Revolution*, Genova: World Economic Forum.

> Analysis of the Public Management Policy for
> Government-funded Research Institutes

제2부

출연연 공공관리 정책 분석

조직 정책

제1장 외부조직 설계정책 – 정용남

제2장 내부조직 설계정책 – 고순주

제**1**장

과학기술계 정부출연연구기관 거버넌스의 적정성 연구
: 연구회 체제를 중심으로

정용남

이 글은 필자가 「기술혁신학회지」 제26권 제4호(2023.8.31.)에 게재한 논문으로서,
교육 및 연구용으로만 활용하는 조건으로 여기에 싣게 되었음을 밝힙니다.

제1절 서 론

한국에서 과학기술계 출연(연)의 역사는 근 60년 가까이 되었으며, 현재 운영 중인 출연(연) 관리체제로서 연구회 시스템도 거의 25년이 되어가고 있다. 한국에서 출연(연)은 설립초기인 60~70년대 대학과 산업체의 연구 역량이 충분치 않을 때 지식생산 등을 통해 경제발전에 큰 기여를 하였으나 이후 다른 혁신주체들의 성장으로 이의 역할에 대한 문제제기가 자주 있어 왔으며, 이 때문에 정부변동 등을 계기로 인해 이의 관리방식이 여러 차례 변화되었다. 관리방식 변화는 거버넌스 구조의 변화로 요약해 볼 수 있는 데 80년대 과학기술처(이하 과기처) 산하로 통합 집중화, 90년대 부처 분산 관리, 1999년 국무조정실 산하 3개 연구회로 통합 관리, 2004년 3개 연구 회의 과학기술부(이하 과기부) 산하 이관, 2008년 3개 연구회가 2개 연구 회로 재편되어 교육과학기술부와 지식경제부 산하로 이관, 2014년 통합연 구회인 국가과학기술연구회가 설립되면서 미래창조과학부(현재 과학기술 정보통신부) 산하로 이관된 것이 모두 거버넌스의 변화이다. 대부분의 변화 는 정부의 변동과 같이 발생하였으며 특별히 1999년 도입된 연구회제도는 신공공관리(New Public Management)와 같은 정부개혁 트렌드의 영향을 받은 출연(연) 거버넌스 구조의 큰 변동이라 할 수 있다. 연구회제도는 원래 유럽 대학 등에서 연구공동체의 자치(self-governance)가 강조되어 직접적인 국가간섭을 배제하고, 이들에게 자율성을 보장하는 한편, 정치세력이 연구회를 통해 직접적으로 대학 등에 영향을 미치려는 의도 때문에 나타난 타협의 산물이라 할 수 있다(Aagaard, 2017). 이 연구회 제도는 중간 기구 형태를 띠는데, 우리나라에서는 연구회를 통해 정부부처와 출연(연)의 관계를 기존의 계층제적 관계, 직접적 관계, 부처 집권적 관계에서 시장적 관계, 간접적 관계, 분권적 관계로 거버넌스를 변화시키려는 목적이 있었다. 하지만 연구회 도입 이후 수 차례의 개편에도 불구하고 연구회 체제에 대한 적정성 문제가 계속해서 제기되고 있다.[1]

정부의 통제는 계속되고 있으며, 출연(연)은 자율성과 독립성 부족 문제를 거론하고 있고, 출연(연)의 성과 미흡과 출연(연) 역할의 모호성에 대한 문제가 지적되고 있기 때문이다. 본 연구는 이와 관련해서 연구회 체제 거버넌스의 적정성을 탐색하고자 한다. 이 연구는 그동안의 거버넌스 개편 논의가 구조 중심이었던 한계를 인식하고 거버넌스를 정부의 통제, 출연(연)의 자율성에 초점을 맞춰 출연(연)을 둘러싼 이해관계자 간의 권한 관계에 초점을 맞추고자 한다. 이와 함께 연구회 거버넌스 논의에서 계속 논란이 되어 왔던 출연(연) 소속과 분류 문제, 그리고 연구회 거버넌스 변동에 따른 성과 문제도 살펴보려고 한다. 이는 정부가 출연(연)에 연구회체제를 도입

---

1) 적정성 문제에 대한 논의는 2장 선행연구 부분에 기술되어 있다.
2) 1999년 제정된 「정부출연연구기관 등의 설립·육성 및 운영에 관한 법률」은 제1조(목적)에서 '국가 과학기술 혁신체제의 구축과 과학기술분야 정부출연연구기관의 경영 합리화 및 발전을 도모', 제 10조에서는 '연구기관은 연구와 경영에서 독립성과 자율성이 보장된다'고 명시되어 있다.

하면서 천명했던 정책 복적 달성의 평가 차원과도 연결되기 때문이다.[2]

출연(연)은 과학기술혁신 정책의 중요한 도구이기 때문에 정책환경 변화에 따라 적정하게 운영될 필요도 있다. 최근의 혁신 정책에서는 특히 유럽을 중심으로 기존 과학중심, 혁신체제론적 중심에서 점차 전환적 혁신 정책(transformative innovation policy), 새로운 미션 중심의 혁신 정책(mission-oriented innovation policy)이 강조되고 있다(Larrue, 2021). 이는 새로운 기술 대응, 새로운 도전 문제 해결 차원에서 강조되는 것으로 이전의 혁신정책들이 경제적 성장이나 좁게 정의된 미션에 초점을 맞추고 있어서 새롭게 등장하는 거대한 사회적 도전을 제대로 다루지 못하는 문제 지적과 관련이 있다(Ulmanen et al., 2022). 주요한 과학기술혁신 정책의 도구인 출연(연)에 대해서도 새로운 역할이 요구되고 있으며, 이에 따른 적절한 거버넌스가 필요할 수 있다(Lepori et al., 2023; Kuhlmann et al., 2019). 적절한 거버넌스 변화는 문제를 해결하고 성과를 제고하는데 매우 중요하기 때문이다. 이 연구에서는 출연(연) 거버넌스의 개선 시사점을 얻기 위해 전환적 혁신정책 관점에서도 출연(연) 거버넌스의 문제와 개선 방향을 검토해 볼 것이다.

이 연구의 분석 대상 출연(연)은 국가과학기술연구회 소속 출연(연)이다.[3] 적정성에 대해서는 1999년 3개 연구회 체제 출범 이후 2개 연구회, 통합연구회로 변화되는 과정을 보면서 제도 변화 분석, 연구활동에 대한 자료를 활용하여 역사적·해석적 접근을 시도한다. 앞에서도 언급했듯이 출연

---

3) NTIS에서는 부처 소속 출연(연) 등을 모두 포함해 출연(연)구기관을 84개로 구분하고 있다. 이 연구에서는 국가과학기술연구회 소속 기관을 대상으로 하고 있다.

(연) 거버넌스를 다루는 것은 출연(연)이 정부의 중요한 혁신정책의 도구이기 때문이다. 출연(연)에 초점을 맞추고 있지만 연구결과는 우리나라 과학기술 혁신정책 및 연구개발 시스템 개선에도 상당한 시사점을 제공할 수 있을 것으로 본다.

이 연구의 구성은 다음과 같다. 제2장에서는 선행연구와 분석을 위한 이론적 논의들에 대해 다루어 볼 것이다. 제3장은 분석 틀과 분석 방법에 대한 부분이다. 제4장은 연구회 출범 이후를 중심으로 실제 거버넌스의 모습을 권한 관계 등의 차원에서 살펴보고 다양한 관점에서 거버넌스의 적정성을 분석해 본다. 제5장은 분석 종합과 토의이며, 제6장은 결론 부분이다.

제2절 선행연구 및 이론 검토

1. 출연(연) 거버넌스 적정성 관련 선행연구

출연(연) 거버넌스 문제를 다루는 선행연구는 적지 않다. 특별히 본 연구의 분석 대상인 연구회 체제에 대해서는 출범 전과 이후 몇 번에 걸친 개편을 전후해서 관련 논의가 많았다. 출연(연) 거버넌스에 대해서는 최근에도 계속해서 논의되고 있는데, 구조와 관리, 통제 시스템 차원에서 거론되는 거버넌스 개념의 모호성 때문에 논의하는 방식도 매우 다양하다.[4]

출연(연) 거버넌스 적정성 문제는 우선 구조적인 관점에서 1998년 출연(연) 연구회 체제 개편 논의 과정에서부터 거론되었다. 당시는 조직적 측면에서 연구회 체제가 당초 기획과정에서 추진했던 안과는 달리 매우 형식적인 기구로 만들어지고,[5] 출연(연)의 법인격이 유지되면서 다른 체제에 대한 변동이 없었기 때문에 문제가 있다는 지적이 있었다. 김계수·이민형(1998), 유성재(1999) 등은 출연(연) 위의 다양한 상층구조의 복잡성, 기관장 선임에 대한 정부의 간섭 가능성을 지적하였다. 연구회 체제 출범 이후에도 이의 적정성에 대한 다양한 논의가 있었다(정용남, 2011). 전자신문(2000), 이진주(2000), 김계수(2000), 김계수·이민형(1998), 김은영(2001), 유성재(2002), 정선양(2002), 민철구(2002) 등의 논의가 대표적이다. 이 논의들은 거의 유사하게 연구회가 실권이 없는 옥상옥이며 전문성이 떨어진다는 것, 예산회계구조와 지배구조 간 불일치, 출연(연)과 타 혁신주체 간 역할 중복, 출연(연) 간 중복, 연구회 간 중복, 출연(연)과 연구회가 모두 법인격을 가지고 있는 문제,[6] 연구회가 출연(연) 기능조정 권한이 없다는 점, 당연직 이사들의 영향력이 과도하며, 연구회가 예산배분권을 가지고 있지 않다는 점, 그리고 연구회가 속해 있는 국무조정실의 연구관리 조정기능에 대한 문제들을 지적했다.[7]

연구회 소관 부처의 전문성 문제가 많다는 지적이 있어, 2004년 과학기

---

4) 거버넌스는 사전적으로는 '국가 관리, 기업이나 조직을 통제하는 활동'의 의미로 정의된다(www. oxfordlearnersdictionaries.com). 주체들이 지시되고 통제되는 시스템으로 여겨져서, 의사결정, 책임성, 통제 등에 대한 구조와 과정과 관련이 있다(www.governancetoday.com).

5) 기획과정에서는 독일의 막스플랑크, 프라운호퍼 등 Gesellshaft가 모델이었다. 연합이사회 개념을 논의하기는 했지만, 연구회 논의를 본격적으로 거론하면서 연구회를 통한 소관 연구기관들의 기능조정까지 고려하였다. 하지만 법률안 마련 과정에서 당초 기획과는 달리 연구회의 기능이 대폭 축소되었다.

6) 정선양(2002)은 이 문제를 독일의 사례를 들어 지적하였다.

7) 정용남(2011, 169)의 연구는 연구회 체제의 출범과 관련해서 거버넌스 문제와 관련된 기존 논의를 정리한 표를 제시하고 있다. 손석호(2019)의 연구는 각 시기별로 연구회 체제에 대한 문제점 지적 논의를 표로 제시하고 있다.

술계 3개 연구회는 과학기술부 역할재편(과학기술부총리제 등)을 계기로 소관 기관이 국무조정실에서 과학기술부로 변경되었으며, 2008년 이명박 정부 출범 후 연구회는 2개 연구회로 축소되어 기초기술연구회는 교육과학기술부, 산업기술연구회는 지식경제부로 소관이 변경되었다. 2개 연구회 출범 이후에도 유사한 문제들이 지적되었다. 낮은 출연금, PBS 등 예산지원 체계 문제, 조직 유연성과 출연(연)간 협업 부족 및 양대 연구회 역할 조정 문제, 인력 관리 문제, 대학 및 민간기업의 연구개발 역량 변화에 따른 출연(연) 미션 정립 문제, 출연(연) 성과 미흡문제 등이 그것이다(이장재·황지호, 2008; 이기종, 2009)

2014년에는 2개 연구회를 통합하여 국가과학기술연구회가 발족되었으며 미래창조과학부(현 과학기술정보통신부)로 소관이 변경되었다. 통합연구회 출범 이후에도 출연(연)이 독립법인으로 존속하여서 연구회가 각 출연(연)에 대한 관리·감독권, 인사권, 자원 배분권의 실질적 행사에 많은 제약이 있으며, 연구회의 리더십이 부족하여 환경변화에 따른 개혁이 정체되고 있다는 점이 지적되었다. 이와 함께 연구회 산하 출연(연)들의 성과 미흡, 기관이 독립 법인으로 존속하고 있어 예산의 비효율이 발생하며, 연구회 출범 이후에도 실질적인 융합연구가 이루어지지 못하고, 많은 기관들이 임무를 재정립하는 과정에서 과제가 중복되고 트렌드를 좇은 과제가 주를 이룬다는 비판이 있었다(강효상, 2016). 이민형 외(2018)는 연구회의 독립성과 자율성의 한계로 출연(연)의 실질적인 관리 주체로서의 역할 미비, 통합연구회 출범 이후에도 행정지원 중심 운영 한계가 지속되고 있다는 점을 지적하였다. 이와 함께 법적 다층 지배관계로 중복적이고 경직적인 지배환경이 계속되고 있으며, 이로 인한 창의성과 도전적 환경 조성에 필요한 자율과 책임 체계의 훼손 위험을 언급하였다.

출연(연) 거버넌스 문제는 최근의 언론 보도에서도 반복해서 지적되고 있다.[8] 출연(연) 재직자의 입장에서 정리된 부분이 적지 않지만, 거버넌스 문제에 대해서 연구회가 국무조정실에서 부처 산하로 이관되면서 자율성을 상실했다는 점, 연구회 이사진 구성에서 당연직 이사(정부 부처)들의 영향력이 과다하다는 점 등이다. 연구회가 적극적인 상향식 의견 개진보다는 정부의 출연(연) 관리를 위한 대리인 역할에 그치고 있다는 점도 지적되었다.

논의를 종합하면 출연(연) 거버넌스와 관련된 주요한 문제들은 연구회 출범 당시부터 현재까지 해결되지 않고 계속해서 반복되는 것으로 나타난다.

이러한 지적들과 함께 문제의 원인 분석 및 처방들도 다수 제시되었다. 처방의 경우는 근본적 해결책보다는 드러나는 문제점에 대한 대증적 접근이 적지 않다(이민형 외, 2018). 일부 연구는 과학기술계 출연(연)의 독립성과 자율성을 전제하여 출연(연) 거버넌스의 문제점을 기술하고 대안을 제시하는 동어반복적인 측면이 있다. 예컨대 김용훈·오영균(2008)의 경우는 과학기술계의 경우 특히 이명박 정부 개편을 두고, 할데인원칙에 부합하는 지배구조가 바람직스러우나 정부 부처 소관으로 변화하였다고 비판하면서, 부처 소속 연구회 체제 운영이 출연(연)의 특성을 무시하였다고 보았다. 출연(연)의 문제를 해결하는 데는 출연(연)의 자율성이 보장되어야 하며 소관 부처를 예전의 국무총리실로 재환원해야 한다고 강조하는 최근의 주장들도 이에 해당된다.

한편 출연(연) 문제가 계속되는 부분에 대해서 김용훈·윤지웅(2008)은

---

8) 출연(연)에 대한 문제는 최근 동아사이언스에서도 특집으로 다룬바 있다(2023.2.20.~2023.3.21.).

연구회의 기관통폐합권과 출연(연)의 법인격 간 정합성이 결여되어 연구회 체제를 통한 출연(연)구기관의 유연성을 확보한다는 목적 달성이 어려운 점을 지적하고 있다. 또한 연구회가 정부 출연(연)의 경영 목표 및 예산승인권을 부여받고 있지만 과기부가 실질적인 조정기능을 수행해서 연구회가 부여받은 경영 목표 및 예산승인권은 형식적이며 연구회의 운영원리와 과학기술부의 운영원리 간 정합성 문제가 있다고 보았다. 하민철·김영대(2009)는 정부통제구조와 자금지원방식을 출연(연) 거버넌스 문제의 핵심적 요소로 파악하고 있다. 정병걸(2012)은 국가연구개발사업에 참여하는 부처의 다원화와 경쟁적 관계가 문제를 촉발하였다고 보며, 이러한 부처의 통제가 출연(연)의 연구 자율성을 약화시키고 출연(연)이 장기적이고 창의적인 연구에 몰두할 수 없게 만든다는 점을 지적한다. 이와 함께 연구 효율성 향상에 초점을 맞춘 출연(연) 제도가 단기적 성과에 집착하는 행위 양식을 강화하는 문제가 있다고 보는데 PBS 중심 제도가 이를 심화시키고 있다고 본다. 이민형 외(2018)는 다층적 지배구조하에서 정부가 실질적인 지배력을 발휘하고 있음을 언급하고 출연(연)의 관리주체인 연구회의 권한과 역할이 명확하게 설정 및 발휘되지 못함을 지적한다. 권성훈(2021)은 출연(연)의 임무와 역할에 관한 사항이 법률 등에서 정의되지 않아 재정립 논의가 반복되는 경향이 있다는 점을 지적하기도 한다.

정용남(2011)은 연구회 제도의 문제가 반복되는데 대해 제도 도입과정에서부터 표류 문제를 언급하였다. 그는 도입과정에서 다양한 이해관계자들의 영향 때문에 당초 의도했던 방향으로 개혁이 이루어지지 못한 것으로 보고 있다. 김성수(2013)는 이명박 정부 당시의 출연(연) 선진화 정책의 표류를 정부 관료 주도적인 정책결정체제의 특성이 크게 작용하면서도 정책결정체제에 형성되는 거부점을 극복할 일관된 정책 주도 세력이 형성되지 못하는 점을 거론하였다. 종합하면 출연(연) 체제의 적정성 문제를 다루는 학자들의 논의는 대부분 비슷한 관점에서 문제에 접근하는 것으로 볼 수 있다. 즉 출연(연) 정책을 둘러싸고 다양한 행위자들의 상호작용이 있으며, 권한을 가진 부처 등이 출연(연)의 거버넌스에 대해 상당한 영향력을 행사하고 있다는 점을 지적하는 부분이다. 이는 출연(연) 거버넌스 문제를 행위자들의 권한 관계 차원에서 논의할 필요성을 강조하는 것으로 보인다. 같은 맥락에서 연구회 체제가 빈번하게 변경되는 부분, 출연연의 역할과 성과에 대한 지적은 각각 출연(연) 분류와 소속의 문제, 거버넌스 변동에 따른 출연(연) 성과 분석의 필요성을 시사하는 것으로 볼 수 있다.

2. 거버넌스와 권한 관계

거버넌스 개념의 모호성으로 거버넌스 논의가 매우 복잡하지만, 위에서 학자들이 언급하고 다루는 출연(연)의 경우 관련 행위자간 권한 관계(authority relation) 차원에서 보는 것이 필요한 것으로 나타난다. 권한관계는 구조의 중요한 부분인데, 권한을 가진 행위자들에게 초점을 맞추어 어떻게 권한이 만들어지고 실행되는지에 대해 관심이 있다(Gläser, 2010; Whitley, 2012). 출연(연) 거버넌스 논의에서 지속적으로 거론되는 것으로는 정치인(입법부)-부처-연구회-출연(연)의 권한에 대한 문제이다. 구조 변경에도 불구하고 연구회의 권한 부족, 예산부처의 과다한 통제, 국가연구개발사업을 수행하는 부처들의 영향력 과다, 출연(연)의 자율성 부족 등이 모두 권한 관계에 대한 부분이다. 이러한 부분을 고려하지 않고 연구회

구조 및 소관 부처를 변경하는 것의 효과는 기대보다 크지 않을 수 있다. Rosenau(2007)는 거버넌스와 관련해서 "거번을 하는 것은 권한을 실행하는 것"이라고 보았다. 권한을 갖는다는 것은 통치할 수 있는 권한, 지시를 내리는 권한을 갖는다는 것으로 인식된다. 실제 거버넌스 변동에서 관련 행위자들이 권한을 제대로 실행하는가는 중요한 부분이다. 출연(연)에 적용해 보면 정부 부처들은 다양한 자원을 가지고 출연(연)에 통제할 수 있는 권한을 가지는 것이 일반적이다. 출연(연)이 부처에 복종하도록 하는 권한이다. 정부의 통제가 완화되는 부분은 출연(연)이 상대적으로 자체적으로 결정할 수 있는 권한 즉 자율성을 가지게 된다. 연구 조직 차원에서 거버넌스 행위자들의 권한 관계를 다룬 연구들로는 Whitley(2012)의 논의가 두드러진다. 그는 특별히 지식혁신과 조정에 대한 권한 관계 변화의 영향을 언급하였다. 그는 행위자들로 국가 및 기관들, R&D 지원기관(펀딩기관), 공공연구소 전략관리자, 과학엘리트, 연구그룹, 개인 연구자 등을 들었는데, 특히 국가의 조정능력 증가나 경쟁적인 자원 배분 및 성과 모니터링 강화가 각각 국가기관 권한, R&D 지원기관 권한, 개별 연구소 조직 경영진의 권한에 어떻게 영향을 미치는지를 다루었다.

연구회 체제로의 출연(연) 거버넌스 변화는 상당 부분 행위자 간 권한 관계 변동을 의도하는 것이었다. 연구회는 부처로부터 출연연을 분리시켜 출연(연)에게 자율성과 독립성을 부여하려는 것이었기 때문이다.

Whitley(2012)의 논의에 바탕을 두고 Cruz-Castro and Sanz-Mendendez(2018)는 연구소의 권한과 자율성에 대해 다음의 〈표 1〉과 같은 논의를 하고 있다. 특별히 재정지원 유형에 따라 연구소 관리자와 연구자 간 권한 변동이 일어나는 부분을 자세히 기술하고 있는데, 재정지원 방식에 초점을 다루는 차원이지만 참고할 만한 논의 틀로 보여진다.

　Cruz-Castro and Sanz-Menéndez(2018) 논의를 보면 자율성이 있는 출연금(운영비, 급여 등 용도가 정해진 출연금과는 다름)은 조직의 권한을 크게 그것도 관리자의 권한을 크게 할 수 있다. 반면 조직 차원에서 프로젝트 기반의 수탁은 조직의 관리자나 연구자에게 크게 권한을 부여하지 않으며, 부처나 재정지원 기관의 권한을 크게 하는 부분이다. 출연(연)을 둘러싼 권한 관계는 출연(연)에 대한 자율성 및 통제와도 직접적으로 연결된다. 이에 대해서는 공공기관의 자율성과 정부의 통제에 대해 언급한 Verhoest 외(2004)의 논의를 참고할 필요가 있다. 이들은 자율성과 통제 차원에서 1) 공공기관이 자체적인 의사결정 능력을 보유하는 자율성(이에 대비되는 정부의 통제는 사전 승인 중심의 통제임)으로 관리적 자율성과 정책적 자율성을 2) 실제 의사결정에 대한 정부의 제약에 대해 공공기관이 방어하는 자율성(이에 대비되는 정부의 통제는 공공기관의 역량 활용에 대한 통제임)으로

〈표 1〉 재정지원과 행위자 권한과의 관계

지원 대상		지원 유형		권한 증가 예상
조직	⇨	정해진 포괄보조금(운영비, 급여 등)	⇨	없음
	⇨	재량이 있는 포괄보조금	⇨	관리자
	⇨	성과기반 지원	⇨	관리자
	⇨	프로그램 지원	⇨	외부 기관
개인 연구자	⇨	호기심 주도 연구	⇨	연구자, 연구책임자
	⇨	문제해결 또는 정책우선순위 프로젝트	⇨	외부 기관
	⇨	산업체 계약	⇨	산업체

자료: Cruz-Castro and Sanz-Menéndez, 2018

구조적 자율성, 재정적 자율성, 법적 자율성, 개입적 자율성을 들고 있다.

Verhoest 외(2004)의 논의를 정리해 보면 〈표 2〉와 같다. 이러한 기관의 자율성과 정부의 통제 차원은 정도 차원에서 다양하게 정리될 수 있다. Verhoest 외(2004)는 각 자율성을 4개의 단계(최저 수준, 낮은 수준, 높은 수준, 최고 수준)로 정리하고 있다. 〈표 2〉는 공공기관이 누리는 최고 수준의 자율성 차원을 발췌·정리한 것이다.

아래의 표에서 보면 공공기관이 정부의 간섭이 없이 모든 것을 스스로 결정하고 정할 때 최고 수준의 자율성을 누린다고 할 수 있다. Bach(2018)

〈표 2〉 Verhoest 외(2004)의 자율성 차원

구분	공공기관 자율성	정부의 통제	자율성의 정도(최고수준)
자체적 의사결정 능력보유 자율성	관리적 자율성	규칙을 통한 투입의 사전적 통제	기관이 원칙, 절차, 거래와 같은 관리의 모든 측면에 대해 자신이 결정할 경우 최대의 관리적 자율성을 가짐(고도의 전략적 관리 자율성)
	정책 자율성	과정에 대한 사전통제, 규칙 등을 통한 성과통제	기관이 정책목표, 사용할 정책수단, 정책과정에 대해 자신이 결정할 경우 최대의 정책적 자율성을 가짐. 기관이 일반적 규제사항을 정할 수 있는 경우도 포함(고도의 전략적 정책 자율성)
실제 의사결정에 대한 정부의 제약을 방어하는 자율성	구조적 자율성	기관장에 대한 계층제적 통제, 이사회 등을 통한 통제	기관의 장이 감독위원회에 의해 지명되고 평가되며, 감독위원회의 대표자 다수는 제 3자로 구성됨
	재정적 자율성	기관 재원을 통해 기관 의사결정을 통제	기관은 중앙정부 아닌 다른 곳으로부터 재원을 충당함
	법적 자율성	기관의 법적 지위 변경을 통한 통제	기관은 민법에 의한 법인격을 가짐
	개입적 자율성	보고 요구, 평가, 감사 등을 통한 통제	기관은 중앙정부에 대한 보고의무사항이 없으며, 평가나 감사의 대상도 아님. 중앙정부에 의한 개입이나 제재의 위협도 없음

자료: Verhoest et al.(2004)를 필자가 재정리

는 이와 유사한 맥락에서 행정적 자율성 개념을 언급하고 있다. 이 개념은 공공기관이 자신의 선호를 결정하고 자신의 선호를 행정행위로 전환시킬 수 있는 능력을 의미하는 것이다. 하지만 Bach(2018)는 공공조직이 정치 체계 내에서 결코 다른 행위자들로부터 분리될 수 없으며, 이들은 유권자가 정치인(선출직 공무원)에게, 이들이 부처, 다른 조직에 권한을 위임한 [위임 사슬]의 한 부분으로 있어서 자율성의 한계가 있다고 본다.

각 자율성 차원에서 보면 가장 낮은 수준의 관리적 자율성은 모든 부분에 대해 정부가 정하는 것을 의미하며, 정책적 자율성의 경우도 가장 낮은 수준은 공공기관 스스로 할 수 있는 부분이 하나도 없는 경우를 말한다.

가장 낮은 구조적 자율성은 정부와의 계층적 관계에서 이사회 등도 없이 일방적인 지시를 받는 것을 말한다. 최저 수준의 재정적 자율성은 100% 정부의 지원을 받는 경우를 말하며, 법적 자율성이 낮은 경우는 정부 조직과 같이 법인격 없이 정부의 부문으로 기능하는 경우이다. 개입적 자율성은 기관의 모든 운영이 엄격한 규범에 따라 중앙정부에 의해 통제되는 것이며, 위반은 큰 제재와 개입을 가져오는 것이다(Verhoest et al., 2004).

위에서 자율성을 언급했지만 Verhoest 외(2004)에 따르면 통제는 자율성의 반대 개념이다. 예컨대 관리적 자율성이 앞에서 기관이 스스로 모든 것을 할 수 있는 것이라면 관리적 통제는 정부가 사전에 정해놓은 규칙과 절차에 의해 기관의 의사결정 능력을 사전에 제한하는 것이다.

한편 자율성의 강화와 관련해서는 자율성의 패러독스 문제도 지적된다(Mazmanian et al., 2013). 규제되지 않은 자율성은 오히려 협력의 동기를 저하시키며, 모니터링을 통한 성과제고에도 문제가 있는 것으로 알려져 있다. 이와 관련해서 자율성 강화를 통한 투입 및 과정 통제의 축소 때문에 오히려 성과에 대한 엄격한 통제의 모습도 보인다는 점도 거론된다(Verhoest et al., 2004).

위의 논의를 요약하면 단순한 구조변경으로 자율성과 통제 문제를 해결할 수 없으며 다양한 관점에서 정부와 공공기관의 관계를 다룰 필요가 있는 것으로 볼 수 있다. 한편 위의 Verhoest 외(2004)의 논의는 공공기관 대부분에 대해 적용할 수 있지만 출연(연)에 대해서는 일부 적용성에 문제가 있어 논의는 부분적으로 수정 적용할 필요성이 있는 것으로 보인다.

3. 공공연구소 형태와 거버넌스

연구회 체제 도입은 공공연구소 운영 방식을 변경하는 것으로 운영과 관련해서는 우선 다양한 연구소 형태들을 살펴보는 것이 필요하다. 연구소 운영 방식에 따른 유형 구분으로는 Bozeman and Crow(1990), Arnold 외(2003), Sanz-Menéndez 외(2011) 등의 논의가 대표적이다. 이들의 분류가 한국 출연(연)에 그대로 적용되기는 어려우나 재정지원 형태와 연구활동(지향) 차원에서 연구소들을 유형화하는 것은 참고할 부분이 적지 않다. 미국의 다양한 연구소 유형 구분을 한 Bozeman and Crow(1990)는 재정지원의 소스 및 연구지향에 따라 9개의 유형을 분류하였다. 1) 공공 과학연구소(전통적인 공공연구소로 기초 및 장기 응용연구 수행. 정부소유 또는 GOCO 방식) 2) 혼합 소스의 과학연구소(정부가 제시한 연구를 주로 수용하며 미션지향, 원천 및 제한적인 개발연구 수행. 다양한 재원확보를 위한 연구 수행) 3) 민간 니치 과학연구소(독립적이며 좁은 범위의 연구의제 추구. 정부 지원을 받지 않고 재단의 형태로 운영) 4) 공공 과학 및 기술연구소(복잡하고 다양한 연구의제를 가짐. 시장의 영향을 일부 받는 정부지원 연구시설) 5) 혼합 소스의 과학 및 기술연구소(정부와 민간기업이 밀접한 관련을 갖는 연구소이며 독립적 연구의제를 추구. 응용지향이며 국가적으로 중요한 연구 및 기술문제를 해결하기 위해 원천연구를 수행) 6) 민간 과학기술연구소(민간기업의 연구소로 시장의 영향을 받으며, 정부의 재정지원을 거의 받지 않음) 7) 공공 기술연구소(국가적 필요를 해결하기 위해 공공으로부터 재정지원을 받는 기업의 연구센터) 8) 혼합 소스의 기술연구소(정부와 민간으로부터 재정지원을 받는 기술 및 시장 개발 연구센터. 연구서비스 또는 기술지원 지향) 9) 민간기술연구소(전형적인 산업연구소로 완전히 시장지향이며 정부와 상호작용을 거의 하지 않음. 개발 및 응용지향) 이 그것이다. 이 중에서 재원(펀딩)과 연구지향에 따라 공공부문의 연구소로 분류될 수 있는 것으로는 공공 과학연구소, 혼합 소스의 과학연구소, 공공 과학 및 기술연구소, 혼합 소스의 과학 및 기술연구소, 공공 기술연구소, 혼합 소스의 기술연구소로 볼 수 있다. 출연(연)과 관련해서는 이념형적으로는 대학 외의 순수 공공연구소를 다루고 있는 Sanz-Menéndez 외(2011)의 논의를 참고할 만하다. 이들은 연구소를 1) 공공연구센터(Public Research Centre-PRC, 학술 또는 기초연구), 2) 미션지향연구센터(Mission Oriented Research Centre -MOC, 응용 및 사용 지향), 3) 연구기술조직(Research Technology Organization-RTI, 상업지향), 4) 독립연구소(Independent Research Institute-IRI, 파스퇴르 4사분면 유형)로 구분하고 있다. Cruz-Castro 외(2020, 2023)는 위의 구분에는 해당하지 않지만, 최근 환경변화에 따라 새롭게 등장하는 다양한 유형의 연구소를 제시하고 있다. 아래의 〈표 3〉은 Cruz-Castro 외(2020, 2023)의 논의들을

구분	미션지향센터 (MOC)	공공연구센터 또는 연구회(PRC)	연구기술조직 (RTO)	독립적인 연구소(IRIs)
주요 기관	미국 국립연구소 (NASA, NREL)	스페인 CSIC, 독일 막스플랑크	독일 프라운호퍼, 네덜란드 TNO, 핀란드 VTT	"다분과 연구센터", 스페인 CNIO 등
연구소 특징	타율적 연구조직	자율적 연구조직	관리되는 연구조직	자율적 연구조직에 가까움
지위	국가 수준에서 정부 부처 소유 또는 운영	상당한 규모를 가진 총괄 기관	자주 준공공영역 (정부에 의해 소유 되는 경우라도), 비영리 부문	준공공, 공공부문과 민간부문의 경계에 있음
주요 미션	공공정책 문제 해결에 기여	지식개발(지식은 본질 적으로 원천적이며 저널 출판이 강조)	경제적 가치 창출	지식개발(과학적 우수성 및 응용잠재력 연구)
주된 초점	특정 부문의 연구를 수행, 정책형성을 지원	기초 및 응용 연구 수행	연구와 민간부문 혁 신을 연계	이슈나 문제에 초점을 둔 기초 및 응용연구 수행
최근 경향	산출물이 다양해 지고 있음. 표준화, 측정 등	최근 기술이전에 대한 압력을 받음. 재정 지원 역할은 축소	민간부문과 사회를 위한 과학기술의 개발과 이전	최근에 신설되는 조직으로 매우 혁신 적임
연구의제 선택시 전략적 자율성	경영진에게는 높고 연구자에게는 낮음	경영진에게는 낮고 연구자에게는 높음	경영진에게는 높고 연구자에게는 중간	–
연구의제 선택시 운영적 자율성	연구자에게는 중간	연구자에게는 높음	연구책임자에게는 높고, 연구자에게는 중간	–
경영진의 경영유형	계층제적이며, 강력 하며 연구배경을 가짐	계층제적이나 약함. 연구자들이 경영 담당	계층제적이며, 이중적, 행정가와 연구자 혼합	계층제적인 성격 약함
블록펀드에 대한 경영진 재량	높음	제한	높음	–
프로젝트와 계약을 통한 재원에 대한 연구자의 재량	낮음	높음	프로젝트 책임자와 연구책임자에게 높음 에서 중간까지 다양	–

필자가 재정리한 것이다.

〈표 3〉에서 보면 자율적 연구조직(PRC)과 타율적 연구조직(MOC)은 독립적 연구조직(IRI)이나 연구 기술조직(RTO)에 비해 정부로부터 직접적인 재정지원을 받는 것으로 나타난다(Cruz-Castro and Sanz-Menéndez, 2023). 이들 연구소 유형과 관련해서 Cruz-Castro와 Sanz-Menéndez(2018)는 자율성과 통제 차원에서 개별 연구소 조직에 대해서 PRC는 조직 목적이 다소 모호하고 분산적이며 일반적이나, MOC는 특정되어 있으며 구체적이고 제한적이라고 강조한다. 중간형태의 RTO는 특정되어 있으나 광범위하며 경영진이 조직목적을 정하는 형태로 언급하고 있다. 구조적인 부분에서도 자율적인 연구조직은 낮은 수준의 전문화와 개인적인 이해가 강조되나, 타율적 연구조직은 높은 수준의 전문화와 기능분화가 특징이며, 관리되는 조직은 중간수준의 전문화와 기능분화가 두드러진다고 한다(Cruz-Castro and Sanz-Menéndez, 2018). 통상적으로 포괄보조금(블록펀딩)은 경영진의 재량을 크게 하고, 프로그램 지원은 연구자의 재량을 크게 하는 것으로 알려져 있다. Cruz-Castro와 Sanz-Menéndez(2018)는 이에 대해 연구소 유형에 따라 다르다는 점을 강조한다. 포괄보조금에 대해서는 자율적인 연구조직에서는 연구자의 재량이 높고 경영진의 재량이 제약된다는 점을 지적한다. 같은 재정지원이라도 연구소 유형에 따라 연구자와 경영진에게 다른 영향을 미친다는 점을 강조하는 것이다. 연구소의 목적, 조직, 재원을 보면 우리나라 출연(연)에는 위의 MOC, PRC, RTO의 모습이 혼재되어 있다고 할 수 있다.

한편 Klingner and Behlau(2012)는 독일의 막스플랑크와 프라운호퍼를 중심으로 재정지원과 연구활동 간의 상관관계 논의에서 연구활동이 연구소 형태에 따라 각기 다른 모습이 있음을 강조한다.[9] 공공지원 비율이 높을수록 기초연구를 지향하고 있으며, 민간 지원 비율이 높을수록 응용, 개발연구 중심이다. 이는 Bozeman과 Crow(1990) 논의와도 유사하다. 기업과 혁신에 대해 중개역할을 하는 조직들에서는 기본적으로 계약연구 지원이 더욱 타당하다는 의미로 볼 수 있다. 한편 지식 선도, 탁월성 차원에서 과학을 연구하는 조직들에서는 프로그램 지원의 역할이 증가하는 부분도 보인다. 위에서 언급한 IRI 같은 조직들이 대표적이다(Cruz-Castro and Sanz-Menéndez, 2023).

이외에도 Klinger and Behlau(2012)에 따르면 공공연구소가 어떤 연구지향을 갖느냐에 따라 위의 (그림1)과 같이 지식생산의 모습도 다르다고 한다.[10]

Bozeman과 Crow(1990), 그리고 Cruz-Castro와 Sanz-Menéndez 외 (2011, 2023)는 다양한 연구소들이 외부의 변화에 어떻게 영향을 받는지도 고려할 필요가 있음을 시사한다. 위의 논의를 종합하면 출연(연)을 개편할 때 연구소의 특성에 대한 다양한 고려, 즉 출연(연) 분류와 펀딩 형태, 업

---

9) 참고로 위 표에 나타난 연구소들의 최근 재정지원 비율을 정리하면 다음과 같다.

연구소	정부 지원 비중	프로젝트 재원 비중
Fraunhofer (독일) (RTO)	30.1(계약연구 예산 중 기본지원)	69.9 (계약연구 중 정부 지원) 28.7 (계약연구 중 민간수탁)
Max Planck(독일) (PRC)	76.2(총 예산 중 기본 지원)	10.7 (총 예산 중 프로그램 지원)
CSIC(스페인) (PRC)	58.5(총 예산 중 기본 지원)	41.1 (총 예산 중 프로그램 지원)

10) 기관의 미션을 통해 예측할 수 있는 부분이지만 Donner and Schmoch(2020)는 Web of Science 자료를 활용해 프라운호퍼와 막스플랑크의 연구지향에서 막스플랑크가 더욱 더 기초지향의 연구가 두드러진다는 점을 제시하고 있다. .

(그림 1) 재원과 연구활동 관계

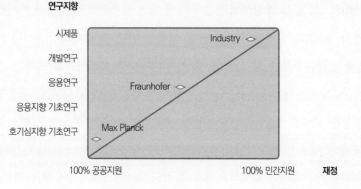

출처: Klinger and Behlau, 2012

무의 형태, 조직구조, 권한 형태, 자율성 형태의 정합성 측면에 대한 고려가 필요한 것으로 볼 수 있다.

4. 혁신정책과 공공연구소 역할

다수의 국가에서 공공연구소는 정부의 과학기술 혁신정책에서 중요한 수단으로 활용되어 왔다. 과학기술정책은 시기별로 구별되는 패러다임으로 정리할 수 있다. 학자들에 따라 시기 구분이나 접근 방식은 다르지만[11] 대개는 아래의 〈표 4〉처럼 2차 세계대전 이후부터 미션 및 성장을 위한 패러다임, 80년대부터 혁신체제 패러다임, 그리고 최근에 등장한 전환적 혁신

---

11) 미션 중심으로 정리하는 학자들과 혁신과 기술정책 중심으로 정리한 학자들이 다르다. Penna 외 (2021)는 TIP(전환적 혁신 정책)와 MIP(미션주도 혁신정책)간에 다소 다르다고 한다. Kattel과 Mazzucato(2018) 그리고 Schot과 Steinmueller(2018)이 다룬 세 번째 세대 및 프레임은 동일한 현상을 다룬다고 한다. 여기에서 혁신정책은 사회문제를 해결하는데 지향되어야 한다는 것이다. MIP 2세대는 Schot과 Steinmueller가 제시한 '첫번째 프레임'과 같은 정책으로 볼 수 있다.

패러다임으로 나눌 수 있다.

아래의 〈표 4〉를 종합해보면 2차 세계 대전 이후부터 각국에서 본격적으로 과학기술정책이 시행되어 왔는데, 성장을 위한 혁신 패러다임이나 산업정책적 접근은 기본적으로 선형 혁신 차원에서 지식생산을 강조하는 것이다. 이 시기에는 대학 및 공공연구소 등에 의한 기술 및 과학주도, 공공연구소를 통한 과학적 발견을 민간기업이 상업화하는 것이 중요했고 혁신주체별 역할이 비교적 명확하게 구분되었다(Schot and Steinmueller, 2018). 혁신체제 패러다임은 80년대 이후 등장한 것으로 현재까지 지배적인 정책 패러다임이다. 이전까지의 선형 '과학주도' 모델이 기초 연구자들에게 상당한 자율성을 부여하는 것이 특징이라면, 이 패러다임에서는 과학자들이 공공 연구지원에 대해 책임성을 가져야 하며, 사회적 및 산업적 관련 연

〈표 4〉 혁신정책 패러다임

학자	구분	내용
Gassler (2007)	기술정책 패러다임	1) '구' 미션 지향 접근 2) 산업정책 접근 3) 시스템 접근 4) '신' 미션 지향 접근
Kattel and Mazzucato (2018)	미션지향 접근	1) 발전국가 미션(19세기 후반, 20세기 초반) 2) 전통적 미션(20세기 중반, 후반) 3) '신' 미션(현재)
Schot and Steinmueller (2018)	과학기술혁신정책 프레임	1) 성장을 위한 혁신(1950년대 등장) 2) 혁신체제(80년대) 3) 전환적 혁신(최근)
Diercks et al. (2019)	혁신정책 패러다임	1) 기술과학 정책 패러다임 2) 혁신체제 3) 전환적 혁신
Mazzucato (2020)	미션지향 접근	1) '구' 미션 2) '신' 미션

자료: 필자가 기존학자들의 논의를 요약 정리

구 문제를 해결하는 부분이 강조된다(Aagaard, 2017). 이 패러다임에서는 혁신 요소들인 행위자, 네트워크, 제도에 초점이 맞춰지는데, 정책은 주로 대학과 산업체, 그리고 정부와 같은 행위자들 간 상호작용, 협력 및 정렬(alignment)이 중요하다.

전환적 혁신패러다임은 비교적 최근에 논의가 되고 있는데, 등장 배경은 새로운 기술, 새로운 도전에 직면하여 새로운 정책의 필요성 때문이다. Schot과 Steinmueller(2018)에 따르면, 이는 거대 문제 해결이 강조되는 혁신정책으로 위의 두 패러다임(성장을 위한 혁신, 혁신체제 패러다임)을 토대로 등장한 것이라 완전히 기존 혁신패러다임을 부인하는 것은 아니라는 점이다(Haddad et al., 2022 참조). 이 패러다임은 정책개입의 근거로 1) 방향성 실패 2) 수요표명 실패 3) 정책조정 실패 4) 성찰 실패라는 4가지 전환적 시스템 실패에 토대를 두고 있다(Weber and Rohracher, 2012). 방향성 실패는 사회적 도전 문제 해결을 위한 특정 방향에서 혁신 노력 및 집합적 우선순위를 조율하는 능력 부족이다. 수요표명 실패는 사용자 수요에 관한 예측과 학습 부족, 혁신의 불충분한 활용이다. 정책조정 실패는 사회적 도전 문제를 해결하기 위해 다양한 정책분야로부터의 투입을 관리 및 동기화하는데 어려움을 의미한다. 조정은 다양한 수직적(국제적, 국가적, 지역적, 도시 수준 등) 및 수평적(부문간) 정책의 일치성을 강조한다. 성찰성 실패는 진행되는 혁신과정의 전개를 모니터하고, 계속해서 행동을 수정하는 능력의 결여, 학습 피드백에 문제가 있는 것이다. 전환적 혁신정책에서는 사회적 도전 문제 해결에 대해 높은 우선순위를 두고 이와 관련해서 전 정부적인 접근, 조율, 수요자 지향 등이 강조된다(Weber and Rohracher, 2012).

이러한 혁신정책과 관련해서 선진국의 경우 시기별로 공공연구소를 적절히 활용해 온 것으로 나타난다. 초기 과학기술 정책 패러다임 시기의 경우 정부는 정책 목적을 달성하기 위해 다수의 거대한 미션연구소(예: 원자력, 우주)를 설립하여 운영하였다. 이 당시 연구소들은 과학적 발견을 진전시키는 역할이 컸다(Schot and Steinmueller, 2018). 산업정책 패러다임 시대에는 국가가 기술개발을 주도하였는데 이를 위해 많은 국가들이 다수의 전문 기술연구소들을 설치하여 운영하였다(Gassler, 2007). 80년대 이후 등장한 혁신체제 패러다임에서는 다양한 혁신 주체들의 성장과 함께 정책의 초점이 기업에 두어졌기 때문에 정부는 혁신을 위한 프레임워크 조성을 위해 공공연구소들을 활용하였다. 공공연구소는 연구 성과물을 경제와 사회의 필요에 연계시킴으로써 국가적 후생을 창출하는데 기여해야 하는 핵심 조직으로 여겨졌다(Etzkowitz and Leydesdorff, 2000). 혁신 체제하에서 공공연구소의 비중은 상대적으로 줄어들었을 수 있으나, 지식생산과 지식 중개 차원에서 이들에게 '네트워크적' 역할이 강조되었다. 최근에는 사회적 문제 해결을 위한 전환적 혁신 논의, 새로운 미션 정책들이 논의되는데, 이는 '책임있는 연구 및 혁신'(Responsible Research and Innovation)'과 관련이 있다(European Commission, 2012). 이는 연구와 혁신이 좀 더 사회와 관련성을 가져야 한다는 것으로 이해될 수 있다. 전환적 혁신은 사회적 도전 문제해결을 위해 혁신과정에 다양한 사회적 집단의 참여를 요구하고 있다. 학제간 및 초학제간 접근도 필요하며 다양한 정책들 간의 수평적 조정도 매우 중요하다. 공공연구소에 대해 새로운 차원의 접근이 강조된다. 공공연구소에 대해서는 기존의 지식생산 및 중개활동 외에도 적극적 문제해결자로서 더 많은 역할을 요구하는 상황이다. 많은 나라들이 공공연구소가 혁신체제에서 더 작동을 잘 할 수 있도록 상위의 거버넌스 개편을 추진하고 있으며 재정지원 방식 및 연구소 구조를 개편하기도 한다. 공공연구소가 혁신주체와 잘 협력할 수 있도록 각종 제도를 도입하여 운영하는 부분도 두드러지고 있다.

우리나라에서도 정책적 환경변화에 따라 출연(연)에 대한 정책을 적극적으로 실시해 왔다. 60년대 초 출연(연)을 설치한 것은 국가적 차원의 R&D 수행과 대학과 기업체의 연구역량이 부족한 상황에서 출연(연)을 지식생산자, 지식이전자로서 산업발전에 활용할 목적이 있었다. 80년대 이후 대학과 산업체 역량이 제고된 상황에서 출연(연)에 대해 국가적 연구개발 사업을 수행할 주체로서의 역할, 혁신 네트워크적 역할이 요구되었다. 그동안 한국에서 수차례에 걸쳐 출연(연) 거버넌스를 개편한 것은 출연(연)이 혁신을 더 잘 할 수 있도록 하는 목적이 있었다. 특별히 NPM 개혁은 공공기관에게 자율성을 부여하면서 더 많은 성과를 내도록 하는 것인데(Ferlie et al, 1996), 더 많은 자율성은 더 많은 성과와 연결된다고 보았기 때문이다. 혁신과 관련된 성과는 지식생산, 지식이전과 관련이 있다. 투입된 예산 대비 논문 출간, 특허 등이 계속해서 강조되는 부분이다(Thomas et al., 2011). 연구회 제도로의 개편도 같은 맥락으로 이해할 수 있다. 이 때문에 연구회 체제 도입에 따라 혁신 성과 창출은 공공연구소에서도 매우 중요한 부분이다. 혁신정책이 계속해서 변화하고 있지만 출연(연)의 성과제고는 출연(연) 정책에서 중요한 위치를 점하고 있다. 과거의 체제와 변동된 연구회 체제하에서 모두 출연(연)의 성과는 거버넌스의 적정성과 매우 밀접한 관련이 있는 것으로 볼 수 있다.

제3절 분석체계 및 연구방법

1. 분석체계

이 연구에서는 출연(연)의 거버넌스 변화에 따른 행위자간 권한 관계의 적정성, 이와 관련된 연구소 유형에 따른 분류와 소속의 적정성, 성과적정성을 분석하고자 한다.

출연(연) 정책을 둘러싼 행위자들의 권한 관계는 앞서 살펴본 것처럼 자율성과 통제 차원에서 분석한다. 분석의 기준은 Verhoest 외(2004)에 따른 여섯 가지 자율성-통제 차원(관리적, 정책적, 구조적, 재정적, 법적, 개입적)을 참조하였다. 거버넌스 구조 개편 시기별로 이러한 차원들이 어떻게 변화하였는지를 살펴볼 예정이다. 권한 관계는 주로 부처-출연(연) 간 관계에 초점이 맞춰진다. Verhoest 외(2004)의 논의 틀에 따라 에이전시 공공기관은 출연(연)으로 한다. 연구회는 출연(연)을 관리하는 기구로 에이전시이지만 대부분의 자율성 차원 논의에서 제외하고 정책적 자율성 차원에서 주로 다루기로 한다. Verhoest 외(2004)의 논의를 다음 〈표 5〉와 같이 수정해서 적용해 보기로 한다.

자율성과 통제는 통상 정치적 부분까지도 고려하는 것이 필요하다. 하지만 문제가 되어온 부분이 주로 중앙정부 차원이기 때문에 여기에서는 정부부처와의 관계를 주로 살펴보고자 한다. 아래의 표에서 다루는 정부부처 행위자들로는 주무 부처, 과학기술부처, 연구개발 전담부처 등이 포함된다(정용남, 2011 참조). 이들은 각각 재정, 평가, 법적인 부분에서 권한을 가지고 있다. 기본적으로 통제와 자율성은 다양한 차원에서 논의되나 여기에서는

Verhoest 외(2004)의 논의를 중심으로 관리 내용, 정책, 구조, 법, 예산, 평가 등의 내용을 살펴보기로 한다.

자율성은 출연(연)에게 부여되는 것이며, 정부의 통제 수준이 낮아질수록 출연(연)에 자율성이 더 많이 부여되는 모습을 보인다. 특별히 집중적으로 살펴볼 부분은 자율성-통제에 상당한 영향을 미치는 재정적 지원에 관한 사항이다. 선행연구에 따르면 공공연구소에서 재정지원 내용은 다른 행위자들과의 관계에서 방향성, 활동, 연계를 결정짓는 주된 인자이기 때문이다(OECD, 2011a). 이 연구에서는 우선 거버넌스 변동에 따른 이러한 자율

〈표 5〉 출연(연)에 대한 자율성 차원 적용

구분	낮은 수준의 기관 자율성	보통 수준의 기관 자율성	높은 수준의 기관 자율성
관리적 자율성	조직, 인사, 예산 등 결정사항 대부분에 대해 정부의 승인을 받음	조직, 인사, 예산에 대해 일부 자율적으로 결정할 수 있으나 정부와 협의를 거쳐야 함	조직, 인사, 예산에 대해 정부와 협의 없이 자체적으로 결정할 수 있음
정책 자율성	출연(연) 정책에 대해 자체적으로 결정할 권한이 없음.	출연(연) 정책에 대해 정부가 정한 범위 내에서 일정부분 결정할 권한을 가짐	출연(연) 정책에 대해 자체적으로 결정할 권한을 가지고 있음
구조적 자율성	기관장이 중앙정부에 의해 선임	기관장이 독립적인 이사회에 의해 선임되나 정부의 영향이 큼	기관장은 정부의 영향을 크게 받지 않는 독립적인 이사회를 통해 선임됨
재정적 자율성	기관은 재원의 대부분을 중앙정부로부터 지원받음.	기관은 재원의 상당부분을 중앙정부로부터 받으며 재원의 소스는 다양함	기관은 정부 외에도 재원을 다양한 소스로부터 안정적으로 지원 받음
법적 자율성	기관은 법인격을 가지고 있지 않음	기관은 법인격을 가지고 있으며, 시행령에 근거를 두고 있음	기관은 법인격을 가지고 있으며, 법률에 근거를 두고 있음
개입적 자율성	국회와 정부로부터 수시로 보고 요청을 받으며, 감사와 평가가 상시적이고, 수시로 정부가 개입함	기관은 정부에 의한 보고 대상이나 감사와 평가는 최소한으로 시행됨. 중앙정부는 상황에 따라 개입할 수 있음	기관은 최소한의 보고나 평가, 감사 요청을 받음. 중앙부처의 개입은 최소화됨

자료: Verhoest et al.(2004)의 틀을 필자가 출연(연)에 맞춰 수정

성-통제 관계의 변화를 살펴볼 예정이다. 정책의 변동은 관계 변화를 가져올 수 있으며 이는 정책목적 달성과 연결될 수 있는 부분이다. 거버넌스 변화에도 불구하고 의도한 변동이 발생하지 않는다면 적절한 거버넌스 변동으로 보기 어려운 것으로 판단할 수 있다.

두 번째는 앞에서도 언급했듯이 연구회 체제 도입은 기존의 출연(연) 운영방식을 변경하는 정책이다. 연구회 체제 출범 당시부터 출연(연)의 연구회 배치 혼란, 연구회가 3개, 2개, 1개로 통합되면서 역시 상당한 복잡성이 있었다. 이 연구에서는 이러한 조치들과 관련해서 실제 출연(연)에 대한 재정지원 형태, 연구개발 단계 등을 살펴보면서 출연(연)과 연구회 체제 간 정합성이 있는지를 살펴보려고 한다. 이는 Frascati Manual과도 연결된 부분으로[12] 재정지원 방식과 연구개발 활동을 같이 살펴보는 것이 필요하다. 우리나라의 출연(연)은 Cruz-Castro와 Sanz-Menéndez의 분류 유형대로 명확히 구분되지는 않는다. 우리나라의 경우 다양한 연구소 유형들이 혼재되어 있기 때문이다. 그럼에도 본 연구에서는 이들 이념형 공공연구소 분류에 비춰 출연(연) 간 유사성과 차이점을 보면서 분류와 배치의 적정성을 분석해보려고 한다. 이는 연구소의 자율성 및 통제와도 연결되는 부분이기도 하다.

셋째, 거버넌스 적정성과 관련해서 거버넌스 변동과 출연(연) 성과 관계를 살펴보려고 한다. 거버넌스의 변화는 출연(연)의 자율성과 독립성 제고를 통해 출연(연) 성과를 제고하는 목적이 있다. 과학기술 정책 패러다임이 계속해서 변화하고 있지만 출연(연)은 지식생산과 지식전달자로서 역할이

---

12) 최초의 Frascati Manual은 최초 재원(펀딩)에 관한 통계를 수집하기 위한 표준적인 방법론이다(OECD, 2015).

계속해서 중요하다. 2010년 이후 출연(연)들에게 국가사회적 문제 해결의 주체가 되어야 한다는 요구가 계속되고 있다. 국가과학기술연구회 출범 이후에는 대학 및 기업과는 차별화된 연구 실시 요구와 함께 출연(연) 간 융합연구사업이 확대되었는데, 이를 통해 성과에 대해서는 기존과는 다른 접근이 요구되고 있는 것도 사실이다. 하지만 출연(연)에서 논문과 특허, 기술이전 활동은 혁신 정책 패러다임의 변화에도 불구하고, 정부와 연구 수행기관 간 사회적 계약(social contract)으로서 여전히 중요하다(Guston and Keniston, 1994).[13]

이는 공공연구가 원천적인 이해는 물론 활용까지도 고려해서 추진되어야 한다는 Pasteur의 4 사분면과 관련이 있는 것이다(Stokes, 1997). 이러한 차원에서 출연(연) 거버넌스 변동에 따른 출연(연)의 성과를 살펴보는 것은 거버넌스 적정성과 관련이 있다. 출연(연) 거버넌스는 매 변동 시기마다 문제가 지적되었지만 공통적으로 가장 문제가 있었다고 거론되는 시기는 이명박 정부 당시 2개의 연구회가 각각 다른 부처에서 관리되는 체제(2008~2013)였다. 여기에서는 주로 2개의 연구회 시기와 1개 통합연구회 시기에 걸쳐 거버넌스의 변동이 출연(연) 성과에 어떤 영향을 미쳤는지를 살펴보려고 한다.

출연(연) 거버넌스 적정성에 대한 분석 범위와 시기를 요약하면 아래의 〈표 6〉과 같다. 한국의 연구회는 1999년 도입이 되었는데, 시기상으로는 연구회제도 도입 이전, 1999년부터 2007년 3개 연구회 제도 운영, 2008년부터 2013년 2개 연구회 제도 도입, 2014년 이후 현재까지 국가과학기

---

13) 국가과학기술연구회에서도 이러한 차원에서 출연(연) 성과를 관리하고 있다.

술연구회 체제 시기가 구분된다. 여기에서는 이 시기별로 위에서 언급한 세 가지 차원에서 적정성을 분석해 볼 예정이다. 연구회 제도 변화는 정치적 이데올로기에 따른 영향이 일부 있었으나 연구회 변동이 반드시 정부변동과 일치하지 않아 정부변동에 따른 분석은 실시하지 않는다. 한편 거버넌스에 대한 권한 관계 차원에서는 상위 부처-연구회-출연(연)-연구자까지 모두 논의해야 하나(Lepori et al., 2023), 여기에서는 주로 부처-연구회-출연(연)에 주로 초점을 맞추고자 한다.

적정성 분석을 위해 연구 대상은 연구회 출범 전 기관과 현재의 기관을 비교하는 차원에서 현재 국가과학기술위원회 25개 기관 중 현재의 부설기관과 부설기관으로 있다가 새롭게 독립한 기관들은 제외한(제외 기관: ETRI부설 국가보안기술연구소, KIST부설 녹색기술연구소, KFRI 부설 김치연구소, KRICT 부설 안전성평가연구소, 과거 KIMM 부설이었다가 독립법인화된 재료연구원, KBSI 부설이었다가 독립한 한국핵융합에너지연구원) 19개 기관만을 다룰 것이다.

〈표 6〉 출연(연) 거버넌스 적정성 분석 범위

분석내용	거버넌스 적정성 분석		
	권한 관계	분류와 소속	성과
거버넌스 변동	거버넌스 변동은 적절한 권한관계 변동을 가져왔는가?	거버넌스 변동에 따라 출연(연)은 적절하게 분류·배치되었는가?	거버넌스 변동에 따라 출연(연)은 적정한 성과를 창출했는가?
연구회 이전	자율성-통제 분석을 통한 연구회, 출연(연) 권한 관계 적정성	예산구성, 연구개발 단계 분석을 통한 출연(연) 분류 적정성	특허 및 논문, 기술이전 활동 분석을 통한 출연(연) 성과 적정성
3개 연구회			
2개 연구회			
1개 연구회			

2. 연구방법

본 연구는 출연(연) 거버넌스 변동에 따른 적정성 분석을 위해 역사적, 해석적 접근을 하려고 한다. 우선 출연(연)의 자율성과 통제 문제에 대해서는 기존 연구, 제도 및 관련 통계 자료를 토대로 분석을 실시한다. 분류적정성, 지식 관련 성과 적정성 분석을 위한 출연(연)의 자료는 국가과학기술연구회를 통해 확보하였다. 지식 성과에 대한 부분은 계량서지학적 (bibliometric) 지표가 고려되는데, 이와 관련해서 개별기관 연구개발과제에 대한 자료는 NTIS 자료를 활용하였으며, 통계청 자료, Web of Science 자료도 활용하였다. 이 연구는 주로 통계적 해석에 바탕을 두고 있으며, 언론보도, 기존 문헌 자료 들을 활용하여 해석을 보완하려고 했다.

통계처리를 위해서는 통계패키지인 SPSS버전 26과 R Studio(2023. 03.0, Build 386)를 활용하였다. 시기별 권한관계 분석은 재정적 자율성 차원의 경우 시계열 산점도 작성과 이를 토대로 한 적정성을 분석하였고, 분류와 소속 관련 유사성 분석은 시기별 K-군집 평균 등 분류분석과 다차원 척도법(MDS)을 통해 출연(연)간 차이에 대해 분석했다. 성과의 적정성에 대해서도 시기별 시계열 산점도를 작성하였으며, Web of Science 자료의 경우 기관별 유사성(상관계수)과 유클리디안 거리를 확인하여 최근의 모습들을 분석하였다. 부분적으로 전문가의 자문의견[14] 등을 통해 계량적 자료

---

14) STEPI L 박사, ETRI L 박사, KBSI의 H 박사, KRICT 출신의 K 박사, NST의 C 박사 등의 의견을 2022 년 10월~2023년 5월에 걸쳐 청취하였다.

15) 필자는 1998년 3월부터 3년 2개월 동안 정부출연연구기관 경영혁신방안을 마련한 기획예산위원회 정부개혁실에서 근무하였으며 관련업무를 담당하였다.

의 해석을 보완하였으며, 연구회 발족 초기 분석의 경우 필자의 참여 관찰 경험을 활용하였다.[15)

제4절 분석

1. 권한 관계의 적정성

1) 관리적 자율성

출연(연) 연구회제도 개편은 부처의 직접적인 통제를 줄이고 출연(연) 경영진에게 인사, 조직, 재정에 대한 자율성을 부여하려는 것이었다. 연구회 출범 전에는 출연(연)이 부처의 소속이어서 출연(연)에 대한 인력, 예산, 조직에 대한 주무 부처의 세세한 통제가 두드러졌고, 출연(연)이 자체적으로 결정할 수 있는 관리 영역은 많지 않았다. 즉 80년대 이후 90년대에 접어들면서 정부는 출연(연) 설립 초창기와는 달리 출연(연)에 대한 재정지원 과정에서 정규직 채용과 임금 인상, 내부 경영 등을 규제하였으며 당초 정부 출연 연구기관의 설립 이념이었던 안정적인 연구와 연구 자율성보다는 관리의 효율성을 강조하였다(고영주, 2017). 하지만 연구회 체제 출범을 계기로 부처와의 소속 관계가 해소되어 부처의 직접적인 통제가 줄어들었다. 「정부출연연구기관등의설립·육성및운영에관한법률」 제 10조에 1항에 '연구기관은 연구와 경영에 있어서 독립성 및 자율성이 보장된다'는 조항을 포함하였는데 이는 이전에 일부 출연(연)의 설립근거법이나 특정연구기관육성법에서는 볼 수 없는 내용이었다. 이 법에 따라 기관장을 연구회에서 임명하고, 기관장에게 인사, 조직, 예산에 대한 상당한 권한을 부여하였다. 이에 따라 기관장의 권한은 외형적으로 연구회 출범 이전에 비해 두드러진 증가가 있었다. 하지만 특정 부처에 상당한 규모의 수탁예산을 의존하는 출연(연)들의 경우 관리적 자율성이 증가했다는 증거는 많지 않다. 예컨대 〈표 7〉과 같이 ETRI는 연구회 출범 전 정보통신부의 출연기관이었다가 연구회 소속이 되면서 수 차례 소관부처가 변경(국무조정실, 과기부, 지식경제부)되었지만 수탁 예산의 80%이상을 특정 부처로부터 지원받았기 때문에 조직 개편과 예산에 관해 주무부처의 통제가 계속되었다(정용남, 2010). 한편 2007년부터 시행된 「공공기관 운영에 관한 법률」에 따라 출연(연)은 공공기관으로서 경영혁신의 대상에 포함되었다. 이 때문에 출연(연)에 대해서도 기획재정부가 운영한 공공기관 예산·인사 운영 관련 지침의 적용으로 인사와 재정 분야 그리고 조직 차원에서 관리상의 일반적 제약이 연구회 제도 운영 초반과는 달리 계속 증가한 부분이 있었다(최지선, 2019).

2) 정책적 자율성

이는 출연(연)이 실제로 관련 정책에 대해 결정하고 참여하는가에 대한 부분이다. 공공기관으로서 출연(연)은 70~80년대의 경우 전문성을 가진 연구자들이 정부의 출연(연) 정책에 직접 참여하기도 하였으나, 부처의 정책 역량이 제고된 이후 출연(연)이 정책결정에 참여하는 일이 줄어들었다. 연구회제도는 연구회를 통해 출연(연) 정책을 결정하고 집행하도록 하는 것(self-govern)으로 연구회가 소관 연구기관에 대해 기능조정 등 중요한 의사결정을 할 수 있도록 의도한 것이었다. 하지만 초창기부터 정부가 연구회에 적정한 권한을 부여하지 않아 정책적 자율성은 매우 미흡했다고 할 수 있다. 이는 연구회가 권한을 가지고 출연(연) 정책을 결정하고 집행하는 것에 대해 다수의 이해관계자들이 부정적인 입장을 가졌기 때문이다(정용남, 2011). 즉 정부는 출연(연)에 대한 통제를 지속하려는 의도가 있었고, 출연(연)은 더 많은 자율성과 독립성을 확보하려고 했기 때문에 중간기구인 연구회의 강화를 원하지 않았던 측면이 있었다. 연구회는 실질적으로는 자치가 가능한 연구회 보다는 연합이사회 성격이 컸다. 연구회의 인력은 초기부터 소수로 운영되었으며 이는 2개 연구회 당시, 그리고 통합연구회 발족 초기에도 마찬가지였다. 연구회가 지속적으로 기획능력 등을 제고하는 노력을 했지만 출연(연) 정책과 관련된 정책적 자율성이 제고되었다고 보기는 어렵다. 통합연구회 설립을 계기로 연구회는 정책적으로 지도관리기관에서 지원기관으로 성격이 전환되었는데, 연구회 규모의 확대에도 불구하고 정책결정 역량이 축소되어 정책적 자율성이 낮아진 것으로 볼 수 있다.[16]

3) 구조적 자율성

이는 연구회 출범 이전 시기에 비해 개선된 것으로 볼 수 있다. 독립적인 연구회를 구성해서 이를 통해 기관장을 선임하고 소관 출연(연)의 예산승인 등 주요 의사결정을 하고 있기 때문이다. 하지만 연구회 이사회는 여전히 정부의 영향력이 큰 것으로 알려져 있다. 정부가 연구회 이사회를 통제하려는 모습은 적지 않은데, 연구회 출범 이후 얼마되지 않아 민간 이사가 많

---

16) 과학기술 분야 최상위 의사결정기구인 국가과학기술자문회의에 연구회의 이사장이 포함되지 않은 것도 정책적 자율성 차원에서 문제로 거론할 수 있다.

아 효율적 의사결정에 장애가 된다는 이유로 15인 이내의 이사 수를 12인 이내로 축소한 것은 1998년 출연(연) 경영혁신 방안을 마련한 기획예산처였다. 나중에 이사 수를 다시 확대하기는 했지만(국가과학기술연구회 출범으로 이사회 정원은 15인 이내에서 20인 이내로 증가), 정부는 5인의 당연직 이사들을 통해 주요한 의사결정을 하는 것으로 평가된다.[17] 연구회체제를 도입했음에도 정부가 계속해서 계층제적 지위에 있다는 평가를 받는 것은 정권 변동기 등에서 기관장 인사에 영향력을 행사하는 부분과 관련이 있다.[18] 정권교체기에 예외없이 나타나는 현상은 기관장 임명이 매우 늦어진다는 점이다. 정치적 고려사항이 영향을 미치는 것으로 출연(연) 입장에서는 자율성과 독립성에 상당한 침해가 있는 것으로 여기고 있다.[19] 기관장임기가 상대적으로 짧고(3년) 연임이 쉽지 않은 부분도 구조적 자율성 문제와 관련이 있는 것으로 볼 수 있다.[20]

4) 재정적 자율성

이 차원은 연구소의 자율성에 가장 크게 영향을 미치는 부분이다. Cruz-Castro와 Sanz-Menéndez(2018)에 따르면 기관 차원의 포괄보조금은 기관 관리자에게 권한을 부여하는 것이나 프로그램 지원은 재정지원 기관 등

---

17) 원장후보자심사위원회와 원장추천위원회의 경우 이사장 포함 5인의 위원 중 관련 부처 당연직 이사를 2명 포함하도록 하는데, 결정 과정에서 정부 부처의 영향력이 매우 큰 것으로 알려져 있다.
18) 2008년 이명박 정권 출범 시 대규모 기관장 일괄 사퇴 통보가 있었고, 2013년 박근혜 정권 출범 첫해에도 출연기관장들은 남은 임기와 상관없이 일방적으로 사퇴가 진행되었다(디지털타임스, 2018).
19) 2022년 3월 임기를 마친 ETRI 원장과 KAERI 원장은 2022년 5월 정권 교체기를 앞두고 신임원장을 선임하지 않다가 2022년 12월이 되어서야 선임되었다.
20) 2013년 당시 미래창조과학부는 연구평가가 최우수 등급에 해당하는 기관의 원장을 재선임할 수 있도록 했지만 까다로운 규정 탓에 현장에서는 제대로 작동하지 못했다(대전일보, 2017).

외부기관에 권한을 부여하는 것이다. 초창기에는 출연(연)들이 예산을 대부분 출연금으로 지원받았으나 1996년부터는 PBS가 시작되어 프로그램을 운영하는 정부부처의 통제 권한은 커지고 출연(연)의 재정적 자율성은 상당히 낮아진 것으로 평가된다. 출연(연) 전체로 보면 연구회 출범 전에 출연금으로 지원되는 인건비는 PBS가 시행되기 전에는 75%, PBS가 본격적으로 시작되면서는 52% 정도로 낮아졌다. 이는 PBS 제도가 출연금형태로 지원되던 인건비와 운영비 제도를 폐지하고 30%의 기본사업비만 주고 나머지는 외부수탁으로 인건비와 운영비를 충당하도록 하는 것이었기 때문이다. 이러한 출연(연) 재정지원 구성에 큰 영향을 미친 것은 부처의 연구개발사업이다.[21] 연구회 출범 이전 부처들이 주도하는 연구개발사업에서는 부처 산하 출연(연)이 핵심적인 역할을 수행하였다. 예컨대 ETRI의 경우 출연금 비중이 매우 낮고, 수탁 예산 비중이 매우 컸는데, ETRI는 정보통신부의 정보통신연구개발사업 중 가장 규모가 크고 핵심적인 선도기술개발사업비의 60% 이상을 지원받았다(정용남, 2010). 연구회 제도가 도입된 이후 전체적으로 출연금 비중이 늘어 재정지원 형태에서 일부 변화의 모습이 있는 것으로 나타나고 있다. 이러한 변화는 이론상으로 미션지향 연구소에서 경영진의 권한을 크게 하는 부분이라 할 수 있다.

이러한 자율성은 기관별로 조금씩 다른 모습을 보이고 있다. 아래의 〈표

---

[21] 1980년대 초반 과기처의 특정연구개발사업을 시작으로 1987년 상공부의 「공업 기반기술 개발 사업」, 동력자원부의 「대체에너지 기술 개발 사업」이 착수되었다. 1993년 체신부의 「정보통신 연구개발 사업」, 환경부의 「환경기술 개발 사업」, 1994년 건설교통부의 「건설기술 연구개발 사업」, 농림수산부의 「농림수산기술 개발 사업」, 1995년 보건복지부의 「보건의료기술 개발 사업」, 1996년 「해양과학기술 개발 사업」이 실시되었다(박구선, 2017).

7〉을 보면 ETRI의 경우는 연구회 출범 이전부터 3개 연구회, 2개 연구회를 거치면서도 계속해서 부처의 수탁예산에 의존하는 모습을 보인다.

아래의 (그림 2)에서 정부출연금과 정부수탁 비중의 변화에 대해 연구회 출범 이전과 통합 연구회 이후를 비교하는 산점도 그림을 보면 기관별 차이

〈표 7〉 ETRI의 수탁예산 비중 변화 추이

구분	정통부	KT	기타 통신사업자	과기부	산자부	타부처
1998	65.4	6.9	19.0	1.2	0.0	7.5
2003	84.1	5.3	7.4	1.1	0.1	2.0
2005	85.1	4.5	4.9	0.1	0.5	4.8
2007	85.6	1.8	7.1	0.3	0.4	4.0
2009	80.5	1.0	6.9	0.9	–	10.7

출처: 정용남(2010: 414에서 발췌)

(그림 2) 정부출연금 및 정부수탁 비중 변화

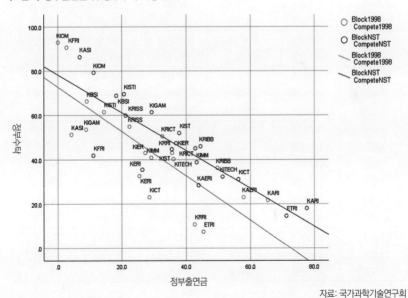

자료: 국가과학기술연구회

가 두드러진다. 전체적으로 시간이 흐르면서 출연금이 증가하였지만(오른쪽으로 그래프 이동) 평균적인 변화 모습과는 다른 기관들이 적지 않다. 즉 KIOM, KFRI, KRICT, KITECH, KARI 등은 출연금 비중이 줄고 수탁 비중이 늘어난 것으로 나타나고 있다.

출연(연)의 자율성과 관련해서 수탁 비중이 높다는 것은 연구개발사업을 추진하는 부처의 권한이 커져서 출연(연)의 관리적, 구조적 측면의 자율성 또한 제약되는 것으로 해석된다. 하지만 정부의 출연금과 수탁비중을 합

〈표 8〉 출연(연)별 재정지원 순위 현황(최근 5년간)

기관 ＼ 순위	1	2	3	4	5
ETRI	과기정통	산업통상	문화체육	국토교통	행정안전
KIST	과기정통	교육부	산업통상	보건복지	다부처
KAERI	과기정통	원안위	산업통상	교육부	농림축산
KIGAM	과기정통	산업통상	환경부	해양수산	기상청
KITECH	과기정통	산업통상	중소벤처	농림축산	교육부
KARI	과기정통	국토교통	산업통상	방사청	해양수산
KIMM	과기정통	산업통상	해양수산	국토교통	환경부
KRIBB	과기정통	농진청	교육부	농림축산	보건복지
KRICT	과기정통	산업통상	환경부	기획재정	보건복지
KRISS	과기정통	산업통상	기상청	다부처	농진청
KIOM	과기정통	보건복지	교육부	농림축산	식약처
KRRI	과기정통	국토교통	환경부	교육부	해양수산
KIER	과기정통	산업통상	중소벤처	환경부	농림축산
KICT	과기정통	국토교통	환경부	산업통상	해양수산
KERI	과기정통	산업통상	다부처	중소벤처	해양수산
KFRI	과기정통	농림축산	해양수산	식약처	농진청
KISTI	과기정통	교육부	산업통상	다부처	보건복지
KBSI	과기정통	교육부	중소벤처	보건복지	행정안전
KASI	과기정통	교육부	원안위	해양수산	

자료: NTIS

쳐 정부의 예산이 계속해서 증가하는 것은 공공기관의 재정적 자율성 차원에서 긍정적인 부분은 아니다(Verhoest et al., 2004). 〈표 8〉에서 보듯이 시기별 예산 비중을 보면 연구회체제 도입 이후 정부로부터 재정지원 비중이 점차 늘어나고 있는 것으로 나타난다. 한편 외부 재정지원 기관의 통제가 증가하는 수탁과 관련해서는 출연(연)들이 다양한 부처들로부터 지원을 받는 것으로 나타난다. NTIS 자료를 토대로 출연(연) 별 부처들의 재정지원 순위 현황을 정리하면 〈표 8〉과 같다.

모든 출연(연)에서 과학기술정보통신부가 높게 나타나는 것은 주무부처로서 출연기관에 대한 출연금 예산이 포함되어 있어서이다. 재정적 측면에서는 출연금을 제외할 경우 국가연구개발사업을 관장하는 부처들과 출연(연)간 관계는 연구회 출범 전과 비교해서 큰 변동은 없는 것으로 나타난다. 아래의 〈표 9〉는 국가연구개발사업을 운영하는 주요부처들의 연구개발 사업 중 상당부분이 연구회 출범 이전 부처 직속 기관이었던 출연(연)에 지원되고 있음을 보여주는 것이다.

〈표 9〉 주요부처 국가연구개발사업 중 출연(연) 지원 비중 (단위: 비율)

	1999~ 2012	2013~ 현재
과학기술정보통신부	43.98*	59.12****
산업통상자원부	38.59**	15.96
방위사업청	62.2	62.1
해양수산부	52.8	57.16
국토교통부	–	39.31
보건복지부	15.7	16.81

자료: NTIS

*이명박 정부 당시 교육부와 과학기술부가 통합된 통계
**이명박 정부 당시 정보통신부와 산자부가 통합된 통계
*** 이명박 정부 당시 국토교통부와 해양수산부가 통합된 통계
**** 박근혜 정부부터 과거 정통부와 기존 과기부가 통합된 통계

5) 법적 자율성

출연(연)의 법적 자율성은 연구회 체제가 출범한 이후 가장 변화가 컸으며, 출연(연) 법안 마련 과정에서 논란이 적지 않았던 부분이다. 연구회 체제 출범 전에는 당시 부처가 관장하는 기관들인 KIOM, KFRI, KITECH, KICT, KRRI 등은 설립근거를 법에 두고 있었다. 하지만 과학기술부처 산하 출연(연)은 특정연구기관육성법의 시행령에 근거를 두고 있어서[22] 이들 기관의 법적 자율성은 그렇게 높지 않았다. 연구회체제 도입 과정에서 기획예산위원회는 출연(연)의 법적 근거를 당초에는 시행령에 두는 것으로 추진했다. 하지만 입법과정에서 출연(연)의 반발과 국회의 개입 등으로 출연(연)의 설립근거가 법에 명시되었는데, 이로 인해 출연(연)의 법적 자율성은 이전 시기에 비해 크게 증가하였다. 이는 이후 연구회를 통한 기능조정 등을 매우 어렵게 하는 부분으로 평가된다.[23] 출연(연) 입장에서는 법적 자율성이 매우 민감한 부분이었는데 이는 기관통폐합 등 출연(연)에 대한 외부로부터의 구조조정을 막아주는 장치로 여겨졌기 때문이다. 통합연구회가 발족하면서 연구회의 기능은 소관 출연(연)을 지도·관리하는 기관에서 '애로사항 조사 및 연구기관 상호 협력을 위한 지원기관'으로 책무사항이 변경되었고, 19조 2항에서 '연구기관 기능 조정 및 정비에서도 연구기관의 설립목적 및 업무특성을 충분히 고려하여 안정적 연구환경 조성에 지

---

22) 특정연구기관육성법 시행령 제 3조에 과학기술계 출연연구기관명이 나열되어 있었다.

23) 이 때문에 이명박 정부 당시 정부가 주도하여 구성한 과학기술 출연(연) 발전 민간위원회(2010)에서는 「출연(연) 선진화 방안」을 마련하여 가칭 '국가연구개발원'으로 통합하여 단일법인화하고, 위원회 산하로 편입시키며, 부여된 국가 미션에 따라 위원회가 예산을 조정·배분하는 안을 제시했다. 이와 함께 개별부처의 산업육성정책과 밀접한 출연(연)은 부처로 이관(특정부처에 한정된 임무, 수탁예산이 특정부처에 집중, 부처 위임연구가 많을 경우) 하며, 또한 민간기업과 공정한 경쟁이 필요한 연구소는 민영화하는 안을 제시하였다.

장이 없도록 노력하여야 한다.'라고 명시하여 개별 출연(연)은 법적 자율성이 제고된 부분이 있지만, 연구회의 권한은 이 때문에 상대적으로 축소된 측면이 있다.

6) 개입적 자율성

이는 주로 보고, 감사, 평가에 관한 사항이며 공공기관을 대상으로 정부부처의 제재와 관련이 있는 부분이다. 공공기관인 출연(연)은 지속적으로 정부의 통제 대상이었다. 국회 국정감사, 감사원 감사 대상이며, 1992년 이래로 기관평가 실시 대상이었다. 연구회 출범 이후 정부의 불필요한 개입을 줄여야 한다는 논의가 있었지만 2007년 1월 공공기관운영에 관한 법률(공운법) 제정으로 출연(연)을 공공기관의 하나로 포함하여 재정부처의 출연(연) 개입이 공식화되었다.[24] 출연(연)법에서 연구와 경영에 대해 출연(연)의 자율성과 독립성을 보장하는 조항이 있지만(제10조), 공운법이 다른 법보다 경영사항에 대해 우선 적용하는 부분이 있어서 출연(연)의 자율성에 제약이 있는 상황이다. 이 법에 따라 출연(연)에 대해서는 경영공시, 고객만족도 조사, 임금, 채용, 복리후생 등 경영과 관련된 활동에서 정부의 개입이 공식화 되어 왔으며, 조치를 위반할 경우 정부의 개입과 제재가 뒤따르는 것이 현실이다.[25] 공운법에 근거를 두고 각종 혁신조치를 요구하는 데 대한 출연(연)의 불만이 적지 않아, 2018년 법 개정으로 기타공공기관 중 일부를 연구개발목적기관으로 지정할 수 있는 법적 근거가 마련되었다. 하지만 시

---

24) 물론 재정부처는 예산과 혁신 차원에서 출연(연)에 대해 지속적인 영향력을 행사해 온 것이 사실이다. 1998년 연구회 체제 개편도 재정부처가 주도한 주요한 개입의 모습으로 볼 수 있다.
25) 최지선(2019)은 공공기관의 운영에 제약을 미치는 각종 법령을 정리하고 있다.

행령이 개정되지 않아 출연(연)에서 느끼는 개입적 자율성 문제는 여전히 큰 것으로 볼 수 있다.

〈요약〉

연구회 체제 도입으로 출연(연)에 대해 법적인 자율성, 관리적 및 구조적 측면에서의 일부 자율성이 제고된 것으로 나타난다. 하지만 부처들은 국가 연구개발사업을 통해 계속해서 출연(연)을 통제하고 있으며, 이 때문에 출연(연)의 재정적 자율성은 낮고 이는 다른 차원의 출연(연) 자율성에도 영향을 미치고 있다. 이와 함께 재정부처는 출연(연)을 공공기관의 하나로 다루어 일반적인 관리 통제, 개입적 통제를 실시하여, 관련 자율성 문제가 계속되는 것으로 평가된다. 출연(연) 직원들은 연구회 이사회 운영에서 당연직 이사진의 영향이 큰 것으로 보며, 연구회를 통한 정책적 자율성도 낮은 상태로 본다(중도일보, 2020). Verhoest 외(2004)의 논의를 토대로 평가해 보면 출연(연)은 스스로 결정하는 자율성은 전체적으로 낮으며, 방어적 자율성도 법적 자율성을 제외하고는 대부분 낮은 것으로 나타난다. 요약해 보면 연구회 체제의 도입으로 행위자 간 권한 관계의 실질적인 변동이 있었다고 보기는 어렵다. 위의 논의를 표로 정리해 보면 다음과 같다.

〈표 10〉 거버넌스별 자율성 차원

	관리적 자율성	정책적 자율성	구조적 자율성	재정적 자율성	법적 자율성	개입적 자율성
연구회 이전	낮음	낮음	낮음	낮음	보통	낮음
3개	보통	낮음	보통	낮음	높음	낮음
2개	보통	낮음	보통	낮음	높음	낮음
1개	보통	낮음	보통	낮음	높음	낮음

2. 분류와 소속의 적정성

1) 재정지원 방식

연구회 출범 전 출연(연)들은 미션연구소로 설치되어 각 부처에 속해 있었기 때문에 출연(연) 별로 상당히 다른 재정지원 형태를 가지고 있었다. 위의 (그림 2)에서도 볼 수 있지만 출연(연)별 재원 구성은 연구회 체제하에서도 크게 변동되지 않았다. 아래의 〈표 11〉은 대표적인 출연(연)들의 출연금, 정부수탁, 민간수탁의 비중을 시기에 따라 구분해 본 것이다.

〈표 11〉 주요 출연(연) 재원 비중 변화

기관		구분	연구회 이전 (1998)	3개 연구회 (평균)	2개 연구회 (평균)	통합 연구회 (평균)
기초기술	KIST	출연금	43.1	45.1	50.7	52
		정부수탁	35.6	42	38.3	37.8
		민간수탁	5.3	5	3.5	4.1
	KRIBB	출연금	36.3	36.4	46.0	46.0
		정부수탁	49.7	50.7	45.9	44.4
		민간수탁	3.6	2	1.6	2.4
산업기술	ETRI	출연금	7.5	2.7	7.9	14.6
		정부수탁	45.3	69.2	77.6	71.2
		민간수탁	15.9	5.9	4.9	3.7
	KIOM*	출연금	92.9	69.8	78.1	79.3
		정부수탁	0	16.5	15.5	11.2
		민간수탁	0	1.3	0.3	1.9
공공기술	KIGAM**	출연금	53.6	40.3	52.4	61.4
		정부수탁	8.8	35.6	32.7	29.3
		민간수탁	22.4	14.4	7.3	3.9
	KRRI***	출연금	10.8	18.9	32.1	44.7
		정부수탁	42.6	55.4	52.9	35.5
		민간수탁	26.9	16.2	6.6	8.3

자료: 국가과학기술연구회

주) *2008년 기초기술연구회로 이관
　　**2008년 공공기술연구회 폐지로 산업기술연구회로 이관
　　***2008년 공공기술연구회 폐지로 기초기술연구회로 이관

재정적 자율성 차원에서도 살펴보았듯이 시기별 예산구성 비중을 보면 연구회 출범 전 정부출연금의 경우 최저 7.5%에서 최고 95%, 정부수탁은 최저 0%에서 최고 65.4%, 민간수탁은 최저 0%에서 최고 26.9%로 출연(연) 간 상당한 차이가 있었다. 문제는 연구회 설치 및 개편 과정에서 이러한 재원 구성의 차이를 고려하지 않고 출연(연)들을 동일 연구회에 배치한 것이라 할 수 있다.

(그림 2)와 같이 전체 출연(연)을 연구회 출범 전과 2014년 통합연구회 출범 이후를 비교해 보아도 출연(연) 간 재원별 차이가 많다는 점을 확인할 수 있다. 그림 상으로 보면 전체적으로 출연(연)의 출연금이 증가하였지만, 수탁 비중이 기관별로 매우 다른 것으로 나타난다. 이 때문에 재정차원에서 분류의 적정성이 있었다고 평가하기는 어렵다. 선진국 공공연구소의 경우 재정지원 방식이 다른 연구소를 하나로 묶는 경우는 거의 없는데, 재원은 기관의 자율성과도 직접적 관련이 있는 것이며, 기관의 관리 방식이 다름을 의미하는 것이기 때문이다.

출연(연)별로 출연금, 정부수탁, 민간수탁 구성별 자료를 가지고 군집 및 다차원척도에 따른 출연(연)간 차이를 정리하면 다음의 〈표 12〉, (그림 3)과 같다. 우선 3개 연구회와 2개 연구회에서는 출연(연)의 재원 성격에 따라 연구회 소속 및 분류와는 조금 다른 모습을 보이는 것으로 나타난다. 예컨대 재원의 형태로 보면 연구회 출범 당시 기초기술연구회 소속이었던 KRIBB 은 출연금과 수탁 비중 차원에서는 산업 분야 연구소들과 유사한 모습으로 나타나고 있으며, 산업기술연구회 소속 KIOM은 기초연구 분야 연구소들과 유사하였다. 2개의 연구회 체제에서도 KIGAM은 기초분야 연구소들과 유사하였지만 산업분야로 분류되었다. ETRI와 KARI는 재원 구성 측면에서 다소 극단적인 모습을 보이는 연구소들로 나타난다.

〈표 12〉 재원 관련 출연(연)별 군집 분류

기관명	1998년	3개 연구회	2개 연구회	통합연구회
KIST	1	2	2	1
KRIBB	1	1	1	1
KBSI	2	2	2	2
KASI	2	2	2	2
KRISS	2	2	2	2
KARI	1	1	1	1
KISTI	2	2	1	2
KAERI	1	1	1	1
KIOM	2	2	2	2
KFRI	2	1	1	2
KITECH	1	1	1	1
ETRI	1	1	1	1
KICT	1	1	1	1
KRRI	1	1	1	1
KERI	1	1	1	1
KIER	1	1	1	1
KIMM	1	1	1	1
KIGAM	2	2	2	2
KRICT	1	1	1	1

* K–평균군집 분류

(그림 3) 다차원 척도법에 따른 재원 기반 출연(연) 간 거리

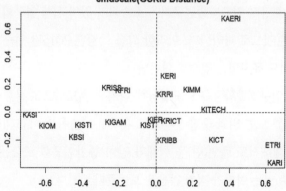

cmdscale(GSRIs Distance)

2) 연구개발 단계

공공연구소의 연구개발 단계는 정부의 연구소에 대한 정책지향, 연구소의 특성에 따라 다른 모습으로 나타난다. 통상적으로 공공연구소는 Frascati Manual에 따른 구분에서 개발연구보다는 기초와 응용연구에 초점이 맞춰지며(Klinger and Behlau, 2012), 상용화에 초점을 두는 연구소의 경우 개발연구 비중이 크다. Cruz-Castro 외(2018)도 연구소 유형에 따라 연구개발단계 차이가 있음을 강조한다. 이 연구에서는 우선 NTIS 자료를 활용해서 특히 2개 연구회 당시인 2010년, NST로 통합된 2015년, 그리고 최근 2021년 출연(연)별로 연구개발 단계별 과제 수 기준으로 구분해 보았다. 기초연구, 응용연구, 개발연구, 기타로 구분한 것을 K-평균 군집 방법으로 〈표 13〉과 같이 정리해 보았다. Anova 테스트 결과 출연(연)별로 기초연구와 개발연구 중심으로 구분되는 군집 분류는 유의성이 있는 것으로 나타났다. 이와 함께 다차원 척도법에 따라 2021년도의 출연(연)별 연구개발 활동을 정리하였다.

군집은 크게 2개로 구분되는데 군집 분류에 의하면 2010년의 경우 KIST, KRIBB, KBSI, KRISS, KARI, KAERI, KIOM이 한 그룹으로 묶이고 있다. 이들은 당시 기초기술연구회에 소속되어 있어 실제 연구회 분류와 일치도는 높은 것으로 나타난다. 이러한 그룹 특징은 2015년 연구회 통합 이후 최근까지도 유지되는 것으로 나타난다.

2021년 연구개발활동을 R을 활용해 다차원 척도법으로 분류해 본 결과인 〈그림 4〉를 보면 위의 군집 분류와도 유사한 모습을 보이고 있다. 연구개발 활동에 대해서도 출연(연)을 현재와 같이 통합연구회 보다는 특성별로 재분류할 수 있는 여지가 적지 않음을 보여준다.

〈표 13〉 연구개발활동 관련 출연(연)별 군집 분류

기관명	2010년	2015년	2021년
KIST	2	2	2
KRIBB	2	2	2
KBSI	2	2	2
KASI	.	2	2
KRISS	2	2	2
KARI	2	1	1
KISTI	1	2	1
KAERI	2	1	2
KIOM	2	2	2
KFRI	1	1	1
KITECH	1	1	1
ETRI	2	1	1
KICT	1	1	1
KRRI	2	1	1
KERI	1	1	1
KIER	1	1	1
KIMM	1	1	1
KIGAM	2	2	2
KRICT	2	1	2

* K-평균군집 분류

(그림 4) 다차원 척도법에 따른 연구활동 기반 출연(연) 간 거리

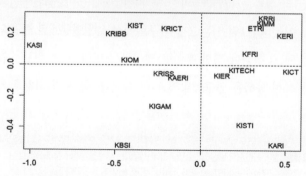

〈요약〉

분석결과 연구회 분류와 관련해서는 출연(연)의 재정지원 형태와 연구활동 특성에 대한 고려가 다소 미흡한 것으로 나타난다. 이 분류 문제는 연구회체제 도입 당시의 분류와 관련된 혼선까지 거슬러 올라갈 수 있다. 당시 많은 연구소들이 의견조사에서 산업기술연구회 보다는 기초기술연구회 또는 공공기술연구회를 선호하였으며, 이로 인해 기관들의 소속 분류 시 일관성 문제가 발생하기도 했다(정용남, 2010).[26] 그럼에도 연구회 운영 초기에는 이러한 연구기관 성격을 고려하는 측면이 있었으며, 연구회 체제를 운영하면서 이러한 분류 및 소속 문제를 해결하는 노력도 있었다. 하지만, 통합연구회 체제 이후 이러한 부분에 대한 고려는 거의 없는 상황이라 할 수 있다. 이는 2018~2019년 출연(연)별로 자체적인 R&R(역할과 책임) 작성 당시 혼선과도 연결되는 것으로 평가된다. 연구소 특성이 다름에도 동일한 관리체제 하에 두고 운영하는 것을 적정한 것으로 보기는 어렵다.

3. 출연(연) 성과 적정성

출연(연)의 성과는 출연(연)의 연구 지향(orientation)과 연결되어 있는 부분이다. 아래의 (그림 5)는 2개 연구회에서 1개 연구회로 변동되는 상황에서 출연(연)의 성과에 대한 추이를 정리한 것이다. 우선 연구사업비 10억 원당 국제 특허 등록은 연구개발과 특허 출원 및 등록 간 시차 문제가 있지

---

26) 출연(연)은 산업기술연구회보다는 공공기술연구회에, 공공기술연구회보다는 기초기술연구회에 소속되는 것을 희망했다. 전반적으로 산업기술연구회에 배정되는 부분을 부담스럽게 생각했는데, 당시 이러한 의견을 표명한 기관들로는 KIST, KRIBB, KARI, KFRI, KRISS 등이었다(정용남, 2010).

(그림 5) 국제 및 국내 특허 등록 추이

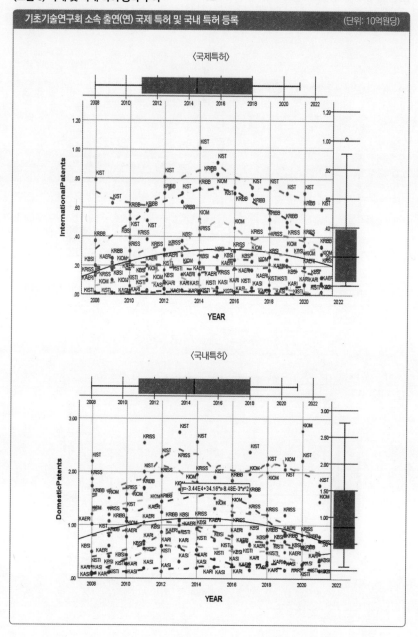

기초기술연구회 소속 출연(연) 국제 특허 및 국내 특허 등록   (단위: 10억원당)

〈국제특허〉

〈국내특허〉

(그림 5) 국제 및 국내 특허 등록 추이

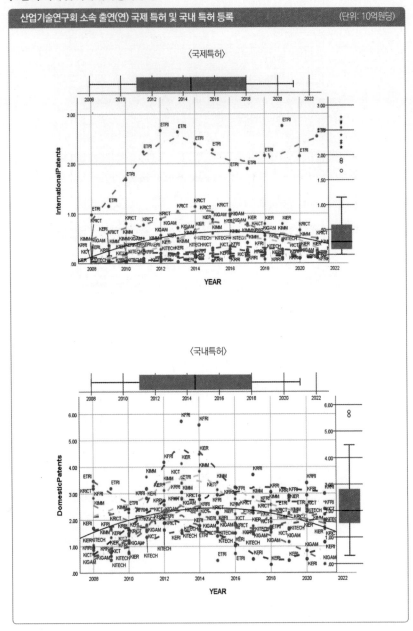

만, 기존 산업기술연구회 소속과 기초기술연구회 소속 출연(연) 간 차이가 두드러진다. 전반적으로 국내 및 국외 특허 모두 응용 지향의 산업기술연구회 소속기관의 실적이 높은 것으로 나타난다. 시기상으로 가장 실적이 높았던 것은 2014년~2015년이다. 시차를 고려할 때 2개의 연구회 시절에 특허 출원 실적이 가장 높았으며 이후 조금씩 감소하는 모습이다. ETRI를 제외할 경우 전체적으로 감소 정도가 두드러진다. 산업기술연구회 소속기관들임에도 기초기술연구회 소속기관에 비해 국제특허 실적이 미미한 기관들이 적지 않은 것으로 나타난다.

(그림 5)를 보면 국내 특허의 경우 산업기술연구회 소속 기관들의 실적이 기초기술연구회 소속기관들 평균보다 높다. 산업연구회 소속 기관들은 국내 특허에서 기관별 편차가 두드러지나 기초기술연구회 소속 기관들은 산업기술연구회 소속 기관들보다 편차가 크지 않다. 기초기술연구회 소속 기관 일부는 국내 및 국제특허 모두 실적이 두드러지지 않는 것으로 나타난다. 기초기술연구회 소속과 산업기술연구회 소속 기관들 모두 국내 특허 등록 수는 점차 감소하는 모습으로 나타나고 있다.

한편 (그림 6)은 양 연구회에 속해 있던 연구소들의 SCI 논문 실적을 정리한 것이다. 성과 추이를 보면 2014년 이후 기초기술연구회에 소속된 기관들의 논문 실적이 산업기술연구회 소속 기관들보다 평균 2배 이상으로 나타난다. 통합연구회 이후 기존 기초기술연구회 소속 기관들의 실적이 일시적으로 감소했다가 다시 증가한 것으로 나타난다. 산업기술연구회 소속 기관들도 유사한 패턴을 보이고 있다. 눈에 띄는 부분은 기초기술연구회 소속기관 중에서도 논문실적이 매우 낮은 기관들이 있으며, 산업기술연구회 소속의 경우도 논문실적이 매우 높은 기관이 있다는 점이다.

(그림 6) 출연(연)별 SCI 실적 추이

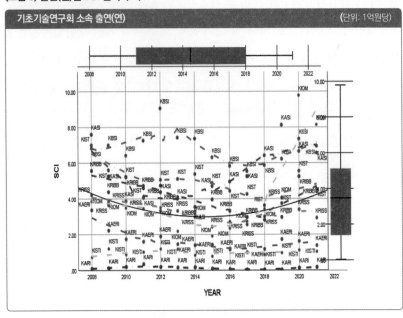

기초기술연구회 소속 출연(연)   (단위: 1억원당)

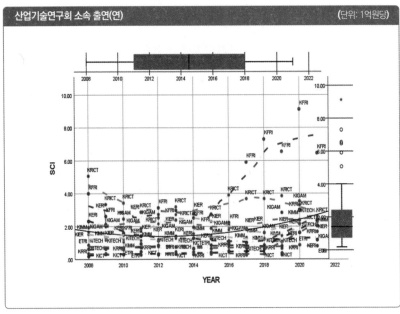

산업기술연구회 소속 출연(연)   (단위: 1억원당)

한편 통합연구회 이후 주요 분야 SCI 논문 실적 증가는 연구지향에서 기초연구가 늘어난다는 의미로 해석할 수 있다. 이 경우 연구소들의 연구영역이 중복적인 모습을 띠기도 한다는 점이다(Donner and Schmoch, 2020). 연구회 체제 개편이 이를 의도했다고 보기는 어렵지만, 통합연구회 이후 경향성은 있는 것으로 볼 수 있다.

SCI 논문과 관련해서 통합연구회 이전과 이후 Web of Science 기반 자료 정보를 통해 기관별 연구경향과 연구분야 유사성 등을 살펴보았다. 10대 연구 분야를 중심으로 분석한 결과 Science 분야(multidisciplinary 포함) 비중이 다소 늘어난 기관들로는 주로 응용지향 연구소들인 KITECH, KIMM, KRICT, KIER, KICT, KRISS 등으로 나타난다. 〈표 14〉는 통합연구회 출범 이후(2014~2022) 기관의 연구분야 별 연구 논문 비율 등을 기관별로 벡터 간 상관계수로 나타낸 것이다. 실제로 10개 분야 중심 기관별 값 벡터 상관계수를 보면 통합연구회 이전과 이후를 비교 시 통합연구회 이후 상관계수가 높아진 기관이 적지 않은 것으로 나타난다. KIST의 경우 통합연구회 출범 이후 다른 기관들 간 값 벡터 간 상관계수가 높아진 경우는 KBSI(0.815->0.903), KITECH(0.743->0.867), KIMM(0.755->0.801), KRICT(0.686->0.935), KIER(0.583->0.778), KRISS(0.145->0.804) 등이 있다. KIST와 유클리디안 거리가 가까워진 경우는 KBSI, KRIBB, KITECH, KIMM, KIOM, KRICT, KIER, KICT, KRISS, KRRI이며 유클리디안 거리가 다소멀어진 경우는 KASI, KERI, ETRI, KIGAM, KARI, KISTI, KAERI 등으로 나타난다. 기관별 거리가 멀어진 경우는 미션 및 분야별 특성이 애초부터 명확한 기관들이다.

(그림 7)은 국가과학기술연구회 자료를 토대로 연구회 소속 출연(연)의

〈표 14〉 기관별 값 베타 간 상관계수

	KIST	KBSI	KASI	KRIBB	KITECH	ETRI	KFRI	KIMM	KIOM	KERI	KRICT	KIER	KICT	KRISS	KIGAM	KARI	KRRI	KISTI	KAERI
KIST	1.000	0.903	-0.052	-0.031	0.867	0.200	-0.049	0.800	-0.055	0.566	0.935	0.778	0.334	0.804	0.207	0.000	0.496	-0.077	0.459
KBSI	0.903	1.000	-0.051	0.108	0.800	0.061	-0.012	0.675	-0.036	0.466	0.843	0.592	0.326	0.793	0.226	-0.048	0.372	-0.106	0.445
KASI	-0.052	-0.051	1.000	-0.057	-0.052	-0.038	-0.043	-0.057	-0.053	-0.035	-0.055	-0.056	-0.056	-0.040	-0.025	0.078	-0.050	0.530	-0.041
KRIBB	-0.031	0.108	-0.057	1.000	-0.069	-0.109	0.284	-0.094	0.349	-0.078	0.073	-0.063	-0.101	-0.052	-0.091	-0.115	-0.089	-0.106	-0.061
KITECH	0.867	0.800	-0.052	-0.069	1.000	0.207	-0.068	0.805	-0.080	0.625	0.784	0.587	0.365	0.756	0.270	0.054	0.574	-0.078	0.521
ETRI	0.200	0.061	-0.038	-0.109	0.207	1.000	-0.082	0.289	-0.100	0.682	0.036	0.002	-0.006	0.325	-0.055	0.328	0.520	0.302	0.024
KFRI	-0.049	-0.012	-0.043	0.284	-0.068	-0.082	1.000	-0.084	0.194	-0.073	-0.005	-0.068	-0.087	-0.078	-0.079	-0.087	-0.081	-0.098	-0.057
KIMM	0.800	0.675	-0.057	-0.094	0.805	0.289	-0.084	1.000	-0.100	0.615	0.699	0.661	0.271	0.703	0.147	0.180	0.703	-0.058	0.446
KIOM	-0.055	-0.036	-0.053	0.349	-0.080	-0.100	0.194	-0.100	1.000	-0.079	-0.001	-0.079	-0.104	-0.076	-0.095	-0.106	-0.096	-0.107	-0.068
KERI	0.566	0.466	-0.035	-0.078	0.625	0.682	-0.073	0.615	-0.079	1.000	0.370	0.272	0.274	0.747	0.073	0.278	0.755	0.111	0.272
KRICT	0.935	0.843	-0.055	0.073	0.784	0.036	-0.005	0.699	-0.001	0.370	1.000	0.807	0.299	0.673	0.233	-0.078	0.368	-0.124	0.419
KIER	0.778	0.592	-0.056	-0.063	0.587	0.002	-0.068	0.661	-0.079	0.272	0.807	1.000	0.183	0.473	0.238	-0.086	0.309	-0.127	0.288
KICT	0.334	0.326	-0.056	-0.101	0.365	-0.006	-0.087	0.271	-0.104	0.274	0.299	0.183	1.000	0.309	0.297	-0.083	0.472	-0.128	0.194
KRISS	0.804	0.793	-0.040	-0.052	0.756	0.325	-0.078	0.703	-0.076	0.747	0.673	0.473	0.309	1.000	0.076	0.103	0.575	-0.047	0.386
KIGAM	0.207	0.226	-0.025	-0.091	0.270	-0.055	-0.079	0.147	-0.095	0.073	0.233	0.238	0.297	0.076	1.000	0.008	0.078	-0.117	0.107
KARI	0.000	-0.048	0.078	-0.115	0.054	0.328	-0.087	0.180	-0.106	0.278	-0.078	-0.086	-0.083	0.103	0.008	1.000	0.301	0.083	-0.007
KRRI	0.496	0.372	-0.050	-0.089	0.574	0.520	-0.081	0.703	-0.096	0.755	0.368	0.309	0.472	0.575	0.078	0.301	1.000	0.033	0.291
KISTI	-0.077	-0.106	0.530	-0.106	-0.078	0.302	-0.098	-0.058	-0.107	0.111	-0.124	-0.127	-0.128	-0.047	-0.117	0.083	0.033	1.000	-0.094
KAERI	0.459	0.445	-0.041	-0.061	0.521	0.024	-0.057	0.446	-0.068	0.272	0.419	0.288	0.194	0.386	0.107	-0.007	0.291	-0.094	1.000

** 기관별 대표 10개 분야 유사도 행렬이다.

자료: Web of Science. 2023.05.27. 기준

(그림 7) 연구회 소속 출연(연) 기술이전 계약 업체 수(연도별)

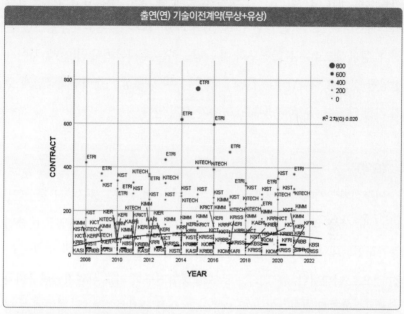

기술이전 계약 성과를 정리한 것이다. 산출 및 일부 과정 중심이기는 하나 적극적으로 기술이전에 대한 출연(연) 성과를 나타내는 부분이라 참고할 만하다. 통계상으로는 통합연구회 이후 감소하는 추세이며 출연(연)별 차이가 상당한 것으로 나타난다. ETRI의 경우는 유상+무상 기술이전계약업체 수가 가장 많으며, 유상의 경우도 그 수가 작지 않다.

〈요약〉

연구회가 2개에서 1개로 통합된 거버넌스 변동에도 불구하고 출연(연)의 성과는 두드러지지 않은 것으로 나타난다. 2014년부터는 출연금 비중이 증가하였는데 특허(10억 원당)나 기술이전 성과는 이전 시기에 비해 낮아진 것으로 나타난다. 눈에 띄는 부분은 통합연구회 이후 산업기술연구회와 기초기술연구회 모두 1억 원당 SCI 논문 수가 증가한 것이다. 과학기술 혁신정책 차원에서 보면 과학기술 지식생산이 강조되는 패러다임에 부합하는 실적으로 볼 수 있다. 혁신 환경이 변화되는 상황에서 논문, 특허, 기술이전 활동은 정부와 출연(연)간 사회계약으로서 여전히 중요하나, 이 중에서 유독 SCI 논문 수가 증가하는 모습은 적절한 것으로 보기 어렵다.

제5절 종합 및 토의

출연(연) 연구회 체제 개편은 출연(연)에게 자율성과 독립성을 부여하며 출연(연)의 경영합리화 및 발전을 도모하려는 것이다(과학기술분야정부출연연구기관의설립·운영및육성에관한법률 제 1조 및 10조). 분석결과는 연구회 제도의 도입에도 불구하고 출연(연)에 대한 실질적인 자율성·독립성 부여는 미흡했으며, 출연(연)과 연구회별 소속과 배치 정합성, 그리고 거버넌스 변화에 따른 출연(연) 성과는 크지 않은 것으로 나타난다. 〈표 15〉는 위의 논의를 표로 요약한 것이다.

연구회 체제 도입에도 출연(연) 자율성 문제가 지속되는 것은 우선 재정적 자율성 측면이 큰 것으로 볼 수 있다. 출연금의 증가에도 불구하고 분산형 연구개발사업 체제로 인해 각 부처들이 역할을 지속적으로 확대해 온 것으로 나타난다. 이해관계자 간 타협의 산물로서 연구회 제도의 한계도 있었다. 정부 부처는 재정적, 개입적, 구조적, 관리적 차원에서 계속해서 출연(연)에 대한 통제권한을 보유하려고 했었고, 출연(연)은 자율성 확보 차원에서 중간 관리 기구인 연구회를 정부의 통제에 대한 버퍼로서만 기대하여 연구회의 권한 강화를 원하지 않았다. 출연(연)은 연구회의 원형이 연구소 자

〈표 15〉 거버넌스 변동에 따른 적정성

구 분	적정성		
	권한관계	배치 및 분류	성과
3개 연구회	재정적 차원에서 정부의 통제 수준 유지, 출연(연) 법적 자율성 제고	보통 수준 • 출연연 특성을 고려한 배치 노력	–
2개 연구회	재정적 차원에서 정부의 통제 수준 유지, 개입적 차원에서 정부의 통제 수준 강화, 출연(연) 법적 자율성 유지	보통 수준 • 출연연 특성을 고려한 배치 노력	보통 수준 • 특허, 기술이전 차원에서 실적 증가
통합연구회	위와 같음	낮은 수준 • 통합연구회 체제로 출연(연) 특성을 고려하지 않음	낮은 수준 • 특허, 기술이전 실적 감소 • SCI 실적 증가

율성을 강조하는 것이어서 지속적으로 보다 많은 자율성을 요구해 온 것도 사실이다.

출연(연) 연구회 체제의 적정성은 출연(연)의 연구회 분류 및 소속의 문제도 있었다. 우리나라 출연(연)들은 미션 지향 연구소로 출발하였으며, 시간이 흐르면서 다양한 기능과 역할이 부여되었으나 기본적으로 타율적 미션 연구소의 성격을 유지하고 있다. 연구회 체제의 원형은 연구자에 초점을 맞춘 자율적 연구소를 지향하는 것이어서 미션 중심의 우리나라 출연(연) 체제와 정합성 문제가 있었던 것으로 평가된다. 출연(연)은 재정지원 방식, 연구개발 활동 측면에서 다양성이 있음에도 연구회 개편 과정을 거치면서 개별 출연(연)의 특성들이 점차 고려되지 않은 측면이 있었다.[27] 통합연구회 체제는 Cruz-Castro (2018)의 유형으로 분류해 볼 때 학술기초연구센터(PRC)를 지향하고 출연(연)의 동형화를 촉진하는 측면이 있어 혁신 관점에서는 긍정적으로 평가하기 어려운 부분이 있다.

출연(연)은 사회계약으로서 지식 생산과 지식 이전, 거대 문제 해결 등 다양한 역할을 수행하며 성과를 창출할 것이 요구된다. 연구회 체제 출범 이후 출연(연)의 안정성과 자율성을 부여하는 차원에서 전체 출연금 규모 및 안정적 인건비가 증가되었는데, 최근 들어 SCI 논문 실적은 증가하고 있으나, 기술이전, 특허 등록 실적의 감소현상이 나타나고 있어 전체적으로 출연(연)의 성과는 두드러지지 않는 것으로 나타난다. 이는 연구회체제 개편 이후 출연(연)이 과학기술정책 패러다임 중 선형 혁신 모형을 지향하는

---

27) 2018년 추진된 출연(연) RandR 설정은 통합연구회 소속의 출연(연)들이 자율성을 기반으로 기관별 미션 및 연구분야를 설정하는 노력으로 평가되지만 재정지원 방식이나 연구활동의 특성에 대한 고려는 미흡한 것으로 볼 수 있다.

모습이라 할 수 있다.[28]

Bührer 외(2023)가 전제하듯이 제도적 재정지원(출연금)이 많아지면 많아질수록, 그리고 과학기반의 재정지원이 강할수록, 과학과 사회적 필요의 정렬을 위한 제도적 변화가 쉽지 않다는 논의는 연구회 체제 이후 출연(연)에서도 관찰되는 모습이다. 연구회 체제가 제도화 과정을 거치면서 자율성이 강조되고, 이로 인한 자율성의 패러독스 문제도 제기되는 상황으로 보여진다. 자율성 강조로 과정 통제가 축소되었으나 그렇다고 성과에 대한 엄격한 통제가 실시되는 것도 아니다. 이 때문에 현재의 연구회 거버넌스는 문제해결과 성과향상을 위해 적절한 변화가 필요한 것으로 평가된다.

위의 연구 결과는 다음과 같은 개선 관련 시사점을 제시한다. 우선 이 연구에서는 출연연의 자율성과 정부의 통제 관점에서 거버넌스를 살펴보았는데, 분석 결과 연구소에서는 자율성, 독립성이 일정부분 인정되어야 하지만 본질적으로 공공연구소들에게 완전한 자율성과 독립성을 부여하기는 쉽지 않다는 점이다. 기본적으로 공공조직은 권한 관계 측면에서 다른 이해관계자들로부터 분리해서 존재할 수 없기 때문이다. Bach(2018)가 언급했듯이 공공기관은 유권자가 정치인(선출직 공무원)에게, 이들이 부처, 다른 조직에 권한을 위임한 사슬 가운데서 존재하는 것이기 때문에, 연구소에서의 자율성 개념은 위임된 자율성인 것이지 정부와 정치로부터 완전히 분리된 자율성은 아니라는 점이다. 같은 맥락에서 출연(연)이 정부의 재정을 지원받는 경우는 출연금이 증가하더라도 자율성에 제약이 있다는 사실도 인식할

---

28) Aagaard(2017)는 덴마크에서 대학 연구공동체 중심의 연구회가 연구의 자율성 만을 강조하여, 사회적 필요나 연구의 품질 기준에 바탕을 둔 지원을 제대로 하지 못하고 학문 중심, 지나친 분과 중심의 운영에 문제가 있었음을 지적하였는데(p. 290), 출연(연)에도 이러한 모습이 관찰되고 있다고 할 수 있다.

필요가 있다. 한편 앞서 언급했듯이 출연(연)에서 자율성을 강조할수록 출연(연)에 대한 규제는 줄어들지만, 이 경우 다른 혁신 주체들과의 협력의 동기가 저하되며, 모니터링을 통한 성과 제고에 문제가 발생하는 것도 사실이다.[29] 이러한 차원에서 보면 연구소에서는 자율과 통제가 적절하게 균형을 이루는 것이 매우 중요하다.

이에 따라 우리나라 출연(연)에서 적절한 자율성은 관점을 달리해서 볼 필요가 있는 것으로 나타난다. 즉 연구회 체제가 자치를 기반으로 하는 연구회 원형과는 달리 운영되어 온 상황에서 연구소의 자율성에는 한계가 있음을 인식하는 것이 필요하다. 이와 함께 출연(연)에 대해서는 이 분석에서 언급한 다양한 자율성 측면 외에도 출연(연)이 그동안 자율성 문제로 거론해 온 것 들 중 정치 권력으로부터의 연구 및 운영의 자율성이 더 강조될 필요가 있는 것으로 보인다. 이러한 차원에서 보면 그동안 문제점으로 지적되었던 출연(연)의 기관장 인사에 대한 정치적 영향, 정부가 변동되면서 연구 외적 규범과 규칙에 대한 준수 의무와 제재 위협은 대폭 축소할 필요가 있다. 무엇보다 연구에서 강조되는 자율성은 그동안 제도 등을 통해서 강조된 기관 차원의 경영에 대한 자율성 외에도 연구자의 연구자율성, 연구독립성 제고 부분이 보다 강조될 필요가 있을 것이다. 선행연구에 따르면 조직 차원의 출연금 증가가 반드시 연구자의 권한을 증가시키는 것은 아니라는 점도 인식될 필요가 있다(〈표 1〉 참조). 이는 출연(연) 자율성 문제를 해결하는 데 있어서 출연(연) 특성과 자율성 부여 대상에 대한 고려없이 출연금을 증가하는 방식은 한계가 있다는 것이다. 이와 함께 출연(연)법 제10조 1항에

---

29) 앞에서 언급한 덴마크의 사례는 시사하는 바가 크다.

명시되어 있는 '연구기관은 연구와 경영에서 독립성과 자율성이 보장된다'는 조항은 출연(연)과 연구자들에게 사회적 계약, 책임있는 연구 및 혁신을 강조하는 내용도 포함해야 하며, 자율성 강조 시 연구자 차원을 병행해서 강조할 필요가 있는 것으로 보인다.[30]

통합 연구회 체제는 출연(연) 운영의 안정성, 출연(연) 간 협력 제고에서 긍정적인 측면이 있으나, 출연(연)의 동형화로 인한 성과 적정성 문제가 있는 것으로 볼 수 있다. 연구회 체제를 유지할 경우 혁신 차원에서는 연구회의 구조와 운영 등에서 상당한 변화가 필요하다. 우선 연구회 소속 개별 출연(연) 의 운영 차이를 고려한 관리의 필요성이 있는 것으로 보인다. 선진국의 경우 혁신 차원에서 공공연구소에 대한 기본재원 지원 방식이 점차 경쟁적 재정지원 방식으로 변화하고 있다(Cruz-Castro 외 2011; OECD, 2011a; Aagaard, 2017). 기업과 혁신에 연계되는 연구소들은 계약을 통한 재정지원이 일반적이며 적정한 것으로 알려져 있다. 이 때문에 혁신 차원에서는 민간과의 협력을 해야 하는 경우, 기술과 혁신을 연계하는 경우는 민간으로부터의 재원 확보 비중이 축소되는 것은 문제가 있는 것으로 볼 수 있다. 국가적 도전 문제와 관련해서도 프로그램 지원을 통해 조율이 가능한 부분이 적지 않다. 우리나라 출연(연)에서는 연구회 제도 출범 이후 출연금을 확대하고 경쟁기반 지원을 축소하는 정해진 방향으로 가고 있으나, 출연(연) 성과 제고 차원에서는 출연(연)별 특성을 고려하여 출연금 지원과 경쟁기반 지원 비중을 합리적으로 조정하는 것이 필요하다. 소속 측면에서 부

---

30) 이는 출연(연)법 제 1 조에 명기되어 있는 책임경영과는 다른 차원이다. 10조의 자율성과 독립성에 대해서는 연구기관 외에도 연구자 차원을 강조하는 것이며, 병행해서 사회적 책무도 강조해야 한다는 의미이다.

처의 정책목적 달성(문제해결)에 직접적으로 연계되는 출연(연)의 경우는 연구회 소속 보다는 부처 직속으로 재편하는 것도 검토해 볼 만하다. 이렇게 보면 연구회 도입 당시 벤치마킹 대상이었던 독일의 연구회 체제를 원형대로 도입·운영하는 것도 필요하다. 기초과학과 산업기술 차원의 연구회로 재분리하고, 연구회 소속 출연(연)의 법인격을 폐지하며,[31] 연구회에 소관 출연연구기관에 대한 기능 조정권한 부여 및 연구회 별로 소관 연구기관에 대한 재정지원 방식을 달리하는 것이 필요하다. 이는 권한관계 변화를 통해 출연(연)들이 변화하는 환경에 민첩하게 대응하고 출연(연) 상호 간 협력을 촉진하도록 하는 것과 관련이 있다.

출연(연) 거버넌스의 적정성은 출연(연)의 성과와 연계되어 있다. 전환적 혁신 관점에서는 출연(연)에게는 기존의 지식 생산, 지식 전달 등의 역할을 잘 수행하는 것 외에도 거대한 사회적 도전 문제 해결에서 적극적인 역할 수행이 기대된다.[32] 이는 출연(연)의 성과에 대한 관점도 다르게 접근할 필요가 있음을 의미한다. 출연(연)에서 거대한 사회적 도전 문제 해결은 다른 혁신 주체들과는 차별화되는 역할이라 할 수 있다. 앞에서 언급한 연구회 체제를 개편할 경우 개편 내용은 이러한 차원과도 연계될 필요가 있다.[33]

---

31) 독립법인으로 반드시 존치해야 하는 경우라면 부처로 환원하는 방안을 우선 검토할 필요가 있다. KBSI 의 H 박사 등을 비롯, 출연연 경영진들은 출연연 법인격 폐지에 대해 매우 부정적인 입장이다(2022-11-03).

32) 거대한 문제란 기후위기, 팬데믹과 같은 해결이 어려운 것으로 문제 해결과정에서 다양한 주체들 간 조정, 협력 및 집단적인 노력이 요구된다. STEPI에서 다학제적 접근이 필요하다고 보는 일부 분야의 국가 난제'도 이와 관련이 있다(https://www.stepi.re.kr/site/nwpko/main.do). 이들은 정부가 주도적으로 해결해야 하는 문제들이어서 정부가 가진 수단인 출연(연)의 적극적인 활용이 필요하다(김왕동 외, 2014 참조). 박근혜 정부부터 출연(연)에 대해 사회적 도전 과제를 수행할 역할들이 강조되어 오고 있지만 본격적으로 강조되는 모습은 아니다.

이에 따라 연구회와 개별 출연(연)에 대해서도 관련 거대한 도전 문제 해결 미션을 보다 명확히 부여하고, 이러한 관점에서 출연(연)의 성과를 강조할 필요가 있다. 연구회의 제도 및 운영상 문제에도 불구하고 이러한 차원에서 연구회를 출연(연) 조정과 협력을 촉진하는 기구로 운영하는 것은 출연(연) 거버넌스와 성과 문제 해결을 위해 충분히 검토해 볼 만 하다. 이 경우 연구회에 관련 프로그램 지원과 자원 배분 역할을 부여하는 것 또한 적극 검토할 필요가 있다. 연구회 개편은 출연(연), 연구회 보다 상위 수준에서의 개편과도 연계되어야 한다. 전 정부적으로 전환적 혁신에 대한 기획, 조정, 관리 체계를 마련하는 것이 필요하다. 즉 거대 문제 해결 관련 연구개발사업을 총괄할 부처를 신설하고,[34] 연구회와 출연(연)을 이 부처 소속으로 이관하며, 다층 지배구조 문제 해결 차원에서 연구회가 정책적 자율성을 보유하는 한편, 부처가 운영하는 연구관리기관의 통합 운영도 고려할 필요가 있을 것이다.[35]

한국에서 출연(연)은 국가 연구개발 체계의 한 부분으로서 꽤 성공적으로 운영되어 왔다. 현재에도 정책상 역할이 중요하다. 이 때문에 적절한 변화를 통해 이를 더욱 잘 활용할 필요가 있다. 출연(연)을 현재 수행하는 역할 외에도 향후 중요한 정책적 과제들을 해결하도록 하기 위해서는, 출연(연) 거버넌스의 전향적인 전환 및 개선을 미룰 이유가 없다. 하지만 그 동

---

33) 한편 전환적 혁신 정책 논의에 대해서 국내 학자들은 다소 부정적인 견해를 피력하고 있기도 하다. 출연연의 경우 여전히 혁신체제 차원에서의 기업 지원 역할 등이 중요하다는 입장이다.(STEPI L 박사, 2022-11-03, 2023-05-26).
34) 현재의 과학기술정보통신부를 개편하는 것도 생각해 볼 수 있다. 이 경우 분야별 프로그램 사업은 타 부처로 이관하는 것이 필요하다.
35) 스칸디나비아 국가들에서는 단일 연구관리 기관을 운영하는 모습이 일반적이다.

안의 경험을 보면 출연(연)을 둘러싼 수많은 이해관계 때문에 거버넌스 개편이 쉽지는 않을 것으로 예상해 볼 수 있다. 이에 따라 개편에 대한 담론적 논의를 시작하는 것이 중요하며, 다양한 거부점 극복을 위한 정부의 책임있는 정책 주도 노력이 필요할 것으로 보인다. Miller(1992)는 오랫동안 성공적인 시스템은 변화를 거부하고 더 이상 효과적이지 않은 행태의 패턴에 집착하는 경우가 있는데 이는 자주 실패를 가져온다는 점을 강조했다. 이는 출연(연)에도 해당되는 부분일 수 있어서 본 연구에서는 출연(연) 거버넌스의 적정성 분석을 통해 문제점을 확인한 후 개선의 필요성을 제시해 본 것이다.

제6절 결 론

본 연구에서는 1999년 도입된 연구회 체제를 중심으로 출연(연) 거버넌스의 적정성을 자율과 통제라는 권한 관계, 연구회 분류 및 소속, 그리고 출연(연) 성과 차원에서 분석하였다. 분석결과 출연(연)에 대해 일부 자율성은 확대되었으나 분산형 국가연구개발체계로 인해 주요한 자율성 차원은 한계가 있었으며 공공기관의 특성상 정부의 개입과 통제 문제가 계속되고 있음을 확인하였다. 연구회 설치에 따른 출연(연) 배치와 소속은 재정지원 방식과 연구활동 차원에서 볼 때 출연(연)의 특성을 제대로 고려하지 않은 부분이 있는 것으로 나타났다. 거버넌스 변동에 따른 출연(연) 성과도 두드러지지 않았으며 통합연구회 이후 출연(연) 간 동형화 모습이 있음을 확인했다.

본 연구는 출연(연)의 자율성과 정부의 통제 관계를 분석하면서, 우선 출연(연) 의 자율성은 정부와의 관계 측면에서 '위임된 자율성'이라는 한계가 있는 것으로 보았다. 거버넌스 개편 논의 시 출연(연)과 정책담당자들이 이러한 자율성의 한계를 인식하는 것도 중요하다. 출연(연) 자율성 제고와 관련해서 출연(연) 특성, 자율성 부여 대상에 대한 고려 없이 출연금 증가방식은 한계가 있으며, 자율성과 독립성은 기관차원, 기관장 차원 외에도 연구자 차원에서 접근하는 것이 바람직한 것으로 보았다. 한편 본 연구는 연구회 체제의 한계가 있으나 전환적 혁신 상황에서 제도화가 진행된 연구회를 실질적 조정기구로 전환하고, 개별 출연(연) 법인격 폐지, 출연(연) 특성별 그룹화. 상위 차원에서 거대 문제 해결에 초점을 맞추는 부처 신설 등을 검토할 필요성이 있음을 강조하였다.

본 연구는 우리나라에서 출연(연) 연구회가 왜 잘 작동하지 못하는 이유를 보다 체계적으로 분석했다는 점을 의의로 들 수 있다. 출연(연) 거버넌스 적정성을 단순하게 구조적인 차원에서 접근하기보다는 출연(연) 이해관계자를 둘러싼 권한 관계, 특히 자율성과 통제 차원에서 살펴보았으며, 출연(연) 특성과 지향하는 연구소 운영체제 간의 정합성, 그리고 성과 관점에서 거버넌스의 적정성을 살펴보았다는 점은 다른 연구들과 차별성이 있는 부분이라 할 수 있다. 무엇보다 이러한 적정성 분석은 연구회체제를 도입하면서 천명했던 정책 목적 달성 여부에 대한 평가차원이라는 의의도 있다. 전환적 혁신 정책 차원에서 출연(연)의 개선 방향을 검토한 것도 새로운 접근이라 할 수 있다.

이 연구의 한계는 다음과 같다. 출연(연) 거버넌스 문제를 다루면서 주로 정부 부처 중심으로 다루어 출연(연)에 영향력이 큰 국회 등 정치 부분에 대해서 제대로 다루지 못한 부분이다. 이와 함께 연구회 체제하의 출연(연)을 대상으로 해서 출연(연)의 범위에 포함되는 다수의 부처 소속 출연(연)에 대한 고려가 부족했다는 점이다. 출연(연) 거버넌스 변동이 정부변동에 영향을 받는 부분이 있으나, 본 연구에서는 연구회 변동 시기별로 적정성을 분석하여 정부변동의 영향을 제대로 다루지 못한 한계도 있다. 출연(연)과 연구회 거버넌스 문제 및 개선 논의와 관련해서 제시한 전환적 혁신 관점은 논의 초기 단계라 구체성 문제가 있으며, 출연연을 이러한 관점에서 개편하는 부분은 사회적 합의가 필요한 측면이 있다. 이 외에도 이 연구에서 실시한 적정성 분석은 부분적으로 결과론적 관점에서 해석한 한계가 있었다. 출연(연) 거버넌스의 적정성 평가에 대해서는 추후 정치적 이해관계자 등을 포함해서 연구할 필요가 있으며, 다양한 이해관계자들에 대한 인식 조사 등을 통해 보완이 필요한 것으로 보인다. 이에 대해서는 후속 연구를 통해 다루어 볼 예정이다.

강효상 (2016), 「RandD 효율화를 위한 정부출연연 개혁방안 정책 자료집」, 국회의원 강효상 2016 정책자료집.

고영주 외 (2017), "과학기술연구개발 주체의 육성사업", 「한국 과학기술 50년사: 제 2편 과학기술정책사」, 과학기술정책연구원.

과학기술정책연구원 (2017), 「한국 과학기술 50년사: 제 2편 과학기술정책사」, 과학기술정책연구원.

과학기술 출연(연) 발전 민간위원회 (2010), 「새로운 국가과학기술시스템 구축과 출연(연) 발전방안」, 2010.7.6.

국가과학기술연구회 (2022), 「국가과학기술연구회-소관 연구기관 기초 통계 자료」, 국가과학기술연구회.

권성훈 (2021), "과학기술분야 출연연 법제의 주요 쟁점과 과제", 「이슈와 논점」, 1905호, 국회입법조사처.

기획예산위원회 (1998), 「정부출연연구기관 경영혁신방안」, 1998.5.13.

기획재정부 (2012), 「공공기관 선진화」, 정책자료집 각론 3.

김계수·이민형 (1998), "이공계 정부출연연구기관의 구조조정을 위한 합리적 방안", 「과학기술정책」, 112: 40-49, 과학기술정책연구원.

김계수 (2000), "정부출연연구기관의 안정적 경쟁체제와 다중감독", 「과학기술정책」, 120:48-62, 과학기술정책연구원.

김성수 (2013), "이명박정부 출연연 선진화정책의 표류원인 분석 - 거부권행사자이론을 중심으로 -", 「한국거버넌스학회보」, 20(2): 217 - 242.

김왕동·박미영·장영배·송위진 (2014), 「사회적 도전과제 해결을 위한 출연(연)의 역할과 과제」, 과학기술정책연구원 보고서.

김용훈·오영균 (2008), "정부출연연구기관의 지배구조에 관한 연구", 「한국행정연구」, 17(3): 279-297.

김용훈·윤지웅 (2008), "과학기술행정체제의 변화와 정합성", 「행정논총」, 46(4): 175-199.

김은영 (2001). 「출연연의 역할 및 운영체제 개선방안」, 전국과학정보기술인협회.

동아사이언스 (2023), "출연연 NOW 기획시리", 2023.2.20.~2023.3.21.

민철구 (2002), 「정부출연연구소 운영제도 개선에 관한 연구」, 국회 과학기술정보통신위원회 제출

보고서.

손석호 (2019), "과학기술분야 정부출연(연) 주요이슈 분석 및 정책제언", 「KISTEP Issue Paper」. 276호.

유성재 (1999), 「출연연구기관의 예산지원제도와 경쟁원리」, 과학기술 연구개발 활성화를 위한 세미나. 1999.6.8.

유성재 외 (2002), 「연구회 및 출연연의 새로운 경영모형」, 경제사회연구회 외.

이기종 (2009), 「정부출연(연) 운영효율화 방안」. 한국과학기술기획평가원.

이민형·장병렬·이명화 (2018), 「과학기술분야 출연연시스템 진단과 혁신방안」, 정책연구 2018-01. 과학기술정책연구원.

이민형 (2016), "출연연구기관 역사적 변화 과정과 미래 발전 방향", 「과학기술정책」, 213:18-25.

이장재·황지호 (2008), "정부출연연구기관의 위상재정립 및 발전전략", 「이슈페이퍼」 2008-09, 한국과학기술기획평가원.

이진주 (2000), "정부출연연 개편에 따른 연구생산성 향상 전망", 「과학기술정책」, 121: 105-120, 과학기술정책연구원.

정병걸 (2012), "고착화와 전환의 실패: 출연연 문제의 기원과 성격", 「국가정책연구」, 26(3): 5-25.

정선양 (2002), 「연구회 체제 개선방안」, 국무조정실 제출 용역과제.

정부출연연기관장협의회 (1998), 「과학기술계 정부출연연의 발전방향에 대한 의견」.

정용남 (2010), "국가연구개발사업을 둘러싼 부처-출연연구기관 관계에 관한 연구: 정보통신연구 개발사업을 중심으로", 「한국사회와 행정연구」, 20(4): 395-424.

정용남 (2011), "과학기술계 연구회 조직의 표류에 관한 연구: 제도도입결정과정 분석을 중심으로", 「한국행정연구」, 20(3): 163-200.

최지선 (2019), 「연구개발목적기관 제도 현황과 입법과제」, NARS 정책용역연구보고서, 국회입법 조사처.

하민철·김영대 (2009), "공공연구기관 거버넌스 구조의 제도적 변화: 과학기술분야 정부출연연구 기관을 중심으로", 「정부학연구」, 15(2): 7-43.

대전일보 (2017), "출연연 기관장 3년 임기 짧아…흔들리는 리더십·중장기 발전 힘들어", 2017.12.12.).

_____ (2022), "국가과학기술연구회 이사회 구조 개편돼야", (2022.03.01.).

디지털타임스 (2018), "감사 칼바람에 잠 못이루는 출연연 기관장들", (2018.01.10.)

전자신문 (2000), "〈긴급점검 - 출연연구회 출범 1년〉 (2000.03.21.).

중도일보 (2020), "국가과학기술연구회 이사회 구조 개편 목소리", (2020.01.08.).

Aagaard, K. (2017), "The Evolution of a National Research Funding System: Transformative Change Through Layering and Displacement", *Minerva*, 55(3): 1-19.

Arnold, E. and Boekholt, P. (2003), *Research Innovation Governance in Eight Countries.* Technopolis.

Bach, T. (2018), "Administrative Autonomy of Public Organizations", In: Farazmand, A. (eds) *Global Encyclopedia of Public Administration, Public Policy, and Governance*, Springer, Cham.

Bozeman, B. and Crow, M. (1990), "The environments of U.S. RandD laboratories: political and market influences", *Policy Sci.* 23:25–56.

Bührer, S., Seus, S. and Walz, R. (2023), "Potentials and limitations of programme-based research funding for the transformation of re-search systems", In: Lepori B., Jongbloed B., Hicks D., *Handbook of Public Research Funding*, Edward Elgar Publishing, forthcoming in 2023.

Cruz-Castro, L., Bleda, M., Derick, G. E, and Jonkers, K. (2011), "Public Sector Research Funding", *Policy Brief*, OECD.

Cruz-Castro, L. and Sanz-Menéndez., L. (2018), "Autonomy and Authority in Public Research Organisations: Structure and Funding Factors", *Minerva*, 56: 135–160.

Cruz-Castro, L., Martínez, C., Peñasco, C. and Sanz-Menéndez, L.(2020), "The classification of public research organizations: Taxonomical explorations", *Research Evaluation.* 29(4): 377–391.

Cruz-Castro, L. and Sanz-Menéndez. (2023), "Public Research Organisations and Public Research Funding", in Lepori B., Jongbloed B., Hicks D. (eds.), *Handbook of Public Research Funding*, Edward Elgar, forthcoming in 2023.

Diercks, G., Larsen, H. and Steward, F. (2019), "Transformative innovation policy: Addressing variety in an emerging policy paradigm", *Research Policy.* 48 (2019): 990-894.

Donner, P. and Schmoch, U. (2020), "The implicit preference of bibliometrics for basic research", *Scientometics*, 124: 1411-1419.

Etzkowitz, H. and Leydesdorff, L. (2000), "The dynamics of innovation: from National Systems and "Mode 2" to a Triple Helix of university–industry–government relations", *Research Policy*, 29: 109-123.

European Commission (2012), *Responsible Research and Innovation. Europe's ability to respond to societal challenges.* European Commission, Brussels.

Ferlie, E.; Ashburner, L., Fitzgerald L. and Pettigrew, A. (1996), *The New Public Management in Action*, Oxford: Oxford University Press.

Gassler, H., Polt, W. and Rammer, C. (2007), Priority Setting in Research and *Technology Policy-Historical Developments and Recent Trends*, JOANNEUM RESEARCH, Forschungsgesellschaft mbH –.

Gläser, J. (2010), "From Governance to Authority Relations?", in *Reconfiguring Knowledge Production: Changing Authority Relationships in the Sciences and their Consequences for Intellectual Innovation*, Whitley, R., Gläser, J. and Engwall, L. (eds.) Oxford University Press.

Guston, D. H. and Keniston, K. (1994), "Introduction: The Social Contract for Science", *In The fragile contract.* ed. D. H. Guston and K Keniston, pp. 1-41. Massachusetts: MIT Press.

Haddad, C. R., Nakić, V., Bergek, A. and Hellsmark, H. (2022), "Transformative innovation policy: A systematic review", *Environmental Innovation and Societal Transitions*, 43: 14-40.

Klingner, R. and Behlau, L. (2012), "Bridging the Gap Between Science and Industry: The Fraunhofer Model", 2012 STEPI International Symposium, Seoul.

Kuhlmann, S., Stegmaier, P. and Konrad, K. (2019), "The tentative governance of emerging science and technology—A conceptual introduction", *Research Policy*, 48(5): 1091-1097.

Larrue, P. (2021), "The Design and Implementation of Mission-Oriented Innovation Policies: A New Systemic Policy Approach to Address Societal Challenges", *OECD Science, Technology and Industry Policy Papers*.

Lepori B., Jongbloed B. and Hicks D. (2023), "Introduction. Understanding vertical and horizontal complexities in public research funding", In: Lepori B.,

Jongbloed B., Hicks D., *Handbook of Public Research Funding*. Edward Elgar Publishing, forthcoming in 2023.

McLaren, J. and Kattel, R.(2022), "Policy capacities for transformative innovation policy: A case study of UK Research and Innovation", UCL Institute for Innovation and Public Purpose, Working Paper Series (IIPP WP 2020-04). https://www.ucl.ac.uk/bartlett/public-purpose/wp2022-04.

Mazmanian, M., Orlikowski, W. J. and Yates, J. (2013), "The Autonomy Paradox: The Implications of Mobile Email Devices for Knowledge Professionals", *Organizational Science*. 24(5).

Mazzucato, M. (2018), "Mission-oriented innovation policies: challenges and opportunities", *Industrial and Corporate Change*, 2018, Vol. 27, No. 5, 803–815.

Miller, D. (1992), "Environmental Fit versus Internal Fit", *Organization Science*, 3(2): 159-178.

OECD (2011a), *Public research institutions : mapping sector trends*, OECD.

_____ (2011b), *Fostering Innovation to Address Social Challenges*, WORKSHOP PROCEEDINGS, OECD.

_____ (2015), *Frascati Manual 2015. Guidelines for Collecting and Reporting Data on Research and Experimental Development*, Paris: OECD.

Penna, C.C.R., Schot, J., Velasco, D. and Molas-Gallart, J. (2021), ""Transformative" Mission-Oriented Policies: a case study of Vinnova and new design and implementation framework", Eu-SPRI 2021 conference.

Rosenau, J. N. (2007), "Governing the ungovernable: The challengeof a global disaggregation of authority", *Regulation & Governance*, 1: 88-97.

Sanz-Menéndez, L., Cruz-Castro, L., Jonkers, K., Derick, G. E., Bleda, M. and Martínez, C. (2011), "Policy Brief - public research organisations", *Policy Brief*, OECD. December 2011.

Schot, J. and Steinmueller, E. (2018), "Three frames for innovation policy: R and D, systems of innovation and transformative change", *Research Policy*, 47(2018): 1554-1567.

Schot, J., Boni, A., Ramirez, M. and Steward, F.(2018), "Transformative Innovation Policy and Social innovation", TIPC Research Briefing.

Stokes, D. E. (1997), Pasteur's *Quadrant: Basic Science and Technological Innovation*, Brookings Institution Press.

Thomas, V.J., Sharma, S. and Jain, S.K. (2011), "Using patents and publications to assess R&D efficiency in the states of the USA", *World Patent Information*, 33(1): 4-10.

Ulmanen, J., Bergek, A. and Hellmark, H. (2022), "Lost in transition: Challenges in creating new transformative innovation policy practices", *PLOS*. Sustainability and Transformation, October, 2022.

Verhoest, K., Peters, B.G., Bouckaert, G. and Verschuere, B. (2004), "The Study of Organizational Autonomy: A Conceptual Review", *Public Administration and Development*, 24: 101-118.

Weber, K. M. and Rohracher, H. (2012), "Legitimizing research, technology and innovation policies for transformative change: Combining insights from innovation systems and multi-level perspective in a comprehensive 'failures' framework", Research Policy, 41(2012): 1037– 1047.

Whitley, R. (2012), "Changing Governance and Authority Relations in the Public Sciences", *Minerva*, 49:359–385.

Zacharewicz, T., Sanz Menendez, L. and Jonkers, K. (2017), "The Internationalisation of Research and Technology Organisations", EUR 28442 EN, Publications Office of the European Union, Luxembourg, 2017.

국가과학기술지식정보서비스(NTIS)(2023), https://www.ntis.go.kr/ThMain.do (2022.10.1.~2023.5.31.)

Governance Today (2022), www.governancetoday.com (17 November 2022)

Oxford Learner's Dictionaries (2022), www.oxfordlearnersdictionaries.com (17 November 2022)

Web of Science (2023), www.webofscience.com/wos/woscc/basic-search (10 January 2023~ 27 May 2023)

제2장

출연연 내부 조직설계 변동 요인과 특성 분석
: 책임성과 자율성의 조화를 중심으로

고순주

제1절 서 론

1. 연구의 필요성과 목적

출연연은 2020년 기준 국가 전체 R&D 예산의 3.9조 원(16.1%)을 집행하는 등(과학기술정보통신부, 2021) 핵심적인 국가 R&D 수행 주체로서 R&D 성과 창출의 한 축을 담당하고 있다. 이에 따라 출연연의 R&D 투자 효율성 제고와 이를 위한 거버넌스, 조직, 인력, 예산, 지식정보체계 등에 대한 관심이 증대해 왔다.

이 중 조직 관련 연구에서는 출연연의 조직체계, 조직관리, 조직문화, 조직의 특정 기능 등이 R&D 투자 효율성, 즉 조직의 성과와 어떤 관계에 있는지 등이 집중적으로 조망되어 왔다. 예를 들어 정수현 외(2016:1-27)는 조직(성과관리, 기술이전, 연구지원 조직), 인력구조(정규직 비율, 연구직 비율), 예산구조(출연금 비율, 정부수탁비율 등) 등이 1인당 SCI논문 건수와 1인당 특허등록 건수에 미치는 영향을 분석하였으며, 김용진·최호철(2022:83-100)은 한국화학연구원을 사례로 조직개편이 기술협력 구조에 미치는 영향을 분석하였다. 우병렬 외(2019: 99-131)는 9개 출연연을 대상으로 거시적 조직문화와 미시적 조직특성의 직무성과와의 관계를 실증분석 하였으며, 최두용(2018)은 출연연의 조직문화가 조직효과성에 미치는 영향을 연구한 바 있다.

이와 같이 출연연의 조직에 관한 연구는 조직의 성과에 초점을 맞춘 것이 대부분이며, 이는 출연연은 궁극적으로 정부의 R&D 투자에 대한 효율성과 연구생산성을 향상시킬 책임이 있다는 인식에 기반한 것이다.

이런 가운데, 2018년 1월 「국민중심·연구자 중심 과학기술 출연연 발전방안」을 계기로 출연연의 '자기주도 역할과 책임(R&R, Role & Responsibility)'이 등장하면서 "연구자 중심 인력 운영", "연구 중심의 조직 운영"이 강조되었으며, 더불어 출연연의 역할 수행에 있어 책임성과 자율성의 향상 방안에 대한 관심도 높아지게 되었다.

그러나 앞에서도 언급한 바와 같이 지금까지의 출연연에 대한 연구들은 대부분 대리인으로서 '출연연'의 역할 충실성과 R&D 성과에 대한 책임에만 초점을 두었으며, 출연연의 자율성에 대한 연구는 미흡한 측면이 있었다. 특히 조직 차원에서 출연연 내부 조직의 설계나 운영에 있어서의 자율성에 대한 연구는 더욱 부족한 실정이다.

이에 본 연구는 출연연이 자기주도의 역할과 책임을 다하기 위해 내부 조직설계적 측면에서 필요한 요소가 무엇인지를 파악하는 것이 중요하다고 보고, 사전 연구로써 출연연의 조직설계의 현황과 그 특징을 파악해 보고자 한다.

즉 출연연 내부 조직의 개편이나 변화에 영향을 미치는 주요 요인은 무엇이고, 조직개편을 위한 설계 시 어떠한 요소들이 반영되어 어떻게 구조화되는가? 이러한 과정에서 나타나는 특징과 문제는 무엇이며, 출연연의 책임성과 자율성 조화 속에서 역할을 충실히 수행하기 위해서는 어떤 변화와 개선이 필요한가 하는 것이다.

　정부 R&D 투자의 효율성과 연구 생산성 향상 책임이 있는 출연연은 이를 위해 주도적이고 자율적으로 조직을 설계하고 운영할 수 있어야 한다(방석현 외, 2006: 24; 김용진·최호철, 2022:86)²⁾. 이런 의미에서 본 연구가 시발점이 되어 출연연의 자율적인 역할 충실성을 위한 다양한 세부적인 실태연구들이 전개되었으면 한다.

2. 연구내용과 방법

　정부조직의 설계나 개편, 변화요인과 특성 등의 연구는 행정학 분야에서 많이 연구되어 왔다(천세봉·하연섭, 2013). 그러나 출연연의 내부 조직설계에 초점을 맞춘 연구는 매우 드물다. 이 중에서 앞서 살펴본 김용진·최호철(2022)의 연구는 한국화학연구원의 A연구단 조직개편의 변화를 다루고 있지만, 조직개편에 초점이 있다기 보다는 R&D 투자효율성 측정 지표 중 하나인 '기술협력'이 조직개편 전과 후에 어떻게 변화되었는가에 관한 것이다. 정용남(2013: 245-278)의 출연연의 정책부서 조직변화에 관한 연구는 출연연 전체 조직의 변화가 아니라 '정책부서'에 초점을 두고 6개의 출연연이 미션과 크게 정합적이지 않아 보이는 정책부서를 왜 운영하는지, 또 이들 부서는 기능이 다소 상이하면서도 명칭과 구조는 출연연 간 왜 유사하게

---

2) 　방석현 외는 조직개편의 중요한 목표를 조직효과성(organizational effectiveness)으로 보고 있다(2006:24).

변화해 왔는지를 분석하고 있다.

이와 같이 출연연의 조직개편에 대한 연구는 특정 연구단이나 특정 기능 중심으로 전개되었으며, 출연연 내부의 전체 조직설계나 조직변화의 요인과 특성 등에 대한 연구는 매우 미흡한 실정이다. 어떻게 보면 이는 당연한 결과인지도 모른다. 그동안 정부와 출연연의 관계는 주로 수직적 관계하에서 주인-대리인 이론에 의해 설명되어(길종백 외, 2009: 182; 박기주, 2018: 178; 이상혁 외, 2018: 1348), 출연연의 조직변화 또한 정부 정책의 변화나 정부의 요구를 반영했을 것으로 받아들여 연구주제로서의 관심을 받지 않았을 것이다. 그러나 앞에서도 언급하였듯이 현재 출연연은 여전히 R&D 정책의 핵심 집행자이고 정책의 대상자이지만 한편으로는 자기주도의 역할 수행을 통해 정책 주체로 성장해야 할 상황에 놓여져 있다. 따라서 출연연의 조직변화 또는 조직개편이 어떠한 요인에 의해 나타나고 어떤 특성을 보이고 있으며, 개선해야 할 문제는 무엇인지를 살펴보는 것은 향후의 출연연의 자기주도적인 역할 충실성을 통해 R&D 투자 효율성을 향상시키는데 크게 기여할 것으로 생각한다.

이에 본 연구는 출연연 내부 조직 전체의 설계와 변화에 초점을 맞추어 그 개편 요인과 특성을 살펴보고 문제점과 개선 방향을 도출해 보고자 한다.

일반적으로 조직을 보는 관점에 따라 조직변화의 요인을 파악하기 위한 요소들도 달라질 수 있다. 조직은 조직구조 자체뿐만 아니라 조직을 운영하거나 조직에 몸담고 있는 사람, 조직이 작동하기 위한 운영 제도 등 다양한 요소가 결합된 복합체이기 때문이다(박중훈, 2016: 14). 본 연구는 조직에 대한 구조에 초점을 맞추어 조직이 어떠한 영향요인에 의해 구조를 개편하고 어떻게 설계되는지를 살펴보고자 한다.

또한 현재 국가과학기술연구회 산하에는 총 25개의 출연연이 있어 이들 출연연을 모두 관통하는 조직변화 요인과 특성을 살펴보는 것이 바람직할 것이다. 그러나 이는 25개 출연연을 개별적으로 모두 분석한 후에 공통적인 요인을 도출하거나 출연연 간의 차이 등 매우 광범위한 분석과 많은 시간이 소요된다. 따라서 본 연구에서는 한국전자통신연구원(Electronics and Telecommunications Research Institute, ETRI)을 사례로 분석한다. 한국전자통신연구원 사례가 전체 출연연의 조직변화 요인과 특성을 대변할 수는 없지만, 25개 출연연 중 인력이나 예산 등에서 규모가 매우 크고[3], 연구자 관점에서 대부분 기관 내부 자료인 조직개편 관련 자료에의 접근성이 용이하기 때문이다. 대규모 조직개편의 경우에는 언론이나 홈페이지 등에서도 살펴볼 수 있지만 상세한 내용을 파악하기에는 한계가 있으며, 중소규모의 조직개편은 내부 자료로 한정되어 있다. 이때 참여관찰자 관점에서 객관적인 자료의 확보와 자료의 해석에 있어서의 객관성 유지를 위한 노력도 병행하고자 한다.

내부 자료 이외에도 조직개편의 배경을 이루는 정부의 정책(기본계획, 발전방안, 혁신방안, 추진전략 등) 및 이에 관한 보도자료, 그리고 기관평가를 위해 국가과학기술연구회에 제출하는 경영계획서와 경영성과보고서 등 관련 문헌을 분석하였다.

더불어 조직변화의 특성을 좀더 객관적으로 파악하기 위해서는 시계열

---

[3] 25개 출연연 중 ETRI와 KIST의 규모가 가장 크다. ETRI는 2021년 12월 31일 현재 총 2,271명의 직원과 5년 평균 6,339억 원의 연구비를 사용하고 있으며, KIST는 2021년 5월말 현재 2,743명(이 중에서 학생연구원이 1,036명임)의 직원과 연 3,350억 원 규모의 연구비를 사용하고 있다(각 연구기관 홈페이지 참조).

분석이 필요하다. 조직변화의 특성이 일회성인지 지속적인지가 중요하기 때문이다. 이를 위해 박근혜 정권(2013.2.)부터 윤석열 정권(2023.1. 현재) 초기까지의 기간을 연구대상 기간으로 한다.

제2절 배경이론 및 분석틀 설계

1. 배경이론 검토

1) 조직설계, 조직개편, 조직변화에 대한 개념 정의

본 연구는 기본적으로 출연연의 내부 조직설계 원칙이나 방향 등을 담고 있는 정책의 연구에서 출발하였다. 즉, 출연연의 내부 조직설계 관련 정책은 무엇이고, 그 내용이 어떻게 변동되어 왔으며, 변동내용과 과정상의 특징은 무엇인가 그리고 향후 출연연의 바람직한 내부 조직설계를 위해 개선이 필요한 정책적인 요소는 무엇인가를 분석하고 도출하는 연구이다.

그러나 출연연에 영향을 미치는 대부분의 정책에서 미시적인 내부 조직의 설계 방향, 원칙, 방법 등을 직접적으로 언급하고 있는 경우는 거의 없고, 출연연의 역할과 책임, R&D의 방향과 혁신, 연구개발에 초점을 두어야 할 기술 분야 등에 대한 것이 주요 내용을 이룬다.

따라서 본 연구에서는 우선 출연연의 내부 조직개편에 영향을 미치는 요인과 조직개편을 위한 조직설계 요소를 도출하여 조직개편과 조직의 변화 내용을 분석함으로써 간접적으로 그 목적을 이루고자 한다.

이 과정에서 '조직설계', '조직개편', '조직변화' 등 다양한 용어가 사용된다. 일반적으로 조직설계는 조직의 환경과 전략에 적합한 조직구조를 선택하는 의사결정, 조직개편은 의사결정이 반영된 결과, 조직변화는 조직설계와 조직개편에 따른 전과 후의 변화에 초점이 있다. 본 연구내용의 특성 상, 하나의 용어를 사용하거나 각 용어를 명확하게 구별하여 사용하는 것은 쉽지 않다. 따라서 본 연구에서는 이들 용어를 혼용하여 사용하되 가능하면 의미가 좀더 정확하게 전달되도록 적절하게 구분하여 사용하고자 한다.

2) 출연연의 조직개편 요인 관련 선행 연구 검토

출연연의 조직개편 요인에 관한 이론이 별도로 있는 것은 아니다. 따라서 일반적인 정책 또는 조직변동 관련 이론 중에서 출연연의 조직개편을 설명할 수 있는 이론들을 살펴보는 게 필요하다.

그러나 이보다 먼저 출연연이 어떤 조직인지를 이해하는 것이 중요하다. 출연연은 과학기술에 대한 연구개발을 목적으로 정부가 운영 재원의 일정 부분 이상을 출연하여 지원하는 연구기관으로 독립적 조직의 형태로 운영된다. 이로 인해 그동안 출연연의 행태를 이해하는데 있어 주인-대리인 이론 (agency theory)이 일반적으로 활용되어 왔다. 그러나 출연연의 조직개편을 좀 더 이해하기 위해서는 다양한 이론적 관점이 추가되어야 한다. 정용남 (2013: 248-251)은 출연연 정책부서의 조직변화를 설명하면서 주인-대리인 이론, 상황이론(contingency theory), 조직생태학이론(oraganzational ecology), 자원의존이론(resource-dependence theory), 전략적 선택이론 (strategic choice theory), 거래비용 경제학(transaction cost economics), 제도이론(institution theory) 등을 제시하고 있다.

먼저 주인-대리인 이론은 출연연이 정부의 정책을 집행하는 하나의 정책 주체라는 측면을, 상황이론은 출연연은 대내외 환경의 변화와 기술 및 시장 수요에 대응하며 자체적으로도 혁신을 추구해야 한다는 측면을, 자원의 존이론은 주인-대리인 이론에도 내포되어 있지만, 출연연은 정책과 더불어 R&D 예산과 같은 외부자원이 있어야 연구개발을 수행할 수 있다는 측면을, 전략적 선택이론은 정부가 부여한 출연연의 역할과 임무를 효율적으로 수행하기 위해서는 전략적 선택과 집중이 필요하며, 이러한 전략적 선택과 집중은 기관장의 조직에 대한 철학에 의해 결정된다는 측면을 이해하는데 기여한다. 즉 단일 이론만으로는 출연연의 조직개편이나 변화를 이해하는데 한계가 있으며, 관련된 이론들이 복합적으로 적용되어야 함을 의미한다.

이와 같이 출연연에 대한 이론에는 조직개편에 영향을 미치는 요인이 함축되어 있기도 하다. 그러나 좀더 다양한 관점을 살펴보면, 현선해 외(2021: 90)는 일반적인 조직변화에 영향을 미치는 요인으로 조직의 규모, 외부 환경, 조직문화, 전략, 기술 등을 언급하고 있고, 정부조직 개편을 연구한 박중훈(2016)은 조직구조의 관점에서 조직개편을 유발하는 동인으로 외부 환경의 변화, 기술의 변화, 조직의 성장, 리더십의 변화(Bolman & Deal, 2004: 89)와 환경 변화로 인한 정부조직 구조와의 정합성 부족, 정권교체로 인한 국정관리 이념 및 정책 우선순위의 변경, 정부조직의 효율성을 저해하는 구조적 문제에 대한 처방(박천오, 2011: 4) 등을 소개하고 있다. 정용남(2013:247)은 "출연연은 정부에 의해 설립되고 정부에 의해 재정을 지원받으며, 제도적인 통제를 받는 기관이기 때문에 조직과 관련해서 정부의 영향력이 절대적이며, 기술분야별로 특화된 연구를 수행하고 있어 기술 환경 변화에도 적지않은 영향을 받는다. 또한 때로는 출연연도 조직으로서 내부조직 특성 및 기관장의 변화에 따라 영향을 받을 수도 있다"고 보았다.

이와 같이 출연연 조직의 특성, 일반적인 조직변화 요인, 정부 조직의 변화 요인, 출연연에 대한 사례연구 등을 종합해 보면, 츨연연의 조직개편 요인은 정부 정책, 국정관리 이념과 정책의 우선순위, 대내외 환경 변화(외부 환경), 기술과 시장 수요, 기술 또는 기술 환경의 변화, 예산, 리더십의 변화, 기관장의 철학(전략), 조직의 특성(조직의 규모, 조직문화, 조직의 성장), 정부의 영향력, 정부조직 구조와의 정합성, 구조적 문제에 대한 처방 등으로 도출해 볼 수 있다.

3) 조직구조의 설계 요소와 유형

조직개편에 있어서 조직구조의 설계는 매우 다양한 요소들에 의해 영향을 받는다.

첫째, 조직구조의 설계가 규칙과 절차 등에 따라 공식적으로 이루어지는가 그렇지 않는가는 조직구조 설계 및 개편의 유연성과 경직성에 영향을 미친다. 출연연은 「직제규정」에 따라 조직개편이 이루어지며, 직제규정의 운영 방식에 따라 유연성과 경직성 여부가 결정된다.

둘째, 조직의 업무 특성에 따라 조직구조의 분화와 통합이 나타날 수 있다. 일반적으로는 업무가 다양하고 복잡할수록 분화가, 업무의 연결성이 높을 경우 통합이 예상된다. 출연연은 연구개발업무, 기획·정책연구업무, 행정지원업무 등 특성이 다른 다양한 업무가 있을 뿐만 아니라 연구개발분야도 세분화의 정도가 다를 수 있다. 각각의 업무는 독립적이거나 또는 유기적으로 연결할 경우 효율성이 제고될 수 있어 분화와 통합이 공존한다. 따라서 어떤 경우 분화와 통합이 나타나는지 살펴볼 필요가 있다.

셋째, 조직구조의 분화와 통합을 수평적으로 하는가 수직적으로 하는 가도 중요한 요소이다. 수평적 분화는 기능에 따른 분화, 예를 들어 재무, 인사, 경영전략, 기획 등으로 분화하는 것과 사업(또는 기술)에 따라 분화, 예를 들면, 네트워크, 인공지능, 부품·소재 등으로 분화하는 것이다. 수직적 분화는 권한의 계층을 설계하는 것이다. 반면 수평적 통합은 분화된 조직을 연결하여 지식이나 정보를 공유하거나 협업하는 구조를 말하며, Task Force가 대표적이다. 수직적 통합은 계층의 수를 줄이는 것이 대표적이다.

넷째, 조직구조의 디자인도 조직설계에 있어서 매우 중요하다. 조직구조의 디자인으로는 기능제조직, 사업부제조직, 메트릭스조직, 프로젝트 조직, 네트워크조직이 대표적이다(현선해 외, 2021: 98). 기능제조직은 조직목표 달성을 위한 기본적 기능(연구개발, 인사, 재무, 회계, 사업화 등)을 근거로 하여 조직을 구조화하는 것이다. 사업부제조직은 조직의 목적과 관련된 사업 단위(제품, 서비스, 고객, 지역 등)를 중심으로 조직을 구조화하는 것이나 연구개발조직의 경우에는 특정 분야의 연구개발을 임무로 하는 임무형조직으로 부를 수 있다. 매트릭스조직은 매트릭스를 구성하는 요소가 무엇이냐에 따라 달라질 수 있으나, 일반적으로는 기능과 사업 요소를 매칭해 조직을 구조화하는 것을 말한다. 연구개발조직의 경우에는 기술과 산업, 기획·정책연구와 연구개발 등의 매칭도 이 유형으로 볼 수 있다. 프로젝트조직은 구체적이고 특정한 업무를 위해 독립적으로 구조화된 조직을 말하며, 네트워크조직은 조직의 비대화와 비효율성을 제거하고 환경에의 대응력을 제고하기 위해 네트워크에 연결된 모든 조직(기업)이 해당 조직의 핵심역량을 보유하는 것에 전념하고, 각각 다른 핵심역량을 가진 기업과는 제휴를 통해 유기적으로 협력하는 방향으로 구조화된 조직이다. 출연연은 연구개발, 기획·정책연구, 행정지원 등 다양한 기능이 상존하는 조직으로서 다양한 조직구조가 디자인될 수 있다.

2. 연구의 분석틀

위에서 살펴 본 바와 같이 출연연의 내부 조직설계의 특성을 이해하기 위해서는 조직설계를 둘러싼 다양한 요소들을 광범위하게 살펴보는 게 필요하다.

본 연구에서는 출연연의 내부 조직개편에 영향을 미치는 요인과 조직개편에서 나타나는 조직구조 설계적 특성을 시계열적으로 파악하고, 출연연이 책임성과 자율성을 기반으로 정부 R&D의 효율성과 생산성을 향상시키는데 기여할 수 있는 개선방향 등을 도출하는 데 목적이 있다.

이를 위해 먼저 위에서 도출한 출연연의 조직설계 요인을 구조화시킬 필요가 있다. 본 연구에서는 〈표 1〉과 같이 요인들을 환경적 요인과 정책·전략적 요인으로 구분하였으며, 조직 자체의 특성적 요인은 추후 연구로 남겨놓았다. 이는 조직 내부적 요인이 출연연의 조직개편에 미치는 영향을 파악할 만한 기존 연구가 거의 없고, 기관 내부의 조직개편 관련 문서에서도 이를 파악할 수 있는 내용이 거의 없다. 따라서 조직 내부적 요인을 분석하기 위해서는 인터뷰나 설문 등의 방법이 필요한데, 이는 또 하나의 독립적 연구로 수행하는 것이 바람직하다고 판단하였다.

또한 출연연은 〈표 1〉의 요인들이 복합적으로 작용하여 조직개편이 이

〈표 1〉 출연연 조직설계 요인의 구조화

구분	변화 요인	출연연 관점에서의 요인
환경적 요인 (간접적)	• 대내외 환경 변화(외부 환경) • 정부의 영향력	• 정권의 교체 • 정책기조의 변화
	• 기술과 시장 수요 • 기술 또는 기술 환경의 변화	• (기술패권 경쟁, 수출 규제 등) 기술 이벤트 • 신기술의 등장과 기술 진보
	• 기술과 시장 수요	• 기관장의 교체
정책·전략적 요인 (직접적)	• 정부 정책 • 국정관리 이념과 정책의 우선순위 • 예산 • 정부의 영향력	• 과학기술정책 • R&D 정책과 전략 • 기술별 R&D 정책
	• 정부조직 구조와의 정합성 • 구조적 문제에 대한 처방	• 출연연 혁신 관련 정책
	• 기관장의 철학(전략)	• 조직에 대한 비전과 전략

루어지며, 조직개편 시에는 조직설계 요소에 따른 조직구조 설계의 특성 등이 나타나게 된다.

출연연의 조직은 연구개발조직이 핵심이지만 감사조직, 기획조직, 정책연구조직, 행정지원조직 등도 존재한다. 본 연구는 출연연의 연구개발조직, 기획·정책연구조직, 행정지원 조직 중 사업화조직을 중심으로 조직설계의 특성을 살펴보고자 한다. 출연연은 전체적으로 연구개발조직-감사조직-기획·정책연구조직-행정지원 조직 등이 유기적으로 통합된 조직으로서 조직의 목표 달성을 위해 상호작용한다. 그러나 본 연구에서는 사업화조직을 제외한 행정지원 조직은 분석범위에서 제외한다.[4]

---

4) 출연연의 감사조직은 개편을 통해 2022년 3월 국가과학기술연구회로 일원화되었으며, 행정조직은 기능제 조직으로서 다른 조직에 비해 변동성이 낮다고 판단했다.

본 연구의 사례분석 대상인 ETRI[5]는 1997년 한국전자통신연구원으로 변경[6]된 이후 현재까지 총 9명의 기관장이 역임하였으며, 현재는 10대 원장이 재임 중이다. 본 연구의 분석 시기인 박근혜 정권(2013.2.)에서 윤석열 정권(2023.1. 현재)까지에는 (그림 1)과 같이 총 4명의 기관장이 역임하였으며, 이 시기의 조직개편 내용과 특성을 분석한다.

지금까지 설명한 내용을 분석틀로 정리하면 아래 (그림 2)와 같다.

(그림 1) 정권 시기별 ETRI 원장 역임 현황

---

5) ETRI는 1977년 12월 전자교환기의 도입 등 통신기술에 대한 연구개발을 위해 설립된 KIST 부설 한국 전자통신연구소가 통신분야 전문연구인 '한국통신기술연구소(KTRI)'로 독립하면서 시작되었다. 이후 과학기술처의 '연구개발체제 정비와 운영개선 방안'에 따른 정부의 출연연구기관 통폐합 시행에 따라 1981년 1월 한국통신기술연구소(KTRI)와 한국전기기기시험연구소(KETRI)가 통합되어 한국전기통신연구소(KETRI)가 되었으며, 세계적인 정보화 추세에 맞추어 통신과 전자 분야의 통합 필요성이 제기됨에 따라 1985년 3월에는 반도체와 컴퓨터 등 전자분야 전문연구를 위해 설립한 한국전자기술연구소(KIET)가 통합되어 한국전자통신연구소(ETRI)로 출범하였다. 1997년 1월에는 주관부처가 과학기술처에서 정보통신부로 변경된 시스템공학연구소(SERI)를 통합하였으며, 전기통신기본법에 따라 '한국전자통신연구원(ETRI)'으로 명칭이 변경(전기통신기본법 제15조의2, 법률 제5219호, 1997.1.31. 시행)되어 현재까지 이르고 있다.

6) ETRI 설립에 관한 근거 법률은 「전기통신기본법」(1995.1.5. 개정) → 「정부출연연구기관들의 설립·운영에 관한 법률」(1999.1.29. 제정) → 「과학기술분야 정부출연연구기관 등의 설립·운영 및 육성에 관한 법률」(2004.9.23. 제정)으로 변경되어 왔다.

(그림 2) 연구의 분석틀

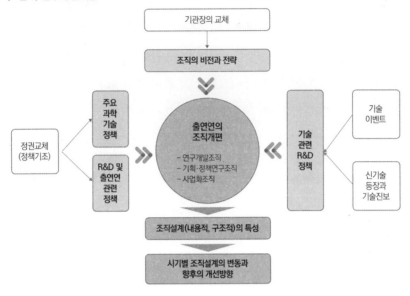

제3절 출연연 내부 조직설계 사례 분석 : ETRI

1. 박근혜 정권 시기의 조직개편

1) 주요 과학기술 관련 정책

　박근혜 정권은 "창조경제"를 국정운영 전반의 기조로 내세웠다. 이 시기 대표적인 과학기술 관련 정책은 〈표 2〉와 같이 2013년 7월에 수립된 '제3차 과학기술기본계획'이며, 본 계획에는 2013년 6월에 발표된 박근혜 정권의 창조경제 청사진인 '창조경제 실현계획-창조경제 생태계 조성방안'의

<표 2> 박근혜 정권의 주요 과학기술 관련 정책

일시	주요 정책	ICT 기술 및 출연연 관련 내용
2013.7.8.	제3차 과학기술기본계획	• 출연연별 고유미션 및 정체성 명확화 – 조직적이고 안정적인 기초·원천 연구, 사회문제 해결을 위한 공공연구 • 국가발전의 중추거점으로 출연연 육성 – 출연연 협동·융합연구 예산 확대 – 출연연을 기업 간 비즈니스·창업 연계의 전진기지로 육성 – 출연연 연구 인프라 및 자본을 활용한 중소기업 지원

기본철학 등이 담겨져 있다. 본 계획에서는 출연연을 창조경제를 추진하는 주요 주체로 보았으며, 출연연에 중소기업 지원 기능 강화, 창업 등 기술 사업화 촉진, 기초연구와 사회문제해결을 위한 융합연구 등을 요구하였다.

2) 주요 R&D 및 출연연 관련 정책

박근혜 정권의 주요 R&D 및 출연연 관련 정책은 〈표 3〉돠 같이 '정부 R&D 혁신방안'과 '출연연의 중소·중견기업 R&D 전진기지화 방안'이다.[7]

2015년 5월에 수립된 1차 '정부R&D 혁신방안'은 "정부 R&D는 시장의 참여가 곤란한 연구, 중소기업이 필요로 하는 연구에 중점을 두어야 한다" 는 박근혜 대통령의 의견과 국가 R&D 투자가 매년 크게 증가함에도 불구하고[8] 전략없는 R&D 투자와 Fast-Follower형 R&D로 혁신에 위기가 있

---

7) 이보다 앞서 과학기술계는 정부가 정책을 수립하고 이를 하향식(Top-down)으로 전달하던 기존의 방식에서 벗어나 출연연이 스스로 변화의 방향을 설정하고 필요한 정책을 요구하기 위한 노력을 기울였다. 즉, 2013년 3월 25개 과학기술분야 출연연이 공동으로 '출연연 발전전략 수립 TF'를 구성하여 총 3개 세부 TF(연구경쟁력 강화 TF, 역할재정립 TF, 성과창출 TF)에서 약 200명이 논의한 결과는 2013년 5월 '창조경제 실현을 위한 출연연 발전전략'으로 발표된 바 있다.

8) 당시 우리나라의 국가 R&D 투자규모는 GDP 대비 4.15%로 세계 1위 수준이었다(관계부처 합동, 2015.5.13.).

음을 인지하고 정부 R&D가 창조경제를 이끄는 핵심동력이 되도록 First-Mover형 R&D로 근원적 변화가 필요하다는 배경에서 도출되었다. 2016년 5월에 수립된 2차 '정부R&D 혁신방안'은 기본적인 것은 1차 혁신방안과 기조를 같이하고 있지만, 산·학·연 역할을 좀더 명확히 하고, PBS에 대한 과제수주 경쟁 완화 노력이 추가로 필요하며, 연구관리에 대한 행정부담을 완화하는 내용이 보완되었다.

출연연 관련 정책으로는 2014년 1월 과학기술·정보통신인 신년회에서 박근혜 대통령이 "출연연을 중소·중견기업의 R&D 전진기지로 육성할 것"이라고 언급하면서 출연연이 축적된 노하우와 보유한 자원을 활용하여 중소·중견기업의 기술혁신에 적극 기여할 필요성이 제기되었다. 이에 따라 미래창조과학부·산업통상부·중소기업청은 2014년 4월 '출연연의 중소·중견기업 R&D 전진기지화 방안'을 발표하였다.

〈표 3〉 박근혜 정권의 주요 R&D 및 출연연 관련 정책

일시	주요 정책	ICT 기술 및 출연연 관련 내용
2013.7.8.	제1차 정부R&D 혁신방안	• 미래선도형 기초·원천기술 개발과 중소·중견기업 지원 • 여러 출연연이 참여하는 일몰형 융합연구단 확대 • 출연연의 중소기업 R&D 전진기지화
2016.5.12.	제2차 정부R&D 혁신방안	• 출연연을 미래선도 원천연구 메카로 육성 　- 대학·출연연 주관의 상용화 사업 예산 축소 　- 기초·원천연구 및 재난·국방 등에 투자
2014.4.23.	출연연의 중소·중견기업 R&D 전진기지화 방안	• 출연연의 중소·중견기업 R&D 기반 성장 전주기 지원 　- 원천기술 개발, 기술이전, 애로사항 해결, 해외진출 지원 • 중소·중견기업 R&D 지원 예산 및 사업 확대 • 출연연과 중소·중견기업 밀착 환경 조성 　- 중소·중견기업 협력 연구자에 대한 인센티브 제공 　- 중소·중견기업의 참여 부담 완화 　- 출연연의 중소·중견기업 지원 컨트롤타워를 연구회에 설치

3) 주요 기술 관련 R&D 정책

박근혜 정권의 주요 기술 관련 R&D 정책은 〈표 4〉와 같다. 미래창조과학부 초대 장관이었던 최문기 장관은 "창조경제"의 실현을 위한 출연연의 역할을 강조하였으며, 특히 SW, 기술사업화, 융합연구를 강조하였다. 이러한 배경 하에서 2013년 10월에는 SW를 창조경제 시대의 국가경쟁력을 견인하는 핵심기술로 인식한 'SW혁신전략'이 발표되었으며[9], 2014년 2월에는 'SW혁신전략'의 후속으로 'SW산업 혁신을 위한 선도형 SW R&D 추진

〈표 4〉 주요 기술 관련 R&D 정책

일시	주요 정책	ICT 기술 및 출연연 관련 내용
2013.10.9.	SW혁신전략	• SW를 창조경제 성장동력으로 국가경쟁력 혁신 • 정부에 'SW정책관' 설치, 전문기관(NIA, ETRI) 활용 • 민관 협력 확대 : 민관 SW정책 협의체 운영 등
2013.10.23.	ICT R&D 중장기 전략(2014~2017)	• 중소기업 애로기술을 통합적으로 파악, 출연연에서 해당 애로기술 해소를 위한 R&D 기획 플랫폼 구축 • 출연연 간 융합, 협업 연구 예산 확대 • 대학-IT연구센터-출연연-중소기업의 공동연구 강화
2014.2.27.	창조경제 실현을 위한 융합기술 발전전략	• 사회적 문제해결을 위한 융합기술 연구 본격 추진 • 인문학과 과학의 융합 확대
2014.2.27.	SW산업 혁신을 위한 선도형 SW R&D 추진계획	• SW기초연구 강화(SW혁신전략 후속 조치) - SW기초연구센터 지정·운영('17년까지 총 8개 센터) - 과기특성화대학과 출연연 등에 지역 안배 고려 • R&D 결과물 사업화 촉진 - 기술개발 수요는 기업이, 개발은 대학·출연연이
2014.12.5.	양자정보통신 중장기 추진전략	• 양자정보통신 기술 상용화 및 기초원천 기술개발 • 양자암호통신 관련 신산업화를 위한 연구기반 조성 • 양자정보통신 산업의 지속적 성장 환경 조성

---

9) 이에 근거해 정부조직에 'SW정책관'을 설치하고, 정보통신산업진흥원에는 '소프트웨어정책연구소'를 설립(2013.12.13.)하였으며, ETRI 등을 활용해 SW 역량을 강화하고자 하였다.

계획'이 발표되었다.

ICT R&D 분야의 종합적인 기본계획으로는 2013년 10월에 'ICT R&D 중장기 전략'이 발표되었는데, 출연연에 대한 중소기업의 애로기술 해소 기능을 강화하였으며, 출연연 간의 협업, 대학-출연연-기업 간의 공동연구를 강조하였다.

또한 2014년 2월에 발표된 '창조경제 실현을 위한 융합기술 발전전략'에서는 출연연에 대해 사회적 문제해결을 위한 융합연구와 인문학과 과학의 융합을 촉구했으며, 2014년 12월에는 미래 유망기술로 부상중인 양자기술을 체계적으로 육성하기 위해 우리나라의 양자정보통신 관련 최초의 계획인 '양자정보통신 중장기 추진전략'이 수립되었다.

4) 기관장의 조직 비전과 전략

이 시기는 2009년 11월 선임되었던 6대 원장이 7대 원장으로 연임한 시기이다. 6대 원장은 2009년 취임 후 이명박 정부의 대표 정책기조인 "녹색성장"에 대응해 'Smart & Green Technology Innovator'를 비전으로 한바 있다. 그러나 연임 후 2013년 박근혜 정권 하에서는 '미래를 창조하는 ICT Innovator'를 비전으로 변경하였으며, ① 창의·융합 R&D 혁신 시스템 구축, ② Global Open R&BD 역량 강화, ③ 중소·중견기업 동반성장 생태계 구축, ④ 지식재산 Biz 전략 강화, ⑤ 창의인재 육성 HRD 시스템 구축 등을 주요 전략으로 설정하였다. 박근혜 정부의 '창조경제' 기조가 비전에 반영된 것이다.

특히 7대 원장은 2014년 2월에 정부의 출연연 중소·중견 R&D 전진기지화 정책에 대응해 중소기업을 육성시켜 히든 챔피언으로 키우기 위한 '백만

조 프로젝트(연구기업 100개 설립, 고용창출 1만명, 1조원의 매출 달성)'를
발표하였으며, 창조경제 구현에 기여할 메가프로젝트 기획을 강조하였다.

5) 조직개편 내용과 특성[10)]

7대 원장이 연임하여 조직개편을 시행하기 전의 조직 현황은 (그림 3)과
같으며, 향후의 조직변화 과정을 이해하는데 도움이 될 수 있도록 조직명에
기호를 부여하였다.

7대 원장으로 연임한 이후 2013년 1월에 (그림 4)와 같이 대규모 조직개
편이 실시되었다. 이 조직개편의 배경으로는 ① 새로운 스마트 시대를 선도
할 R&D 혁신역량 기반으로서 산업 및 기술간 첨단 융합연구 활성화, ② 스

(그림 3) 7대 원장 조직개편 직전(2012년)의 조직 현황

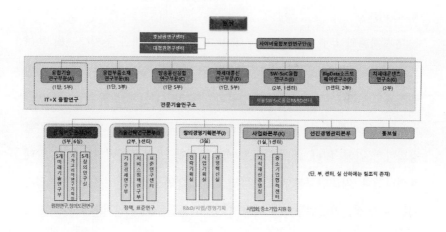

10) 기관장 교체 직후의 대규모 조직개편 이후에도 중소 규모의 조직개편이 지속적으로 있어 왔다. 따라서
     본 연구에서 보여주는 조직개편의 그림은 연속적이지 않으며 단절적인 특징을 지닌다. 즉 본 연구에서
     의 조직개편 그림은 대규모 조직 개편 간의 비교로 보면 된다.

(그림 4) 7대 원장 조직개편 직전(2012년)의 조직 현황

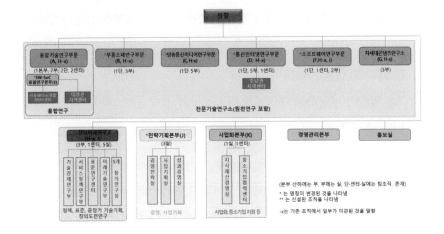

마트 IT 생태계에 기반한 핵심원천기술 개발 강화, ③ 인문과 기술이 융합된 미래기술기획 역량 확보, ④ 선택과 집중을 통한 운영 효율성 제고 등이 제시되었다.

조직개편의 주요 특징을 연구내용 및 기능적 측면과 조직구조적 측면으로 구분해 살펴보면, 첫째, 연구내용 및 기능적 측면에서는 ① 연구개발조직에서 SW-SoC 기반의 융합연구와 기술사업화를 강화하기 위해 'SW-SoC융합연구본부'를 융합기술연구부문로 이관하였으며, SW연구개발을 강화하기 위해 'BigData소프트웨어연구소'를 '소프트웨어연구소'로 확대개편하였다. 창의연구본부의 부문별 미래기술연구부에서 수행한 원천연구 기능은 각 전문기술연구소로 이관해 전문기술연구소의 원천연구 기능을 강화하였다. 또한 원장 직할로 있던 지역센터를 본원의 관련 기술부서와 연계함으로써 지역 중소기업의 기술지원 기능을 강화하였다. ② 기획·정책연구 조직은 기존의 '창의연구본부'와 '기술전략연구본부'를 통폐합해 '창의미래

연구소'를 신설하여 미래기획 기능, 정책연구 기능, 창의도전형 연구 기능을 통합하여 미래기획 및 대형프로젝트 기획 기능을 강화하였다. ③ 사업화조직은 2011년 2월에 중소기업 동반성장 강화를 위해 개편한 체재를 유지하였다.

둘째, 조직구조적 측면에서는 ① 전문기술연구소는 기술분야별로 수평적 통합(7개→6개), 기획·정책연구조직은 기능별로 수평적 통합(기획-정책-표준)되었으며, 대부분 2~3계층이나 4계층 구조도 존재하였다. ② 조직구조의 유형은 전문기술연구소는 임무형조직, 융합연구 조직은 기술간(IT-BT, IT-ET 등), 기술과 산업(IT-자동차, IT-조선 등)간 메트릭스조직, 기획·정책연구조직과 사업화조직은 기능제조직의 형태를 띠었다.

대규모 조직개편 이후에는 창조경제 실현, SW혁신전략과 R&D혁신전략의 반영, 신규 R&D 사업 수주 등에 대응한 중·소규모의 조직개편이 단행되었다. 예를 들어, 창조경제 실현을 위해 사업화본부 중소기업협력센터 내에 'ICT멘토링지원팀'을 신설하였으며, SW혁신전략을 반영하기 위해 소프트웨어연구부문과 차세대콘텐츠연구소를 통합해 'SW·콘텐츠연구소'를 신설하였다. 또한 신규 융합연구사업 수주로 'USG융합연구단'과 'KSB융합연구단'이 신설되었으며, 정부의 신규 기술 관련 정책에 대응해 '기가서비스연구단'과 '양자창의연구센터'가 신설되었다.

이러한 중·소규모 조직개편은 대규모 조직개편과 달리 비교적 유연하게 전개되었다. 이는 ETRI가 출연금 비중이 낮고 PBS 비중이 높아 신규 사업의 수주, 기존 사업의 종료 등의 순기가 매우 다양해 「직제규정」 운영의 유연성을 사전에 확보하였기 때문으로 보인다.

2. 문재인 정권 시기의 조직개편

1) 주요 과학기술 관련 정책

이 시기에는 〈표 5〉와 같이 과학기술기본계획을 비롯해 ICT 기술을 경제사회 전반에 활용함으로써 문제해결과 산업혁신을 도모하고자 하는 정책들이 발표되었다. 우선 '제4차 과학기술기본계획'(2018.2)은 장기적 관점(2040년)에서 과학기술로 달성하고자 하는 미래모습을 국민, 연구자 등 주체별로 구체적으로 제시하고 있으며, 이를 위해 5년 간 중점적으로 추진해야 할 전략과 구체적인 추진과제를 담고 있다. 연구부문에서는 연구자 중심의 자율과 책임의 기조를 담고 있으며, 출연연에 대해 대형·중장기 기초·원천연구와 출연연 간 개방과 협력, 중소·중견기업 지원 강화를 요구하고 있다.

〈표 5〉 문재인 정권의 주요 과학기술 관련 정책

일시	주요 정책	ICT 기술 및 출연연 관련 내용
2018.2.23.	제4차 과학기술기본계획 ('18~'22)	• 연구자 중심의 연구몰입 환경 조성 – 출연연의 도전성 및 전문성 강화 • 출연연 간 개방·협력 및 중소·중견기업 지원 강화 • 출연연 연구원의 창업 장려를 위해 창업친화적 환경 조성 • 지역대학, 지역 출연연 분원 등과의 공동연구·교류 확대 • 과기정통부 주도 미래국방 기초·원천연구 및 기술혁신 체계 신설
2018.3.14.	SW산업 혁신을 위한 선도형 SW R&D 추진계획	• 국민생활문제 해결을 위한 출연연 역할 강화 – 국민생활문제에 대해 출연연 중심으로 중점 대응기관 지정·운영
2020.7.14.	양자정보통신 중장기 추진전략	• 디지털 뉴딜 추진 – 전산업 디지털 혁신을 위한 D.N.A(Data, Network, AI) 생태계 강화 – 교통, 수자원, 도시, 물류 등 기반시설 디지털화 등

2018년 3월에는 국민의 안전하고 건강한 생활을 위협하는 문제들을 과학기술을 활용해 근본적으로 해결하기 위해 '국민생활연구 추진전략'이 수립되었으며, 국민생활문제 해결에 대한 출연연의 역할과 임무가 강조되었다.

2020년 7월에는 코로나19 사태로 인한 극심한 경기침체를 극복하고, 비대면 경제와 기후변화 등에 대응해 구조적 대전환을 위해 미국의 뉴딜정책에 버금가는 '한국판 뉴딜'을 추진하였다. 본 계획은 '디지털 뉴딜'과 '그린 뉴딜'이라는 세부 계획으로 구성되어 있다. '디지털 뉴딜'에서는 데이터, 네트워크, 인공지능을 전산업 디지털 혁신을 위한 핵심기술로 보았다.

2) 주요 R&D 및 출연연 관련 정책

문재인 정권은 〈표 6〉과 같이 "사람 중심의 연구환경 조성"을 기조로 연구자의 자율성 확대와 함께 책임성을 강화하는 방향으로 R&D 정책을 추진하였다. 특히 노무현 정부의 국가기술혁신체계(NIS)에 "사람 중심 R&D" 기조를 접목하여 국가기술혁신체계2.0(NIS 2.0)을 위한 '국가기술혁신체계(NIS) 고도화를 위한 국가R&D 혁신방안'(2018.7.)을 마련하였다[11]. 본 계획에서는 출연연의 고위험 혁신연구 강화, 기초·원천연구 확대, 지역주도 R&D를 위한 출연연의 지역 중소기업 지원 강화 등이 포함되어 있다.

---

11) 정부는 그동안 두 차례에 걸쳐 '정부R&D 혁신방안'을 수립·추진하였으나 단편적·지엽적 접근에 그치면서 부분적인 개선만 이루어졌다고 보고, 사람중심 R&D 혁신의 큰 틀과 함께 R&D의 도전성과 혁신성을 강화하여 국민이 체감하는 성과를 창출하고 이를 통해 혁신성장을 이끌기 위해 본 계획을 수립한 것이다.

2018년 1월에는 국민중심·연구자 중심의 '과학기술 출연연 발전방안'
이 발표되었다. 이는 2017년 2월에 25개 과기계 출연연으로 구성된 출연
연혁신위원회에서 자체적으로 수립한 '출연연 자기주도 혁신방안'을 기반
으로 한 것으로[12], 지금까지 개혁, 혁신, 개선의 대상이었던 출연연을 스
스로 미래지향적 발전을 고민하는 정책의 주체로 존중하는 관점으로 전환
하면서 자율과 책임을 과거보다 훨씬 더 강조하여 정립한 것이다(과학기술
정보통신부 보도자료, 2018.1.30.). 이에 근거해 출연연은 기관자율적으
로 역할과 책임(Roles & Responsibility, R&R)을 정립하였으며, 2018년
12월에 '출연연 R&R 국민보고대회'를 개최하기도 하였다.

〈표 6〉 문재인 정권의 주요 R&D 및 출연연 관련 정책

일시	주요 정책	ICT 기술 및 출연연 관련 내용
2018.7.26.	국가기술혁신체계(NIS) 고도화를 위한 국가 R&D 혁신방안	• 발전된 국가과학기술혁신모델(NIS 2.0) 제시 • 출연연의 고위험 혁신형 도전적 R&D 지원 강화 • 대학뿐 아니라 출연연, 기업도 기초·원천연구 확대 지원 • 출연연 R&D 혁신방안 마련 • 공공연구기관 R&D 혁신방안 마련 - 기술분야별로 연구기관 고유의 역할을 재정립 • 출연연, 지역거점 대학의 중소기업 지원 기능 강화

2018.1.30.	국민중심·연구자중심 과학기술 출연연 발전방안	• 국민이 공감하는 출연연의 역할과 책임 확장
		  - 자기주도 역할과 책임(R&R) 확장
		  - 국민생활연구 참여 및 사회적 역할 확대
		• 연구자 중심 인력 운영, 연구중심 조직 운영, 연구행정 및 연구문화 선진화, 현장주도 출연연 운영시스템 개선
		• 국민과 과학기술계의 신뢰와 공감 형성
		  - 투명하고 공개된 출연연으로 변화

---

12) 본 혁신방안의 주요 내용은 ① 조직·인재 경쟁력 혁신을 위해 그룹 중심의 조직문화 구축과 엄격한 연
구윤리 정립과 우수 인재 유치 및 육성을 통한 개방형 혁신 가속화, ② 연구경쟁력 혁신을 위해 미래 프
론티어 원천연구 집중, 국가사회문제해결형 연구개발(R&SD) 확대, ③ 시스템 경쟁력 혁신을 위해 출연
연 간 융합 및 협업 체계 고도화, 산업혁신을 위한 산학연 플랫폼 구축 등이다.

3) 주요 기술 관련 R&D 정책

이 시기는 〈표 7〉과 같이 ICT 관련 다양한 종합 및 세부 기술에 대한 R&D 정책이 수립되었다. 먼저 4차 산업혁명 구현과 국민의 삶의 질 개선을 위해 2018년 1월 'I-Korea 4.0 : ICT R&D 혁신전략'이 발표되었다. 이 전략은 R&D와 관련한 권한을 연구자에게 과감하게 이양하고, 시장과 경쟁하는 R&D가 아닌 정부 고유 목적에 충실하게 하는데 목적을 두었다 (과학기술정보통신부 보도자료, 2018.1.30.).

세부 기술 관련 R&D 정책으로는 2016년 6월에 수립된 '무인이동체 발전 5개년 계획('16~'20)'[13]과 2018년 5월에 수립된 '인공지능(AI) R&D 전략'이 있다. 이는 2016년 이후 4차 산업혁명의 핵심기술로 인공지능이 떠오르면서 미국, 일본, 중국 등 선도국들이 AI 기술력을 선점하기 위해 국가 차원의 정책과 전략을 추진함에 따라 우리나라도 국가적 대응전략으로 마련한 것이다(과학기술정보통신부, 2018.5.).

또한 2018년 6월에는 세계적으로 블록체인 기술이 등장해 금융, 물류, 의료 등 다양한 분야에 활용되면서 우리 정부도 국내 기업이 필요로 하는 원천기술 개발과 인력양성을 지원하기 위해 '블록체인 기술 발전전략'을 수립하였다.

인공지능 기술이 점차 인간의 지적 능력과 유사하거나 추월하는 진보를 거듭하면서 AI가 단순한 기술적 차원을 넘어 인문사회 등 모든 영역에 걸

---

13) 본 계획은 2015년 5월에 수립된 '무인이동체 기술개발 및 산업성장전략'의 후속조치로 수립되었는데, 기술발전과 민간수요 급증으로 "무인·자율화", "이동체" 특성이 결합된 무인이동체 신시장이 태동하고 있었고, 신 시장에서의 경쟁력 확보를 통해 글로벌 시장 진입을 위한 것이었다.

〈표 7〉 문재인 정권의 주요 R&D 및 기술 관련 정책

일시	주요 정책	ICT 기술 및 출연연 관련 내용
2018.1.30.	I-Korea 4.0 : ICT R&D 혁신전략	• ICT 핵심기술 축적 : 고위험·도전적 4차 산업혁명 기반기술 • 국민생활문제 해결 강화 : 6대 공공수요 분야 • 기업지원의 효율화 : 시장친화형 중소기업 기술혁신 • 핵심 기초원천기술 확보 : 기초원천기술 발굴, 투자 확대
2016.6.30.	무인이동체 발전 5개년 계획	• 무인이동체에 대한 통합적 접근으로 효율성 제고 　– 출연연·대학 주도로 기반기술 개발·보급 • 무인 수중이동체 관련 기술력 향상 및 기술자립도 제고를 위해 출연연·대학 주도로 핵심기술 개발
2018.5.	인공지능(AI) R&D 전략	• (기술력) 세계적 수준의 AI 기술 확보 　– 대형 공공 AI 특화 프로젝트 추진 　– AI 국가전략프로젝트 재구조화 　– AI HW(AI 반도체, 컴퓨팅) 투자 확대 등
2018.6.22.	블록체인 기술 발전전략	• 3대 전략 9개 과제 추진 　– 선제적 공공선도 사업 추진, 민간주도 개방형 혁신 등 　– 핵심기술 확보, 신뢰성 평가, 표준화 활동 강화 등 　– 핵심인력 양성, 전문기업 육성, 법제도 개선, 인식 제고 등
2019.12.17.	인공지능 국가전략	• AI 경쟁력 혁신 : 인프라 확충, 전략적 기술개발, 과감한 규제 혁신, 스타트업 육성 • AI 활용 전면화 : 인재양성 국민교육, 전산업 AI 도입, 디지털 정부 대전환 • AI와 조화·공존 : 포용적 일자리 안전망 구축, 역기능 방지 및 AI 윤리 마련
2020.10.12.	인공지능(AI) 반도체 산업 발전전략	• First-Mover형 혁신 기술 도전·인재 양성 　– 대기업과 팹리스·대학·출연연이 기술기획·개발, 기술 지원, 공정 활용, 제품화·표준화 지원 등 전주기 협력체계 구축 • 혁신성장형 산업 생태계 　– 시스템반도체 융합얼라이언스(6대 분과)에 수요산업 및 반도체 이해도가 높은 출연연을 주관기관으로 선정 　– 인공지능 반도체 상용화를 위해 출연연 및 민간 연구소를 중심으로 시제품 테스트베드를 구축하고 성능평가 지원
2021.12.22.	국가 필수전략기술 선정 및 육성·보호 전략	• 국가 필수전략기술 　– 인공지능, 5G·6G, 첨단바이오, 반도체·디스플레이, 이차전지, 수소, 첨단로봇·제조, 양자, 우주·항공, 사이버보안 • 출연연 : 국가 필수전략기술 장기 연구거점

일시	주요 정책	ICT 기술 및 출연연 관련 내용
2022.1.21.	메타버스 신산업 선도전략	• 민간협력 기반 지속가능한 메타버스 생태계 조성 • 메타버스 경제를 풍성하게 만들 플레이어 양성 • 메타버스 산업 생태계 전문기업 육성 • 건강하고 모범적인 메타버스 사회 기반 마련

쳐 패러다임 변화를 초래할 것으로 전망되자, 정부는 2019년 12월에 AI 기술을 개발하고 활용하기 위한 범국가적 전략으로 '인공지능 국가전략'을 수립하게 되었다(관계부처 합동, 2019.12.).

또한 2020년 10월에는 그동안 '인공지능'과 '시스템반도체'를 혁신 성장 전략투자 분야로 지정해 국가 차원에서 '시스템반도체 비전과 전략'('19.4), '디지털 뉴딜'('20.7) 등을 추진하였다. 그리고 기술 발전에 따른 인공지능 반도체 수요 급증, 비대면 경제 가속화 등으로 인공지능 반도체가 인공지능 데이터 생태계의 핵심기반이면서 차세대 성장동력으로 부각되면서 '인공지능 반도체 산업전략'이 수립되었다(관계부처 합동, 2020.10.12.).

그러나 디지털 전환 가속화, AI기술의 발전, 데이터 경제의 활성화, 메타버스와 블록체인 등 신기술의 등장, 자율주행자동차 시장의 성장 등 반도체의 확보가 국가 경쟁력의 핵심요인이 되면서 반도체 공급망 확보 경쟁이 치열해지기 시작하였다. 그동안 자유무역을 기반으로 형성된 반도체의 글로벌 분업구조가 기술 민족주의와 공급망 확보를 위한 자국 내 가치사슬 형성이라는 요인으로 미국과 중국 간에 반도체 패권 경쟁이 본격화되면서 우리나라의 반도체산업에 미치는 영향이 매우 커지게 된 것이다(정형곤 외, 2021). 이에 따라 우리나라도 반도체뿐만 아니라 국가필수기술에 대해 육성·보호하여 기술패권 경쟁에서 우위를 확보하기 위해 2021년 12

월 '국가 필수전략기술 선정 및 육성·보호 전략'을 수립하였다(국무조정실 보도자료, 2021.12.22.)[14]. 출연연은 국가필수전략기술의 연구거점으로서 2022년 1월에는 국가필수전략기술 확보를 위한 출연연의 전략 발표회가 개최된 바 있다. 2022년 1월에는 디지털 뉴딜 2.0 초연결 신산업 육성의 하나인 '메타버스 신산업 선도전략'이 발표되었다[15].

4) 기관장의 조직 비전과 전략

이 시기에는 8대 원장과 9대 원장이 역임하였다.[16] 2015년 12월에 선임된 8대 원장은 당시의 주요 키워드인 "4차 산업혁명"과 "연구자 중심 R&D"에 초점을 두고 '제4차 산업혁명을 선도하는 ICT Innovator'를 비전으로 연구분야에서는 ① 기초·원천 및 도전적 R&D 역량 강화와 ② 국민 공감 기술개발로 국민에게 사랑받는 ETRI를, 경영분야에서는 윤리·신뢰·자율·창의 기반 연구자 중심 경영[17]을 표방했다(한국전자통신연구원, 2018).

2019년 4월에 선임된 9대 원장은 2018년 이후 '데이터'와 '인공지능'이 전산업의 혁신을 가속화시킨다고 인식하고, '미래 사회를 만들어가는 국가

---

14) 국가 필수전략기술은 ①공급망과 통상, ②국가안보, ③신산업이라는 관점에서 국가 흥망에 영향을 줄 만큼 중요하면서 집중지원 시 주도권 확보가 가능한 10개 기술을 우선 선별하였다.

15) 메타버스는 스마트폰에 이은 차세대 플랫폼으로 XR, 데이터, 5G네트워크, AI, 블록체인, 디지털트윈, 클라우드 등 관련 기술이 발달하면서 상호 융합을 통해 ICT 생태계 전반을 혁신하는 촉매제 역할로 기대를 모았으며, 특히 비대면 확산과 디지털 네이티브 세대가 등장하면서 메타버스에 대한 관심이 증가하여 왔다. 이에 정부는 우리 기업의 경쟁력을 향상해 신시장에서의 주도권을 확립하고 성장을 위한 생태계를 조성할 목적으로 '메타버스 신산업 전략'을 수립한 것이다(관계부처 합동, 2022.1.20.).

16) 8대 원장은 박근혜 정권 시기에 임명되었으나, 임기의 2/3 이상이 문재인 정권 시기여서 문재인 정권 시기로 분류하여 분석하였다.

17) 특히 8대 원장은 선임 초기부터 상향식 조직혁신을 목표로 연구원들로 구성된 '새로운 ETRI 만들기 TF'를 구성하여 지속적으로 운영하였다.

지능화 종합 연구기관'을 비전으로 ① 창의도전연구 활성화로 미래성장 준비, ② Global Top 수준의 R&D 성과 창출, ③ 개방·공유·협업 기반의 연구문화 정착, ④ 국민생활문제 해결 및 중소기업 지원 확대를 경영목표로 추진하였다. 특히 김명준 원장은 ETRI 조직개편을 위해 대내외의 요구사항을 경청하였는데, 대외적으로는 ① 대학/기업과 경쟁 지양, ② 소형/생계형 과제 정리, ③ 창의적 기획/R&D 역량 제고, ④ 개방형 혁신 강화 등이, 내부적으로는 ① 인건비 걱정없는 조직, ② 도전연구 활성화, ③ 단기과제에 따른 연구경쟁력 저하, ④ 조직 임무와 역할 명확화 등을 요구하였다(한국전자통신연구원, 2021)[18]

5) 조직개편 내용과 특성

(1) 8대 원장 시기

8대 원장 선임 이후인 2016년 2월 (그림 5)와 같이 전면적인 조직개편을 단행되었다. 직제규정의 개정 사유에는 ① 기초·원천기술개발 강화, 공공·사회문제 해결 등 사회가 요구하는 전략적 R&D 수행 중심으로의 재편을 통한 역량 강화 필요, ② 수요자, 특히 중소기업이 필요로 하는 기술을 개발하고 지속적인 성장 원천을 제공할 수 있도록 하는 조직 강화 필요, ③ 조직 구성원 상호간 소통 강화 및 신뢰도 제고를 통해 관리형 다단계 계층구조로 발생하는 소통 단절 개선 필요 등이 제시되었다.

조직개편의 주요 특징을 살펴보면, 첫째 연구내용 및 기능적 측면에서는 ① 연구개발조직에서는 기초·원천분야 집중 수행을 통한 연구역량 강화를

---

18) 9대 원장은 ETRI 내부의 의견수렴을 위해 '변화와 혁신 TF'를 구성해 운영하였다.

(그림 5) 8대 원장 취임 직후(2016년)의 조직개편 현황

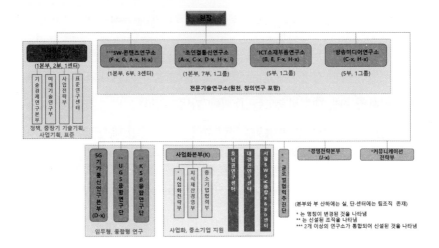

위해 창의미래연구소에 있던 분야별 창의연구실을 전문기술연구소로 이전
해 전문기술연구소에서 기초 창의도전 연구와 원천연구를 통합해 수행하게
하였다. '융합기술연구소'는 해체하여 산하 부서를 다른 연구소로 이관하였
으며, '소프트웨어연구부문'과 '차세대콘텐츠연구소'를 통합해 'SW·콘텐츠
연구소'로 통합하였다. 또한 '통신인터넷연구부문'을 개편하면서 미래창조
과학부 핵심사업인 '범부처 Giga Korea 사업' 관련 연구개발 기능은 '5G
기가통신연구본부'를 신설해 임무를 명확히 하였으며, NST의 융합연구 사
업은 프로젝트조직으로 하여 독립성을 부여하였다. 또한 지역센터는 다시
원장 직할로 전환하였다. ② 기획·정책연구조직은 기존 '창의미래연구소'의
미래기술기획과 정책연구 기능에 '전략기획본부'의 사업발굴/제안, 자원배
분, 성과관리 기능(사업전략)을 통합해 '미래전략연구소'를 신설하여 기획-
정책-표준-예산 기능이 통합되는 형태가 되었다. ③ 사업화조직은 중소기
업 지원 기능을 좀더 강화하기 위해 '사업화전략부'를 신설하였다. 이 외에

이상훈 원장의 상향식 조직운영 철학을 반영하기 위해 '홍보부'를 '커뮤니케이션부'로 변경하고 하위조직으로 '변화소통실'을 두었다.

(2) 9대 원장 시기

9대 원장이 취임 후 수행한 조직개편은 아래 (그림 6)과 같다. 조직개편은 "신임 원장의 경영철학(신개념을 창출하는 창의연구 확대, 직원의 역량을 향상시키는 학습조직으로의 전환, 연구생산성 향상 등) 및 혁신 의지를 반영하고, 연구원 R&R[19] 및 정부정책의 유기적 이행체계 마련을 통해 국가 디지털 전환을 주도하는 국제수준의 연구기관으로 탈바꿈할 수 있는 추

(그림 6) 9대 원장 취임 직후(2019년)의 조직개편 현황

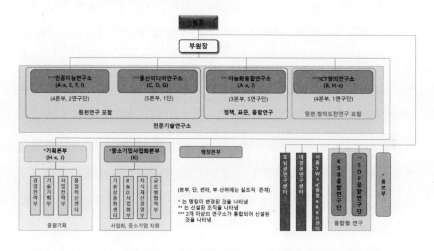

---

19) 출연연 R&R(Role and Responsibility)은 문재인 정권이 출범하면서 출연연에 대한 첫 정책방향으로 국민중심·연구자중심의 '과학기술 출연연 발전방안'을 발표하면서 그동안 개혁과 개선의 대상이었던 출연연이 스스로 미래지향적으로 발전을 고민하도록 하였으며, 국민이 공감하는 출연연의 역할과 책임(R&R)의 중요성을 제시하게 되었다. 이에 따라 각 출연연은 2018년부터 R&R 재정립에 착수하였으며, 2018년 9월에 기관별 R&R을 발표하였다.

진력 확보"를 목적으로 개편을 추진하였다. ETRI는 '디지털 미래기술 개발로 인류가 직면한 한계(시간적, 공간적, 지능적, 언어적, 감각적, 물리(신체)적 한계)를 극복하고 국가 지능화에 기여한다'는 사명 선언문(Mission Statement)을 기초로 ① 인간 중심으로 자율지능과 공존하는 초지능 정보사회 기반 제공, ② 안전하고 스마트한 초연결 인프라 구현, ③ 소통과 체험을 극대화하는 초실감 서비스 구현, ④ 국가 지능화 융합기술 개발로 혁신성장 동인 마련을 주요 역할로 제시하였다(한국전자통신연구원, 2018.9 참조).

조직개편의 주요 특징을 살펴보면[20], 첫째, 연구내용 및 기능적 측면에서는 ① 연구개발조직에서는 인공지능과 국민생활문제 해결을 중심으로 '인공지능연구소'와 '지능화융합연구소'가 신설되었으며, 위험 도전형 창의연구 활성화를 위해 'ICT창의연구소'도 신설하였다. 또한 그동안 통신(네트워크)과 방송미디어로 구분되어 있던 것을 통합해 '통신미디어연구소'를 신설하였으며, 융합연구와 지역센터는 기존과 같이 원장 직속으로 두고 인공지능(호남권)과 융합(대경권) 등 핵심역량을 확대·강화하였다. ② 기획·정책연구조직은 기존 통합조직이 해체되어 기획과 사업전략 업무는 '기획본부'로, 정책연구는 '지능화융합연구소' 소속으로 이관하고 국가지능화 관련 정책연구를 담당하도록 하였다. ③ 중소기업 지원과 창업 등의 기능을 담당하는 사업화본부는 부서의 성격을 좀더 명확히 하기 위해 '중소기업사업화본부'로 명칭을 변경하였다.

둘째, 조직구조적 측면에서는 ① 전문기술연구소는 소 단위에서는 통폐

---

20) 이번 조직개편에서는 효율적 기관운영을 위해 부원장제를 신설하여 원장 보좌 및 경영역량 강화를 도모하였다.

합을 통해 4개 소를 유지하였지만, 소 이하 본부·단·부 단위에서도 다시 수평적 통합이 나타났다. 기획·정책연구조직은 기능에 따라 수평적으로 분리·분화되었다. 수직적 계층구조는 연구부문에서는 2~3계층으로 기존의 계층 체계를 유지하였으나 "부원장"이 신설되면서 상위 계층이 추가된 형태가 되었다. ② 조직구조의 유형은 전문기술연구소 중 인공지능연구소와 통신미디어연구소, ICT창의연구소는 임무형조직, 지능화융합연구소는 기술-산업간 매트릭스조직, NST 융합연구단 사업은 프로젝트조직, 기획·정책연구조직, 사업화 관련 조직은 기능제조직의 형태를 띠었다.

제9대 원장 시기에도 초기 조직개편 이후 중·소규모의 개편이 이어졌는데, 사업의 종료와 신규사업 수주, 기관장의 AI인재양성 관련 철학 등이 반영되었다. 예를 들면 기존 융합연구사업 종료와 신규사업 수주에 따라 'KSB융합연구단'과 'SDF융합연구단'이 폐지되고 'DMC융합연구단'이 신설되었으며, 기관장의 경영철학을 반영해 AI 전문인력 양성을 위한 'AI전문인력양성실'이 신설되었다.

3. 윤석열 정권 시기의 조직개편

1) 주요 과학기술 관련 정책

윤석열 정권의 주요 과학기술 관련 정책은 〈표 8〉과 같다. 먼저 윤석열 정권은 4차 산업혁명이 초지능, 초연결, 초융합으로 이전과는 완전히 다른 속도와 범위로 전분야를 획기적으로 변화시키고 있다고 보고 AI, 데이터, 클라우드, 5G 등 디지털 기술이 완전히 새로운 경제·사회로의 대혁신을 견인한다고 인식하였다. 따라서 디지털 기술력을 확보해야 기술패권을 포함

<표 8> 윤석열 정권의 주요 과학기술 관련 정책

일시	주요 정책	출연연 관련 내용
2022.9.27.	대한민국 디지털 전략	• 5대 전략 19대 과제 　– 세계 최고 디지털 역량, 확장되는 디지털 경제, 포용하는 디지털 사회, 함께하는 디지털 플랫폼 정부, 혁신하는 디지털 문화 • 디지털 핵심 기반 구축 　– 6대 디지털 혁신기술(AI, 반도체, 5G·6G, 양자, 메타버스, 사이버보안) 확보, 충분한 디지털 자원 확보, 초고도 네트워크 구축, 디지털 100만 인재 육성, 디지털 신산업 육성, K-디지털 글로벌화 • (양자) 양자 3대 분야 플랫폼 기술 확보 　– 양자인터넷연구소(ETRI, KIST) 중심으로 산학연을 연계하여 임무지향적 연구 추진
2022.12.14.	제5차 과학기술 기본계획	• 국가 연구개발 전략성 강화 　– 임무중심 연구개발체계 도입, 국가전략기술 육성체계 구축 • 민간 중심 과학기술혁신생태계 조성 　– 민간의 정책결정 참여 확대, 기업 역량별 맞춤형 지원 • 과학기술 기반의 국가적 현안 해결 　– 탄소중립, 디지털 전환, 의료, 재난, 공급망, 국반 등 • 혁신 주체의 역량 제고 및 개방형 생태계 조성 　– (대학·공공연) 기관별 고유임무 확립(국가 핵심기술 확보) 　– 출연연은 지역혁신 구심점 역할 강화

한 경제와 사회문제들을 해결할 수 있다는 것을 2022년 9월 '뉴욕 구상'에서 제시하였으며, 이를 실현하기 위해 '대한민국 디지털 전략'(2022.9.)을 발표하였다(관계부처 합동, 2022.9.27. 참조).

또한 2022년 12월에는 '제5차 과학기술기본계획'이 수립되었다. 본 계획은 "과학기술혁신이 선도하는 담대한 미래"를 비전으로 "전략성 강화", "민간 중심", "현안 해결"을 기조로 3대 전략, 17개 추진과제, 50개 세부과제가 제시되었다. 특히 1 전략인 '질적 성장을 위한 과학기술 체계 고도화'는 국가전략기술과 탄소중립 등 국가적 도전과제 해결을 위한 임무중심 연구개발 체계를 도입하고, 최장 10년 '한우물파기 프로그램'을 신설해 연구자 중심의 안정적 연구 기회를 확대하는 등의 내용을 담고 있다(관계부처

합동, 2022.12.14. 참고)

2) 주요 R&D 및 출연연 관련 정책

윤석열 정권에서는 아직 R&D 혁신이나 출연연 관련 정책이 나오지 않았다. 현재까지 R&D 혁신 및 출연연과 관련된 정책은 〈표 9〉와 같이 2022년 7월에 발표된 '새정부 공공기관 혁신 가이드라인'이다. 이 가이드라인은 공공기관의 생산성과 효율성 제고를 중심으로 기관별 혁신 계획 수립을 지원하기 위한 것으로 출연연을 포함한 전체 공공기관에 적용된다. 이 가이드라인에 따라 모든 공공기관은 기관별 특성과 여건을 고려해 혁신계획을 수립하여 주무부처에 제출해야 한다. 공공기관 혁신의 방향 중 조직과 관련된 내용에는 기능 통폐합과 축소, 비대한 조직의 슬림화 등이 있다(기획재정부, 2022.7.29. 참조). 공공기관 혁신은 현재 진행 중이다.

〈표 9〉 윤석열 정권의 주요 R&D 및 출연연 관련 정책

일시	주요 정책	출연연 관련 내용
2022.7.29.	새정부 공공기관 혁신 가이드라인	• 5대 중점 효율화 – (기능) 민간·지자체 경합 기능 축소, 비핵심 업무와 수요 감소 기능 축소, 기관간 유사·중복 기능은 일원화 및 축소 – (조직) 상위직 축소, 대부서화 등 비대한 조직 슬림화

3) 주요 기술 관련 R&D 정책

2021년 12월 발표된 '국가필수전략기술 선정 및 육성·보호 전략' 이후, 미국은 2021년 8월 「반도체와 과학법(CHIPS and Science Act)」를 제정하여 반도체, 인공지능, 양자 등 전략기술에 5년 간 약 330조 원을 투자하고, 전담조직을 설치하는 등 기술 주도권 확보에 총력을 기울이고 있다. 일

본 또한 「경제안전보장법」을 제정해 우주·양자·바이오 등 특정 중요기술에 대해 총 5,000억엔 규모의 기금을 지원하는 내용의 전략을 발표하였다. 이에 윤정열 정권도 우리 경제안보와 전략적 성장에 중요한 "국가전략기술"을 선정하고 역량을 강화하기 위해 〈표 10〉과 같이 2022년 10월에 '국가전략기술 육성방안'을 발표하였다.[21]

〈표 10〉 윤석열 정권의 주요 기술 관련 R&D 정책

일시	주요 정책	출연연 관련 내용
2022.10.28.	국가전략기술 육성방안	• 국가전략기술 – 반도체·디스플레이, 이차전지, 첨단 이동수단, 차세대 원자력, 첨단바이오, 우주항공·해양, 수소, 사이버보안, 인공지능, 차세대 통신, 첨단로봇·제조, 양자 • 국가전략기술 육성거점으로 산-학-연 협력 강화 – 전략기술 확보의 거점이 될 출연연은 기관별 역할과 책임을 고도화

4) 기관장의 조직 비전과 전략

2022년 12월 취임한 10대 원장은 취임사에서 윤석열 정권의 국정과제와 '대한민국 디지털 전략' 등 대외 환경, 과거 대비 대형성과 부재, 산업발전에 대한 국민 기대감 미충족 등의 여건 등을 기반으로 ICT 및 융합 전략 기술에 집중하고 핵심원천 및 부품기술 선확보, 시스템 기술을 통한 미래 먹거리 마련, 대형성과 창출 및 창업 활성화를 통한 산업발전 기여 등의 개선 방향을 잡고, '디지털 혁신으로 행복한 미래세상을 만드는 기술 선구자'를 비전으로 제시하였으며, ① 성장동력 기술혁신을 위해 전략/원천기술

---

21) 국가전략기술은 ①공급망과 통상, ②신산업, ③외교와 안보 등 기술주권 관점에서의 전략적 중요성을 토대로 선정되었다(과학기술정보통신부 보도자료, 2022.10.28. 참조).

확보와 전략기술 분야에서 영향력 있는 국제표준 발굴과 기술이전 및 산업화 지원을, ② ESG 경영혁신을 위해 열정적·창의적 연구환경 조성을 위한 조직 혁신, ICT와 타 산업 융합으로 사회문제 해결, 지역센터 연계 지역 대학 및 기업과 융합연구 확대 등을 추진전략으로 제시하였다.

5) 조직개편 내용과 특성

10대 원장은 2023년 2월 1일 대규모 조직개편을 단행하였다((그림 7) 참조). 조직개편의 목적은 연구원 R&R 및 전략·원천기술과의 연계성을 높여 디지털 혁신을 선도하는 세계적인 연구기관으로 도약하는 것이다.

조직개편의 특성을 살펴보면, 첫째, 연구내용 및 기능적 측면에서는 ① 연구개발조직은 국가전략기술과 대한민국 디지털 전략 등을 반영해 전문기술연구소를 전략기술, 원천연구, 창의도전 연구, 국민생활문제 해결을 위한

(그림 7) 10대 원장 취임 직후(2023년)의 조직개편 현황

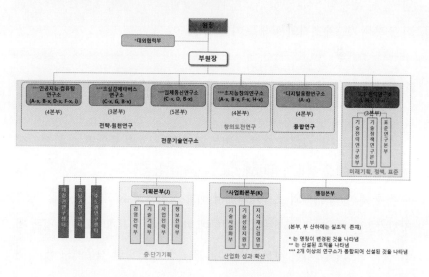

디지털 융합연구로 재편하였으며, 특히 그동안 기술분야로 수평 분화되었던 연구개발조직을 핵심원천-부품-시스템의 기술통합형 조직으로 수직계열화하였다. 또한 원장 직할로 두었던 지역센터는 전문기술연구소와 같이 부원장 직속으로 이관했다. ② 기획·정책연구조직은 중단기 기획과 미래기획 기능을 분리하여 중단기 기획은 기획본부, 중대형 과제 발굴 등 미래기획과 정책연구를 통합해 'ICT전략연구소'를 신설하였다. ③ 사업화조직은 중소기업 지원보다는 산업화를 위한 성과 확산에 중점을 두는 방향으로 개편이 이루어졌다(한국전자통신연구원, 2023.2.1. 참조).

둘째, 조직구조적 측면에서는 ① 전문기술연구소는 소 단위에서는 수평적 분화(4개→5개), 본부 단위에서는 수평적 통합(23개→20개)과 시스템기술 중심의 수직적 통합이 동시에 나타났으며, 기획·정책연구조직은 수평적 분화(기획기능 분화)와 수평적 통합(미래기획과 정책연구)이 동시에 나타났다. 수직적으로는 2~3계층을 유지하였다. ② 조직구조의 유형은 전문기술연구소는 임무형조직과 매트릭스(기술과 산업)조직, 기획·정책연구와 사업화 조직은 기능제조직의 형태를 띠었다.

4. 조직설계의 변동 분석

ETRI 조직개편 사례를 통해 살펴본 각 정권 시기의 출연연 내부 조직설계의 변동 내용을 정리하면 아래 〈표 11〉과 같다.

첫째, 출연연 내부의 조직개편에서 해당 정권의 주요 과학기술 및 R&D 정책기조는 기관장의 비전과 경영철학에 반영되어 조직개편의 방향성을 정립하는 데 영향을 미친 것으로 보인다. 기관장이 연임한 경우에도 새 정권

	시기	박근혜 정권	문재인 정권		윤석열 정권
	기관장	7대 원장	8대 원장	9대 원장	10 원장
외부적 요인	과학기술정책 주요 Keyword	창조경제	연구자 중심 4차 산업혁명	연구자 중심 디지털 뉴딜	디지털 혁신 민간중심
	주요 R&D 정책	정부R&D 혁신방안	국가R&D 혁신방안 I-Korea 4.0: ICT R&D 혁신전략 기술별 R&D 전략		국가전략기술 육성방안
	출연연의 역할과 임무	• 창의·융합연구 • 기초·원천연구 • 사회문제 해결 • 출연연 간 융합연구 • 기술사업화 • 중소기업 R&D 전진기지	• 고위험 혁신형 도전적 R&D • 기초·원천연구 • 국민생활문제 해결 • 출연연간 융합연구 • 지역주도 R&D 강화: 중소·중견기업 지원	• 고위험 혁신형 도전적 R&D • 기초·원천연구 • 국민생활문제 해결 • 출연연간 융합연구 • 지역주도 R&D 강화: 중소·중견기업 지원 • 국가 필수전략기술 연구 거점	• 국가전략기술 중점 육성 • 국가핵심기술 확보 • 지역혁신의 구심점
	주요 기술	SW 양자정보통신	5G, 무인이동체 인공지능 블록체인	인공지능, 반도체 국가필수전략기술 메타버스	국가전략기술 반도체·디스플레이 메타버스
내부적 요인	조직 비전	미래를 창조하는 ICT Innovator	제4차 산업혁명을 선도하는 ICT Innovator	미래사회를 만들어가는 국가지능화 종합연구기관	디지털 혁신으로 행복한 미래세상을 만드는 기술 선구자
	주요 목표 또는 전략	• 창의·융합 R&D 혁신 시스템 구축 • Global Open R&BD 역량 강화 • 중소·중견기업 동반성장 생태계 구축 등	• 기초·원천 및 도전적 R&D 강화 • 국민 공감기술 개발로 국민에 사랑받는 ETRI • 윤리·신뢰·자율·창의 기반 연구자 중심 경영	• 창의도전연구 활성화 미래성장 준비 • Global Top 수준의 R&D성과 창출 • 개방·공유·협업 기반 연구문화 정착 • 국민생활문제 해결 및 중소기업 지원 확대	• 전략·원천기술 확보 • 국제표준 발굴·기술이전·산업화 지원 • ICT와 타 산업융합에 의한 사회문제 해결 • 지역센터–대학–기업을 연계한 융합연구 확대

시기	박근혜 정권	문재인 정권		윤석열 정권
기관장	7대 원장	8대 원장	9대 원장	10 원장
조직설계내용 — 연구개발조직	• SW기반 융합 연구 강화 • 원천연구 강화 • 지역센터의 중소기업 기술지원 기능 강화	• 기초·원천연구 강화 • 5G 사업조직 효율성 제고 • 융합연구 독립성 강화 • 지역센터의 지역주도 중소기업 지원 강화	• 원천연구 강화 • 창의·도전연구 • 국가지능화 기반 융합연구 강화 • 지역센터의 핵심 역량 강화	• 전략기술과 디지털 융합 중점 • 창의도전 연구 • 지역센터의 명칭 간소화
기획-정책조직	• 독립된 통합조직 • 미래기획-정책 연구-창의도전 연구 통합	• 독립된 통합조직 • 미래기획-정책연구-사업기획-예산배분 기능 통합	• 기획·정책조직의 분리 • 정책조직의 국가지능화 연구 강화	• 중단기 기획과 미래기획 분리 • 미래기획과 정책연구 기능 통합
사업화조직	• 중소기업 동반성장 강화	• 중소기업 지원 기능 강화	• 중소기업지원 업무의 명확화	• 산업화 성과 확산 중점
분화/통합	• 전문기술연구소의 수평적 통합 • 기획-정책조직의 수평적 통합 • 2~4계층 구조	• 전문기술연구소의 수평적 분화 확대 • 기획-정책-사업기획 조직의 수평적 통합 심화 • 2~3 계층 구조	• 전문기술연구소의 수평적 통합 • 기획-정책조직의 수평적 분화 • 2~3계층 구조	• 전문기술연구소의 수평적 통합과 수직적 통합 • 기획-정책조직의 수평적 분화와 통합 • 2~3계층
조직구조 유형	• 전문기술연구소는 임무형조직 • 융합연구는 매트릭스조직 • 기획·정책, 사업화조직은 기능제 조직	• 전문기술연구소는 임무형조직과 매트릭스(기획-연구) 조직 • 융합연구단과 특정 사업 부문은 프로젝트조직 • 기획·정책, 사업화조직은 기능제조직	• 전문연구소는 임무형조직과 매트릭스(기술-산업) 조직 • 융합연구단은 프로젝트조직 • 기획·정책, 사업화조직은 기능제조직	• 전문기술연구소는 임무형조직과 매트릭스(기술-산업)조직 • 기획·정책, 사업화조직은 기능제 조직

의 과학기술 및 R&D 정책기조에 대응한 새 비전과 전략을 정립(7대 원장)하였으며, 동일한 정권에서 기관장이 교체된 경우에도(9대 원장) 해당 정권의 후반기 정책기조를 반영해 비전과 철학을 새롭게 정립해 반영하였다. 따

라서 기관장의 교체는 정권의 정책기조를 시기적절하게 출연연에 반영시킬 수 있는 중요한 기제로 볼 수 있다.

둘째, 출연연은 정부가 출연연 관련 정책을 통해 출연연에 요구하는 역할과 책임을 조직개편 시 반영하고자 노력하였으며, 이러한 역할과 책임은 경영목표나 세부 추진전략으로 정립되면서 세부적인 조직설계에 영향을 미친 것으로 보인다. 다만 출연연의 R&R 정립 이후에는 자기주도 성장을 위한 자율적인 성장 목표와 혁신전략이 좀더 드러나고 이에 대한 조직개편에의 영향 등을 파악할 것으로 기대하였으나 그 흐름을 파악하는 데는 한계가 있었다.

셋째, 기술 관련 R&D 정책은 전문기술연구소의 "소(부문)" 또는 "본부(부)" 단위의 명칭에 반영되어 나타나는 양상을 보였다. 따라서 기술 이벤트나 새로운 기술의 등장으로 특정 기술에 대한 R&D 정책이 수립된 경우, 출연연은 동일 연구개발 분야의 조직이라 하더라도 새로운 기술 키워드가 포함된 명칭으로 개편하는 사례가 많았다. 다만, 기술의 범용성이나 전문성 정도에 따라 영향을 미치는 조직 차원은 상이했다. 예를 들어 인공지능과 같이 범용성이 높은 기술은 "소(부문)" 단위의 조직명에, 양자통신이나 블록체인과 같은 전문성이 높은 기술은 하위 단위의 조직명(예를 들면, 센터나 단)에 영향을 미쳤다.

넷째, 기획·정책연구조직의 개편은 R&D 정책보다는 기관장의 R&D기획에 대한 철학이나 관점에 따라 통합과 분화가 반복되는 형태를 보였다. 특히 기획조직은 중단기 기획, 미래기획, 기초원천 기획, 융합기획 등 기획의 성격에 따라 분화와 통합이 빈번하게 발생하였으며, 기획·정책연구조직은 주로 장기 미래기술기획, 대형과제 기획을 추진할 때에 통합되는 경향을 보였다.

다섯째, 사업화조직은 출연연의 중소기업 지원이나 기술사업화 역할 등이 강조된 것에 비해 조직의 규모가 크지 않았으며, 조직개편에 있어서는 기능의 추가나 조직의 명칭 변경 등으로 대응하는 모습을 보였다.

여섯째, 조직개편 시 수평적 분화와 통합은 "소(부문)" 단위와 "본부(부, 단, 센터)" 단위에서 모두 나타났는데, 전체적으로 보면 조직의 수는 감소하는 경향이 나타났다. 즉 전문기술연구소의 경우 2012년 조직과 2023년 조직을 비교할 때 "소(부문)"의 경우는 8개에서 5개로, "본부(단, 부, 센터)"의 경우는 40개에서 20개로 감소하였다.

일곱째, 조직의 계층적 설계에 있어서 출연연은 연구개발을 기본 임무로 하기 때문에 수직적이기보다는 수평적 구조를 중시했다. 수직적 계층은 보통 전문기술연구소를 중심으로 3계층이 일반적이었으며, 프로젝트조직의 경우에는 2계층이 일반적이었다.

여덟째, 출연연의 전문기술연구소는 출연연의 성격 상 기본적으로 임무형조직이다. 그러나 융합연구의 경우에는 기술과 기술, 기술과 산업 간 매트릭스조직의 형태도 보였으며, 가끔 연구개발조직에 기획기능을 부여한 경우 기획과 연구개발 간 매트릭스조직 구조도 나타났으나 이는 매우 드문 경우이며, 보통은 기획조직과 연구개발조직이 분리된 형태로 공존하는 형태였다. 5G나 융합연구 사업과 같이 정부가 특정한 임무를 부여한 R&D 프로그램을 수주한 경우에는 기존 조직에 편입하기 보다는 프로젝트 조직으로 독립해 운영하는 형태가 일반적이었다. 이 경우 관련 프로젝트가 종료되면 조직이 해체되기 때문에 해당 사업 참여 연구자들은 관련 기술을 개발하는 전문기술연구소로 복귀하거나 후속사업을 기획하여 수주하는 노력을 기울였다. 기획·정책연구조직과 사업화조직은 수평적 분화와 통합이 반복되면서도 기능제조직의 형태를 유지하였다.

제4절 출연연 내부 조직설계의 문제점과 개선방향

1. 내부 조직설계와 관련한 문제점

사례분석을 통해 출연연이 자기 주도의 역할과 책임에 기반해 정부 R&D 투자의 효율성과 생산성 향상을 도모하는 데 있어서 개선이 필요한 사항을 도출해 보면 다음과 같다.

첫째, 출연연이 하나의 정책주체로서 자율성을 확대해 가는 것은 매우 중요하다. 그러나 기본적으로 출연연의 특성 상 정책집행자 또는 정책대상자로서 정부의 정책에 영향을 받지 않을 수는 없다. 따라서 출연연에 대한 정부의 정책이 지속적이고 예측가능하다면 출연연도 정책집행자나 정책대상자로서 뿐만아니라 정책의 주체자로서의 역할도 좀더 안정적이고 체계적으로 계획하고 수행할 수 있을 것이다. 그러나 5년마다 수립하는 과학기술기본계획을 제외하고 R&D 정책이나 출연연에 대한 공공관리 정책 등이 연속적이고 안정적인 것은 없었다. 물론 그렇다고 출연연에 대한 정부의 요구사항이 크게 변동되어 온 것은 아니다. 그렇지만 그동안 강조되었던 '자기주도의 역할과 책임(R&R)'은 '국가필수전략'이나 '국가전략기술'의 추진이 강조되면서 관심에서 멀어지는 느낌이다. 또한 앞으로 무엇이 강조될 것인가에 대한 불확실성이 존재한다. 이로 인해 출연연 입장에서도 독자적인 미래 계획이나 전략을 수립하기 쉽지 않다.

둘째, 출연연은 각자 고유의 연구개발 영역이 존재하고 이에 따른 미션과 역할이 주어져 있어도 정권의 교체나 기술의 발전 등에 따라 정부의 요구가 달라지면 이를 수용해 새로운 연구개발 전략을 수립할 수 있다. 그런데 이 경우 대체로 이러한 변화를 연구개발 내용으로 접근하기보다는 조직개편을 통해 구조적으로 대응하려는 모습이 나타나고 있다. 내용보다는 형식 중심으로 치우칠 우려가 있는 것이다.

셋째, 앞에서도 언급한 것처럼 출연연의 내부 조직설계 원칙이나 방향을 직접적으로 담고 있는 정책은 없다. 이는 다르게 표현하면 정부의 요구를 수행하는 방법은 출연연이 자율적으로 정하고 추진하면 된다는 것으로 해석해 볼 수 있다. 그러나 실제로 출연연의 조직개편은 「직제규정」에 근거해 추진되며, 「직제규정」은 NST 이사회에 사전 보고→승인의 과정을 거쳐왔다. 현재는 사전보고 만으로 가능해 승인에 비해 완화된 형태로 운영되고 있으나 실질적으로 승인에 준하는 사전보고 형태여서 과거와 크게 다르지 않다. 따라서 「직제규정」의 운영 방식은 출연연의 자율적이고 유연한 조직운영을 저해할 수 있다. 특히 출연금의 비중이 높은 출연연의 경우 「직제규정」의 실제 운영 방식에 따른 조직개편의 경직성은 좀더 클 것으로 예상된다.

넷째, 출연연의 경우에는 핵심적인 연구개발 분야와 역할이 크게 변경되지 않음에도 불구하고 기관장이 선임되면, 전체 조직을 흔드는 대규모 조직개편이 반복적이고 일상적으로 단행되어 왔다. 동일한 기술의 연구개발 조직이 수평적 분화와 통합을 반복하기도 하고, 서로 다른 기술을 개발하는 조직이 융합연구나 조직운영의 시너지 창출 명목으로 수평적 분화와 통합을 반복하기도 한다. 또한 연구개발 내용은 그대로인데 조직의 명칭이 바뀌거나 조직도 상의 순서가 변경되기도 한다. 심지어 "소"가 "부문"이 되었다가 다시 "소"로 변경되는 경우도 있다. 물론 기관장은 재임기간 중 R&D 성과 창출을 위해 비전을 새로 수립하고 전략적 선택과 집중을 위해 조직개편을 단행하고 있다. 그러나 대규모 조직개편의 경우에는 조직개편을 준비하는 기간, 조직개편 후 후속조치를 취하는 기간, 조직간 이동과 사무공간의 이동 기간 등 최소 1~2개월의 시간이 무의미하게 흘러가며 이로 인한 비용도 무시하지 못할 수준인 경우가 많다. 조직 구성원 관점에서 보면, 연구내용은 동일한데 소속이 변경되거나 자리를 이동함으로써 피로감이 증가할 수 있다.

2. 자율성 증진을 위한 내부 조직설계 개선방향

과기계 25개 출연연은 각각 주어진 미션과 역할이 상이하다. 정부는 이를 'R&R 정립'으로 하여 좀더 명확하게 한 바 있으며, 최근에는 국가전략기술을 출연연의 특성에 맞게 전담시키기도 하였다. 이와 같이 정권의 교체에 따른 새로운 정책기조와 목표에 따라 출연연에 대한 요구사항은 조금씩 변경되어 왔고, 출연연 또한 정부의 정책수행 주체로서 이러한 변화를 받아들여 비전과 전략, 조직개편에 반영해 왔다. 그리고 출연연이 지금과 같이 상당한 규모의 정부 R&D 예산을 사용하는 한 이런 과정은 반복적으로 나타날 수밖에 없다.

그러나 궁극적으로 출연연의 목표는 조직과 예산의 효율적인 설계와 운영을 통한 R&D 성과 제고, R&D 투자의 효율성과 생산성 향상이다. 이를 위해 정부 정책과 더불어 출연연도 자체적으로 노력해야 하는 부분이 있다. 내부 조직설계는 출연연 자체적으로 충분히 전략적으로 추진할 수 있는 영역이라 생각되며, 이런 의미에서 개선이 필요한 사항을 정리해 보면 다음과 같다.

1) 정책환경의 혁신

먼저 출연연 외부의 정책환경 측면에서 살펴보면 다음과 같다.

첫째, 정부의 R&D 정책과 출연연에 대한 공공관리 정책이 정기적이고 지속적으로 수립된다면 출연연 또한 정부 정책에의 체계적인 대응과 함께 자율적인 성장 정책과 R&D 전략을 수립하고, 이를 효율적으로 달성할 수 있는 조직개편 및 운영 전략을 수립할 수 있을 것으로 생각한다. 이는 출연연의 거버넌스와도 연결될 수 있으며, NST와 출연연의 관계 정립 등에도 기여할 것으로 판단된다.

둘째, 국가의 핵심 전략기술은 정권별로 크게 바뀌지 않고 유사한 측면이 있다. 다만 해당 시기에 주요 기술 이벤트가 발생하거나 특정 기술의 파급력이 크게 확산되는 경우 전략적으로 중요한 기술의 우선순위는 달라질 수 있다. 그럼에도 불구하고 우리나라의 기술 관련 정책은 해당 정권 기술 정책의 차별화를 위해 "성장동력기술", "디지털 혁신기술", "혁신성장 전략투자 분야", "국가필수전략기술", "국가전략기술" 등 다양한 이름을 부여하며, 출연연의 기술 수용정책에 있어서 혼란을 야기하거나 빈번한 조직개편으로 이어지게 하기도 한다. 따라서 기술정책의 차별화는 기술군이 아니라 기술에 대한 연구개발 전략이 되도록 하는 것이 바람직하다.

셋째, 출연연의 미션과 역할에 맞는 조직개편이 이루어지도록 NST는 조직설계의 원칙과 방향 등을 정한 가이드라인을 제공하고 각 출연연은 가이드라인 하에서 「직제 규정」을 자율적이고 유연하게 운영하는 체계 구축이 필요하다. 출연연은 기관평가를 통해 경영성과와 연구성과를 평가받고 있기 때문에 조직의 효율적인 체계와 성과는 이를 통해 평가될 것으로 생각된다.

2) 내부 조직설계의 혁신

다음으로 출연연 내부의 조직운영 및 설계적 측면에서 살펴보면 다음과 같다.

첫째, 출연연이 정부의 정책에 대응할 뿐만 아니라 중요한 기술 분야를 자체적으로 선정해 연구개발을 수행함으로써 기술 선도와 그에 따른 조직의 안정성을 확보하기 위해서는 기술기획 기능이 잘 구축되어 있어야 한다. 그리고 기술기획을 위해서는 미래사회·기술에 대한 연구, 데이터 분석, 정책 연구 등이 병행되어야 한다. 출연연은 규모에 차이는 있지만 대부분 출연금이 배분되어 있고, ETRI를 비롯해 여러 출연연에서는 이를 위해 기획이나 정책연구 부서를 별도로 두고 있기도 하다. 그러나 사례분석에서 나타난 것처럼 기획·정책연구 기능은 기관장의 철학에 따라 통폐합을 거듭하기도 하고, 주요 역할이 변경되기도 하는 등 기획이나 정책연구 관련 역량을 쌓아가지 못하고 있는 실정이다. 기술패권 경쟁이 더욱 치열해 지고 있고, 기술의 발전 속도가 가속화되고 있는 상황에서 기술기획 역량의 확보는 더욱 중요해 지고 있기 때문에 출연연 별로 기술기획 기능이 지속적이고 안정적으로 역량을 쌓아갈 수 있도록 조직을 설계해 운영하는 것이 필요하다.

앞에서 살펴본 조직개편 사례를 보면, 기관장이 자율적으로 조직개편 한 영역은 기획-정책 영역이었기 때문에 이를 지렛대로 하여 연구조직 개편에서의 자율성으로 확대하는 전략이 필요한 것이다.

둘째, 기관장이 선임된 후 새로운 비전과 철학을 경영에 반영하는 것은 불가피한 일이다. 그러나 대규모의 조직개편이 불가피한 것인가는 고려해 볼 필요가 있다. 앞에서도 살펴본 것처럼 기관장 선임→대규모 조직개편→중소규모의 조직개편이 순환적으로 이루어지는 모양새이다. 출연연의 조직 안정성을 위해서는 출연연 자체적으로 지속적으로 수행해야 하는 핵심적인 연구개발 분야, 정부의 정책요구를 수용해 시기적절하게 변화가 필요한 연구개발 분야, 단기적인 프로젝트를 수행하고 종료하는 연구개발 분야 등 연구개발 영역을 크게 구분해 조직설계 방향을 정하고 조직개편 시에도 이를 고려해 하는 등 출연연 자체적인 조직설계 전략을 수립하는 것이 필요하다.

제5절 결 론

본 연구는 지금까지의 출연연에 대한 연구들이 대부분 대리인으로서 '출연연'의 역할 충실성이나 조직 효과성에만 초점을 둔 반면, 출연연의 책임성과 자율성에 대한 연구, 특히 조직 차원에서 출연연 내부 조직의 설계나 운영에 대한 연구는 부족하다고 인식하고, 출연연이 자기주도의 역할과 책임을 다하기 위해 내부 조직설계적 측면에서 필요한 요소가 무엇인지를 파악하는 것이 중요하다고 보았다. 그리고 이를 위한 연구의 첫걸음으로 출연연의 조직설계 현황과 그 특징을 ETRI의 조직개편 사례를 문헌연구와 참여관찰자 관점에서 분석해 보았다.

그러나 과기계 25개 출연연은 각각 조직의 규모(구성원과 예산), 연구개발 분야, 미션과 역할, 예산의 배분 구조, 기능별 조직의 유무 등에 따라 특성이 다르기 때문에 조직개편이나 조직설계의 특성도 차이가 있을 수밖에 없다. 따라서 ETRI의 사례 만으로는 출연연의 조직설계의 특성을 파악하여 책임성과 자율성을 조화시키기 위한 정책혁신이나 조직설계 이슈를 도출하는 데 한계가 있다. 따라서 향후에 연구분야별, 기관규모별 등의 다양한 사례분석을 통해 공통점과 차이점 등 핵심적인 특징을 발견하고 이해하려는 연구가 필요하다.

또한 출연연의 조직설계에 영향을 미치는 정책과 출연연의 조직개편의 관계를 영향요인을 구조화하여 분석하였지만, 실제로 정책과 조직개편 간에는 상당한 괴리가 존재하는 것이 사실이다. 따라서 출연연의 내부 조직설계를 정책적 관점에서 분석하기 위해서는 정책과 조직설계 간의 상관관계에 대한 객관적이고 계량적인 연구도 병행될 필요가 있다.

이 외에도 출연연 조직개편에 있어서 내부적 요인(인적 구성, 조직문화 등)이 미치는 영향도 중요하다. 그러나 앞에서도 언급했듯이 내부적 요인에 대한 연구는 대부분 조직의 성과에 대한 것이며, 조직개편 관점에서의 연구나 관련 자료는 거의 없다. 따라서 향후 이 분야에 대한 연구도 보완적으로 수행할 필요가 있다.

본 연구는 조직개편의 효과에 대한 분석과 연결되어야 현황 분석으로서의 의미를 가진다. 따라서 본 연구를 기반으로 출연연 내부 조직설계에 대한 이론적이고 실증적인 연구들이 좀더 다양하게 전개되었으면 한다.

![참고문헌]

과학기술정보통신부 (2018.3.14.), 「국민생활연구 추진전략(안)」.

―――――――― (2018.5), 「I-Korea 4.0 실현을 위한 인공지능(AI) R&D 전략」.

―――――――― (2018.6.22.), 「블록체인 기술 발전전략」.

―――――――― (2018.7.26.), 「국가R&D 혁신 방안(안)」.

과학기술정보통신부 보도자료 (2018.1.10.), "4차 산업혁명 기술혁신 선도국가로 도약을 위해 ICT R&D 체계를 파괴적으로 혁신한다".

―――――――――――― (2018.1.30.), "문재인정부 출연(연) 정책방향 제시, '더 큰 자율과 더 큰 책임' 「국민중심·연구자중심 과학기술 출연(연) 발전방안」".

―――――――――――― (2022.10.28.), "12대 국가전략기술, 대한민국 기술주권 책임진다."

―――――――――――― (2021.9.7.) "문재인 정부 과학기술, 양적·질적 투자 모두 돋보였다."

과학기술출연기관장협의회 (2013.5.7.), 「창조경제 실현을 위한 출연(연) 발전전략」.

관계부처 합동 (2013.10.8.), 「소프트웨어(SW) 혁신전략」.

――――― (2013.6.5.), 「창조경제 실현계획 – 창조경제 생태계 조성방안」.

――――― (2014.2.27.), 「창조경제 실현을 위한 융합기술 발전전략(안)」

――――― (2015.5.13.), 「정부R&D 혁신방안」.

――――― (2016.6.12.), 「정부R&D 혁신방안」.

――――― (2016.6.30.), 「무인이동체 발전 5개년 계획(안)」.

――――― (2018.2.23.), 「제4차 과학기술기본계획('18-'22)(안)」.

――――― (2019.12.), 「인공지능 국가전략」.

――――― (2020.10.12.), 「인공지능 강국」실현을 위한 인공지능 반도체 산업 발전전략-시스템반도체 비전과 전략 2.0-」.

――――― (2020.7.14.), 「'한국판 뉴딜' 종합계획」.

――――― (2022.1.20.), 「메타버스 신산업 선도전략」.

――――― (2022.12.14.), 「제5차 과학기술기본계획」.

――――― (2022.9.27.), 「대한민국 디지털 전략」.

국무조정실 보도자료 (2021.12.22.), "글로벌 기술패권 경쟁 시대, 10년 내 선도국 수준 기술주도권 확보 위해 국가역량 총집결!".

기획재정부 (2022.7.29.), 「새정부 공공기관 혁신 가이드라인」.

길종백·정병걸·염재호 (2009), "정부출연연의 대리문제와 PBS의 한계", 「한국조직학회보」, 6(2): 179-202.

김용진·최호철 (2022), "조직개편이 기술협력 구조에 미치는 영향에 관한 사례연구: 한국화학연구원 A연구단을 중심으로", 「기술혁신학회지」, 25(1): 83-100.

미래창조과학부 (2014.2.27.), 「SW산업 혁신을 위한 선도형 SW R&D 추진계획」.

미래창조과학부 보도자료 (2014.12.5.), "미래부, 정보통신기술(ICT) 정보보안 및 신(新)시장 창출을 위한 '양자정보통신 중장기 추진전략' 마련".

미래창조과학부 외 (2014.4.23.), 「출연(연)의 중소·중견기업 R&D 전진기지화 방안(안)」.

박기주 (2018), "과학기술계 정부출연연구기관 개인평가 제도 개선 방향 연구", 「과학기술정책」, 1(1): 173-203.

박중훈 (2016), "역대 정부 조직개편에 대한 성찰과 전망", KIPA 연구보고서 2016-38, 한국행정연구원.

우병렬·백일현·김우증·안경섭, (2019), "정부출연연구기관 조직문화, 조직특성, 직무성과 관계 실증분석: 9개 출연(연) 구성원의 인식을 중심으로", 「한국동북아논총」, 24(4): 99-131.

이상혁·김윤배 (2018), "연구관리전문기관의 사업형태에 따른 국가 R&D 사업관리 효율성 분석", 「기술혁신학회지」, 21(4): 1345-1365.

정수현·김승태·이기종 (2016), "과학기술분야 정부출연연구기관 연구성과의 내재적 영향요인에 관한 연구", 「정책분석평가학회보」, 26(3): 1-27.

정용남 (2013), "과학기술계 정부출연연구기관의 정책부서 조직변화에 관한 연구", 「현대사회와 행정」, 23(3): 245-278.

정형곤·윤여준·연원호·김서희·주대영 (2021.12.30.), 「미중 반도체 패권 경쟁과 글로벌 공급망 재편」, 대외경제정책연구원.

천세봉·하연섭 (2013), "과학기술정책 거버넌스 변동에 관한 신제도주의 분석-노무현 정부와 이명박 정부를 중심으로-", 「한국정책학회보」, 22(4): 87-113.

최두용 (2018), 「과학기술계 정부출연 연구기관의 조직문화가 조직효과성에 미치는 영향 연구: 리더십의 매개효과를 중심으로」, 카톨릭대학교 박사학위논문.

한국전자통신연구원 (2009.12.24.), 「2010년도 조직개편」.

_____ (2012.8.15.), 「직제규정 개정」.

_____ (2015), 「ETRI 경영성과보고서」.

_____ (2018), 「기관평가보고서」.

_____ (2018.9), 「한국전자통신연구원 R&R(안)」.

_____ (2019.6.26.), 「ETRI 조직개편(안)」.

_____ (2021), 「기관운영평가 실적보고서」.

_____ (2023.2.1.), 「한국전자통신연구원 조직개편」.

현선해·최세경·서문교, (2021), 「미래조직을 위한 조직설계의 이해」(4판), 한빛아카데미.

https://www.kist.re.kr/ko/intro/manpower-and-budget.do

https://www.etri.re.kr/korcon/sub3/sub3_0404.etri

인력 정책

제3장 인력양성 정책 – 김태수·이찬구

제4장 인력유지 정책 – 박기주

제3장

과학기술분야 출연연 재직인력의 연구개발 전문역량 증진방안

김태수 · 이찬구

이 글은 필자들이 「한국혁신학회지」 제18권 제4호(2023.11.30.)에 게재한 논문으로서,
교육 및 연구용으로만 활용하는 조건으로 여기에 싣게 되었음을 밝힙니다.

제1절 서 론

이 논문은 과학기술분야 정부 출연연 재직인력에게 요구되는 연구개발 전문역량을 증진시키는 과학기술 인력정책의 문제점을 도출하고 이를 해결하는데 필요한 정책혁신 방향을 논의하기 위하여 작성되었다. 글로벌 패권경쟁이 심화되는 가운데 미래는 지정학(地政學) 시대에서 기정학(技政學) 시대로 변화하고 있다. 기술패권 시대에서 기술경쟁력을 확보하기 위해 무엇보다 중요한 것은 과학기술분야의 우수한 인력을 확보하는 것이다. 이러한 이유로 세계 각국은 미래 유망기술 분야의 핵심 인력을 확보하기 위한 경쟁이 치열하다. 핵심 인력을 확보하는 것만큼이나 중요한 것은 이미 확보한 인력을 시대적 흐름과 과학기술의 변화에 빠르게 적용하고 혁신성과를 창출할 수 있는 우수한 인재로 양성하는 것이다. 과학기술분야 정부 출연연 또한 과학기술인력 역량 강화에 대한 요구가 높아지고 있으며(황두희·권혁상, 2019), 출연연의 지속적인 성장과 경쟁력 확보를 위해 과학기술인력의 재교육 필요성을 강조하고 있다(이정재, 2020). 특히 출연연은 현행법상 기타공공기관으로 분류되어 재정과 인력 운영의 자율성을 확보하기 어려운 경영 환경에서 연구경쟁력을 유지하기 위한 방법은 재직인력의 연구개발 전문역량을 지속적으로 강화하는 것이다.

최근에는 우리나라 공공연구기관의 연구인력이 처리해야 하는 연구행정업무 부담을 완화하여 연구몰입 환경을 조성하여야 한다는 목소리가 커지고 있다(디지털타임즈, 2022). 연구현장에서 연구인력과 연구행정인력의 역할을 명확히 하고 각자의 전문역량을 강화하자는 것이다(헬로우디디, 2022). 출연연의 연구인력이 가장 우선적으로 갖추어야 할 역량은 단연코 과학기술분야 도메인지식과 관련된 연구개발 전문역량일 것이다. 하지만, 출연연 연구인력을 포함하여 우리나라 과학기술인력을 육성·지원하는 정책이 연구개발 중심의 전문역량보다 기관경영과 연구관리, 연구지원 등 행정과 관리 중심의 역량을 지나치게 강조하는 상황이라면 심각한 문제의식을 가질 수 밖에 없다.

그렇다면 과연 출연연의 연구인력들은 급변하는 과학기술분야의 새로운 지식과 정보를 습득하면서 혁신적인 연구를 수행하는데 필요한 전문역량을 지속적으로 함양하고 있는가? 정부와 출연연은 소속 연구인력의 연구개발 전문역량을 증진하기 위한 정책을 바람직하게 이행하고 있는지에 대한 의문을 제기할 수 있을 것이다. 이는 출연연의 설립 목적과 고유 임무를 달성하기 위한 필요조건으로서 직접적이고 본질적인 질문이라 할 수 있다.

이와 같은 문제인식으로 본 연구는 출연연 연구인력에게 요구되는 연구개발 전문역량에 초점을 두고 이를 강화하는 정책이 바람직하게 이루어지고 있는지 비판적인 견지에서 분석하고 도출된 정책문제와 이를 해결할 수 있는 정책혁신 방향을 논의하고자 한다. 출연연의 연구개발 전문역량을 강화하기 위한 정책의 체계와 내용을 집중적으로 분석하고 논의하는 것은 출연연의 역할과 책임을 보다 명확히 하고 기정학 시대를 대비하는 시의적절한 연구라고 할 수 있다.

　본 연구는 출연연 재직인력 가운데 이학 또는 공학을 전공하고 연구개발 직무에 종사하는 연구개발인력의 연구개발 전문역량에 한정하여 논의하며 연구개발 전문역량의 개념은 다음 장에서 다양한 선행연구를 검토하여 제 시하기로 한다. 본 연구의 분석대상은 출연연 연구인력이 연구개발 전문역 량을 강화하는데 영향을 미치는 국가 차원의 관련 법률과 기본계획, 출연연 개별 역량증진 프로그램으로 한정하였다. 국가 차원의 관련 법률과 5년 주 기의 기본계획들은 약 20여 년에 걸쳐 시행되고 있어 정책이행 여부나 인 과관계를 분석하기 보다 법률의 조문과 기본계획에서 제시하는 세부적인 정책내용을 중심으로 분석하였다. 분석자료는 개별 출연연 등 분석대상 기 관으로부터 확보하고 관련 문헌을 참고하여 종합적으로 분석하고 재해석하 는 질적 연구방법을 실시하였다.

제2절 이론적 배경 및 분석틀 설계

　이 장에서는 과학기술인력 가운데 이공계를 전공한 연구개발인력에게 요구되는 역량을 다양한 선행연구를 통해 검토하고 이를 토대로 연구의 초 점인 연구개발 전문역량을 개념화한다. 출연연의 인력양성정책과 선행연구 에서 연구개발 전문역량 증진을 위한 구성요소와 실행방법을 도출하여 본 연구의 분석틀을 설계한다.

1. 이론적 배경

1) 연구개발인력 역량에 대한 논의

과학기술인력의 역량에 대한 선행연구는 국내외에서 부분적인 차이가 있지만 주로 이공계를 전공한 연구개발인력을 중심으로 시도되었다(홍윤미·김진하, 2017; 139). OECD(2015)에서는 연구개발을 지식의 집적을 향상시키기 위해 그리고 지식을 통한 새로운 응용을 창출하기 위한 창의적이고 체계적인 작업으로 정의하고 있다. 우리나라에서 연구개발활동의 개념은 기초연구진흥 및 기술개발지원에 관한 법률 시행령[1]에서 제시하고 있다. 김선규 등(1998)은 연구개발은 고도의 전문성이 요구되고, 불확실성이 높은 것이 다른 업무와의 가장 큰 차이라고 하였다. 김호정(2005)은 연구개발 업무가 일반 업무와 다르다는 점과 연구개발인력이 일반 조직구성원의 특성과 다르다는 두 가지 측면으로 설명될 수 있다고 하였다. 즉, 연구개발에 대한 개념과 다른 직무와의 차별성이 명확하듯 연구개발 직무에 종사하는 연구개발인력 또한 다른 직무에 종사하는 인력과는 다른 차별적 특성을 갖고 있다고 할 수 있다. 연구개발과 그 직무에 종사하는 연구개발인력의 차별적 특성을 분석한 선행연구를 종합하여 보면 연구개발인력의 공통적인 특성을 몇 가지로 정리할 수 있다. 연구개발인력은 우선 조직 내 지식 수준이 높은 전문가로서 해당 분야의 전문성을 인정받는 것에서 오는 권위

---

[1] '연구개발활동'이란 과학기술 분야 또는 서비스 분야의 지식을 축적하거나 새로운 응용방법을 찾아내기 위하여, 축적된 창의적 지식을 활용하는 체계적이고 창조적인 활동으로서 새로운 제품 및 공정(工程)을 개발하기 위한 시험제품의 설계 · 제작 및 시험, 새로운 서비스 및 서비스 전달체계의 개발 등 사업화 전까지의 모든 과정을 말한다.

를 중요시하며, 독립성과 자기 주도적으로 일을 해나가는 성향이 강하며, 일 자체에서 자신의 정체성을 찾으려는 경향이 강하다고 할 수 있다(Miller, 1986; 송선일·이찬, 2012; 김형숙, 2012; 서진형, 2015; 박혜선, 2015). 따

〈표 1〉 연구개발인력 역량의 구성요소에 관한 선행연구

구분	연구자	연구개발인력 역량의 구성요소
공통·핵심 역량	Posner (1987)	• 의사소통, 조직운영기술, 팀워크 구축기술, 리더십, 대처능력, 전문성 등 6개 핵심역량으로 구분
	김규성 (2000)	• 연구리더의 핵심역량으로 부하직원과의 관계, 팀워크 활성화, 기술적 전문성 보유·활용, 전략적 사고, 네트워크 형성을 제시
	Lin (2001)	• 기술자에게 필요한 역량에 대한 연구를 통해 혁신, 전문적 지식, 리더십, 개인학습을 필요역량으로 도출
산학연 소속별 역량	Chen & Wu (2007)	• 첨단산업기술자의 역량을 성취지향, 문제해결력, 의사소통과 협력, 논리적 분석, 자기개념 역량으로 제시
	박인우 등 (2008)	• 정부출연연구기관 연구인력의 직무와 직급, 역량 유형에 따라 리더십, 연구관리, 기본으로 3가지 역량군과 46개의 역량을 도출
	유덕현 등 (2013)	• 대학 연구개발인력의 역량을 공통역량과 전문역량으로 구분하고 24개 세부 역량을 도출
연구개발 분야별 역량	유혜원·황인아 (2012)	• 출연연 역량모델을 K연구원의 특성에 맞게 공통역량, 팀워크 형성역량, 정보처리 및 분석역량, 정보관리 및 활용역량으로 역량모델 구성
	윤혜림 등 (2013)	• 반도체 분야 연구인력의 역량으로 도전성, 책임감, 예측/대응력, 신사업 구상, 성취지향성, 기술사업화, 의사소통, 분석적 사고, 동기부여, 협력, 정보수집, 직무 내·외 전문성으로 총 16개의 역량을 도출
	홍성민 (2014)	• 연구인력에게 공통적으로 전공학문의 전문성과 창의성, 성실성이 필요하며 바이오, 나노 등 신기술 분야 연구인력에게는 타학문의 기초지식, 종합적 사고능력, 연구기획 등의 역량 등이 필요
	홍윤미·김진하 (2017)	• 미래사회 과학기술인력의 역량모델은 개인특성, 학습능력, 업무능력, 지식을 포함한 4개의 역량군, 16개의 역량요소와 세부항목으로 구성 • 미래 산업구조와 일자리 지형의 변화가 가속화되는 상황에서 핵심직무 수행에 요구되는 역량을 도출

자료: 조무관(2015: 23), 홍윤미·김진하(2017: 143), 손정은(2021: 11)을 활용하여 재구성

라서 연구개발과 연구개발인력의 특성을 고려하여 이들의 역량은 다른 직무를 수행하는 인력의 역량과는 구분하여 이해할 필요가 있다.

연구개발인력의 역량에 대한 선행연구는 연구개발인력에게 필요한 공통역량과 핵심역량을 제시한 연구와 연구개발인력의 산학연 등 소속에 따라 다르게 나타나는 역량에 관한 연구, 그리고 연구개발 분야에 따라 연구개발인력의 역량을 달리 제시하는 연구로 구분할 수 있다. 선행연구의 내용을 세 가지 구분 기준으로 정리하면 다음 〈표 1〉과 같다.

〈표 1〉의 선행연구에서 구분한 역량의 구성요소를 활용하여 출연연 재직인력이 공통적으로 갖추어야 하는 기본·공통역량과 연구개발인력의 전문역량, 그리고 연구행정인력의 전문역량으로 재구성할 수 있다. 각 역량의 개념을 구분하여 정리하면 다음 〈표 2〉와 같다.

홍성민(2014)은 연구역량이 뛰어난 핵심 과학기술인력은 근면하고 성실하게 전공학문의 전문성을 갈고 닦으면서 창의적 사고 능력도 갖춘 인재라고 하였다. 과학기술인력 가운데 연구개발인력에게는 무엇보다 연구개발

〈표 2〉 과학기술인력 기본·공통역량 및 전문역량의 재구성

재직인력 및 역량		역량의 개념 정의	선행연구 상 역량군 예시
과학기술인력 기본·공통역량		• 과학기술인력으로서 모든 직군의 재직인력에게 공통적으로 필요한 기본역량	박인우 등(2008) "기본·리더십역량", 유덕현 등(2013) "공통역량군" 등
연구개발인력	연구개발 전문역량	• 이학·공학 전공분야에 학문적 기반을 둔 연구개발인력이 연구개발 직무를 수행하는데 직접적이고 필수적인 역량	유덕현 등(2013) "전문역량군", 윤혜림 등(2013) "연구인력 역량", 홍성민(2014) "연구분야별 역량" 등
연구행정인력	연구행정 전문역량	• 연구개발과정에 직·간접적으로 관여하는 연구행정인력이 연구행정 직무를 수행하는데 필요한 역량	박인우 등(2008) "행정직 전문역량", 유덕현 등(2013) "전문역량군" 등

분야별 전문역량을 지속적으로 계발하고 향상시키는 것이 중요하다고 할 수 있다. 본 연구에서는 기존 연구개발인력의 역량을 재구성하고 연구개발 전문역량을 '이학·공학 전공분야에 학문적 기반을 둔 연구개발인력이 연구개발 직무를 수행하는데 직접적이고 필수적인 역량'으로 개념을 정의하여 이를 중심으로 관련 정책을 분석하고자 한다.

2) 출연연 인력양성 요소 및 수단에 대한 논의

본 연구의 목적에 다가가기 위해 출연연의 인력양성 정책에서 연구개발 전문역량을 검토할 필요가 있다. 출연연의 인력양성 정책에 대한 선행연구는 인재개발의 구성요소인 개인개발, 조직개발, 경력개발 등 다양한 관점에서 수행되었다고 할 수 있다. 다양한 선행연구 가운데 본 연구의 초점과 동일한 맥락에서 검토하기 위하여 직무역량을 중심으로 하는 개인개발에 관한 선행연구를 선별하여 검토하였다. 하지만 출연연 연구개발인력에게 요구되는 연구개발 전문역량 증진에 초점을 두고 전체적 관점에서 수행한 연구는 찾아보기 쉽지 않다. 선행연구에서도 알 수 있듯이 기존 연구의 분석 대상은 대부분 출연연 인력의 포괄적인 역량개발에 대해 논의하거나 출연연 인력정책을 대상으로 하며 일부는 특정 출연연의 인력운영 사례를 중심으로 분석하고 있다. 선행연구를 검토한 결과, 〈표 3〉과 같이 출연연 인력양성의 요소로서 역량개발의 측면, 인력양성의 직접적인 수단으로서 교육훈련의 측면, 간접적인 수단으로서 인력관리의 측면으로 구분할 수 있다.

앞서 제시한 연구개발 전문역량 증진에 초점을 둔 연구는 찾아보기 어렵기 때문에 출연연 인력양성 정책의 선행연구를 통해 연구개발 전문역량 증진을 위한 구성요소와 이를 달성하기 위한 수단을 도출하였다. 〈표 1〉의 연

〈표 3〉 출연연 인력양성 요소 및 수단에 관한 선행연구

연구관점	연구자	분석대상	주요 연구내용
양성요소 (역량개발)	유혜원·황인아 (2012)	특정기관 사례	• 출연연의 핵심역량 강화의 일환으로 K-출연연의 사례에서 핵심역량을 발굴하고 역량수준을 진단
	박인서 등 (2016)	포괄적 역량개발	• 출연연의 리더십 역량을 의식, 역량, 조직문화로 구분하고 영역별로 필요역량을 도출하여 학습프로그램 개발 제안
	이옥선 (2017)	특정기관 사례	• 출연연을 대상으로 우수기술, 우수조직을 탐색하고 출연연의 기술역량 강화를 위한 정책적 시사점 도출
	박인서·김성철 (2019)	포괄적 역량개발	• 출연연의 경력개발, 성과개발 및 조직개발을 통한 역량개발과 과학기술인재 양성 방안 제시
양성수단 (교육훈련)	박인우 등 (2008)	포괄적 역량개발	• 출연연 연구인력 전문역량 보다 기본역량 중심의 교육훈련체계 개발을 위한 제안
	전주성 (2011)	포괄적 역량개발	• 출연연의 교육훈련 영역의 성과측정을 위한 모델과 지표를 HR BSC의 관점에서 개발하여 제시
	황두희·권혁상 (2019)	특정기관 사례	• 출연연 과학기술인재 교육과정(KIRD)의 현업적용도를 조사·분석하여 행정효율화 측면에서 교육체계 개선 제안
	이정재 (2020)	출연연 인력정책	• 출연연 연구자 중심으로 과학기술인력 육성·성장 체계의 미래 조망 및 능동적 대응 혁신방안 모색
양성수단 (인력관리)	민철구·최원희 (2008)	출연연 인력정책	• 창조적 연구인력 양성, 배출을 위한 주체로서 출연연의 인력양성 및 배출현황을 점검하고 미래 발전방향을 제시
	조형래 등 (2009)	출연연 인력정책	• 출연연의 창조적 인력양성 전략으로 우수연구원, 이중소속제, 인력유동성 강화, 퇴직연구원 활용방안 등 제시

구개발인력 역량에 관한 선행연구에서는 포괄적인 역량요소들을 검토하였다면 〈표 3〉의 출연연 인력양성에 관한 선행연구에서는 인재양성을 위한 역량의 요소와 수단을 동시에 검토하였다. 이 외에도 홍성민(2014)의 연구는 기술분야별 역량요인을 인격적 특성과 숙련적 특성으로 구분하고 각 역량요인의 가중치에 따라 우선순위를 제시하고 있다. 가령, 모든 기술분야에서 가장 우선적으로 필요한 역량요인으로 전공학문의 전문성을 제시하는

한편, 동기부여나 자기주도와 같은 역량 증진요소에 해당하는 역량요인도 함께 도출하였다. 정한규와 손태원(2004)은 R&D조직의 경쟁력 강화와 창의적 연구개발을 향상시키기 위한 연구환경 조성의 핵심요인들을 탐색하기 위하여 창의적 환경에 대응하는 R&D인력의 역량과 구성요인을 제시하고 있다. 이들의 선행연구에서 제시한 핵심 키워드를 연구개발 전문역량 증진요소와 수단의 관점에서 종합해 보면 〈표 4〉와 같이 재구성할 수 있다.

〈표 4〉 출연연 연구개발 전문역량 증진 요소 및 수단의 재구성 (다음 페이지 계속)

선행연구 상 제시 키워드	공통요소	구분
• 민철구·최원희(2008) – 분야전문지식, 전문성(expertness)요소 • 조형래 등(2009) – 전공심층지식 • 이옥선(2017) – 기술역량 • 박인서·김성철(2019) – 연구분야지식 • 황두희·권혁상(2019) – 기술전문지식 • 이정재(2020) – 연구분야심화, 연구분야확대, 신기술·지식	연구분야 전문지	역량증진 구성요소 (상위 정책수단)
• 민철구·최원희(2008) – 창의적사고, 기술(skill)요소 • 유혜원·황인아(2012) – 연구정보처리분석 • 박인서·김성철(2019) – 문제해결방법, 연구방법론 • 이정재(2020) – 최신 트렌드(AI·Data·ICT)	연구개발 수행방법	
• 민철구·최원희(2008) – 기술분야 전문교육(전문인력양성센터) • 유혜원·황인아(2012) – 기술분야별 차별화 교육 • 박인서·김성철(2019) – 연구분야별 교육 세분화 • 황두희·권혁상(2019) – 연구분야교육 • 이정재(2020) – 교육다양화, 자기주도학습	교육훈련 프로그램	역량증진 실행방법 (하위 정책수단)
• 박인서·김성철(2019) – 개인연구과제 Seed Money • 이정재(2020) – 소액개인연구	연구과제 직접지원	
• 조형래 등(2009) – 인력교류협력 • 박인서 등(2016) – 연구개발 인적교류 • 박인서·김성철(2019) – 우수연구그룹(우수연구조직) 구성 • 이정재(2020) – 융합네트워킹, 학습공동체, 연구교류확대	교류협력 네트워크	

〈표 4〉 출연연 연구개발 전문역량 증진 요소 및 수단의 재구성

선행연구 상 제시 키워드	공통요소	구분
• 민철구·최원희(2008) – 내적동기, 열정(enthusiasm)요소 • 조형래 등(2009) – 연구성과평가체계 • 박인서 등(2016) – 동기부여, 격려와 보상 • 박인서·김성철(2019) – 인재상제시, 태도와 인식 • 이정재(2020) – 교육·인사 연계(역량평가)	역량증진 동기부여	역량증진 실행동력 (정책도구)
• 조형래 등(2009) – 인재개발 인프라 • 전주성(2011) – 인재개발조직, 교육훈련체계, 교육예산시간 • 박인서 등(2016) – 예산, 인력 자원관리 • 박인서·김성철(2019) – 경력개발, 성과개발, 조직개발체계 • 이정재(2020) – 역량개발체계, 교육훈련체계	인재개발 지원체계	

출연연 인력양성 요소와 수단에 관한 선행연구에서 제시된 공통 키워드를 기반으로 연구개발 전문역량 증진정책을 분석하기 위한 8가지 공통 분석요소를 도출하였다. 이들은 다시 역량증진 구성요소와 실행방법, 실행동력으로 구분할 수 있다.

역량증진 구성요소 가운데 '연구분야 전문지식'은 연구분야를 심화 또는 확대할 수 있는 과학기술 분야별 지식으로 이해할 수 있다. 홍윤미와 김진하(2017)는 과학기술인력에게 요구되는 지식은 과학기술분야의 지식과 정보를 의미하며 미래 과학기술의 융합화와 전문적인 특성을 고려하였을 때, 과학기술인력은 자연, 인공물, 생명, 인간, 사회, 인간과 과학기술 분야의 지식을 습득해야 해야 한다고 하였다. '연구개발 수행방법'은 연구개발과정에서 창의적 사고를 통한 문제를 해결하는 방법, 연구데이터를 조사·분석하는 방법, AI 등 최신 연구개발툴(Tool)을 활용하는 방법 등 연구분야 전문지식 못지 않게 연구개발 전문역량을 증진시키는 중요한 구성요소라 할 수 있다.

역량증진 실행방법에서 '교육훈련 프로그램'은 연구개발 전문역량 증진 구성요소에 해당하는 연구분야 전문지식을 학습하고 연구개발 수행방법을 습득하기 위한 수단이라고 할 수 있다. 선행연구에서는 교육훈련의 내용은 기술분야별 차별화, 세분화, 다양화 할 필요가 있고 형식 학습(Formal Learning)에 국한되는 것이 아닌 무형식 학습(Informal learning)에 해당하는 자기주도적 학습 기반을 강조하고 있다(유혜원·황인아, 2012; 박인서·김성철, 2019; 황두희·권혁상, 2019; 이정재, 2020). 연구개발인력은 일반적으로 연구과제를 수행하는 과정에서 선임자에서 후임자로 역량과 노하우가 전수되는 도제식 교육훈련 방식으로 연구개발 전문역량을 증진시키고 있다. 연구과제에 참여하고 수행하는 과정 자체로서 연구개발 전문역량 증진이 이루어지고 있다고 할 수 있다. 하지만 최근에는 연구자율성을 보장하는 탐색단계의 소액 개인연구에 대한 지원 수요가 절대적으로 높다(이정재, 2020). '연구개발 직접지원'은 개인 주도의 탐색적 연구를 자율적으로 수행할 수 있도록 Seed형 연구과제를 지원하는 것이라 할 수 있다. '교류협력 네트워크' 또한 연구개발 전문역량을 증진시키기 위한 실행방법으로서 융합과 협력을 목적으로 하는 동종·이종 기술과 역량을 가진 다양한 주체들과의 상호작용이라 할 수 있다.

역량증진 실행동력에서의 '역량증진 동기부여'는 연구개발 전문역량을 증진시키는데 개인 차원에서 필요한 요소라 할 수 있다. 역량증진을 위해서는 각 연구기관의 특성에 부합하는 직무와 경력단계별 우수 인재상을 제시하고 역량증진 과정과 결과에 대한 공정한 평가, 합리적인 보상과 같은 내적 동기가 필요하다고 할 수 있다(민철구·최원희, 2008; 박인서, 2016; 박인서·김성철, 2019). 마지막으로 '인재개발 지원체계'는 조직 차원에서 연구개발 전문역량을 증진시키는데 필요한 요소라고 할 수 있다. 이정재

(2020)는 연구인력의 역량개발 활동을 지원·촉진하는 기반 요소로서 인사제도, 지원조직, 예산, 정보시스템 등 지원 인프라가 필요하며 연구자 역량개발 내용을 규정화하고, 관련된 예산 및 전담인력 확보할 필요가 있다고 하였다. 따라서 '인재개발 지원체계'는 인재개발을 전담하는 조직·인력·예산 등 운영 인프라와 인재개발 전략·계획 및 제도 등과 같은 전반적인 운영체계를 포함한다고 할 수 있다.

2. 연구의 분석틀

본 연구의 분석대상은 출연연 연구개발 전문역량 증진에 영향을 미치는 정책으로서 관련 법률과 기본계획, 출연연의 개별 프로그램으로 한정하며 그 이유는 다음과 같다. 먼저 관련 법률과 기본계획을 통해 과학기술인력정책을 파악하고자 하는 이유를 김광구 등(2011)은 우리나라에서는 이공계인력을 과학기술인력으로 정의하고 있으며, '기본계획'은 현재 시행중인 과학기술인력 관련 정책들을 대부분 포함하고 있기 때문이라고 설명하고 있다. 따라서 출연연 연구인력의 연구개발 전문역량의 증진에 대한 정책 또한 관련 법률과 기본계획의 체계속에서 다루어지고 있다고 판단하기 때문이다. 출연연 재직인력의 연구개발 전문역량 증진이 이루어지지 않는 이유를 법률과 정책의 문제로 단정할 수 있는 객관적 근거는 확인할 수 없다. 하지만 출연연 재직인력의 연구개발 전문역량 증진의 필요성과 중요성이 인정되지만 관련 법률과 정책에서 이를 충분히 지지하고 있지 않는 상황이라면 법률과 정책적 변화를 시도해 볼 필요가 있다. 이은진(2018)은 공무원의 전문성 제고를 위한 개방형 직위제도, 역량평가제도, 경력개발제도, 상시학습

제도의 근거가 되는 법령의 각 정부별 제·개정 현황을 살펴보는 연구를 수행하였다. 그의 연구결과에 따르면 제도시행의 법적 근거가 되는 법령은 해당 제도를 완성시켜 주는 수단이라고 하였다. 법규 개정이 제도의 정착과정에 미치는 영향을 분석한 신현재(2016)는 제도 확산을 위해서는 관련 법규개정 등의 정책적 개입이 필요하다고 보았다. 이들의 주장처럼 출연연 재직인력의 연구개발 전문역량의 증진에 관한 정책수단과 도구의 측면에서 관련 법률과 정책에서 근거가 제시되어 있는지 살펴보고 법률과 정책적 개입이 필요한지 논의해 볼 필요가 충분하다고 할 것이다.

다음은 개별 출연연에서 운영하고 있는 전문역량 증진 프로그램을 분석대상으로 설정하는 배경이다. Watkins(1995)는 인적자원개발은 개인, 집단, 조직 차원에서 장기적으로 직무 관련 학습능력을 배양하는 연구 및 실천 분야이며 개인의 학습능력을 향상시키고 집단이 학습에 대한 장애를 극복하도록 도우며, 학습을 권장하는 조직 문화를 구축하는 데 기여해야 한다고 주장한다. Holton(1999)에 따르면 인적자원개발의 목적은 시스템 내 개인의 직무역량을 향상시키고, 개인이 속한 시스템 전체의 역량을 향상시킴으로써 성과 시스템의 미션을 달성하는 것이라고 하였다. 이들은 인적자원개발에서의 오랜 논쟁거리인 학습패러다임과 성과패러다임을 지지하는 각각의 주장들이다. 결국, 학습패러다임에서든 성과패러다임에서든 출연연과 같은 연구기관은 조직의 미션 달성을 위해 구성원들의 역량을 증진시키는 데 일차적인 의무와 책임을 가진다고 할 수 있다. 이러한 관점에서 세 가지 분석대상가운데 출연연 개별 프로그램은 가장 중요한 분석대상이라 할 수 있다.

본 연구의 분석요소는 출연연 연구개발 전문역량 증진을 위한 정책수단으로서 역량증진 구성요소와 실행방법, 그리고 정책수단을 실행할 정책도구로서 역량증진 실행동력으로 구분하였다. 오현정(2015)은 정책목표와 정책수단, 정책도구를 계층적 관계로 설명하고 있다. 정책목표를 정책을 통하여 이루하고자 하는 바람직한 상태라고 정의한다면(정정길, 2003; 37,43) 정책목표를 달성하기 위해 해야 할 일을 정의한 것을 정책수단, 그리고 정책수단을 집행하기 위해 보다 구체적으로 정의된 실행 도구를 정책도구로 설명하고 있다. 정책목표-정책수단-정책도구의 계층구조에는 여러 단계의 계층으로 구체화 된 정책수단이 존재할 것이라고 한다. 본 연구에서도 정책목표를 달성하기 위한 정책수단으로서 역량증진 구성요소가 있다면 이를 실행하는 방법은 또 다른 하위 계층의 정책수단이라 할 수 있다.

이와 같이 출연연에 재직하는 연구개발인력의 연구개발 전문역량 증진에 영향을 미치는 정책 또는 프로그램을 분석대상으로 하고 연구개발 전문역량을 증진하는 정책수단과 정책도구에 해당하는 분석요소로 (그림 1)과 같이 분석틀을 설계하였다. 개별 분석요소에 대하여 분석대상인 법률·기본계획과 출연연 프로그램을 교차 분석하면서도 정책집행근거로서 법률·기본계획을 분석하고 출연연 프로그램은 정책집행내용의 관점에서 검토할 수도 있을 것이다.

(그림 1) 출연연 연구개발 전문역량 증진정책 분석틀

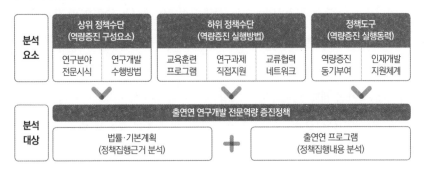

제3절 출연연 연구개발 전문역량 증진정책 분석

이 장에서는 출연연 연구개발 전문역량 증진정책 분석틀에 따라 역량증진 구성요소와 실행방법, 실행동력을 통해 법률·기본계획과 출연연의 개별 프로그램을 분석한다. 이를 종합하여 출연연 연구개발 전문역량 증진정책에서 나타나는 문제점을 도출하여 논의한다.

1. 법률 및 기본계획

출연연 연구개발 전문역량 증진에 직접적으로 영향을 미치는 과학기술인력정책으로서 법률과 범정부 차원의 계획은 국가과학기술경쟁력 강화를 위한 이공계 지원 특별법(이하 이공계지원법)과 과학기술인재 육성·지원 기본계획(이하 기본계획)이라고 할 수 있다.

우선, 이공계지원법은 우수한 이공계인력을 육성하여 이공계인력의 활용을 촉진하고 처우를 개선함으로써 국가경쟁력 향상과 국민경제의 발전에 이바지함을 목적으로 한다. 법에서는 이공계인력의 재교육과 재훈련을 실시하도록 명시하고 있다. 세부 내용으로 "첨단 과학기술의 동향 파악 및 공유에 관한 사항"과 "첨단 과학기술 및 새로운 연구개발 방법론을 습득하기 위한 전문가 회의 및 세미나"와 같이 구체적인 연구개발 전문역량 증진요소를 제시하고 있다. 또한, 연구개발 주체간 협력과 인력교류를 확대하도록 하고 핵심 이공계인력에 대해서는 연구장려금을 지원하는 등 연구개발 전문역량을 증진하는 구체적인 실행방법으로서 동기부여와 성과보상에 관한 사항을 규정하고 있다.

이공계지원법에 근거한 과학기술인재 육성·지원 기본계획은 우리나라 과학기술인력을 대상으로 하는 종합계획인 만큼 출연연 연구개발인력에 대한 정책 또한 보다 구체적인 내용을 제시하고 있다. 다만, 1차 기본계획에서는 이공계지원법에 규정된 이공계인력 활용과 복지와 관련된 시책들을 종합하고 있으며 대학과 관련한 추진과제들이 대부분으로 출연연 연구개발인력의 연구개발 전문역량에 관한 구체적인 정책내용을 확인할 수 없었다. 2차 기본계획에서는 출연연과 산·학간의 인력교류와 협력을 활성화하도록 하고 관련 프로그램을 확대하도록 하고 있다. 더불어 출연연 연구인력의 연구몰입 환경을 조성하고 역량이 우수한 연구개발인력에게 정년연장 기회를 제공하는 등 연구역량 증진에 동기를 부여할 수 있는 정책내용을 제시하고 있다. 3차 기본계획에서는 출연연의 전문역량 제고를 위한 교육훈련을 강화하고 연구개발인력 중심으로 자발적 학습조직을 지원하는 계획을 제시하였다. 또한 과학기술인력의 전문역량과 융합역량을 제고할 수 있도록 한우물 파기 연구와 융합기술연구 등 연구지원에 관한 계획을 포함하고 있다. 2차 기본계획과 마찬가지로 출연연의 우수연구원의 정년연장을 보다 확대할 수 있도록 제도 개선토록 제시하고 있다. 2025년까지 추진되는 4차 계획에서는 연구개발 전문역량 증진 수단과 도구에 해당하는 대부분의 분석요소에 대하여 계획들이 수립되어 있다. 구체적으로 연구개발 수행방법으로서 연구현장 수요 기반의 AI·SW 등 디지털 전문역량 제고와 이를 증진할 수 있는 교육훈련 프로그램을 강화하도록 하고 있다. 더불어 신진연구인력들의 연구역량을 강화할 수 있도록 융합클러스터와 같은 Seed형 연구과제를 지원하고 산학연 간 인력교류를 활성화하도록 관련 제도를 개선토록 제시하고 있다. 2차와 3차 기본계획에서도 제시된 출연연의 우수연구원의 규모를 확대하여 보다 많은 우수연구인력이 정년을 연장하여 연구활동을 할 수 있도록 제시하고 있다.

출연연 연구개발 전문역량 증진에 영향을 미치는 법률로서 검토하여야 할 것은 과학기술분야 정부출연연구기관 등의 설립·운영 및 육성에 관한 법률(이하 과기출연기관법)이라 할 수 있다. 과기출연기관법은 출연연의 설립·지원·육성과 체계적인 관리 및 책임경영에 관한 기본적인 사항을 정함으로써 효과적인 국가 과학기술 혁신체제의 구축과 과학기술분야 정부출연연구기관의 경영 합리화 및 발전을 도모함을 목적으로 한다고 법 제1조에서 밝히고 있다. 출연연의 설립·육성·지원에 관한 과기출연기관법의 주요 내용은 연구회 및 출연연의 조직설립, 조직경영, 운영재원, 사업운영, 예산결산, 감사 등에 관한 사항을 포함하고 있으며 제32조에서 인력교류에 관한 내용을 제외하면 연구개발 전문역량은 물론 인력과 인재개발에 관한 사항은 확인하기 어렵다. 마지막으로 이공계지원법, 과기출연기관법, 기본계획 등의 법률 및 기본계획에서는 출연연 연구개발 전문역량 증진을 위한 실행동력으로서 인재개발 지원체계에 해당하는 내용 또한 확인하기가 어려웠다.

관련 법률의 검토과정에서 법령체계도 상의 시행령과 행정규칙 등 하위법을 모두 포함하여 검토하였다. 이공계지원법에는 시행령과 행정규칙이 하위법으로 제정되어 있지만 행정규칙은 이공계 학생을 대상으로 하는 '국가과학기술 장학사업 운영규정'으로서 본 연구와는 관련성이 없는 행정규칙이라 할 수 있다. 과기출연기관법에는 하위법으로 시행령만 제정되어 있어 이를 동시에 검토하였다. 이와 같이 출연연 연구개발 전문역량 증진에 영향을 미치는 법률 일체와 기본계획을 검토하여 분석요소별 반영된 정책 내용을 정리하면 다음 〈표 5〉와 같다.

〈표 5〉 법률 및 기본계획상 분석요소별 출연연 연구개발 전문역량 증진정책 주요 내용

분석요소		정책근거	주요 내용
상위 정책수단 (구성요소)	연구분야 전문지식	이공계지원법 제12조 (이공계인력의 재교육·재훈련)	② 재교육·재훈련 내용 – 1. 첨단 과학 기술의 동향 파악 및 공유(共有)
	연구개발 수행방법	이공계지원법 제12조 (이공계인력의 재교육·재훈련)	② 재교육·재훈련 내용 – 2. 첨단 과학 기술 및 새로운 연구개발 방법론 습득
		제4차 기본계획(2021–2025)	(3-8) 현장수요 기반 디지털·전문 역량 제고 : AI·SW, 전문·융합(AI+X)
하위 정책수단 (실행방법)	교육훈련 프로그램	이공계지원법 제12조 (이공계인력의 재교육·재훈련)	① 과학기술 환경변화에 적응하고 연구 능력 등을 지속적으로 계발·향상
		이공계지원법 시행령 제11조 (이공계인력의 재교육·재훈련)	① 법 제12조에 따른 재교육 및 재훈련 실시기관 지정, 계획, 운영
		제3차 기본계획(2016–2020)	(3-1) 과학기술인의 전문·융합 역량 제고 : 교육·훈련 강화, 학습기회 확대
		제4차 기본계획(2021–2025)	(3-7) 과학기술인 평생학습 지원체계 강화
	연구과제 직접지원	제3차 기본계획(2016–2020)	(3-1) 과학기술인의 전문·융합 역량 제고 : 한우물 파기, 융합기술연구 강화
		제4차 기본계획(2021–2025)	(2-2) 청년 과학기술인의 성장 지원 강화 : 신산업 융합연구(클러스터) 지원
	교류협력 네트워크	이공계지원법 제17조 (산·학·연 협력 및 인력교류)	① 출연연 등이 기업과의 협동연구 등 협력을 할 수 있는 대책을 세우고 추진
		과기출연기관법 제32조 (인력 교류의 확대 등)	① 협동·융합연구개발 등의 효율적 추진을 위하여 인력교류 지원시책 수립
		제2차 기본계획(2011–2015)	(3-2) 학·연간 개방형 인력교류 활성화 추진 (3-2) 선도적 산·학·연 협력연구 프로 그램 확대
		제4차 기본계획(2021–2025)	(4-12) 산학연 간 인재 유동성 확대 : 공공연구인력 파견·겸직 활성화
정책도구 (실행동력)	역량증진 동기부여	이공계지원법 제12조 (이공계인력의 재교육·재훈련)	③ 재교육·재훈련에 행정적·재정적 지원하고 결과를 인사관리 등에 반영

분석요소		정책근거	주요 내용
정책도구 (실행동력)	역량증진 동기부여	이공계지원법 제20조 (핵심 이공계인력 연구장려금)	① 국가과학기술 발전에 탁월한 업적이 있는 사람의 연구활동을 장려
		이공계지원법 시행령 제22조 (핵심 이공계인력 선정 및 지원)	① 법 제20조에 따른 핵심 이공계인력 선정시 국가공헌도 등 업적 고려사항
		제2차 기본계획(2011-2015)	(3-3) 출연(연) 연구자 처우 개선 : 우수 연구자 선별적 정년연장, 성과급 차등
		제3차 기본계획(2016-2020)	(문화·인프라) 과학기술인력 육성·지원 기반 : 출연연 우수연구원 정년연장
		제4차 기본계획(2021-2025)	(3-10) 핵심 과학기술인 역량 활용 고도화 : 출연연 우수연구원 제도 활성화
	인재개발 지원체계	N/A	

〈표 5〉의 분석요소별 출연연 연구개발 전문역량 증진정책의 주요 내용을 정책집행 근거로 구분하여 요약 정리하면 다음 〈표 6〉과 같다.

〈표 6〉 법률 및 기본계획상 분석요소별 출연연 연구개발 전문역량 증진정책 집행 근거

분석대상 분석요소	관련 법률		과학기술인재 육성·지원 기본계획
	이공계 지원 특별법	과기출연기관법	
상위 정책수단 (구성요소)	(12조) 첨단 과학기술 파악	N/A	• (4차) 전문·융합(AI+X)
	(12조) 새로운 연구방법 습득		
하위 정책수단 (실행방법)	(12조) 연구능력 계발·향상	(32조) 기관간 인력교류	• (3차) 전문·융합 역량교육 • (3차) 전문·융합연구 지원 • (4차) 평생학습 지원
	(17조) 협동연구 인력교류		• (2차) 학·연 공동연구 • (4차) 산학연 인력교류
정책도구 (실행동력)	(20조) 핵심인력 처우 보상	N/A	• (2차) 우수연구원 정년·보상 • (3차) 우수연구원 지원 확대 • (4차) 우수연구원 제도 활성화

2. 출연연 개별 역량증진 프로그램

출연연 재직인력 역량 강화에 대한 선행연구와 주기적으로 시행하는 조사분석 등을 통해 개별 출연연이 기본적인 인재양성 체계와 제도적 기반은 갖추고 있다고 볼 수 있다. 이정재(2020)는 대부분의 출연연이 재직인력 역량개발 계획을 주기적으로 수립하며 관련 조직, 규정, 예산을 확보하여 운영하고 있지만 연구자 눈높이에 맞는 수요 지향적 역량개발 지원은 부족하다고 지적하고 있다. 기존의 연구가 출연연의 재직인력 역량증진에 대한 전체적이고 구조적인 관점에서 접근하였다면 본 연구는 출연연 개별 역량증진 프로그램에서의 반영여부와 반영정도와 같은 내용적인 관점에서 접근하였다. 따라서, 출연연 기관별 전문역량 증진 프로그램의 세부적인 내용을 파악하기 위하여 국가과학기술연구회 소관 25개 출연연을 대상으로 연구개발 전문역량 증진을 목적으로 운영하는 인재양성 체계, 계획, 제도 등 인력정책 전반에 관한 사항을 조사·분석하였다. 출연연 연구개발 전문역량 증진 구성요소 가운데 가장 활성화되어 있는 요소는 연구개발 수행방법으로 응답기관 가운데 5개 기관이 구체적인 내용과 방법을 통해 적극적으로 역량 증진을 지원하고 있다. 반면에 상대적으로 역량증진 지원이 부족한 구성요소는 교류협력 네트워크로 나타났다. 역량증진 실행방법 중에서는 기관 차원에서 실행할 수 있는 가장 기본적이고 일반적인 교육훈련 프로그램을 많은 기관이 채택하여 운영하고 있다. 이와 반대로 교육훈련 프로그램을 기획, 운영하지 않는 기관 또한 상당 수 존재하는 것으로 나타났다. 이는 기관 내부의 인재개발 기능이 부족하고 외부 교육에 대한 의존도가 높은 경우라고 이해할 수 있다. 이 외에 연구과제 직접지원, 동기부여 및 성과보상 등의 역량증진 실행방법은 출연연의 적극성이 낮은 것으로 확인할 수 있다. 출연연의 개별 프로그램 현황을 조사·분석한 결과를 종합적으로 정리하면 다음 〈표 7〉와 같다.

〈표 7〉 출연연 개별 역량증진 프로그램에서의 분석요소별 분석의 종합

분석 요소		분석요소별 주요 내용		
		적극시행	소극시행	미시행
상위 정책수단 (구성요소)	연구분야 전문지식	재료연 등 3개 기관	15개 기관	7개 기관
	연구개발 수행방법	전기연 등 5개 기관	13개 기관	7개 기관
하위 정책수단 (실행방법)	교육훈련 프로그램	ETRI 등 7개 기관	8개 기관	10개 기관
	연구과제 직접지원	표준연 등 1개 기관	20개 기관	4개 기관
	교류협력 네트워크	기계연 등 3개 기관	16개 기관	6개 기관
정책도구 (실행동력)	역량증진 동기부여	기초연 등 2개 기관	17개 기관	6개 기관
	인재개발 추진체계	지질연 등 4개 기관	20개 기관	1개 기관

출연연의 연구개발 전문역량 증진 프로그램의 분석요소 가운데 구성요소와 실행방법을 구체적으로 추진하는데 필요한 정책도구로서 역량증진 동기부여 또는 인재개발 인프라와 추진체계와 같은 역량증진 실행동력에 대한 출연연의 현황은 〈표 8〉과 같다. 정리된 결과에서 알 수 있듯이 출연연의 인적자원을 담당하는 부서에서 인재개발을 전담하는 조직을 별도로 설치하여 운영하고 있는 곳은 4개 기관에 불과한 것으로 확인된다. 출연연 구성원들의 교육훈련 등 인재개발을 전담하는 인력은 채용, 승진, 평가 등 인사관리 전담인력에 비해 상대적으로 크게 부족한 것으로 나타났다. 상당 수의 기관에서는 인재개발 전담인력이 인사관리 업무를 병행하고 있으며 인재개발 전담인력을 배정하지 않는 기관도 일부 파악할 수 있다.

〈표 8〉 출연연 개별 역량증진 프로그램의 실행동력 조사결과

기관명2)	조직구성	인력구성			비고
		HRM전담	HRD전담	합계	
KIST	2팀	11명	4명	15명	HRD 전담부서 및 전담인력 운영
NIGT	1팀	3명	–	3명	HRD 전담인력 부재
기초연	1팀	7명	1명	8명	HRD 인력이 HRM 업무 병행
천문연	1팀	5명	1명	6명	HRD 인력이 HRM 업무 병행
생명연	2실	8명	1명	9명	HRD 인력이 HRM 업무 병행
KISTI	1실	6명	1명	7명	HRD 인력이 HRM 업무 병행
한의학	1팀	3명	1명	6명	HRD 인력이 HRM 업무 병행
생기원	1실	5명	1명	6명	HRD 인력이 HRM 업무 병행
ETRI	2부 5실	24명	12명	36명	HRD 전담부서 및 전담인력 운영
국보연	1실	8명	1명	9명	HRD 인력이 HRM 업무 병행
건설연	1실	7명	1명	8명	
철도연	1실	6명	1명	7명	
표준연	1실	9명	1명	9명	HRD 인력이 HRM 업무 병행
식품연	1실	5명	1명	6명	
김치연	1실	4명	1명	5명	HRD 인력이 HRM 업무 병행
지자연	1실 1센터	10명	3명	13명	HRD 전담부서 및 전담인력 운영
기계연	1실	9명	1명	11명	HRD 인력이 HRM 업무 병행
항우연	1실	9명	6명	15명	HRD 전담부서 및 전담인력 운영
에너지연	2실	10명	1명	11명	
전기연	1실	6명	1명	7명	HRD 인력이 HRM 업무 병행
화학연	1실	4명	1명	5명	HRD 인력이 HRM 업무 병행
안전연	1팀	3명	1명	4명	HRD 인력이 HRM 업무 병행
원자력	2팀	9명	5명	14명	
재료연	1실	6명	1명	7명	HRD 인력이 HRM 업무 병행
핵융합연	1팀	3명	2명	5명	

다음 〈표 9〉는 연구개발 전문역량 증진정책 분석요소별 개별 출연연 차원에서 운영하고 있는 주요 정책사례를 정리하고 각 사례별 세부적인 내용을 분석하였다.

〈표 9〉 출연연 개별 역량증진 프로그램에서의 분석요소별 주요 사례 (다음 페이지 계속)

분석요소		기관명	주요 정책사례 및 내용
상위 정책수단 (구성요소)	연구분야 전문지식	한국지질자원 연구원	• 국제지질자원인재개발센터 연구역량 맞춤형 교육 운영 – 연구인력의 미래 변화에 대응하기 위한 전산유체역학, 첨단바이오 제조기법 활용 등 전공심화 교육 운영
		한국재료 연구원	• MK(Materials Korea) Forum 운영 – 소재분야 연사를 초청하여 연구 및 산업 Trend에 대한 전문역량 강화(월 1회 개최)
	연구개발 수행방법	한국과학기술 정보연구원	• 과학데이터교육센터 운영 – 데이터, 네트워크, AI 등 미래 핵심 분야에 대한 전문 교육 강화 및 온라인교육 확대
		한국전기연구원	• 연구인력 대상 AI 교육 의무이수제도 도입 – 연구·시험인력에 대한 AI·SW 등 디지털 기술교육을 통한 융합 전기기술 연구개발 역량 강화
하위 정책수단 (실행방법)	교육훈련 프로그램	한국전자통신 연구원	• TRI AI 아카데미 운영 – 개인별 직무(연구과제)수행에 필요한 전문역량 강화 및 보유기술 격차(skill gap) 해소
		한국원자력 연구원	• KAERI 인공지능(AI) 미니석사과정 – 원자력기술에 AI를 접목할 수 있는 융합형 인재를 자체 양성하는 장기 교육훈련과정 운영(2년 4학기)

---

2) 본 연구에서 25개 출연연의 나열 순서와 기관명은 국가과학기술연구회에서 관리하는 건재 순과 약어로 표기하였으며 다음과 같다. 한국과학기술연구원(KIST), 국가녹색기술연구소(NIGT), 한국기초과학지원연구원(기초연), 한국천문연구원(천문연), 한국생명공학연구원(생명연), 한국과학기술정보연구원(KISTI), 한국한의학연구원(한의학연), 한국생산기술연구원(생기원), 한국전자통신연구원(ETRI), 국가보안기술연구소(국보연), 한국건설기술연구원(건설연), 한국철도기술연구원(철도연), 한국표준과학연구원(표준연), 한국식품연구원(식품연), 세계김치연구소(김치연), 한국지질자원연구원(지자연), 한구기계연구원(기계연), 한국항공우주연구원(항우연), 한국에너지기술연구원(에너지연), 한국전기연구원(전기연), 한국화학연구원(화학연), 안전성평가연구소(안전연), 한국원자력연구원(원자력연), 한국재료연구원(재료연), 한국핵융합에너지연구원(핵융합연).

〈표 9〉 출연연 개별 역량증진 프로그램에서의 분석요소별 주요 사례

분석요소		기관명	주요 정책사례 및 내용
하위 정책수단 (실행방법)	연구과제 직접지원	한국표준과학 연구원	• 신진연구자 뿌리내림 지원사업 운영 – 신진연구자의 전문분야와 기관임무간 괴리 완화 및 　전문성 강화를 위하여 과제당 직접비(1억원) 지원
	교류협력 네트워크	한국철도기술 연구원	• 신입직원 멘토링 제도 운영 – 신입직원 전문역량 강화를 위한 1:1 전담 육성 지원
		한국기계 연구원	• KIMM 창의교류회 운영 – 융합형 연구소모임을 통해 자율적·수평적 교류 확대, 　창의 연구주제 발굴 및 개인 성장방안 모색 지원
정책도구 (실행동력)	역량증진 동기부여	한국기초과학 지원연구원	• 분석과학 마이스터(Meister) 제도 – 분석과학 연구분야에서 최고 수준의 역량을 보유하고 　있다고 국내·외적으로 인정받은 자 중 선정
		한국핵융합 에너지연구원	• ITER 기구(프랑스 본부) 현장연수 지원 – 전공분야의 지식을 심화하고 기술역량을 제고하기 　위해 ITER 기구 방문연구원 프로그램 실시
		한국과학기술 연구원	• 학문적·기술적 역량과 성과 수월성 중심의 보상제도 운영 – 영년직, Young Fellow, KIST Fellow, 우수연구원 제도
	인재개발 추진체계	한국지질자원 연구원 등	• KIST(가치혁신팀), ETRI(인재개발부), 지질연(인재개발 센터) 등은 별도의 HRD 전담조직과 전담인력을 갖추고 운영
		한국전자통신 연구원	• 기관 자체적으로 3년 주기 중장기 인재개발 발전전략과 연간 인재개발 기본계획을 수립하여 체계적으로 운영

1) 상위 정책수단 ① – 역량증진 구성요소: 연구분야 전문지식, 연구개발 수행방법

먼저 역량증진 구성요소 가운데 연구분야 전문지식 습득을 위한 정책은 기관 내에서도 다양한 분과학문에 기반한 전문역량을 요구하는 경우가 많겠지만 개별 기관 고유 임무와 밀접한 분야의 전문역량을 증진시키기 위한 시도들을 하고 있는 것으로 파악된다. 그 가운데 한국지질자원연구원은 국제지질자원인재개발센터를 통해 지질자원공학 분야의 전공심화 교육을 운영하여 연구개발 전문역량 증진을 지원하고 있다. 한국재료연구원은 매월

1회 이상 소재분야 전문가를 초청하여 관련 재직인력들이 지식과 정보를 습득할 수 있도록 MK(Materials Korea) 포럼을 개최하고 있다.

연구개발인력에게 연구개발 직무를 보다 효율적이고 효과적으로 수행하기 위하여 연구분야 전문지식 못지않게 필요한 전문역량은 연구개발을 수행하는 역량이라 할 수 있다. 최근 들어 R&D에 인공지능을 활용하는 분야가 점차 확대됨에 따라 출연연에서도 연구개발 과정에서 AI 활용과 디지털 전환에 대한 전문역량을 강조하고 있다. 한국과학기술정보연구원은 과학데이터교육센터를 운영하고 있으며 기관이 보유한 슈퍼컴퓨터 기반에서 데이터, 네트워크, AI 등 미래 핵심 기반 분야에 대한 전문교육을 실시하고 있다. 한국전기연구원의 경우에도 연구인력을 대상으로 AI 교육을 의무화하는 제도를 도입하여 연구·시험인력들이 전기기술 R&D에 디지털기술을 융합할 수 있도록 연구개발수단으로서 AI활용 역량을 강화하고 있다.

2) 하위 정책수단 ② – 역량증진 실행방법: 교육훈련 및 연구과제 지원, 교류협력

출연연 연구개발 전문역량 증진정책으로서 가장 일반적인 실행방법은 교육훈련이라고 할 수 있다. 모든 출연연이 매년 자체적으로 교육훈련계획을 수립하여 운영하고 있지만 그 가운데 일부 출연연은 기관 연구분야의 특성과 내외부의 수요에 따라 보다 선도적이고 차별적인 전문역량 증진정책을 운영하고 있다. 한국전자통신연구원은 출연연 R&D 생태계의 디지털 전환을 촉진하고 연구인력의 AI 활용역량을 강화를 위하여 AI 아카데미를 운영하고 있다. AI 아카데미에서는 AI 기술개발을 주도할 수 있는 인재와 AI를 연구개발 Tool로서 다양한 산업분야에 응용(AI+X)하여 적용할 수 있는 인재로 구분하여 교육체계를 운영한다. 한국전자통신연구원은 내부 인력뿐만 아니라 국가과학기술연구회 소관 출연연을 대상으로 연구인력의 AI역량 강화를 위한 교육체계와 조직체계를 개선하여 AI 아카데미를 운영하고 있다. 한국원자력연구원은 원자력 분야에 AI기술을 접목한 연구개발을 자체적으로 수행할 수 있는 융합형 원자력 핵심 인재를 육성하기 위하여 KAERI 인공지능 미니석사과정을 운영하고 있다. 이 과정은 원자력 연구개발에서 AI기술의 접목이 확대되고 있으나, 원내에서 수행하는 다수의 과제는 AI연구 부분을 외부위탁용역으로 해결하고 있어 전문역량을 보유한 인력을 자체 확보하기 위한 대책으로 추진하고 있다. 미니석사과정은 이론 및 실습을 병행한 실무형 교육으로 구성되어 있으며 총 4학기 2년의 장기과정으로 주당 4시간씩 총 15주, 60시간 교육을 통해 이수할 수 있다.

연구개발인력의 전문역량은 교육훈련을 통해 함양하기도 하지만 연구개발 직무, 즉 연구개발과제를 직접 수행하고 성과를 창출하는 과정에서 지식과 정보, 노하우를 습득하기도 한다. 이러한 이유로 일부 출연연에서는 창의도전적 연구아이디어를 탐색하고 연구기획을 할 수 있도록 Seed형 연구과제를 지원하기도 한다. 한국표준과학연구원에서는 신진연구자의 창의성 발현을 지원하고 기관 임무에 부합하는 연구개발 전문역량을 강화하기 위하여 신진연구자 뿌리내림 지원사업을 운영한다.

출연연에서는 연구개발 주체간 다양한 전문지식을 공유하는 활동과 융합과 연구협력을 위한 네트워크 또한 전문역량 증진을 위한 정책의 주요한 구성요소로 다루고 있다. 한국철도기술연구원은 신입 연구인력의 전문역량을 강화하기 위하여 선후배간 전문지식을 공유, 전파하는 1:1 멘토링 제도를 운영한다. 한국기계연구원의 경우에는 연구인력간 자율적·수평적 연구교류를 통해 개인의 역량을 향상시키기 위하여 연구소모임을 지원하는 창의교류회를 운영한다.

3) 정책도구·역량증진 실행동력: 동기부여, 인재개발 지원체계

연구개발 전문역량 우대정책으로서 한국기초과학지원연구원은 2021
년부터 분석과학 분야 최고 명장을 의미하는 'KBSI 분석과학 마이스터
(Meister)' 제도를 시행하고 있다. 분석과학 마이스터 제도는 분석과학 역
량과 분석기술 노하우를 전수하기 위해 마련된 제도이며 엄격한 심사를 통
해 국내외에서 인정받는 분석과학분야 최고 전문가만을 대상으로 선정하
고 있다. 마이스터로 선정된 연구자들은 대내외적으로 '분석과학 마이스터'
호칭을 사용하고 선정 후 2년간 연구비 지원 및 인사평가 시 가점 부여 등
의 혜택을 부여한다. 한국핵융합에너지연구원은 핵융합연구 분야 연구개
발 전문역량을 제고하기 위한 연구현장 연수기회를 제공한다. 프랑스에 본
부를 둔 국제 핵융합 실험로 기구(ITER, International Thermonuclear
Experimental Reactor) 방문연구원 프로그램을 운영하여 연수를 통한 핵
융합 연구분야의 높은 전문역량 수준을 경험할 수 있도록 동기를 부여하는
사례라 할 수 있다.

한국과학기술연구원에서는 연구개발인력의 전문역량과 성과에 대해 영
년직, Young Fellow, KIST Fellow, 우수연구원 제도와 같은 다양한 보상
체계를 운영하고 있다. 보상제도는 전문연구분야에서 학문적이고 기술적인
역량과 성과의 수월성에 기반하여 운영되고 있다. 생애주기에서 연구개발
전문역량을 지속적으로 강화, 유지하면서 수월성 높은 성과를 창출하는 인
력에게는 기관차원의 인정과 예우, 차별화 된 처우와 연구과제 지원 등 다
양한 보상이 주어진다. 30대·40대 Young Fellow의 경우, 3년간 총 3억원

의 연구과제를 지원하며 40대·50대 영년직은 3년간 총 3억원의 연구과제 지원과 우수연구원 정년연장 심사 가점 등 다양한 인사상의 혜택이 주어진다. 50대 책임급 이상의 자격기준으로 선발하는 KIST Fellow에게는 3년간 총 6억원의 연구과제와 본부장급 대우와 수당을 지급하고 종신자격 혜택이 주어진다. 현재 만 58세 이상의 연구인력에게 지원자격이 주어지는 우수연구원제도는 한국과학기술연구원뿐만 아니라 국가과학기술연구회 소관 기관에게 공통적으로 적용되는 제도로서 선발되는 우수연구원은 만 65세까지 정년이 연장된다.

연구개발 전문역량 증진을 위한 구성요소와 실행방법을 추진할 수 있는 실행동력을 갖추고 있는지 조사한 결과에서 일부 기관에서만 인재개발 전담조직과 인력을 갖추어 운영하고 있었다. 한국과학기술연구원의 경우 교육훈련을 전담하는 부서를 별도로 설치하여 운영하고 있고 한국전자통신연구원은 2부 5실 체제의 인재개발 전담조직과 12명 이상의 전담인력을 확보하여 운영하고 있다. 인재개발 추진체계에 있어서도 한국전자통신연구원의 경우, 3년 주기의 중장기 인재개발 발전전략을 수립하고 매년 인재개발 기본계획을 마련하는 등 기관 내부인력에 대한 인재개발체계를 갖추고 있는 것으로 나타났다.

3. 종합 및 문제점 도출

출연연 연구개발 전문역량 증진정책으로서 법률과 기본계획에서는 본 연구의 분석요소들에 대해 비교적 구체적인 지침과 계획을 제시하고 있어 출연연에서 역량증진을 위한 정책프로그램을 시행하는 근거를 마련하고 있다고 할 수 있다. 정책집행 근거로서 구체성은 연구분야 전문지식과 연구개발 수행방법과 같은 직접적으로 체화해야 하는 역량증진 구성요소에 대해서는 구체성이 낮은 반면 교육훈련 프로그램과 교류협력 네트워크와 같은 관계와 활동 중심의 역량증진 수단을 강조하고 있다. 특히 출연연 연구개발 전문역량 증진에 영향을 미치는 법률에서 한 가지 주목할 점은 출연연의 육성하고 지원하기 위하여 제정한 과기출연기관법에서는 정작 연구역량 증진은 물론 핵심적인 혁신주체인 인력에 관한 명시적 근거가 부재하다는 점이다.

출연연의 개별 역량증진 프로그램 운영 사례에서 공통적인 특징은 과학기술분야 연구개발 트랜드와 기술수요에 대응하기 위해 많은 출연연이 AI 교육과정을 통합 운영하거나 장려하고 있었다. 반면 출연연별 기관 고유임무 영역과 밀접한 과학기술분야 연구개발 전문역량을 증진시키는데는 수동적인 역할에 그치고 있었다.

연구개발 전문역량을 증진하는데 필요한 구성요소들에 대하여 법률과 기본계획에서는 정책집행 근거를 제시하고 있으며 또한 이를 실행하는 정책수단으로서 출연연 재직자 교육훈련과 연구과제 직접지원, 교류협력 네트워크를 강화하도록 제시하고 있다. 하지만 정작 이를 실행할 수 있는 동력이라 할 수 있는 개인 차원의 동기부여와 조직차원의 인재개발 지원체계와 같은 정책도구는 제대로 갖추어져 있지 않은 경우가 많다고 볼 수 있다. 즉, 법률과 기본계획에는 역량증진을 위한 정책수단과 정책도구의 근거들이 마련되어 있음에도 출연연 자체적으로 정책수단과 정책도구들을 실행하지 않거나 할 수 없는 경우가 발생할 수 있다. 출연연 연구개발 전문역량 증진정책의 구체성과 적극성은 무엇보다 역량증진 정책을 원활하게 이행할 수 있는 인재개발 전담 인프라의 규모와 수준에 크게 영향을 받는다. 더불어 기관장과 경영진의 관심, 구성원의 인식과도 무관하다고 할 수 없다.

출연연은 역량증진 실행방법으로 일반적으로 교육훈련체계와 프로그램을 운영하고 있지만 교육내용 측면에서 과학기술분야 전문교육을 자체적으로 기획하여 제공하는 기관은 일부 사례로만 확인할 수 있다. 대부분의 출연연은 자체적으로 인재개발 운영체계와 계획을 주기적으로 수립하고 있지만 연구개발 전문역량 강화에 대한 정책의 반영 정도는 기관별 편차가 크게 나타난다고 볼 수 있다. 앞서 분석한 기관별 운영사례와 같이 전문역량 증진을 위한 구성요소와 실행방법을 체계적으로 운영하고 있는 기관이 있는 반면 자체 교육훈련체계를 KIRD나 외부 교육전문기관에만 의존하여 소극적으로 운영하고 있는 기관들이 적지 않을 것이라 추측할 수 있다.

출연연 연구개발 전문역량 증진정책에서 나타나는 문제점을 종합해보면 관련 법률과 기본계획에서는 과학기술분야 신지식 역량 강화에 대한 구체성과 적극성이 부족한 점과 과기출연기관법상에 출연연 인력 육성·지원에 관한 명시 조항이 부재하다는 점이다. 개별 출연연의 역량증진 프로그램에서의 문제점은 기관별 연구개발 전문역량 지원체계와 내용의 편차가 매우 크다는 것이며 이는 기관별 인력양성 인프라의 규모와 수준, 경영진의 관심과 구성원의 인식 차이에서 나타나는 결과라고 할 수 있다. 마지막으로 정책간 정책의 일관성이 유지되지 않고 법·계획상 정책방향과 출연연 현장에서의 세부적인 정책내용이 불일치하는 것도 문제점이 될 수 있다.

출연연 연구개발 전문역량 증진정책을 관련 법률과 기본계획, 개별 출연연의 역량증진 프로그램으로 구분하여 분석한 결과를 다음 〈표 10〉과 같이 정리하였다. 법률과 기본계획은 출연연 연구개발 전문역량 증진정책 근거로서 제시여부와 구체성을 기준으로 하고 출연연 개별 프로그램은 정책집행 내용에 대한 시행여부와 적극성을 기준으로 판단하여 정리하였다.

〈표 10〉 출연연 재직인력의 연구개발 전문역량 증진정책 분석 종합

분석요소	분석대상	1) 법률·기본계획		2) 출연연 프로그램		분석요소별 문제점
		근거여부	구체성	시행여부	적극성	
상위 정책수단 (구성요소)	연구분야 전문지식	○	Low	○	Low	개인 차원의 암묵지 영역으로만 이해
	연구개발 수행방법	○	Low	○	High	
하위 정책수단 (실행방법)	교육훈련 프로그램	○	High	○	Very Low	기관 자체 프로그램 실행 적극성 부족
	연구과제 직접지원	○	Low	○	Very Low	
	교류협력 네트워크	○	High	○	Low	
정책도구 (실행동력)	역량증진 동기부여	○	High	○	Low	개인 및 기관 차원 실행동기, 체계 미흡
	인재개발 지원체계	X	X	○	Very Low	
분석대상별 문제점		인재개발 지원체계 근거 및 구체성 부족		출연연 자체 프로그램 실행 적극성 부족		

* 정책대상의 근거여부·시행여부는 (유 O/무 X), 정책내용의 구체성·적극성은 (높음 High/낮음 Low)으로 구분

제4절 출연연 연구개발 전문역량 증진정책의 개선방향

이 장에서는 출연연의 연구개발 전문역량을 증진시키기 위한 다양한 정책을 종합적으로 분석한 결과 도출된 정책문제를 토대로 이를 해결하기 위

한 정책 개선방향을 제시할 것이다. 도출된 정책문제와 제안하는 개선방향을 정리하면 다음 〈표 11〉과 같다.

첫째, 연구개발 전문역량을 개인 차원의 실천적이고 경험적인 암묵지 영역으로만 이해하기보다 새로운 기술, 지식·스킬 등 새로운 형식지를 통해 암묵지로 빠르게 전환 또는 확장될 수 있도록 기관 차원에서 역량증진 요소를 탐색하고 습득할 수 있는 기회를 제공할 필요가 있다. 연구개발 전문역량 증진 구성요소에 대한 정책문제는 연구개발과정에 참여함으로써 도제식 교육만으로도 충분히 연구역량 증진이 가능하다는 그 간의 인식에서부터 기인한다고 할 수 있다. 점점 복잡하고 다양해지는 사회문제는 특정분야 지

〈표 11〉 출연연 재직인력의 연구개발 전문역량 증진정책 개선방향

분석요소	도출된 정책문제	정책 개선방향
상위 정책수단 (구성요소)	역량증진 구성요소를 개인 차원의 경험적 암묵지 영역으로만 이해	**〈출연연 연구개발 역량증진 주체의 전환〉** 새로운 형식지가 암묵지로 전환, 확장될 수 있도록 기관 차원에서 요구되는 역량증진 구성요소를 탐색하고 습득 기회 확대 필요
하위 정책수단 (실행방법)	출연연별 자체 역량증진 프로그램 기획·운영 실행 적극성 부족	**〈출연연 재직인력 인재개발 기능 쇄신〉** 출연연별 고유임무분야 연구개발 전문역량 증진 프로그램 기획·운영 의무화
정책도구 (실행동력)	출연연 육성·지원 근거법 상 연구인력의 육성에 관한 근거 부재	**〈연구개발 전문역량 증진 근거 마련〉** 연구개발 전문역량 증진에 대한 네거티브 (negative) 형태의 법적·정책적 근거 마련
	출연연 연구개발인력 개인 차원에서 전문역량 증진에 대한 동기 부족	**〈연구개발인력의 역량증진 동기 부여〉** 연구개발 전문역량증진에 대한 동기부여를 위하여 인사관리와 인재개발 연계 운영
	역량증진 정책실행을 위한 인재개발 지원체계 규모·수준의 기관간 편차	**〈출연연 인재개발 기능 상향 평준화〉** 출연연 재직자 연구개발 전문역량 증진을 위한 인재개발 통합지원체계 구축

식만으로는 해결할 수 없고 훨씬 빠르고 융복합적으로 변화하는 과학기술은 기존의 연구방법으로는 혁신을 이루어낼 수 없는 상황이다. 따라서 연구개발 전문역량을 증진시키는데 필요한 핵심 요소에 대하여 전문적이고 체계적인 지원이 필요하다.

둘째, 연구개발 전문역량 증진 실행방법에서는 출연연의 자체 교육훈련 프로그램에 대한 적극성이 부족한 상황이다. 출연연 고유임무에 해당하는 연구분야 전문지식을 습득하고 최신 연구개발 수행방법을 학습할 수 있는 교육훈련 프로그램을 자체적으로 기획하고 운영할 수 있도록 하여야 한다. 또한 다양한 혁신주체와 상호작용을 할 수 있도록 교류·협력 네트워크를 지원하고 연구개발 전문역량 증진활동에 대한 시공간적 기회와 수단을 다양화해야 할 필요가 있다. 예로써 출연연 연구인력에게 가장 보편적인 연구개발 전문역량 증진 기회는 연구분야별 국내외 학회활동, 연구연가 제도 등이 있지만 PBS 등 참여과제 공백에 대한 우려, 엄격한 해외출장 심사 등 현실적인 문제로 인해 활성화되지 못하는데 대한 제도적 개선이 필요하다.

셋째, 연구개발 전문역량 증진 실행동력에서 가장 우선되어야 할 것은 동기부여와 인재개발 지원체계 구축·운영 등 전문역량 증진을 실행하기 위한 근거를 마련하는 것이다. 현행 우리나라에서 취하고 있는 성문법주의 법률체계상 정책집행 현장에서는 법률의 명시적 근거가 없으면 복지부동과 책임회피 행태를 보인다(이찬구 등, 2022). 따라서 출연연의 설립 및 육성·지원을 위하여 제정한 과기출연기관법에서도 출연연이 구성원들의 전문역량을 증진시킬 수 있도록 인력양성에 관한 명시적 근거를 마련하도록 할 필요가 있다. 법률상 근거를 마련하는 것은 절차와 방법상 쉽지 않지만 매우 확실하고 강력한 정책집행 근거로 작용하기 때문에 법률과 정책적 개입

가능성을 논의해 볼 필요는 충분히 있다. 본 연구결과를 통해 제안하는 것과 같이 효과적인 정책집행을 위하여 법적 근거를 구체적으로 제시하고 있는 사례는 어렵지 않게 찾아볼 수 있다. 예로써 출연(연)이 성과확산 기능을 효율적으로 수행하기 위해 관련 법령[3]에 따라 기술이전사업화전담조직(technology licensing office, TLO)을 2000년부터 설치·운영해 오고 있다(신진 등, 2016). 다른 예로써 이은진(2018)에 따르면 국가공무원에 대한 인사행정의 전문성을 강화와 공무원 인사제도 개혁의 종합적이고 일관성 있는 추진을 위하여 중앙인사위원회로 제반 인사기능을 일원화하도록 정부조직법 및 국가공무원법을 개정하였다. 그는 공무원의 경력개발제도를 확산하기 위해 공무원임용령[4]을 개정하였으며 경력개발제도 도입·시행 및 인력관리계획 수립하는 등 관계 법령을 통해 경력개발제도의 근거가 마련되었다고 보았다. 법률에서 명문화 할 때는 규정하는 형태에 따라 법률에 의한 정책과정이 달라질 수 있다. 가령 법률에서 명시한 규정사항만 시행하도록 허용하는 포지티브(positive) 규정에서는 소극적인 정책집행 행태가 발생할 가능성이 크다. 즉, 최소 허용이 아닌 최소 규제의 형태인 네거티브(negative) 규정으로 하여 인력양성 정책수단과 도구를 적극적으로 개발하고 활용할 수 있도록 하여야 할 것이다.

넷째, 역량증진 실행방법 가운데 동기 부여는 인재개발의 결과에 대한

---

3) 「기술의이전및사업화촉진에관한법률」 제11조 및 동법 시행령 제18조에 근거하며 이 법에 따라 공공연구기관에는 기술이전·사업화에 관한 업무를 전담하는 조직을 설치하고 1명 이상의 전담인력을 두어야 한다.

4) 「공무원임용령(대통령령 제18842호) 제43조의2」의 규정을 개정하여 경력개발제도 운영이 도입·시행될 수 있는 기반을 마련하였고, 「공무원임용령(대통령령 제19251호) 제8조」 '소속공무원 인력관리계획의 수립 등' 제1항에서 경력개발이 포함된 인력관리계획 수립을 명시하고 있다.

인사관리의 수단과 연계가 필요한 사항이라 할 수 있다. 조영상과 이용길 (2013)은 우수 연구인력의 지속적인 보유와 육성은 우수 연구인력의 유치보다 더 중요하게 여겨지고 있으며, 이를 위한 핵심적인 과제는 연구기관 내에서 연구인력들 개인 및 그룹에 대한 인센티브 디자인이라고 하였다. 출연연 연구인력에게 연구개발 전문역량은 논문, 특허와 같은 과학기술적 연구성과와 직결되고 이는 곧 기술이전과 같은 경제적 성과와 연결된다. 따라서 연구성과 창출에 대한 기여와 함께 성과를 창출하는데 필요한 역량강화 노력에 대한 평가도 함께 이루어져야 할 것이다. 따라서 기관의 다양한 인사제도와 인재개발시스템을 연계 운영하여 연구개발 전문역량 증진에 대한 유무형적, 금전적·비금전적 인센티브 등을 포함하는 동기 부여가 반드시 요구된다.

다섯째, 출연연의 인재개발 기능의 상향 평준화를 위해 출연연 재직인력의 연구개발 전문역량 증진을 위한 인재개발 통합지원체계를 구축하여 운영하는 방안을 검토할 필요가 있다. 출연연 전체적 관점에서 볼 때 연구개발인력에 대한 전문역량 증진정책은 여전히 미흡한 수준이며 기관간 인재개발 지원체계의 규모와 수준의 편차를 줄여나갈 필요가 있다. 이러한 기관간 편차는 연구개발 전문역량 증진정책의 다양한 우수사례를 출연연간 공유하여 개별 기관의 사정과 특성에 맞게 벤치마킹할 수도 있을 것이다. 기관간 편차의 1차적인 원인은 출연연별 인재개발 조직과 인력 등 인프라의 규모와 수준에서 나타난다고 할 수 있다. 따라서 기관 내부의 인재개발에 대한 인식이 높아지고 우수사례를 공유한다 할지라도 개별 기관의 인재개발을 전담지원하는 조직과 인력 등 인프라가 갖추어지지 않는 환경에서는 도입과 적용이 어려울 수 있다. 출연연간 연구개발 전문역량 증진 지원체계의 편차를 줄이고 지원 수준의 상향 평준화를 위한 출연연 인재개발 통합지원체계는 우수 인재양성 혁신방안이 될 수 있을 것이다. 가장 접근하기 쉬운 예로써 출연연 인재개발 기능 가운데 연구개발 전문역량 증진에 필요한 공통교육을 통합적으로 운영 할 수 있을 것이다. 현재 국가과학기술연구회 소관 출연연을 대상으로 운영 중인 '출연연 AI통합교육'과 마찬가지로 국가전략기술 분야에 대한 공통기술교육을 개별 출연연이 독립적으로 운영하는 것이 아니라 특정 기관을 중심으로 연합 또는 통합하여 운영하는 것이 보다 효율적일 것이다. 출연연 행정효율화를 위한 행정통합은 국가과학기술연구회가 통합체제로 전환된 이후 점진적인 변화의 양상으로 여겨질 만큼 행정 부문별 통합운영 사례가 나타나고 있다. 출연연 감사기능의 일부를 국가과학기술연구회로 이관하도록 2020년에 과기출연기관법을 개정하여 감사위원회를 출범하거나 출연연의 설립 취지인 사율성을 확보하고 연구자 중심의 연구전략을 수립하기 위해 연구개발전략위원회를 설치한 것 또한 출연연 행정기능 통합의 일환으로 볼 수 있다. 법적 근거를 마련하여 실시하는 경우는 아니지만 출연연 공동채용과 성과확산 기능의 일부를 연구회에서 통합하여 실행하는 경우도 유사한 사례라고 볼 수 있다.

제5절 결 론

본 연구는 출연연 연구개발인력을 대상으로 하는 인력양성정책이 연구개발 중심의 역량보다 기관경영과 연구행정 중심의 역량으로 치우쳐져 있다는 문제의식에서 연구를 수행하였다. 이러한 문제의식으로 출연연이 연구개발 전문역량을 증진하는데 필요한 관련 정책들이 바람직하게 이루어지고 있는지 정책집행 근거와 정책집행 내용을 분석하여 문제점과 개선방향을 제시하고자 하였다. 본 연구의 가장 큰 함의점은 출연연 연구개발인력의 암묵적 지식이 과학기술 변화에 빠르게 적응하기 위해서는 새로운 형식지가 암묵지로 전환과 확장이 용이하게 이루어질 수 있도록 개인 차원을 넘어 조직과 국가 차원에서 법률과 인력정책의 혁신적 변화가 요구된다는 것이다. 그 혁신적 변화를 위하여 연구개발 역량증진 주체의 전환, 출연연 인재개발 기능 쇄신, 연구개발 전문역량 증진 근거 마련, 연구개발인력의 역량증진 동기 부여, 출연연 인재개발 기능 상향 평준화 등 다섯 가지 개선방향을 제시하였다.

본 연구의 기존 연구와의 차별성은 두 가지로 설명할 수 있다. 첫째는 출연연 재직인력의 연구개발 전문역량에 연구의 초점을 두고 있다. 기존에는 과학기술인력과 연구개발인력에게 요구되는 역량을 종합적으로 나열하고 분류하는 연구와 구조화 된 역량의 개발과 증진에 대한 포괄적인 관점의 연구가 주류를 이루었다. 과학기술분야 연구개발을 목적으로 하는 출연연 재직자의 연구개발 전문역량을 별도로 구분하여 개념화하고 이에 초점을 둔 연구는 없었다. 둘째는 출연연 재직인력의 연구개발 전문역량 증진에 영향을 미치는 정책을 전체적인 관점에서 체계적으로 분석하기 위해 분석대상의 범위를 확장하였다. 기존 연구개발인력 역량에 관한 연구는 일부 정책 또는 특정 기관을 대상으로 하거나 역량 강화에 필요한 교육훈련과 같은 부분적인 요소를 활용하는 연구가 대부분이라 할 수 있다. 본 연구는 선행연구에서의 파편적인 분석요소들을 선별하여 재구성하고 이를 통해 관련 법률과 국가 기본계획, 전문기관, 개별 출연연을 분석대상으로 하여 정책분석의 공백을 최소화하고자 하였다. 이와 같이 출연연의 고유한 임무를 성공적으로 수행하는데 가장 필수적인 역량과 이를 증진시키기 위한 정책을 종합적이고 체계적으로 분석함으로써 다양한 정책문제를 도출하고 이를 해결하기 위한 정책혁신 방안을 제시하는 것에서 본 연구는 기존 연구와의 차별적인 정책적 의의를 가진다고 할 수 있다.

본 연구는 기존 연구와 차별적인 연구와 정책적인 의의를 갖고 있지만 동시에 연구의 한계점도 지니고 있다. 먼저 분석틀 설계과정에서 선행연구를 통해 분석요소에 대한 개념을 조작적으로 정의하여 분석틀을 설계하여 학술연구로서 이론적 기여가 부족한 측면이 있다. 연구방법에서는 문헌분석을 통한 질적연구로만 수행하여 정책과정에 대한 영향요인과 인과관계에 대한 분석에는 한계가 있다. 따라서 향후에는 본 연구주제에 적합한 정책과정에서의 이론을 적용하고 설문조사를 통한 양적연구와 심층인터뷰 등 고도화 된 질적연구 방법 등을 활용하여 보다 다면적인 실증연구를 통해 이론적, 정책적 기여가 가능한 후속연구를 시도하고자 한다.

참고문헌

과학기술부 (2005), 「제1차 이공계인력 육성·지원 기본계획」, 서울: 과학기술부.

과학기술정보통신부 (2016), 「제3차 과학기술인재 육성·지원 기본계획」, 세종: 과학기술정보통신부.

_____ (2020), "국가과학기술 장학사업 운영규정," 세종: 과학기술정보통신부.

_____ (2021), "기초연구진흥 및 기술개발지원에 관한 법률 시행령," 세종: 과학기술정보통신부.

_____ (2021), 「제4차 과학기술인재 육성·지원 기본계획」, 세종: 과학기술정보통신부.

_____ (2022), "과학기술분야 정부출연연구기관 등의 설립·운영 및 육성에 관한 법률," 세종: 과학기술정보통신부.

_____ (2022), "과학기술분야 정부출연연구기관 등의 설립·운영 및 육성에 관한 법률 시행령," 세종: 과학기술정보통신부.

_____ (2022), "국가과학기술 경쟁력 강화를 위한 이공계지원 특별법," 세종: 과학기술정보통신부.

_____ (2023), "국가과학기술 경쟁력 강화를 위한 이공계지원 특별법 시행령," 세종: 과학기술정보통신부.

교육과학기술부 (2011), 「제2차 과학기술인재 육성·지원 기본계획」, 서울: 교육과학기술부.

김광구·이기종·김주경 (2011), "과학기술인력 양성정책의 정합성 및 우선순위 평가에 관한 연구," 「한국비교정부학보」, 15(3), 201-226.

김선규·김경래·김재준 (1998), "R&D 프로젝트에 일정관리기법 적용연구," 「대한건축학회논문집」, 14(11), 129-136.

김유신 (2002), "과학기술정책과 과학철학", 「2002 한국과학기술연구회 여름학술대회 논문집」, 36-50.

김호정 (2005), "벤처기업의 인적인프라 확충방안에 관한 연구," 조선대학교 경영대학원, 석사학위논문.

김형숙 (2012), "연구개발(R&D) 인력 성과평가제도가 연구성과에 미치는 영향 연구(K-water 연구원을 중심으로)," 서울대학교 박사학위 논문.

구수정 (2005), "이공계 인력 육성·지원 기본계획 수립의 배경과 내용", 「학국직업능력연구원 THE HRD REVIEW」, 8(3):74-79.

권기석(2019), "공공부문 연구개발직의 도전과 기회 : 정부출연연구소 과학기술자의 현재와 미래탐색," 「한국혁신학회지」, 14(3):143-181.

디지털타임즈 (2022), "연구행정의 중요성, 상상 그 이상이다," (2022.12.12.), 23면.

민철구·최원희 (2008), "창조적 연구인력 양성·배출을 위한 출연(연) 운영전략," 「정책자료」, 2008-16, 서울: 과학기술정책연구원.

박인서·차종석·이일우 (2016), "공공조직 리더십 역량 모델링 및 학습 프로그램 개발에 관한 연구 : 정부출연 연구기관을 중심으로," 「한국경영교육연구」, 31(5):183~209.

박인서·김성철 (2019), "경력개발, 성과개발 및 조직개발을 통한 정부 출연(연) 과학기술인재의 역량 개발에 관한 연구," 「한국기술혁신학회 2019년도 추계학술대회 논문집」, 1, 282-1, 298.

박인우·고은현·이 영·이성웅·김태웅·엄미리·임다미 (2008), "과학기술 R&D기관의 연구인력 역량 향상을 위한 교육훈련 프로그램 체계개발 : 정부 출연연구원을 대상으로," 「인력개발연구」, 2008(10), 45-70.

박혜선 (2015), "대기업 연구개발 인력의 직무 전문성 정체와 개인 및 조직 수준 변인의 위계적 관계," 서울대학교 박사학위 논문.

서진형 (2015), "연구/기술개발 인력의 자기주도학습능력이 기술혁신에 미치는 영향 분석," 중앙대학교 석사학위 논문.

손정은 (2021), "일터메타역량 개념화 및 진단도구 개발 : 과학기술분야 연구개발인력을 중심으로," 연세대학교 박사학위 논문.

송선일·이찬(2013), "대기업 연구개발 인력의 학습지원환경과 무형식학습 수준의 관계에서 학습도구 활용의 조절효과," 「농업교육과 인적자원개발」, 45(2), 149-170.

신진·박종복·류태규(2016), "FGI를 통한 정부출연연구기관의 성과확산 촉진을 위한 혁신방안 도출," 「한국혁신학회지」, 11(2):53-72.

신현재 (2016), "법규 개정이 제도의 정착과정에 미친 영향분석 – 퇴직연금 제도를 중심으로," 「한국정책학회보」, 25(3), 275-301.

이선희 (2013), "R&D 조직 구성원들의 역량개발 활동 참여에서의 학습풍토 및 학습목표지향성의 역할 : 공식적 vs. 비공식적 역량개발 활동," 「한국심리학회지 : 산업 및 조직」, 26(2), 177-194.

이옥선(2017), "과학기술출연(연)의 기술역량 강화를 위한 정책적 시사점: 우수기술과 우수조직 사례", 「한국융합학회논문지」, 8(1), 203-212.

이은진 (2018), "공무원 전문성 제고 관련 인사제도 연구," 「한국정책연구」, 18(3), 25-52.

이찬구·장문영·손주연·이향숙 (2022), "국가 성장동력 변동분석 : 정책문제와 정책혁신 방향," 「기술혁신학회지」, 25(2), 193-226.

오현정 (2015), "여성과학기술인 정책의 정책도구 정합성 분석," 「한국정책학회보」, 24(2), 61-91.

유덕현·유기원·김민희·신준석·김부현·윤세훈 (2013), "이공계분야 국가연구 개발사업 수행대학 연구인력의 역량모델 및 교육훈련로드맵 개발," 「HRD연구」, 15(3), 247-271.

유혜원·황인아 (2012), "정부출연 연구기관 종사자의 역량수준 진단 : K연구원 사례를 중심으로," 「한국산학기술학회논문지·, 13(10), 4, 496-4, 505.

윤혜림·윤관식·전화익 (2013), "반도체 기술 R&D 연구인력의 역량연구 : H사 기업부설연구소를 중심으로," 「대한공업교육학회지」, 38(2), 267-286.

이정재 (2020), 「과학기술인력 육성 성장 체계의 미래(Ⅰ) - 출연연 과학기술인력 재교육 체계를 중심으로」, 기관 2020-030, 한국과학기술기획평가원.

전주성(2011), "과학기술계 정부출연 연구소의 교육훈련 성과측정 모델 및 지표개발 연구: HR BSC의 관점," 「Interdisciplinary Journal of Adult & Continuing Education」, 14(2), 29-50.

정한규·손태원 (2004), "연구개발조직의 창의적 연구환경과 효과성 : 정부출연연구기관에 대한 탐색적 연구," 「인사조직연구」, 12(특호), 127-165.

조무관 (2015), "연구개발인력의 개인역량이 프로젝트 관리와 성과에 미치는 영향 : 국가연구개발 사업을 중심으로," 한양대학교 박사학위 논문.

조영상·이용길 (2013), "R&D 조직에서 핵심역량 심화를 위한 우수인력의 집단적 유치 방안에 관한 연구," 「한국혁신학회지」, 8(2), 25-49.

조형래·조성복·석재진·정선양(2009), "정부출연연구원의 창조적 인력양성전략 : 전주기적 인력관리 관점에서," 「기술경영학회 학술발표회」, 453-471.

홍성민 (2014), 「신기술 분야 핵심과학기술인력의 역량 확보 전략」, 세종: 과학기술정책연구원.

홍윤미·김진하 (2017), "미래사회 과학기술인력의 역량모델개발에 관한 연구," 「국정관리연구」, 12(2), 137-157.

황두희·권혁상 (2019), "출연(연) 과학기술인재 교육프로그램의 특성에 따른 현업활동에 대한 고찰 : 국가과학기술인력개발원 프로그램을 중심으로," 「한국기술혁신학회 2019년도 추계학술 대회 논문집」, 925-949.

헬로디디 (2022), "일류 행정없이 초인류 연구없다", (2022.11.15.).

Holton, E.F. Ⅲ. (1999), "An integrated model of performance: Bounding the theory and practice," Advance in Developing Human Resource Development, 1,

26-46

Miller, D.B. (1986), Managing professionals in research development, San Francisco: Jossey Bass Publishers.

OECD (2015), Frascati Manual 2015, Guidelines for Collecting and Reporting Data on Research and Experimental Development, Paris : OECD Publishing.

Posner, B.Z. (1987), "What it takes to be a good project manager," Project Management Journal, 18(1), 51-54.

Watkins, K.E. and V.J. Marsick (1995), "The case for learning," In E. F. Holton Ⅲ. (ed.), Proceedings of the 1995 Academy of Human Resource Development Annual Conference. Baton Rouge, LA: Academy of Human Resource Development.

조직공정성 이론을 통해 본 과학기술 출연연구기관의 인력유지 정책 사례 연구

: 주52시간제도, 정년환원, 비정규직의 정규직 전환 정책을 중심으로

박기주

제1절 서 론

1. 연구의 배경 등

과학기술분야 정부출연구기관(이하 출연연이라 한다)은 과거 50년간 대한민국의 과학기술과 경제발전에 큰 역할을 해 왔다. 민간의 연구개발 역량이 미흡한 상황에서 정부의 지원을 받는 출연연이 선진기술을 빠르게 흡수하여 확산함으로써 다양한 과학기술 분야가 발전할 수 있는 기틀을 마련하였다. 하지만 2000년대 이후 민간의 R&D역량이 출연연을 추월하기 시작하면서 출연연은 설립된 지 50년이 지난 현시점에서 새로운 역할과 발전 방향을 모색하지 않으면 안 되게 되었다.

특히 과거에 출연연은 가만히 있어도 우수한 인재가 영입되던 촉망받는 일터였지만 지금은 대학과 민간에 우수한 과학기술 인재를 빼앗기고 있다. 또한 기존에 영입된 인재들도 연구 환경이나 보상 등에서 상대적 박탈감을 느끼고 있으며 이는 궁극적으로 이직행동으로 연결되는 경향을 보이고 있다.

이러한 의미에서 출연연의 인력정책에 대한 심도 있는 연구가 필요하지만 정책을 만들고 집행하는 정부와 국가과학기술연구회, 출연연은 이에 대한 체계적인 접근을 하지 못한 것이 현실이었다. 다행스러운 것은 연구회가 2014년 통합된 이래 '출연연 인력정책'이란 개념이 생겨나기 시작했고 이후 다양한 정책이 마련되고 시행된 사실이다.

출연연 인력정책은 크게 두 가지 분야인데 하나는 인력의 유입과 양성을 위한 정책이고 다른 하나는 기존 인력을 유지하기 위한 정책이라 할 수 있다. 특히 우수한 인재를 영입하고 양성하는 것 못지않게 기존의 인력이 이탈하지 않게 유지하는 것은 인력정책에서 중요한 과제라 할 수 있다.

본 연구에서는 출연연의 인력유지 정책을 분석하기 위해 조직공정성 이론을 적용할 예정이다. 공정성이란 개념으로 접근하는 이유는 문재인 정부 이후 우리 사회는 공정성 이슈가 사회전반에 민감하게 작용하고 있고 인력유지 정책 특히 출연연의 인력유지 정책에서도 이러한 경향이 강하게 작용하고 있기 때문이다. 보다 근본적 이유는 공공연구기관인 출연연이 가진 민간과 다른 특성 때문이다. 국가 R&D를 수행하기 위한 역할을 맡은 출연연은 법과 제도의 기반에서 안정적으로 운영되어야 하고 그 과정에서 공정한 규칙이 중요하기 때문이다. 민간이 철저한 성과위주의 능력보상으로 운영된다면 출연연은 공정한 규칙에 기반 한 안정적 경영이 인력유지 정책에 있어 핵심적인 이념이기 때문이다.

특히 최근 출연연에서 시행되었던 비정규직의 정규직 전환 정책은 청년들의 취업기회에 대한 공정성 문제에서 자유로울 수 없다. 주52시간 근로시간 정착의 문제도 출연연이라는 특수성과 투입시간 대비 적절한 보상이라는 공정성 문제와 연결되어 있다. 마지막으로 출연연의 정년환원 문제는 사회적 정년연장 논의에서 자유로울 수 없는데 이는 결국 일할 수 있는 기간이라는 사회적 공정성의 문제로 연결된다고 할 수 있다.

2. 연구의 범위와 한계, 목적 등

본 연구는 임금과 보상의 문제는 연구범위에서 제외하였다. 이는 총액인건비 제도 등 재정정책과 밀접하게 관련되어 있고 전체 공공영역의 임금구조에 영향을 받기 때문이다. 또한 민간의 경우 금전적 보상을 중심으로 인력유지 방안을 마련하는데 반해 이와는 근본적으로 다른 R&D구조와 임금체계를 가지고 있는 출연연에게 금전적 보상만을 통해 인력유지 정책을 추진하는 것에 근본적 한계가 있기 때문이다.

본 연구는 조직공정성의 문제와 관련이 깊은 앞서 언급한 세 가지 정책사례를 분석하고 이를 통해 출연연 인력유지정책의 핵심이념 및 방향성을 제시하는 것을 목적으로 한다. 출연연 인력유지 정책 중 이 세 가지 정책이 대표적인 사례로 선택된 이유는 정책의 영향력이 크고 인력유지 정책에서 근본적인 구조를 변화시켰기 때문이다. 또한 이 세 가지 정책은 출연연 인력유지 정책의 특성을 잘 반영하는데 '안정적 연구환경'과 관련성이 크기 때문이다. 일하는 시간, 생애근무기간, 안정적 신분은 궁극적으로 출연연에서 안정적으로 근무하게 하는 핵심적인 조건이기 때문이다.

제2절 연구의 배경이론

1. 조직공정성의 개념과 의미

공정성은 구성원들 사이에서 긍정적 감정과 협력, 규범의 준수 등의 행동을 일으키는 요소로 집단의 안정 및 지속가능성에 중요한 역할을 한다. 조직이 효과적으로 기능하기 위해서 공정성이 어떤 영향을 주는지에 대한 조직공정성에 관한 연구는 최근까지도 산업 및 조직심리학, 조직행동 및 인적자원관리 분야에서 많이 연구되는 분야로 평가된다.

Homans(1961)와 Blau(1964)의 사회교환이론에 따르면 개인은 다양한 사회집단에 소속되어 집단의 과업에 자신의 자원을 투입하며 이를 통해 개인적 노력에 대한 보다 높은 수준의 보상을 받는 교환관계에 참여한다. 이 과정에서 사회구성원들은 자신의 보상이나 책임이 당연히 받아야할 보상과 책임에 비해 높거나 낮은지 또는 이러한 결과가 도출되는 과정이 공정하였는지 등에 대해 끊임없이 평가하고 반응하게 된다(Turner, 2007).

사회구성원들이 가지는 보상 공정성에 대한 인식은 그들이 소속된 조직에 대한 긍정적 평가 및 감정적 애착을 높이며, 생산성을 향상시키며, 소속집단을 위해 협력과 헌신을 하려는 태도를 강화하고, 궁극적으로 조직의 규칙 및 가치를 보다 잘 지키게 하는 등 공동체를 향한 긍정적 행동에 다양하게 영향을 미치게 된다(Tyler, 2010). 따라서 공정성은 상호협력을 통해서 유지되는 사회체계가 추구해야 하는 가장 중요한 덕목으로 인식되어 온 것이다(Rawls, 1971).

사회와 집단 내에서 공정성의 중요성에 대한 논의는 인류의 학문발전 과정에서 오랜 기간 이루어져 왔으며(Solomon and Murphy, 2000), 현대 여러 사회과학 분야에서 중요한 주제로 자리를 잡고 있다. 특히 최근 들어 한국사회는 사회제도의 영역뿐만 아니라 집단과 개인 간의 미시적 상호작용의 영역에서도 공정성에 대한 요구가 크게 증가하고 있는 것이 현실이다.

공정성의 인식은 집단 내에서의 질서행위, 통합, 정체성 등에 영향을 주고, 이는 궁극적으로 전체 사회제도의 안전성에도 영향을 미친다. 이를 고려해 본다면 출연연에서 인력을 유지하기 위한 기본적인 정책 방향이 조직의 공정성을 어떻게 하면 잘 유지할 수 있는지를 고려하는 것은 중요한 과제라 할 것이다.

2. 출연연 인적자원관리에서 조직공정성

인적자원(Human Resource)은 생명체인 인간을 자원관점에서 파악하는 개념으로 노동수단, 노동대상인 물적자원, 자본금, 차입금 등의 재무적 자원, 각종 정보자원 등과 함께 조직을 구성하는 중요한 자원 중의 하나이다. 일반적인 관점에서 조직에 이익을 주는 한 동등한 자원으로 인식되는데, 그 중에서도 인적자원은 이윤의 원천인 잉여가치 생산에 직접적으로 관련된 존재라 할 수 있다. 잉여가치의 생산 관점에서 자원이 가진 가능성을 파악하고 극대화하려는 노력은 자본주의 체제 속의 기업 및 조직 경영에서 가장 중요한 과제 중 하나이다.

인적자원관리(Human Resource Management)는 조직의 목표 달성에 필요한 업무를 잘 해낼 수 있는 사람들을 찾아 조직에 참여시키고 능력을 발휘하여 조직의 목표 달성에 기여하도록 유도하는 과정이다. 인적자원

관리는 조직의 목표 달성을 위한 인적자원의 확보, 개발, 보상, 유지를 여러 환경적 조건과 관련하여 계획, 조직, 지휘, 조정, 통제하는 관리체계라 할 수 있다. 인적자원의 확보관리는 뽑을 사람을 결정하는 직무분석과 정원관리, 이를 바탕으로 필요한 사람을 구체적으로 뽑는 선발 관리로 구성된다. 인적자원의 개발관리는 뽑은 사람들을 조직의 필요에 맞게 다듬는 교육 및 훈련으로부터 승진관리, 평가가 포함되고 육성(커리어 발전 혹은 로테이션)도 이에 속하게 된다.

인적자원의 보상관리는 적정하고 공정한 보상의 필요에 따라 기본급, 상여, 인센티브 등 좁은 의미에서의 임금과 처우, 임금 및 복리후생, 퇴직금 등 넓은 의미의 임금을 포함한다. 이는 개인의 승진과 평가와 연관되므로 개발관리와 밀접하게 연동된다. 인력유지관리는 조직에서 확보한 인재를 조직 내에 잘 유지시키는 것으로 인재가 만족하고 의욕을 갖고 일할 수 있는 여건을 마련하는 것이다. 근로조건의 개선 및 인간관계의 개선, 노사

〈표 1〉 대학·출연연·민간 R&D조직 비교

구 분	대 학	출연연	민간R&D
R&D 특성	기초·원천 R&D	국가·사회 R&D	시장지향성 R&D
연구자 자율성 독립성	강함	보통	미흡
성과 보상 체계	연공서열+테뉴어	PBS기반 성과연봉제	경쟁기반 성과보상제
신분 유지 기간	65세	61세 (우수연구원, 년후재고용)	내부 규정에 따라 다름
조직 특성	교육+연구조직	공공연구조직	기업연구조직
인사 제도	교육법상 교원신분에 기초한 인사제도	근로기준법상 근로자+정부인력정책	근로기준법상 근로자
인력 유지 유인	사회적 지위+안정성	조직안정성+조직공정성	성과기대+보상

관계 안정, 노동질서의 유지 발전 및 근로생활의 질(Quality of Work Life) 향상이 대표적이다.

출연연의 경우도 인적자원관리론의 일반적 이론이 적용되지만 공공연구조직이란 특수성도 함께 적용된다고 할 수 있다. 특히 법과 정책에 영향을 강하게 받고 정부의 지도와 관리·감독에서 자유롭지 못한 특성으로 인해 비교대상이 되는 대학과 민간 R&D조직과는 다른 인력유지관리의 특성을 가진다.

본 연구에서 주목하고 있는 공정성의 의미와 가치는 공공연구조직인 출연연에서 두드러진다고 할 수 있는데 출연연의 경우 자신의 성과에 대한 비례적인 보상 즉, 분배공정성 보다는 절차공정성에 더 큰 영향을 받기 쉽다는 점이다. 이는 비례적 보상에 민감한 민간 R&D조직과는 구별되는 특징이고 대학과 유사한 특성이라 할 수 있다. 민간의 경우 보상이 금적보상에 집중되는 경향이 있지만 출연연은 금전보상과 더불어 안정적이고 지속가능한 연구환경이라는 비금전적 보상에도 큰 가치를 부여하는 경향이 강하기 때문이다. 따라서 출연연의 경우 비금전적인 보상의 영역에서 공정성 특히 절차공정성의 문제가 중요하며 직접적인 보상이 아닌 간접적인 보상의 영역에서 인력을 유지하기 위한 정책적 접근이 더 중요하다고 할 수 있다.

3. 조직공정성 이론의 선행연구

공정성 개념은 "자신의 직무 수행과정에서 투입되는 요소(input)와 그로 인한 결과물(outcome)의 비율이 타인의 그것과 비교해 합당하다고 지각하는 정도"로 정의된다(Adams, 1963). 이 때 투입되는 요소를 공헌이라고 하고 결과물을 보상이라 한다. 공헌(commitment)은 시간, 경험, 연령, 지식 등이라 할 수 있고, 보상은 임금, 직업안정, 인정, 승진 등이 포함된다. 또한 조직공정성은 "조직구성원들이 가지는 조직의 공정성에 대한 인식 내지 지각"이며 공정성의 지각은 조직의 구성원들의 다양한 조직행동과 성과변수를 설명해 주는 중요한 개념이다(Greenberg, 1990). 이 개념은 조직에서 발생하는 다양한 현상 즉, 급여 결정, 평가방식, 채용방식, 승진결정 방법, 고충처리 등이 공정한지를 파악하는 넓은 개념이며 포괄성을 갖고 있다. 과거 50년의 연구에서 조직공정성에 관한 논의는 '분배공정성'과 '절차공정성'이라는 2가지 개념으로 전개되어 왔다(Greenberg, 1993).

분배공정성은 조직원 사이에서 희소한 자원을 배분할 때 느껴지는 결과에 대한 공정성을 의미하는 것이다(Feuille and Delaney, 1992; Sheppard, Lewicki and Minton, 1992 등). 여기서 보수와 비용의 분배와 관계있는 공정성 문제를 연구할 때 이론적 기반이 되는 것이 공평이론 (equity theory)이다. Homans는 "교환관계에서 분배공정성을 사람들이 행하는 제반활동에서 보수와 비용에 대한 공정성"(Homans, 1961)이라고 정의한다. Adams(1965)는 이를 더욱 심화하여 분배공정성은 "개인이 조직에 투입한 노력, 즉 공헌과 그로 인한 보상의 비율이 자신과 비교되는 다른 사람의 그것에 비해 얼마나 일치하는지 여부"를 기준으로 조직에서 받은 보상의 크기에 대해 공정성을 지각하는 정도를 말한다.

절차공정성은 의사의 결정과정에서 지각되는 수단의 공정성을 의미한다(Feuille and Delaney, 1992; Sheppard, Lewicki and Minton, 1992 등). 절차공정성은 분배의 과정(process)을 통제(control)하는 사회적 시스템에서 절차의 구성요소에 대한 개인의 공정성에 대한 지각이라 정의한다 (Leventhal, 1980). 기업은 채용, 승진, 임금결정, 징계, 해고 등 인사상 다양한 처우를 결정하는데 절차공정성은 어떠한 의사결정에 이르기까지 수단이나 방법, 의사결정방식 자체에서 느끼는 공정성을 의미한다.

Leventhal(1976, 1980)이 제시하는 공정판단이론(justice judgement thoery)에서는 특정한 의사결정이 절차적으로 공정하다고 판단하기 위해서는 다음의 6가지 원칙이 필요하다고 한다. 이는 일관성의 원칙(consistency rule), 편향억제의 원칙(bias suppression rule), 정확성의 원칙(accuracy rule), 수정가능성의 원칙(correctability rule), 대표성의 원칙(representativeness rule), 윤리성의 원칙(ethicality rule)이다. 또한 공정성을 유지하기 위해 의사결정의 절차 속에서는 대리인 선정을 위한 절차, 규정 설정을 위한 절차, 정보수집을 위한 절차, 의사결정구조를 위한 절차, 이의제기 절차, 의사결정자의 권리남용 방지절차, 결정변경절차가 필요하다고 보았다.

분배공정성과 절차공정성 이외에도 상호작용공정성 개념도 등장하였다. Bies and Moag(1986)는 대인관계에서 처우의 문제는 절차의 구조적인 문제와는 다르다고 주장하면서 상호작용공정성의 문제를 언급하였다. 상호작용공정성은 절차의 실행과정에서 타인에게 받는 처우의 질을 공정성의 지각의 핵심내용으로 본다(Bies and Mong, 1986). 절차가 아무리 공정하게 설정되더라도 그 절차의 실제 집행과정에서 나타나는 대인적 처우의 방식은 그 실행자에 따라 다르게 구현될 수 있다고 본다. 대인관계에서 처우의 공정성을 위한 규칙으로 신뢰, 정당성, 존중, 적절성을 들 수 있다. 이러한 상호작용공정성 개념은 절차공정성과 구분되는 개념으로 볼 것인지 절차공정성의 하위개념으로 볼 것인지에 대한 논란은 있다. Greenberg(1993)는 상호작용공정성과 함께 정보공정성도 제시하고 있다.

제3절 연구 질문의 제기

조직공정성 이론의 적용에 관한 실증적 연구들은 많이 있지만 출연연이라는 공공연구조직을 대상으로 한 시도는 없었던 것으로 확인 된다. 공정성 이론을 통해 양적, 실증적 연구를 추진하는 것도 의미가 있지만 본 연구는 기본적으로 공정성 이론을 통해 기존에 시행된 출연연 인력정책의 과정과

〈표 2〉 조직공정성에 따른 변수들

변 수	출연연
공정성 변수	분배공정성, 절차공정성, 상호작용공정성
매개변수	연구회의 역할과 개입정도, 정부정책의 방향성 및 강도, 노사관계, 내부소통협력체계
조절변수	사회적 가치와 여론, 국가의 R&D정책방향의 영향 및 강도
결과변수	직무만족(인력유지), 이직행동(인력이탈)

〈표 3〉 출연연 인력유지정책 유형

유 형	출연연
직접보상	PBS기반 연봉제, 개인평가, 총액인건비 제도, 기술료·연구수당 등 금전적 인센티브 제도
비금전적 연구환경 지원	주52시간제도, 비정규직 전환정책, 우수연구원 제도, 정년후재고용 제도, 경력개발지원, 각종 복지제도, 인력교류, 여성과학기술인 지원, 일·가정 양립 지원

효과에 대해 분배공정성, 절차공정성, 상호작용공정성의 관점에서 이를 질적으로 분석해보는 것을 주된 연구방법으로 시도하였다.

각각의 정책이 도입된 정책적 배경을 중심으로 이것이 출연연에 도입되는 과정과 제도의 설계과정을 중점적으로 살펴보고 그 정책적 효과를 분석하는 것이 주된 연구방법이며 여기서 공정성 이론을 통한 정책적 분석도 함께 이루어질 것이다.

이를 위한 연구질문은 크게 두 가지를 들 수 있다. 첫째, 출연연에서 조직공정성 개념(분배, 절차, 상호작용공정성)은 인력유지 정책의 성립과 정착과정에서 유의미한 설명력을 가질 수 있는가? 둘째, 출연연의 조직공정성은 매개변수로 연구회의 역할과 개입정도, 정부정책의 방향성 및 강도, 노사관계와 같은 내부소통협력체계에 영향을 받을 것이고, 조절변수로 사회적 가치와 여론, 국가의 R&D정책방향의 영향 및 강도 등에 영향을 받을 것인가?. 이 연구질문들에 대한 각각의 변수들을 정리해 보면 다음과 같다.

제4절 출연연 주52시간 정책의 분석

1. 출연연 주52시간 정책 배경

근로기준법은 우리 헌법 제32조 제3항을 기초로 근로조건의 기준을 정하는 법이다. 이 법은 1953년 최초 제정되었고 그 당시 근로시간은 주48시간이었다. 이 후 1989년 3월 29일 법개정으로 주44시간으로 단축되어 적용되었다. 1997년 IMF경제위기를 계기로 2003년 8월, 주44시간에서 주 40시간으로 근로시간을 변경하는 근로기준법 개정(안)이 통과되었다. 주40시간은 2011년 7월까지 모든 사업장에 적용되도록 순차적으로 도입되었고 주당 법정근로시간 40시간과 연장근로시간 12시간만 정해진 상태에서 주5일 근로제도는 휴일근로가 법적으로 포함되지 않았다. 그런 이유로 기업에서는 토요일, 일요일 특근항목으로 일을 해도 법적으로 저촉되는 점이 없기에 토요일과 일요일 8시간씩 16시간을 추가로 총68시간을 관행적으로 근로해 왔다.

이것을 2018년 7월부터 주7일 법정근로시간 40시간, 연장근로 12시간을 정확하게 확정하여 휴일근무 16시간이 편법적으로 이어져 주68시간 시행하던 것을 주52시간만 근무할 수 있도록 입법화 되었다. 근로기준법 개정에 따른 근로시간 단축은 상시근로자 수에 따라 단계적으로 적용되었는데, 출연연은 근로시간 및 휴게시간 특례 제외 업종으로 2019년 7월 1일부로 근로시간 제한이 적용되게 되었다.

근로시간 및 휴게시간 특례 제도는 1주 12시간을 초과하여 연장근로를 하거나 휴게시간을 변경할 수 있는 제도로 공중의 생활에 불편과 지장을 초래하거나 사업의 목적 달성이 어려울 경우 특례가 인정되며 1주 총 근로시간의 제한을 받지 않는다. 출연연의 경우 연구개발업에 해당되는데 연구개발업은 근로시간 특례 대상에서 제외됨에 따라 근로시간이 주52시간을 초과하여 법정근로시간을 위반하지 않도록 관리할 필요가 생겼으며 근로기준법상 법정근로시간 위반은 형사처벌 대상이다(2년 이하 징역, 2천만 원 이하 벌금).

2. 출연연 주52시간 제도와 유연근로제

출연연은 연구개발업에 대한 근로시간 및 휴게시간 특례 폐지에 따라 근로시간의 양적 제한, 근로 탄력성 저하, 비용 증가의 문제가 발생할 소지가 있었다. 종전 출연연은 자율적으로 근로하는 문화로써 근로시간을 관리하지 않고 있었으나 1주 52시간의 근로시간 한도 문제가 발생하지 않도록 명확한 근로시간 관리체계를 도입할 필요성이 법적으로 발생하였다. 근로시간 관리체계의 도입은 초과근로 발생에 따른 수당 또는 대체휴가 부여 등에 대한 대책이 수반되어야 한다. 과학기술정통부와 국가과학기술연구회는 출연연의 근로시간 제도 운영의 최적화를 위해 '과학기술분야 정부출연연구기관 주52시간 근로 참고자료'와 '과학기술분야 정부출연연구기관 재량근로시간제 운영 참고자료'를 제공하였는데 이는 고용부 '노동시간 단축 가이드(2018.06)', '유연근로시간제 가이드(2019.8)' 등에 기초한 것이다.

근로기준법 개정으로 과학기술 출연연도 연구업무 수행에 지장이 없는 근로시간 관리방법으로 경직된 근로시간을 상황에 따라 유연하게 평균하여 관리할 수 있는 유연근무제도를 적극적으로 도입할 필요성이 커지게 되었다. 특히, 재량근로시간제를 적용할 수 있는 연구업무를 수행하는 연구직은 1주 52시간 한도 제한에 적용을 받지 않게 된다. 연구성과가 투입된 노동력과 근로시간으로 결정되지 않는 연구개발업무 직무의 특성을 반영하여 유연근무제를 설계해 운영할 필요가 생긴 것이다. 이를 통해 최소한의 근로시간 관리체계 확산과 근로시간의 정밀한 운영으로 위법 문제에 대한 적극적 대응이 가능하도록 하였다.

유연근무제도란 근로자와 사용자가 근로시간이나 장소 등을 선택·조정하여 일과 생활을 조화롭게 하고 인력 활용의 효율성을 높이기 위한 제도이다. 시기별 업무량의 유동에 따른 근로시간을 적절하게 배분하거나 근로시간을 근로자에게 맡김으로써 유연하고 효율적인 근로시간을 운영할 수 있게 한다. 유연근무제도는 근로기준법상 법정제도와 비법정제도로 구분될 수 있으며 출연연은 선택적 근로시간제, 재량근로시간제 및 보상휴가제를 중점적으로 도입하여 운영하고 있다. 법정제도는 선택적 근로시간제, 탄력적 근로시간제, 간주 근로시간제, 재량 근로시간제, 보상휴가제 등이 있으며, 비법정제도로는 연차저축제, 재택근무, 스마트워크근무 등이 있다.

　법정 유연근무제도는 운영을 위한 세부 기준 및 적용 대상, 법적 도입 요건 등이 제도별로 다르기에 직무의 특성에 따라 적합한 유연근무제도가 다를 수 있다. 선택적 근로시간제는 대상 업무의 법적 제한이 없기에 행정직

〈표 4〉 유연근무제도 내용

구 분	탄력	선택	시차출퇴근	간주	재량
근 거	근로기준법 51조	근로기준법 52조	–	근로기준법 58조 1항	근로기준법 58조 3항
절 차	취업규칙변경 (2주 단위), 근로자대표 서면합의 (3개월 단위)	취업규칙변경, 근로자대표 서면합의	취업규칙 변경	근로자대표 서면합의	근로자대표 서면합의
대상 제한	–				시행령상 대상업무
기 간	단위기간(2주, 3개월)	1개월 내	–	–	–
특 징	미리정한 근무시간 초과는 연장근로	1개월 내 평균 주40시간 초과는 연장근로	1일 8시간, 주40시간 초과는 연장근로	근로자대표와 합의한 시간 초과시 연장근로	

과 연구직 모두 적용이 가능하여 일반적으로 적용되는 제도라 할 수 있다. 재량근로시간제는 근로기준법상 정해진 업무에 한하여 제도를 운영할 수 있기에 행정직은 적용할 수 없고 연구직에만 적용된다. 연구기관의 경우 연구직군과 행정직군의 직무수행의 차이점이 존재하며 기관에 따라 직군별로 적합한 유연근무제 유형이 다를 수 있다. 연구직군은 업무 특성상 자율성, 탄력성이 다른 직군 대비 높으나, 행정직군은 담당 업무에 따라 고정적 근무, 불규칙적 근무여부가 결정되는 차이가 있다.

3. 출연연 연구직과 재량근로제

재량근로제는 업무수행의 방법과 근로시간 배분을 본인의 재량에 맡기는 자유로운 근로를 하는 형태로, 실제 업무시간과 관계없이 노사가 서면 합의한 시간을 근로한 것으로 간주하는 근로기준법에 명시된 유연근로제도이다. 과학기술 출연연의 R&D 업무와 같이 고도의 전문 지식과 기술이 필요해 업무수행 방법이나 근로시간 배분을 업무수행자의 재량에 맡길 필요가 있는 분야에 적합하며, 도입이 가능한 업무에 대해서는 법으로 규정하고 있다.

'재량근로제'는 '근로시간의 배분'뿐만 아니라 '업무수행 방법'까지 직원의 재량에 맡기고, 실제 근로시간과 관계없이 노사가 서면으로 합의한 시간을 근로한 것으로 간주하여 별도의 근로시간 산정이 필요 없는 제도이며, 대상 업무가 법으로 한정되어 있다. 반면 '선택적 근로시간제'는 '근로시간의 배분(시업과 종업 시각)'만을 직원 스스로 자유로이 결정하고, 업무수행 방법 등에 대해서는 구체적 지시를 받으면서 실제 근로한 시간이 정확히 계산되는 제도이고, 대상 업무에 제한이 없다.

그리고 '재택근무제'는 '근로시간 배분' 및 '업무수행 방법'에 대한 재량 여지와 관계없이 단순히 근무장소가 사업장 밖의 주택인 경우를 말한다. '재량근로제'와 '선택적 근로시간제'가 '근로시간 유연화 제도' 유형에 속한 다면, '재택근무제'는 '근로장소 유연화 제도' 범주에 포함되는 것이라 할 수 있다.

국가과학기술연구회 소관 출연연이 재량근로제를 도입하는 과정에서 협 업과 성과 등에 대한 많은 우려와 노사 간 이견이 있었지만, 조직문화 전반 에 대한 이해당사자들의 변화노력, 제도 실행을 지원할 수 있는 통합적 지 원시스템 구축, 노사 협의를 통한 점진적 운영으로 재량근로제를 성공적으 로 정착시킬 수 있었다. 재량근로제 정책 도입의 과정에서 나타난 갈등 유 형에 대해 살펴보면 다음과 같다.

우선, 연구책임자, 참여연구원 등 연구자의 각자 위치에 따라, 재량근로 제에 관해 "자율성 보장하는 제도이다.", "업무수행에 차질을 발생시킬 수 있다." 등으로 의견이 상이하였으며, 이에 따른 제도 도입에 애로가 있었다. 이를 해결하기 위한 과정으로 설문조사, TF 운영, 설명회 등 다양한 소통창 구를 통해 재량근로제 도입에 관한 직원들 의견을 적극적으로 수렴한 연구 회 및 출연연의 노력이 있었다. 그리고 가장 주요했던 부분은 "출연연의 연 구자라면 근로시간과 연구수행을 자율적으로 운영할 수 있다."는 공감대를 형성한 것이 주요했다고 할 수 있다.

두 번째로, 법상으로 재량근로제 적용 기준이 정해져 있고, 직원 간의 형 평성도 고려해야 함에 따라 제도의 대상과 범위를 판단하는데 어려움을 겪 은 점이다. 이와 같은 어려움을 해결하기 위해 출연연은 외부기관의 컨설팅을 통해 부서별 근로형태의 특수성 등 직무분석을 체계적으로 실시하였고, 시범운영을 통해 단계적으로 대상 및 범위를 확대해 나가며 적법하고 합리적으로 대상과 범위를 설정하여 해결하였다.

세 번째로, 재량근로제의 근로 특성상, 재량근로제 활용자와 비활용자 간 위화감이 조성되는 등 형평성 갈등이 발생하는 경우가 있었다. 이러한 문제는 적법하고 공정하게 재량근로제 대상과 범위를 설정하되, 원활한 연구협업을 위해 최대한 많은 연구자들이 제도를 활용할 수 있도록 하고 또한 모든 직종을 대상으로 재량근로제에 관한 교육을 실시하면서 형평성 갈등 문제를 해소하는 방법을 택하였다.

네 번째로, 재량근로제로 직원 간 비대면 시간이 많아짐에 따라, 공동연구를 위해 협업하고 소통하는데 차질이 발생하고, "나 홀로 연구"가 늘어나지 않을까 하는 우려가 있었다. 이 같은 문제는 비대면 시간 확대에 발맞추어, IT기술을 활용한 대안적 업무환경을 조성하여 기존에 대면으로 진행했던 업무를 비대면으로 전환하거나 공동 업무를 위한 공통적인 근로시간대를 설정함과 더불어 사전에 계획하고 일정을 조율하는 문화를 정착시키면서 보다 효과적으로 협업할 수 있게 되었다.

다섯 번째로, 재량근로제 활용자에 대해 업무수행 방식과 시간배분에 관한 구체적 지시를 하지 못함에 따라, 관리자뿐만 아니라 연구자 간에도 재량근로제 활용자의 근태·성과관리의 애로로 인한 연구생산성 저하에 대한 걱정이 많았다. 이러한 문제는 "연구수행을 연구자 개개인의 재량에 맡기면, 창의적인 연구가 더욱 활발해질 것"이라는 '재량근로제 → 노사상호이익'의 원칙에 관해 노사 간 공감대를 형성하는 것으로 해결해 나가고 있다.

여섯 번째로, 연구몰입을 제고하고 창의적 연구환경을 조성한다는 좋은 취지로 도입하는 재량근로제가 자칫 연구자의 자율성을 침해하고, 또한 일을 더 하게 만들 수 있다는 우려 섞인 목소리가 있었다. 이 같은 우려는 재량근로제는 연구의 수행방법과 근로시간 배분의 구체적 관리를 하지 않으면서 연구몰입을 향상시키기 위한 제도임을 지속적으로 안내하고, "재량근로제 활용자의 재량권을 훼손하지 않는다."는 내용을 운영 기준에 담으면서 노사 상호 간 완만히 합의에 도달할 수 있었다.

일곱 번째로 재량근로제 활용자의 업무수행 및 근로시간 배분을 본인의 재량에 맡기면, 연구업무는 성실하게 수행할 수 있을지, 인사고과는 어떻게 할 것인지 등의 성과관리 측면에서 우려하는 의견이 많았다. 이 문제는 근로시간과 노력·책임감과 같은 주관적 요소가 아닌 연구업적·성과 그리고 협업 중심의 객관적인 고과기준을 마련하고 연구계획서에 개인별 역할과 책임을 명확히 정의할 수 있도록 하면서도, 조직성과 및 동료평가 비중을 높여 "나홀로 연구"에 치중되는 것을 방지하는 방향으로 해결하고 있다.

4. 정책효과 분석 : 과학기술 출연연의 특성에 맞는 근로시간 분배 체계

출연연 주52시간 제도의 도입은 조직공정성 이론의 관점에서는 분배 공정성 측면에서 의미가 있다. 즉, "근로시간"의 분배에 있어 공정한 체계를 구축한 것이라 할 수 있다. 근로기준법의 변화는 한 나라의 일하는 문화와 여가 등에서 큰 영향을 미치게 되는데 출연연은 연구직의 재량근로제 도입을 통해 출연연의 일하는 문화 즉 '시간의 문화'를 구조적으로 변화시켰다.

연구환경은 보통 좋은 환경 즉 공간을 의미하지만 이에 못지않게 시간도 중요한 의미를 가진다. 시간과 공간은 실질적으로 일하는 환경에서 분리될수 없으며 좋은 연구시설과 환경을 구축하는 것과 함께 합리적인 근로시간 분배체계를 구축하는 것이 중요하다. 이런 의미에서 주52시간 제도의 분배 공정성의 변수는 결과변수로서 직무만족(인력유지)에 긍정적 영향을 미쳤다(이에 대해서는 연구회 재량근로제 우수사례집 조사 결과 참고). 그 과정에서 연구회의 제도 도입의 창구 역할과 노사관계 등이 매개변수로 작용한 측면이 있다.

제5절 출연연 정년환원 관련 정책의 분석

1. 출연연 정년환원의 정책배경

과학기술 출연연에서 근무하는 연구원의 정년은 당초 65세로 정해져 있었다. 그러나 1998년 9월 기획예산위가 정부출연연 직원의 정년 단축을 포함한 '정부출연연별 경영혁신 추진계획 및 실적'을 발표하여, 그 이듬해 12월 시행된 '정부 보조기관 등 경영혁신 추진계획'으로 정년이 61세로 단축되었다. 이 후 정년·연봉·근무여건 및 연구 분위기, 사회적 인식 등으로 출연연 연구자들의 사기가 저하되고 인력 유출이 이슈가 되게 되었다. 이러한 문제를 해결하기 위하여 2010년에 '과학기술 출연연 발전 민간위원회(민간위)'는 단축된 정년을 대학교수와 동일한 65세로의 환원뿐만 아니라 연구자의 대우를 동일 경력을 가진 대학 교수 수준으로 개선하고 우수한 연구자에게는 대학의 '테뉴어 제도'를 적용할 것을 제시했다.

'테뉴어'란 '종신 재직권'이라는 의미로 대학 교수의 평생 고용을 보장해 주는 제도이다. 정치적 외압이나 대학 당국의 해고 위험 없이 자유롭고 양심적으로 학문을 연구할 수 있는 환경을 마련한다는 취지에서 생겨났다. 교수로 임용된 뒤에는 일정 기간 연구 실적과 강의 능력 심사를 통해 테뉴어가 결정된다. 민간위는 특히 정년 환원 등 제도개선 사항의 조속한 추진을 건의하였다.

이에 따라 2011년 교과부, 국과위는 '과학기술분야 우수 연구인력 정년연장 가이드라인'을 제시하였고, 2012년 6월부터 출연연의 우수 연구 인력에 한해 정원의 10% 이내 범위에서 정년을 61세에서 65세로 연장하는 제도를 시행해 왔다. 정년연장 우수 연구원에게는 임금피크제가 적용되어 연장 기간 61세 급여의 90% 수준을 지급하는 것으로 정하였다(기초기술연구회·산업기술연구회, 2012년).

이렇게 시행된 출연연 우수연구원 정년연장 제도는 여러 가지 문제점이 노출되었다. 첫째, 연구소가 자율적으로 우수연구원 선발 기준을 정하지만 때때로 임의의 기준에 따라 우수연구원을 선정한다는 점이다. 연구실적 평가가 우선시되지만 국가 과학기술 및 기관 발전 기여도를 우선적으로 적용하는 경우도 있어 출연연별로, 또는 당시 경영진의 의지에 따라 정년연장의 기준이 바뀌는 예측불가능한 제도가 된 측면이 있다.

둘째, 정년연장이라는 좋은 제도에 임금피크제를 적용하여 65세의 경우 60~70% 수준의 임금을 지급받게 되는 시스템으로, 당초 '대학 교수와 동일한 수준의 대우를 받아야 한다.'고 주장했던 민간위의 의도에서 크게 벗어나 있다는 점이다. 정년연장을 선호하지 않는 우수 연구자들이 많이 생겨난 이유이기도 하다.

셋째, 출연연의 정년 환원을 주장하는 목소리가 높아지면서 정부가 꺼내든 카드가 우수연구원 정년연장제도이다. 우수연구원에 한하여 정년 연장을 시행하는 소극적인 대안은 평생 연구에 몰두해 온 연구원들의 자존심을 저하시키고 평가 기준을 맞추기 위하여 연구원들이 장기적인 연구에 몰입할 수 없는 환경을 제공하게 된 것이다.

최근 5년 새 과학기술 출연연을 퇴직하는 연구자가 늘어나면서 우수인재 확보를 위한 다각적 노력이 이뤄져야 한다는 논의가 제기되고 있다. 국가과학기술연구회에 따르면 지난 2017년부터 2021년까지 5년간 출연연에서 정년·중도퇴직한 인원은 총 2160명이다. 2017년(335명)과 비교하면 지난해(535명) 59.7%나 규모가 늘었다. 특히 같은 기간 자발적으로 퇴직한 인원은 총 1,049명으로, 2017년(179명) 대비 2021년(250명) 39.7%나 증가했다. 향후 5년간 정년퇴직 예정자 또한 65.5% 증가할 것으로 예상되며 출연(연)은 성과주의예산제도(PBS), 블라인드 채용, 정년 단축, (대기업 대비 낮은) 처우 등 제도적 한계로 인해 우수인재 확보에 어려움을 겪고 있는 것이 현실이다. 이를 해결하기 위한 대안으로 현재 연구원 정원의 10% 이내인 우수연구원 비율을 15-20%로 확대하는 게 필요하다는 공감대가 있으나 사회적 정년연장의 논의와 맞물려 있어 추진이 지지부진한 것이 현실이다.

2. 출연연 관련 정책 개관 : 우수연구원, 임금피크제, 정년후재고용

과학기술 출연연 중 우수연구원 정년연장제도 도입기관은 25개 기관 중 20개 기관이 도입하고 있으며 18개 기관만 선발·운영 중에 있다. 우수연구원 운영인원은 18개 제도운영 기관의 우수연구원은 529명('22.12월말 기준)이며 연구원 정원대비 우수연구원 비율은 全 기관 기준 5.1%, 도입기관 (20) 기준 7.6%, 운영기관(18) 기준 8.0%이다.

과학기술 출연연의 우수연구원 관련 주요이슈는 다음과 같다. 운영규모의 측면에서 현재의 고경력자 계속고용 제도(우수연구원·정년후재고용)는 운영규모 내에서 급증하는 출연연 정년퇴직자를 감당하기에는 한계에 봉착했다는 점이다. 고령자가 많은 일부 기관은 우수연구원 정원(현재 연구원 정원 대비 연간 1% 내외 선발, 10% 이내로 운영)이 포화상태에 근접했다(8개 운영기관 중 11개 기관이 8% 이상 운영 중). 제한된 연간 선발비율로 인해 '정년임박 중심 선정(제도운영 기관 중 14개 기관이 정년임박 시점 (56~58세)을 자격부여 시기로 규정)', '퇴직자 증가'로 경쟁률이 심화되어 '선발대상 병목현상' 및 상대적 불이익이 발생하고 있다(동일자격 우수연구자라 하더라도 최근 경쟁률 심화로 인한 탈락사례 등).

선발기준의 측면에서는 우수연구원 선발 시 非연구성과 비중이 높아 당초 '우수한 연구자' 중심의 정년연장을 부여하는 취지에 부적합하다. 평가지표, 지표별 가중치 및 평점 등 제반사항을 기관의 자율로 결정함에 따라, 현재 7개 기관은 非연구성과 비중이 더 높은 비중을 차지한다. '국가과학기술 발전 기여자'에게 혜택을 부여하는 제도 취지를 고려하여, 우수연구원 선발 시 기업지원성과 우대도 필요하다. 제도운영 기관 중 11개 기관이 우

〈표 5〉 운영기준(공통)

운영규모	근로기간	신청자격	보수수준
전체 정원의 5% ↓	퇴직 후 1~4년 간	정년퇴직 (예정)자 대상 개인평점 2.5점 ↑	우수硏 임금수준 ↓

수연구원 선발 시 기업지원성과를 우대 중이다.

성과관리의 측면에서는 4년 연장고용 혜택 대비 '우수연구원' 명성에 부합한 책임감 고취 및 선발 후 도덕적 해이 방지대책이 부족하다. 제도도입 기관 중 18개 기관이 성과관리(자격해임·실적관리) 기준을 보유하고 있으며, 2개는 기준이 없는 실정이다.

우수연구원 제도와 함께 과학기술 출연연은 임금피크제도 운영하고 있다. 2013년 5월에 '고령자고용법'의 개정이 있은 후, 2015년 5월 기재부에 의해 '임금피크제 권고안'이 마련되었다. 같은 해 9월 '임금인상률 차등적용 지침'이 마련되어 같은 해 11월에 과학기술 출연연의 모든 기관은 임금피크제가 도입되게 되었다. 정규직 및 무기계약직을 대상으로, 旣정년 이전부터 단계적으로 임금을 삭감하는 "정년보장형+점감형" 임금피크제가 도입되었다. 정년도래(만61세) 2년 전부터, 정년퇴직 2년 전(59세) 연봉을 기준으로 1차년도 '-10%', 2차년도 '-15%'를 조정하여 총 '-25%'가 조정되게 된다.

우수연구원 정년연장제도가 연구원에게 적용되는 제도인 반면 정년후재고용 제도는 연구직 외의 행정직 등에 적용되는 제도이다. 소관기관 중 제도도입 기관은 23개(미도입기관 : NIGT, 핵융합연)이며, 22개 기관에서 실제 제도를 운영 중에 있다.

3. 정년연장의 사회적 맥락

2021년 현대차·기아차·한국GM 등 완성차 3사 노조 위원장들이 정년 65세 법제화를 요구했다. 현재의 법정 정년은 만 60세 이상이나 이를 5년

더 늘려 65세 이상으로 정하자는 것이다. 65세 정년연장은 국민연금 수령 시기와 연계되어 있다. 국민연금을 수령할 수 있는 나이가 현재 만 62세에서 2033년 만 65세로 단계적으로 늦춰질 예정이다. 필연적으로 정년퇴직과 연금 수령 사이에 공백이 길어지게 된다. 정년 이후 노년의 삶에 대한 불안감이 정부에게 정년연장을 요구하는 중요한 근거가 된다.

일본의 사례를 보면 일본도 법정 정년이 60세인 상황에서 연금 수급 개시 연령이 점점 늦춰져 65세가 되었다. 일본 정부는 소득 공백을 메우기 위해 2013년부터 개정된 '고연령자 고용안정법'을 시행했다. 이 법에 따르면, 노동자의 정년을 65세 미만으로 정한 기업은 '정년을 65세까지로 연장'하거나, '정년을 아예 폐지'하거나, '계속고용 제도'를 도입해야 한다. 계속고용 제도는 다시 두 가지 방식으로 나뉜다. 정년에 이르렀지만 계속 일하고 싶어 하는 노동자를 일단 퇴직시킨 뒤 계약직이나 촉탁직 등 새로운 고용형태와 임금으로 다시 고용하거나(재고용), 퇴직시키지 않고 65세까지 그대로 고용(근무 연장)하는 것이다. '근무 연장'에서는 노동조건이 크게 달라지지 않지만, 재고용은 임금 감소가 상당하다. 재고용될 때는 종전과 같은 기업에서 근무하기도 하지만, 자회사나 계열사에 들어가기도 한다. 일본에서 정년 뒤 재고용되어 일하는 노동자는 평균 30~50%의 임금 감소를 보인다고 한다(손여옥, 2020).

정년 연장이 사회적으로 모두에게 혜택일 수 없다면 해법은 하나다. 정년 연장이 아니더라도 더 많은 중고령자가 주된 일자리에서 더 오래 일할 수 있어야 한다. 물론 신규 채용에 미치는 부정적 영향은 최소화하면서다. OECD는 한국의 중고령자가 주된 일자리에서 조기 퇴출되는 현실이 연차에 따라 임금이 올라가는 체계, 즉 연공급 체계와 관련이 깊다고 평가한다

(한국의 나이 든 노동자들에게, 연공급은 임금과 생산성 사이의 격차를 발생시키며, 이는 결국 강요된 조기 퇴직 문화를 만든다(OECD, 2018).

'임금과 생산성 사이의 격차'는 정년의 존재 이유 그 자체이다. 직종과 개인 역량에 따라 차이는 있지만, 연구자들은 평균적으로 노동자의 생산성이 정점을 찍고 내려오는 시점을 45세 전후로 본다. 그런데 연공급에서는 연차가 올라갈수록 임금이 올라간다. 젊었을 때는 생산성보다 못한 임금을 받고, 나이 들었을 때는 생산성을 웃도는 임금을 받는 구조다(그래서 연공급을 '이연임금(뒤로 미뤄 받는 임금)'이라고 한다). 이런 구조에서는 어느 시점에서 강제로 고용계약을 종료시킬 필요성이 생긴다. 그것이 정년 제도이다. 이 정년을 뒤로 미루도록 강제한 변화가 2016년부터 시행한 정년 60세 법제화였다. 물론 임금과 생산성 간 격차의 조정은 법으로 강제되지 않았다(강제할 수도 없다). 이 법에 따라 정년을 연장하는 사업주와 노동조합은 '임금체계 개편 등 필요한 조치를 하여야 한다.'고 선언적으로 규정했을 뿐이다. 그 결과 정년은 법제화되었으나 임금체계 개편은 장기 과제로 미뤄졌다.

정부는 급한 대로 정년 직전의 몇 년 동안 임금을 일부 삭감하는 '임금피크제' 도입을 독려했다. 현재 정년 운영 사업체 다섯 곳 중 한 곳, 300인 이상 대기업의 절반이 임금피크제를 도입했다. 하지만 이것이 지속 가능한 대안이라는 공감대는 높지 않다. 경우에 따라서는 임금피크제로 줄어든 임금이라 해도 생산성에 비해 여전히 높을 수 있기 때문이다. 무엇보다 여전히 수많은 노동자들이 정년보다 이른 시기에 주된 일자리에서 밀려나고 있다.

결국 핵심은 연공급이다. 연공급 아래서 기업은 장기근속자일수록 생산성에 비해 인건비가 높다고 판단한다. 그래서 희망퇴직·권고사직 따위로 사람을 자꾸 내보내는 것이다. 정년 연장 법률이 통과된 2013년부터 이 법이 시행된 2016년 사이에 해당 연령 노동자들의 고용 감소가 관찰되었다는 연구도 있다(한요셉, 2019). 사측이 법률 시행 이전에 황급히 그 노동자들을 내보낸 것이다. 최초 입직 노동자의 30년 후 임금 배율은 서유럽이 1.7배, 일본이 2.5배인 반면 한국은 3.3배다(한국노동연구원, 2015).

기업이 노동자를 오래 고용하게 하는 가장 큰 이유인 '숙련'과 임금의 차이는 너무 크지 않은 편이 고용안정에 도움이 된다는 것이 전문가들의 견해다. 숙련은 고령자 고용의 중요한 장점이다. 만약 임금이 해당 직무에 필요한 숙련의 수준을 크게 웃돌지 않는다면, 기업은 노동자를 내보낼 유인이 적다. 기존 인력에 대한 인건비 부담이 높지 않다면 신규 채용을 꺼릴 가능성도 더 낮을 것이다. 같은 맥락에서 OECD는 임금피크제가 근시안적인 임시방편이며, 나이 든 한국 노동자의 상황을 개선하려면 임금을 연차가 아닌 직무(에 필요한 숙련) 기반으로 바꿔가는 게 관건이라고 지적한다.

2023년 2월 3일 기재부는 제2차 공공기관운영위원회를 열어 '직무·성과 중심의 공공기관 보수관리 강화 방안'을 확정했다. 올해 공기업과 준정부기관 경영실적 평가에서 직무급 도입·확산에 대한 배점을 기존 2.5점에서 3.5점으로 늘리고, 총보수 가운데 성과급 비중을 늘리거나 평가 등급에 따른 성과급 차등액을 확대하는 경우에도 가점(1점)을 부여할 계획이다. 아울러 직무급 도입으로 운영 실적이 개선된 기관을 선정해 총인건비를 0.1~0.2%포인트 가량 추가 인상하는 인센티브도 부여한다. 기재부는 이러한 인센티브를 기타공공기관에도 확대 적용할 수 있도록 각 주무부처에 경영평가 지표 준용을 권고할 계획이다.

2021년 말 기준으로 직무급을 도입한 공공기관은 35곳인데, 기재부는 이를 내년까지 100곳, 2027년까지 200곳으로 늘리겠다는 계획이다. 직무급제 도입은 문재인 정부 때도 핵심 과제 중 하나였으나 노동계의 거센 반발로 사실상 실패한 바 있다. 앞서 문재인 정부는 '공공부문 비정규직 정규직화'를 추진하면서 정규직 전환 직종 가운데 일부에 대해서 직무급제를 도입하기로 하고, 2017년 12월 '공공부문 표준임금체계 모델(안)'을 공개했다. 당시 정부 계획은 청소·경비·시설관리·조리·사무보조 등 단순노무직종에 직무급제를 우선 적용한다는 것이어서 직종 차별 논란에 휩싸이기도 했다. 단순노무직종에 대한 직무급제가 최저임금 기준으로 설계된 터라 "청소·경비노동자 등의 노동 가치를 폄하하는 임금체계"라는 노동계의 비판을 넘어서지 못한 것이다.

윤석열 정부는 전임 정부의 실패를 고려한 듯 이번에는 '기관별'로 직무급 도입을 추진한다는 것이 기재부의 계획이다. 문재인 정부가 직무·직종을 중심으로 한 표준임금체계의 일괄 도입을 시도하면서 해당 직무·직종 노동조합의 반발을 직접 맞닥뜨렸다면, 윤석열 정부는 기관별로 임금체계 개편을 시도해 '각개격파'하겠다는 의도로 분석된다. 하지만 '기관별' 직무급제를 도입할 경우 애초 직무급제의 명분이었던 노동시장 이중구조 해소 효과는 사라질 수밖에 없다.

4. 정책효과 분석 : 출연연 정년환원 정책 추진의 사회·구조적 연동성

출연연의 정년환원 문제는 출연연이 인력을 유지하도록 만드는 효과가 큰 정책이다. 민간과 비교하여 출연연이 비교우위를 가지는 것은 임금이 상대적으로 적은 대신에 더 오래 안정적으로 일할 수 있다는 점이다. 출연연 우수연구원 및 정년후재고용 제도 등은 이를 일정부분 보장하고 있다. 앞서 주52시간 제도는 조직 내에서 시간의 분배라는 측면이지만 정년환원의 문제는 사회의 다른 동일 직군 보다 일할 수 있는 생애기간을 더 보장하기 때문에 사회의 정년연장 논의에 구조적인 영향을 받고 있다.

정년환원은 일할 수 있는 생애기간의 분배와 관련되며 이는 '분배공정성'과 연결된다. 하지만 정년환원 정책이 완전하게 출연연의 인력유지 정책에 핵심적인 정책으로 정착하기 위해서는 매개변수로 '사회적 정년연장의 합의'라는 정책적 방향성이 명확해야 한다. 지금 우리 사회는 정년연장에 대해 치열하게 논의 중이기 때문에 '사회적 정년연장 합의'라는 매개변수의 역할이 부족해 정년환원의 문제는 우수연구원 제도 등을 유지하는 선에서 불완전한 상태로 머물고 있다고 할 수 있다.

제6절 출연연 비정규직의 정규직 전환 정책의 분석

1. 비정규직의 정책 배경

비정규직이 IMF 이후 증가했다는 점을 고려해 김대중 정부부터 문재인 정부에서 시행했던 정책과 제도를 대상으로 살펴보고자 한다. 김대중 정부는 제도 개선을 통해 공공부문 인력의 효율적 관리와 정부 조직의 민영화, 그리고 슬림화 등을 목적으로 공공부문의 기능축소, 기관통폐합, 주요업무 선별, 핵심업무의 인력감축, 주변업무의 외주화 등을 시도하였다. 그리고

「행정기관 조직 및 정원에 관한 통칙」 및 「지방자치단체의 행정기구와 정원 기준 등에 관한 규정」을 개정하여 중앙정부 및 지방행정기관의 기구와 인력축소를 단행하여 비정규직의 규모를 확대하였다. 1998년부터 2000년까지 공공부문의 인력은 727,000명이 감축되었고, 그 이후에도 상시적 구조개혁 시스템을 도입하여 각 지자체 및 공공부문에서 비정규직의 채용을 할 수밖에 없었다(유성규 외, 2017). 이는 결국 비정규직의 양적 규모 확대로 이어졌다.

노무현 정부에서는 민간부문의 비정규직의 문제를 해결하기 위해 2003년 「비정규직보호법」을 발표하였고, 공공부문의 비정규직의 문제를 해결하기 위해서 2006년 「공공부문 비정규직 종합대책」을 발표하였다(김상광·윤광석, 2019). 그러나 정부의 노력에도 불구하고 오히려 「공공부문 비정규직 종합대책」은 무기계약 직군을 확대하는 결과를 낳았다. 이후 발표된 「기간제 및 단시간근로자 보호 등에 관한 법률」, 「총액인건비제도」를 통해 공공부문의 상시적 구조조정 체계를 만들어 각 기관이 인력을 유연하게 활용할 수 있도록 하였으나 이 역시 각 기관들이 예산을 절감하기 위해 정규직을 채용하기보다 비정규직을 채용하는 발판이 되었다고 할 수 있다(유성규 외, 2017).

이명박 정부는 공공부문의 특성을 고려한 비정규직 대책을 마련하여 고용안정 및 근로조건 등을 개선하고자 하였다. 이에 비정규직을 활용하되 정규직과 비정규직 간의 격차 해소에 중점을 두어 2008년, 2011년에 비정규직 종합대책을 발표하였다(김상광·윤광석, 2019). 이때 정부에서 발표한 비정규직 종합대책에 대해 간략하게 살펴보면, 상시·지속적인 업무에 대해서 무기계약직으로 전환하도록 하였으며, 비정규직 처우개선을 위해 용역

근로자 근로조건 보호, 그리고 고용개선 강화에 대한 내용을 포함하고 있었다. 아울러 정규직전환 시 비정규직의 경력을 인정하여 정규직과의 경력인정 차별을 해소하고자 하였다. 이러한 종합대책은 근로자 처우개선에 대한 내용을 포함하고 있다는 점에서 높게 평가할 수 있으나 비정규직의 핵심 문제인 임금에 대한 내용은 배제되었다는 점에서 비정규직의 문제를 해결하기에는 한계점이 있었다.

박근혜 정부는 비정규직과 저임금 근로자를 보호하기 위한 정책을 내놓았는데 '고용률 70%', '일자리 늘/지/오', '양질의 시간제 일자리'를 발표하면서 일자리 문제를 해결하고자 하였다(노중기, 2014). 이후 정권이 교체되면서 문재인 정권은 지속되는 일자리 문제를 해결하기 위해 국정과제 1순위로 일자리 정책을 내세우면서 공공부문 비정규직 제로화 정책을 발표하였다. 하지만 비정규직 문제 해결을 위한 정책은 양적인면에 집중되었다.

2. 출연연 비정규직의 정규직 전환 체계

2017년 10월 과학기술정보통신부는 「출연연 비정규직의 정규직 전환 가이드라인」을 발표하고, 이에 따라 출연연에서 상시·지속 업무를 수행하는 비정규직 근무자의 정규직 전환을 본격적으로 추진하였다. 가이드라인은 2017년 7월 20일에 관계부처 합동으로 발표한「공공부문 정규직 전환 가이드라인」의 후속조치로, 정부의 공공부문 정규직 전환 정책의 원칙 안에서 출연연의 특성을 최대한 반영하여 마련된 것이었다.

과학기술분야 25개 출연연은 기관별 임무에 따라 다양한 주제의 연구를 수행하고 있고, 연구기관 특성 상 연구과제 수행에 필요한 전문연구인력,

연구보조인력 등을 비정규직 형태로 운영해 온 경우가 많았다. 따라서 각 기관별로 비정규직의 운영 방식, 비정규직 근무자가 수행하는 업무 특성이 다양하여 일률적인 기준을 적용하는 데 애로가 있었다. 이에, 2017년 7월부터 10월까지 출연연, 노조, 전문가 등과 총 15회의 의견 수렴을 거쳐 출연연별로 기관의 임무, 인력운영 방식 등을 고려하면서도 정규직 전환이 적극적으로 이루어질 수 있도록 공통의 가이드라인을 제시했다.

과기정통부 가이드라인에서는 정부 정책 취지에 맞게 상시·지속업무는 정규직으로 전환한다는 원칙하에, 출연연의 경우 상시·지속 업무에 대한 해석은 그 범위를 확대할 수 있도록 하고 있다. 예를 들면, 연구 프로젝트 수행을 위해 채용한 비정규직 인력이라도, 통상적으로 계약을 연장해가며 다년 간 또는 다수의 프로젝트를 수행하는 등 그 간의 운영 형태에 따라 상시·지속 업무로 간주할 수 있도록 했다. 또한 출연연의 연구 수행 시 안전과 관련이 있거나 폭발물·유해물질 처리 등 위험도가 있는 업무는 정규직화 한다는 원칙을 정하였다.

전환대상 업무가 결정되면, 해당 업무를 수행 중인 '현 근무자'를 대상으로 최소한의 평가절차를 거쳐 정규직으로 전환하되, 평가 절차를 진행하는 과정에서 연구업무의 전문성 등의 합리적인 사유가 있는 경우에만 경쟁채용방식 적용이 가능하도록 했다. 동 경우에도 「정규직 전환 심의위원회」에서 기관이 제시한 합리적인 사유와 현 근무자의 의견 등을 종합적으로 고려하여 심의함으로써 정당성을 확보해야 했다. 또한 경쟁채용 업무를 수행하고 있는 비정규직 인력에 대해서는 이미 체결된 고용계약 기간을 보장하도록 하였다.

출연연은 기관별로 「정규직 전환 심의위원회(기간제)」와 「정규직 전환

협의기구(파견·용역)」를 구성하고, 전환계획을 수립한 후 과기정통부와 협의, 기관별 내부규정 상 절차에 따라 전환계획을 확정한 뒤 본격적으로 정규직 전환을 추진하였다. 기간제의 경우, 가이드라인 상 2017년 12월까지 정규직 전환계획(전환대상 업무, 전환인력 선정기준, 방식, 일정 등)을 확정한 후, 2018년 3월까지 가급적 전환절차를 완료할 계획이었으며, 파견·용역의 경우에는 2017년 12월까지 정규직 전환계획(전환대상 업무, 전환인력의 선정기준, 방식, 일정, 임금체계, 정년, 처우 등)을 확정하고, 2018년부

(그림 1) 비정규직의 정규직 전환 추진 절차

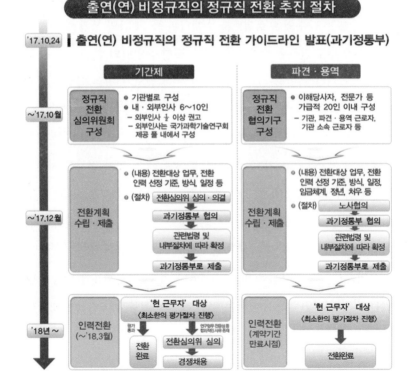

터 민간업체의 계약기간 종료 시점에 전환을 추진한다는 계획이었다.

박사후연구원, 학생연구원 등은 정규 직업을 갖기 전 연수를 목적으로 한다는 점과 향후 연수인력의 운영 필요성 등을 고려하여 정규직 전환 대상에서 제외하고, 향후 '(가칭)연수직'을 신설하여 별도로 관리하되, 적정한 임금체계 마련, '과제기반 테뉴어 제도' 도입, 복리후생 개선 등을 통한 고용안정과 처우개선을 지속적으로 추진할 계획을 마련하였다. 출연연에서도 상시·지속적인 업무의 신설 또는 결원 시 처음부터 정규직으로 고용하는 인력운영 체계를 지속적으로 구축해나갈 계획이었다.

과기정통부는 그동안 우수인력 확보가 무엇보다 중요한 연구기관의 특성과 출연연 연구일자리 진입 경쟁에서의 '경쟁기회 공정성' 등을 고려하여 '현 근무자' 전환이 아닌 경쟁채용을 확대해야 한다는 목소리 보다는 연구기관이라고 하더라도 현재 연구 성과에 기여하고 있는 '현 근무자'의 고용안정을 우선으로 고려하는 것이 정책의 취지에 더 부합한다고 판단했다. 다만, 고도의 전문성을 요하는 등 경쟁채용 방식을 적용할 필요가 있는 연구업무가 있을 수 있다고 판단하여 합리적인 사유가 있는 경우 경쟁채용이 가능하도록 명시했으나, 이 경우에는 '정규직 전환 심의위원회'의 심의를 거쳐 객관성과 정당성을 확보한 경우에 한해 적용할 수 있도록 객관적인 절차를 마련하였다.

3. 출연연 비정규직의 정규직 전환 구조 분석

2014년 6월에 발표된 박근혜 정부의 「출연연구기관 연구 비정규직의 정규직 전환 가이드라인」과 2017년 10월 발표된 문재인 정부의 「출연연 비정규직의 정규직 전환 가이드라인」은 형식면에서 일견 유사하지만, 박근혜 정부의 가이드라인에서 추상적이고 선언적으로 표현된 부분이 문재인 정부의 가이드라인에서는 보다 구체적으로 제시된 점이 대비된다.

먼저 전환 대상의 경우 박근혜 정부의 가이드라인에서는 연구 업무로 한정되었으나, 문재인 정부의 가이드라인에서는 안전 관련 업무가 포함되는 등 범위가 확대되었으며, 상시/지속성의 기준 또한 좀 더 구체화되었다. 큰 차이는 전환 절차 및 규모에서 드러나는데 박근혜 정부의 가이드라인에서는 '정규직 채용 절차에 준하는 심사'를 거쳐 전환을 실시해 비정규직을 '일정 수준으로 감축'하도록 하였고, 실제 확정된 전환계획에 따르면 전환 인원은 2014년, 2015년 합쳐 230명으로 전체 비정규직 인력의 5%도 되지 않아 실효성에 대한 비판이 제기된 바 있다. 반면 문재인 정부의 가이드라인에서는 '최소한의 평가 절차'에 의해 전환을 진행하도록 되어있으며, 전환규모는 명시되어 있지 않으나 추후 비정규직을 원칙적으로 채용하지 않도록 명시하고 있다.

종합해보면 박근혜 정부의 가이드라인에 비해 문재인 정부의 가이드라인이 전환 대상 업무와 인력에 대해 보다 구체화하여 일부 진전된 측면이 있다고 볼 수 있었다. 그러나 정책 성공을 위한 중요한 요소인 재원 마련 부분에서는 전혀 진보가 없었다. 박근혜 정부의 가이드라인과 문재인 정부의 가이드라인에서 제시된 전환 인력의 인건비 확보 방안은 완전히 동일한 내용으로, 총 출연금 중 전환으로 인해 증가하게 되는 인건비만큼을 다른 항목, 즉 경상비나 사업비에서 충당하도록 되어있다.

간단히 말해 각 기관은 배정된 예산 내에서 다른 비용을 줄여 인건비를 충당해야 하고, 정부의 추가 예산 배정은 없다는 얘기다. 인건비 대책이 없다보니 한국일보(2018.1.23.)의 보도에 따르면 출연연 현장에서는 비정규직 연구원의 정규직 전환을 앞두고 비정규직 연구원의 계약을 연장하지 않고 '사실상 해고' 하는 일도 벌어졌다. 현재 출연연은 인건비를 정부가 출연하는 출연금(정부출연금)과 각 출연연이 외부에서 수주하는 수탁연구비(수탁사업비)로 충당하고 있는데, 매년 외부 수탁사업비로 충당할 수 있는 인건비 규모는 출연연이 예측할 수도 없고 일정 규모 이상으로 보장되지도 않는다. 따라서 한국일보(2018.1.23.) 보도에 나온 사례는 출연연이 비정규직 연구원의 계약을 연장하지 않음으로써 향후 정규직 전환에 따른 재원 부담을 줄이고자 하는 목적에서 기인한 것으로 볼 수 있다.

출연연의 예산 구조를 보면, 수입 형태에 따라 크게 정부출연금과 수탁사업비로 나눠지며, 지출 형태에 따라 인건비, 경상비, 사업비로 나눠진다. 현재 회계기준상 인건비는 정규직(그리고 무기계약직)의 인건비만을 포함하며, 비정규직의 인건비는 행정직은 경상비에, 연구직은 사업비에서 지출되는 구조이다. 그동안 추진된 비정규직 처우 개선 정책을 통해 현재 공식적으로 정규직과 비정규직의 급여 차이는 없으므로, 비정규직의 정규직 전환으로 인한 실질 인건비 증가는 크지 않을 것으로 예상된다. 비정규직에게 지급되는 규모만큼의 경상비 및 사업비가 인건비 항목으로 넘어갈 뿐이기 때문에 추가 예산이 필요하지 않는 것처럼 보이나, 현재 출연연 인력 구조 및 PBS 제도 특성을 고려하면 몇 가지 우려되는 문제점이 있다.

PBS(Project Based System, 연구과제중심제도)하에서 출연연 직원들의 인건비는 일정 부분만 정부출연금에서 충당되고, 나머지 부분은 수탁사업을 통해 외부에서 충당해야 하는 구조로 되어 있다. 일반적으로 출연연에서는 정규직 연구책임자 개개인이 독립된 성격의 연구팀을 운영하고 있으며, 비정규직, 연수연구원, 학생연구원 등이 이 연구팀에 소속되는 구조이다. PBS 제도 하에서 연구책임자는 소속 연구원의 인건비 및 연구 수행을 위한 연구비 확보를 위해 일정 비율 이상 과제를 수탁해야하는 책임이 있다. 전체 예산 중 출연금 비율은 기관별로 상이하나, 인건비 중 출연금이 차지하는 비중은 대체로 60% 내외이다. 비정규직의 정규직 전환은 PBS 대상이 되는 전체 정규직원의 증가를 의미하기 때문에, 비정규직 전환으로 증가하는 인건비는 출연금과 수탁사업으로 분배하여 충당해야 한다. 다만 출연금에는 기관운영에 필요한 경비 또한 포함되어 있기 때문에, 인건비 증가분을 출연금에서 충당하는 것은 한계가 있다.

따라서 단기적으로는 인건비 증가분의 대부분을 수탁사업으로 충당하게 될 가능성이 크다. 인건비 증가분을 수탁사업에서만 충당하려면, 수탁사업 수주를 그만큼 늘리거나 수탁사업 중 인건비 비중을 대폭 늘려야만 한다. 현재 운영되고 있는 경상비와 사업비 중 비정규직 인건비를 제외한 비용(실질직접비)이 실제 연구수행 및 행정 지원에 사용되고 있는데, 이 비용은 비정규직의 정규직 전환이 이루어지더라도 변함이 없다. 반면 비정규직의 정규직 전환은 정규직 연구원 수를 늘리게 될 것이다. 따라서 이 두 가지 예측을 종합하면 연구원 1명 당 투입되는 연구비 예산은 감소될 것으로 예상된다. 실질직접비가 연구 수행 및 행정 지원에 사용되고 있다는 점을 감안하더라도, 이는 각 연구책임자가 현재 연구 수행 규모(연구비 규모)를 유지하기 위해서는 추가적으로 과제를 수주해야 함을 의미한다. 아울러 현재 정부 연구개발 예산이 지속적으로 늘어나기 어려운 상황임을 고려하면, 과제 수탁 경쟁이 더 치열해질 것으로 예상된다.

그동안 PBS 제도의 단점으로 지적되었던 연구과제의 과다 수주 경쟁, 연구비 분배 불균등 현상, 그리고 이로 인한 연구의 질적 수준 하락 등의 문제가 더욱 심화될 가능성이 있는 것이다. 한편 비정규직 규모에 포함되지 않는 연수직(학생연구원, 박사후연구원 등) 인건비는 별도이다. 만약 이를 포함할 경우 실질직접비는 더 낮아진다. 게다가 신규 진입한 전환 인력들에 의해 연수직(학생연구원, 박사후연구원 등)의 고용 수요가 늘어날 것이므로 전체 인력 규모도 늘어나고, 인건비 필요 예산도 늘어날 것으로 전망된다. 이런 상황이 되면 출연연은 인력 규모에 비해 운영비가 부족하게 되므로, 신규 고용을 기피하게 되어 일각에서 우려하는 '고용절벽'이 현실화될 가능성도 있다.

요약하면 '문재인 정부의 가이드라인'은 이전보다 일부 개선된 정책 내용을 담고 있으나 재원 마련 등 구체적 정책 내용은 부족했다. 이로 인해 단기적으로는 일부 출연연이 정규직 전환에 따른 재원 부담을 줄이고자 비정규직 연구원의 계약을 연장하지 않는 '사실상 해고' 사례가 발생했다. 또한 중장기적으로는 연구과제 과다 수주 경쟁 및 이로 인한 연구의 질 하락, 그리고 고용절벽도 우려된다. 이처럼 파생될 수 있는 문제점에 대한 대책이 전환 정책 실시 전에 함께 고려되어야 함에도 이에 관한 정부의 대책은 나온 바 없었다. 향후 비정규직의 정규직 전환 정책이 정부가 당초 기대한 정책 목표 달성에 기여하기 위해서는 재원 마련 등 정책 개선이 필요하다.

4. 정책효과 분석: 출연연 비정규직의 정규직 전환 정책의 공정성

출연연 비정규직의 정규직 전환 정책은 기존에 일하고 있는 비정규직의 신분을 정규직으로 전환하여 안정적인 일자리와 신분을 제공하는 것이다.

이는 기존 인력을 신분전환을 통해 계속 유지하는 것으로 출연연이 이제까지 시도해 보지 않은 인력유지 정책의 대표적인 사례이자 출연연의 인력구조를 단기간에 변화시킨 정책이다.

조직공정성 이론의 관점에서 보면 출연연이라는 조직 내부에서 안정적으로 일할 기회를 분배한 것이기 때문에 분배공정성과 연결되어 있으나 그 기회의 제공과 함께 전환 과정도 중요한 정책이기 때문에 절차공정성의 문제와도 깊은 연관성이 있다. 또한 전환대상자들이 개별적으로 느끼게 되는 상호작용공정성의 문제와도 깊게 연결된다. 특히 이를 전체 사회로 확대해 보면 그 당시 근무하고 있지 않은 젊은 연구자의 취업기회를 빼앗은 것으로 볼 수 있기 때문에 사회적 맥락에서는 일할 수 있는 기회의 분배공정성이 제대로 실현되지 못한 정책이라 할 수 있다. 소위 '인천국제공항사태'와 같은 사회적 갈등의 일으켰다는 점에서 정책효과도 부정적이다.

정부는 조직공정성 이론의 관점에서 분배공정성, 절차공정성, 상호작용공정성을 고려하지 않았고 정부의 광범위한 공공영역의 정책 개입 자체가 매개변수 내지 조절변수로 부정적인 영향을 미쳤다고 할 수 있다. 그리고 이것이 연구현장에서 일으킨 갈등과 소모적인 정책집행 과정의 유무형의 비용까지 고려한다면 일부 비정규직 인력을 전환하기 위해 출연연이 치룬 비용과 대가는 크다고 할 수 있다. 예를 들면, 전환인력의 인건비 지원이 없이 출연연 주요사업비를 일부 인건비로 전환하여 출연연이 안정적으로 연구할 수 있는 연구비 재원이 부족하게 되었고, 단기간에 많은 연구자가 전환되어 인건비 부담을 가진 정부가 신규 연구인력 배정을 소극적으로 만든 주요 원인을 제공하게 되었다.

제7절 결론 및 정책 방향 : 출연연 인력유지 정책의 핵심이념으로서 공정성 확보

조직공정성 이론의 관점에서 앞서 살펴본 세 가지 인력유지 정책의 공정성을 다음과 같이 분석할 수 있을 것이다.

주52시간 정책은 비금전적 근로조건에서 시간의 분배공정성을 달성했고 연구회를 중심으로 정부의 정책을 체계적으로 도입하고 정착시켰으며 그 과정에서 재량근로제를 적극 도입하여 관련 연구기관의 모델이 되었다. 이는 연구회 중심으로 출연연에 맞는 주52시간 제도를 설계하고 이를 정착시킨 것으로 절차공정성의 측면에서도 우수하다고 평가될 수 있다.

정년환원 관련 정책은 출연연이 정년연장이라는 혜택을 우수연구원, 정년후재고용 제도를 통해 비교적 적절하게 분배하고 있으며 선발절차도 비교적 적절하게 운영되고 있다. 하지만 정년연장이라는 사회적 논의와 맞물려 대학과 같은 65세 정년을 제도적으로 확보하지 못했고 이는 조절변수로서 사회적 여론과 가치에 크게 영향을 받고 있는 것으로 볼 수 있다.

비정규직의 정규직 전환 정책은 출연연 내부로만 놓고 보면 안정적 고용유지 기회를 분배하고 그 절차도 연구회 중심으로 비교적 적절히 수행되었다고 볼 수 있다. 하지만 전체 청년과학기술인의 고용과 기회균등의 측면에서는 불공평한 정책이었으며 특히 대인적 처우의 방식이라는 상호작용공정성 측면에서는 실패한 정책이라 할 수 있다.

과학기술 출연연은 학계 및 산업계와 더불어 과학기술 인력을 양성하고 이들이 전문성을 발휘할 수 있는 기회와 환경을 제공해 주는 역할을 한다. 학계의 경우 과학기술 인력을 양성하는 것이 주된 역할이지만 출연연과 산업계는 이들에게 양질의 일자리 및 연구환경을 제공하는 것이 더욱 중요하다고 할 수 있다. 양질의 일자리 및 연구환경의 제공은 과학기술 인력이 유입되도록 하는 것과 함께 이들이 과학기술 출연연에서 잘 성장하고 유지되도록 하는 것을 의미하며, 인재가 만족하고 의욕을 갖고 일할 수 있는 연구환경을 마련하는 것이 이러한 인력유지 정책의 핵심이라 할 수 있다.

　연구환경의 개선 및 연구자들 간의 관계 개선, 노사관계의 안정, 합리적인 근무환경의 유지 및 발전, 근로생활의 질 향상 등은 인력유지를 위한 대표적인 정책목표라 할 수 있다. 특히 과학기술 출연연은 국가의 대표적 연구기관으로서 이에 합당한 인력유지 정책이 중요하다고 할 수 있으며 공공기관으로서의 보편성과 함께 과학기술 출연연의 수월성, 자율성, 독립성이라는 특수한 성격을 조화시키는 것이 중요하다고 하겠다. 앞서 살펴본 바와 같이 근로환경 개선을 위한 과학기술 출연연 주52시간 제도 및 재량근로제 도입, 안정적인 연구환경에서 지속적으로 근무하게 하는 출연연 연구원의 정년연장과 우수연구원 제도, 기존 인력의 지속적인 활용을 위한 출연연 비정규직의 정규직 전환 등은 대표적인 인력유지 정책이자 과학기술 출연연의 특수성과 공공기관의 보편성을 조화시키기 위해 노력한 정책이라 할 수 있다.

〈표 6〉 공정성 이론에 따른 정책 분석 결과

정책명	공정성 정도		
	분배	절차	상호작용
주52시간 정책	우수	우수	보통
정년환원 관련 정책	보통	보통	미흡
비정규직의 정규직 전환 정책	보통	보통	미흡

각각의 정책은 도입과 운영에서 때로는 갈등을 불러일으키기도 하고 정부주도의 일방적 정책 환경에 영향을 받아 정책이 도입되는 과정에서 출연연의 특수성을 반영하지 못하기도 했다. 앞서 언급한 정책들은 출연연뿐만 아니라 공공부문의 공통적인 이슈로서의 성격이 강하며 변화하는 사회를 반영한 정책이란 점에서 출연연도 이러한 사회·정책적 변화에 적응할 필요가 있다. 앞으로 과학기술 출연연은 변화하는 사회와 국가의 정책에 적응하면서 출연연의 공공연구기관이라는 고유한 특성을 해치지 않도록 인력 관련 정부의 정책을 비판적으로 수용하는 정책적 역량을 길러야 할 것이다. 이러한 정책적 역량은 안정적 연구환경을 조성하는데 집중되어야 하며 이를 위한 핵심이념으로 '조직공정성'의 가치를 정책입안과 수행과정에서 염두해 두어야 할 것이다.

참고문헌

김상광·윤광석(2019). "정부의 일자리 정책변동에 관한 연구: 노무현, 이명박, 박근혜, 문재인 정부의
　　공공부문 비정규직 정책을 중심으로", 중앙대학교 국가정책연구소, 33(1).

노중기(2014). 박근혜 정부 노동정책에 관한 비판적 고, 노동포럼, 경제와 사회.

손여옥(2020). 고령자 고용안정에 관한 일본 입법례, 국회도서관 최신 외국입법정보 통권 제146.

유성규외 5인(2017). 공공부문 비정규직 고용현황과 과제, 한국노총 중앙연구원 연구총서.

한국노동연구원(2015). 임금 및 생산성 국제비교 연구.

한요셉(2019). 60세 정년 의무화의 영향: 청년 고용에 미치는 영향을 중심으로. KDI.

Adams, J. Stacy(1963). "Towards an Understanding of Inequity", The Journal of
　　Abnormal and Social Psychology 67(5): 422-436.

Bies, R. J. & Moag, J. F. (1986). Interactional justice: Communication criteria of
　　fairness. in R. J. Lewicki.

Blau, P. (1964). Exchange and power in social life. New York: Wiley. Experimental
　　Social Psychology, 45(5): 1148-1151.

Feuille, P. and Delaney, J.T.(1992). "The Individual Pursuit of Organizational
　　Justice: Grievance Procedures in Nonunion Workspaces" in Ferris, G.W.
　　and Rowl, K.M.(eds.), Research in Personnel and Human Resources
　　Management, 10, 187-232. Greenwich, CT, JAI Press.

Greenberg, J. (1990). Organizational justice: Yesterday, today, and tomorrow.
　　Journal of Management. 16. 399-432.

Homans, G. C. (1961). Social Behavior: Its elementary forms. London: Routeledge
　　& Kegan Paul.

Leventhal, G.S.(1980). "What Should Be Done with Equity Theory? : New Approaches
　　to the Study of Fairness in Social Relationships" in Gergen, K.J., Greenberg,
　　M.S. and Willis, H.(eds.) Social Exchange: Advances in Theory and Research.
　　New York: Plenum, 27-55.

OECD(2018). Working Better with Age : Korea.

Rawls, John(1971). A Theory of Justice, Cambridge, MA: Harvard University Press.

Sheppard, B.H., Lewicki, R. and Minton, J.(1992). Organizational Justice. New York: Lexington Books.

Solomon, Robert C. and Mark C. Murphy(2000). What Is Justice?: Classic and Contemporary Readings, Oxford University Press, Incorporated.

Turner, Jonathan(2007). "Justice and Emotions", Social Justice Research 20(3).

Tyler, Tom R.(2011). "Trust and Legitimacy: Policing in the USA and Europe", European Journal of Criminology 8(4): 254-266.

재정 정책

제5장 재정확보 정책(1) – 최원재

제6장 재정확보 정책(2) – 장문영·오현정

제7장 재정관리 정책 – 이상길

제**5**장

과학기술 출연연의 안정적 재정확보를 위한 예산편성제도 연구

최원재

제1절 서론

우리나라는 1962년 「제1차 기술진흥 5개년 계획」을 시작으로 지난 60여 년간 국가 성장 패러다임 속에서 국가 R&D 투자 규모를 지속적으로 확대하여 왔으며, 어느덧 30조원에 육박하게 되었다. 국가과학기술연구회 산하 과학기술분야 정부출연연구기관(이하 '출연연'이라 한다)의 예산 규모도 5조원으로 확대되었으며 관련 인력규모도 15,000여명으로 확대되었다. 그러나 정부의 이러한 대규모 R&D 투자가 효율적으로 이루어지고 있는지에 대한 의문은 계속 제기되고 있다. 즉, 오늘날 출연연의 외형적 성장에도 불구하고 수월성 있는 질적 연구성과가 부족하다는 의견이 많으며, 연구자들도 좋은 연구성과를 내기 위해 연구에 집중할 수 있도록 제도개선을 해달라는 목소리가 지속적으로 나오고 있다(최원재외, 2022)

국가 R&D 정책을 총괄하는 과학기술정보통신부는 그동안 매년 "국가연구개발 투자방향 및 기준(안)"을 발표하고, 기획재정부는 이를 반영하여 매년 "예산안 편성 및 기금운영계획안 작성지침(안)"을 마련하고 있다. 이러한 지침을 근거로 매년 출연연에 대한 출연금 예산 배분과 함께 각 부처별 R&D 예산이 편성되고, 출연연, 대학, 기업 등에 수탁사업으로 다시 재배분 되고 있다. 그러나 실제로 이러한 정부의 출연연 예산편성방향에 따라 적재적소에 예산이 배분되어 효율적으로 연구개발이 수행되고 있는지에 대한 체계적 분석은 많지 않은 상황이다. 국가과학기술연구회 산하 과학기술분야 정부출연연구기관은 (그림 1)과 같이 2023년 기준 약 5조원 이상의 예산을 사용하고 있으며, 이는 우리나라 과학기술예산의 약 20%[1]를 차지하고 있다. 출연연의 예산규모는 1994년 6천3백억원에서 27년만에 약 8배 증가하였다. 출연연의 수입구조는 크게 정부출연금과 정부수탁사업 등의 자체수입으로 구성되며, 출연금은 2023년 기준 약 2조원 규모이고, 자체수입은 약 3.6조원 규모로 나타났다. 그러나 전체 국가연구개발 예산이 30조

(그림 1) 연도별 출연연 예산구조 변화

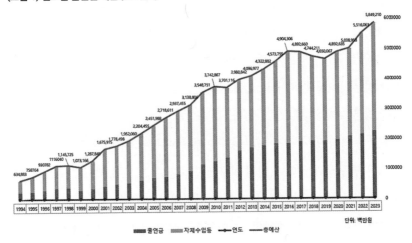

출처: 과학기술정보통신부(2018c) 및 국가과학기술연구회 연도별 사업계획 및 예산(안) 참조 재구성

---

1) 2021년 국가연구개발 예산은 전체 26조 5,791억원이었다. 국가과학기술연구회 산하 25개 출연연을 포함하여 과학기술분야 모든 출연연을 대상으로 할 경우 약 9조6천억원으로 전체의 36%를 차지한다 (과학기술정보통신부, 2022).

원이 넘어서는 기간동안 25개 출연연의 출연금 규모는 전체 2조원까지만 확대되었다는 점은 출연연의 안정적 연구환경이 어렵다는 점을 단적으로 보여준다고 볼 수 있다.

이러한 원인으로 인해 매년 출연연의 예산 계획과 결산에 일정부분 차이가 발생하고 있다. 그 이유는 당초 출연연이 차년도 예산계획을 수립할 때 계획했던 대로 정부수탁과제와 민간수탁과제 수주가 되지 않고 있기 때문이다. 어떤 기관들은 당초 계획대비 수탁과제를 너무 많이 수주하는가 하면 어떤 기관들은 계획 대비 너무 적게 수주하게 되어 기관 운영의 어려움까지 겪고 있다. 또한 25개 과학기술분야 출연연은 정권별로 새롭게 제시되는 정책기조와 정책목표를 달성하기 위해 기존 연구 뿐만 아니라 새로운 연구를 위한 안정적이고 충분한 예산 확보가 중요한 목표가 되었다. 또한 안정적 연구비 뿐 아니라 연구인력의 인건비 지급과 기관운영을 위한 경상비의 확보를 위해서도 정부수탁 등의 자체수입에 대한 부담이 매년 되풀이 되고 있다.

결과적으로 출연연이 연구와 기관운영을 위해 필요한 인건비, 직접비, 경상비를 확보하기 위해 기관 고유의 임무 및 역할과 관계없이 타 출연연, 대학, 산업체 등과 무리한 예산 확보 경쟁을 수행함으로써 국가 전체적으로 매년 엄청난 비효율적 R&D가 추진되고 있다. 이는 근본적으로 정부가 출연연의 특성을 고려하지 않고, 일률적으로 국가 연구개발 예산 배분 정책을 수행하는 데에 근본적인 원인이 있다고 볼 수 있다. 다시 말해 출연연의 재정확보의 문제는 정부의 출연연 예산편성 제도의 적용에 대한 문제이며, 본 연구에서는 정부의 출연연 예산 편성제도의 현황과 변동과정을 살펴보고, 올바른 출연연 재정정책 설계를 위한 정책적 시사점을 제시하고자 한다.

본 연구의 범위는 정부의 연구개발 예산편성 제도의 맥락과 특성을 파악하기 위하여 하향식 예산평성제도가 본격 도입된 노무현 정부가 시작된 2002년부터 2023년 현재의 윤석열 정부까지의 예산 편성제도를 분석범위로 하였다.

제2절 이론적 논의 및 분석의 틀

1. 출연연 예산편성제도의 이론적 검토 및 기존연구 고찰

1) 예산편성제도의 이론적 검토

예산편성과정은 세입과 세출의 전체 규모와 배분을 결정해 나가는 과정이라고 할 수 있으며, 크게 상향식 예산과정과 하향식 예산과정으로 구분된다(하연섭, 2022). 즉, 각 부처의 실무부서가 각 부처의 예산담당기관으로 예산을 신청하고 조정을 거친 후, 다시 중앙예산기관으로 예산요구서를 제출하여 여기서 다시 조정을 거치는 상향적 예산편성제도(bottom-up process)와 예산의 전체 규모가 미리 정해진 후 예산의 분야별 배분과 부처별 지출한도가 결정되고 이에 따라 각 사업별 예산규모가 정해지는 하향식 예산편성제도(top-down process)로 나뉜다(하연섭, 2022). 우리나라에서는 하향식 예산편성제도를 총액배분자율편성 예산제도라고 부르고 있으며, 2004년도부터 도입하고 있다. 현재의 총액배분자율편성 예산제도는 참여정부 출범과 함께 국가재정운영계획, 성과관리제도, 디지털예산회계시스템과 함께 4대 재정개혁의 일환으로 도입되었다(김은지외, 2016). 주요 선진국의 경우 재정적자 및 국가채무를 효과적으로 관리하고자 하향식 예산제도를 도입하였으나, 우리나라의 경우 도입 당시 재정건전성이 우려할 수준이 아니었다. 당시 참여정부가 지향하는 '분권', '참여' 가치가 도입배경이 되었다고 볼 수 있다(강태혁, 2006; 김은지외, 2016 재인용).

예산편성 과정은 기술적·합리적 측면도 있지만 보다 근본적으로 정치적 타협의 과정이라고 할 수 있다. 이러한 측면에서 예산편성과정을 예산결정과정으로 볼 수 있다. V.O. Key는 1940년대 그가 썼던 "The Lack of a Budgetary Theory"를 통해 예산 배분의 효율을 높이는 미시 경제적 해결책을 제공함으로써 공공 예산에 자체 이론이 없는 문제를 해결하려고 하였다(Aman Khan et al, 2002). Vern Lewis(1952)는 전통적인 미시경제적 이론이 공공 예산의 배분을 합리적으로 할 수 있는지 설명하려고 노력하였다. Wildavsky(1961)는 예산배분에서 정치적인 타협의 과정에서 점진적인 조정을 통해 자원배분이 결정된다고 주장하였고, 이러한 점증주의이론이 상향적 예산편성제도의 대표적인 예라고 볼 수 있다(Aman Khan et al, 2002). 그러나 미국에서 1970년대를 끝으로 경제가 지속적으로 팽창하는 것이 멈추고, 다원주의적 정치질서가 끝나면서 재정적자의 누적과 국가채무의 증가하면서 상향적 예산편성제도를 대체하여 하향식 예산편성제도가 도입되었다. 한편, Mosher(1954)는 관료의 행동과 부처간의 경쟁을 중요하게 평가해야 한다고 주장하였다. Niskanen(1971)은 관료가 효용극대화의 선호를 가지고 있고 의회와의 관계에서 정보독점의 우위로 예산극대화를 추구한다고 주장하였다(이정희, 2010). 한편으로 다른 사람들은 반드시 하나의 예산이론만 적용하는 것이 아니라 문제되는 예산에 특화되는 이론들의 셋을 적용할 것을 주장하였다(Schick, 1988; Aman Khan et al, 2002). Albert Hyde(1992)는 예산과정은 "부분적으로 정치적이고, 부분적으로 경제적이고, 부분적으로 회계적이며, 부분적으로 행정적이다"고 주장한다. 즉, 국가별 차이, 어느분야의 예산인지 등에 따라 어느 하나의 지배적 예산이론만 적용되는 것이 아니라, 예산이론간의 경쟁과 종합적 적용을 통

〈표 1〉 주요 예산결정이론

구분	내용
총체주의	총체주의는 1940년대 미국에서 키(V.O.Key, Jr)의 질문인 "A사업 대신 B사업에 ○○달러를 배정해야 하는 근거는 무엇인가?"라는 질문에 대한 응답에서 나왔으며, 경제적 합리성에 기반하여 모형을 구성하고 최적의 해결 방안을 모색하는 이론이다. 대표적인 예로서 영기준예산(ZBB)과 계획예산(PPBS)를 들 수 있다. 그러나 현실적으로 예산당국이 매년 원점에서 전체 사업을 재검토하기에는 어려움이 있다.
점증주의	점증주의는 윌다브스키(A. B. Wildavsky)가 주장한 예산결정이론으로 일반적으로 예산 결정은 전체적인 혹은 종합적인 관점(총체주의)에서 결정하는 것이 아니라 재원배분의 현실적 상황을 인정하여 전년도 대비 일정 규모의 증가에 그치는 점진적인 방식으로 진행된다는 것이다.
공공선택이론	공공선택이론은 니스카넨(W.A.Niskanen)이 신고전경제학의 가정에 기초해 예산관료의 행태를 분석하면서 등장한 이론으로 관료는 공익을 대변하는 합리적 대리인이 아니라 자신의 효용을 극대화하기 위한 이기적인 합리성을 따르는 경제적 주체로 가정한다. 즉, 권력의 극대화를 위해 소속 부서의 예산을 극대화하려고 하며, 실제 비용이 예산에 의해 충당되어야 한다는 점에 대해서만 신경을 쓴다고 주장한다.
다중합리성이론	다중합리성이론은 서메이어(K. Thumaire)와 윌로비(K Willoughby)가 주장한 이론으로 예산과정이 하나의 관점에서 일관성 있게 전개된다는 전통적인 예산결정이론은 현실성이 약하며, 현대 예산의 복잡성을 고려하면 현실에서 재원이 배분되는 것은 예산 결정과정의 다양한 각 단계별 특성들이 복합적으로 작용하기 때문이라고 주장한다.
단절적 균형이론	단절적 균형이론은 예산의 배분 형태가 항상 일정하게 유지되는 것이 아니라 특정 사건이나 상황에 따라 균형 상태에서 급격한 변화가 발생하고 이후 다시 균형을 유지한다는 예산결정이론으로, 대표적인 학자로는 바움가트너(F. Baumgarter)와 존스(B. Jones)가 있다.

출처: 이종수외(2022)

해 현상을 설명하고 분석하는 것이 합리적이라고 볼 수 있다. 이밖에 주요 예산결정으로는 〈표 1〉과 같이 총체주의, 공공선택이론, 다중합리성이론, 단절적 균형이론 등이 있다(이종수외, 2022)

2) 출연연 예산편성제도의 기존연구 고찰

예산편성제도와 관련 선행연구로는 예산결정이론을 적용하여 예산결정에 영향을 미치는 요인에 대한 연구(이현숙, 2011; 엄익천외, 2011; 진상기 2013, 박소희 2014)와 예산이론들의 비교평가를 한 연구(이정희, 2010), 현재의 예산편성제도인 총액배분자율 예산편성제도에 대한 연구(김은지, 2016) 등이 있다. 또한 신제도주의 이론을 적용하여 출연연의 예산결정 및 예산제도의 변화과정 및 실태를 분석(김학삼외, 2018; 박기주, 2014)한 연구와 복잡계이론을 적용하여 정부출연연의 재정지원 정책변화를 분석한 연구 등이 있다(박웅외, 2019).

이현숙(2011)은 예산결정요인 분석을 통한 정부 R&D 재정소요추정 방법론을 탐색하였다. 즉, R&D 예산 결정에 영향을 미치는 요인으로 크게 와그너 법칙과 톱니효과를 도출하였다. 와그너 법칙은 경제규모 확대는 예산확대를 야기한다는 법칙으로 R&D 예산과 경제규모가 선순환 관계를 가진다고 하였다. 또한 톱니 효과는 R&D 분야의 특성상 급격한 예산 확대 후 예산의 축소가 불가하며 지속적인 예산 증가가 필연적이라는 논리이다. 예산결정이론으로는 점증주의 요인으로 R&D 예산의 증가를 설명할 수 있고, 일부 단절적 균형의 형태도 관찰된다고 분석하고 있다.

김은지외(2016)는 상향식 예산제도인 총액배분자율편성 예산제도의 이상과 현실의 괴리에 대해 분석하였다. 총액배분자율편성 예산제도가 실효성을 거두기 위해서는 중앙예산기관과 사업담당 부처의 자기이익 추구 정도, 예산당국의 정부사업에 대한 정보력, 이익집단과 정치인의 영향력, 사후평가 및 환류의 엄격함 등에 달려있다고 분석하였다. 즉, 우리나라의 경우 이익집단과 국회의원의 영향력이 상당히 크며, 평가제도의 환류가 엄격하지 못하다고 분석하였다. 다만, 중앙부처와 사업부처가 이익을 추구하는 경향과 예산당국의 개별사업에 대한 정보력 정도는 실증자료를 통해 분석하지 못하였다는 한계를 갖는다.

박소희(2014)는 정부 R&D 예산편성과정에서의 정책이론적 분석가능성을 탐색하였다. 이를 위해 예산편성과정과 예산데이터를 대상으로 정책결정모형, 정책집행론, 예산결정이론을 통해 해석하는 접근을 시도하였다. 분석결과 다년도 연구개발예산주의는 대체로 점증주의와 단절적 균형이론으로 설명할 수 있는 변화를 발견하였다고 했다. 또한 공공선택이론, 다중합리성이론, 거래비용이론의 특성도 나타난다고 하였다.

이정희(2010)는 최근의 주요 예산이론들의 비교, 평가 및 발전방향에 관한 연구를 수행하였다. 기존 점증주의와 총체주의의 한계를 지적하고 다중합리성 이론, 단절적균형이론, 공공선택이론, 구조결정이론에 대해 비교 평가를 하였다.

박웅외(2019)는 정부출연연의 재정지원정책 변화를 복잡계 이론을 통해 분석하였다. 연구수행 주체 간의 경쟁을 통해 출연연의 R&D 경쟁력과 연구성과를 높이기 위한 경쟁예산제도(PBS)가 도입취지와 달리 성과의 질과 확산 측면보다 예산 확보가 강조되는 비효율성을 야기한 현상에 초점을 맞추었다. 그러면서 출연연 R&D 수행체제에서 나타난 단절적인 변화(과도한 과제수주 경쟁)는 출연연 R&D 체제가 정책변화에 대응해 정부과제 중심의 새로운 구조와 질서를 자생적으로 형성하는 자기조직화 과정에서 나타난 창발적 현상이라고 분석하였다.

강윤호(2010)는 지방정부의 예산결정에 대한 신제도주의적 접근을 통해 관료의 예산결정행태를 분석하였다. 이를 통해 기존 공공선택이론과 점증주의 중심의 예산결정행태 논의에 대해 한계를 지적하고, 제도적 맥락의 중요성을 강조하면서 지방정부의 예산결정의 공식적 비공식적 제도적 맥락이 관료의 행태에 영향을 미친다고 분석하였다.

엄익천외(2011)는 정부연구개발 예산의 지출규모에 영향을 미치는 결정요인에 대한 실증분석을 하였다. 이를 위해 점증모형과 정책결정요인론을 통합한 연구모형을 제시하고, 1970년부터 2009년까지의 40년간의 정부연구개발 예산을 분석하였다. 분석결과 정치적 요인인 대통령의 정책의지와 점증요인은 정부 연구개발예산에 긍정적인 영향관계로 나타났다고 분석하였다. 반면에 민간연구개발투자와 국민총생산은 정부연구개발예산 비중에 직접적인 영향을 미치지 않았다고 분석하였다. 또한 정부연구개발예산의 증가가 국내총생산 증가에 직접적인 영향을 미친다고 분석하였다.

진상기외(2013)은 고등교육분야 예산 형성과정에서 통계적으로 설명력이 있는 설명변수들을 밝히기 위해 정책결정요인론 관점에서 분석틀을 제시하고, 1990년부터 2013년 까지의 고등교육분야 예산과 관련 변수들을 사용하여 시계열 분석을 하였다. 그 결과 정치행정요인이 고등교육예산 형성과정에 통계적으로 유의미한 설명력을 가지고 있으며, 사회적 이슈가 선거라는 정치이슈와 연계될 때 예산형성에 유의미한 영향을 미친다고 하였다.

박기주(2014)는 연구회 산하 과학기술분야 출연연의 예산현황과 구조를 신제도주의적 접근을 통해 분석했다. 즉, 출연연-연구회-정부-국회로 이어지는 일련의 예산형성과정이 상당한 의사결정 및 정보비용이 소요되고, 관련 예산지침과 정부정책, 관련 법령 등의 제도와 법이 '공식적 제도'로서 정부의 제도와 정책방향이 예산배분과 형성에 있어 중요한 역할을 차지한다고 한다. 반면에 '비공식 제도'로서 연구과제중심제도(PBS)를 바탕으로 하는 과제수주의 연구환경과 개별 연구기관이 수행하는 연구특성 및 기관장의 의지 등이 중요한 요소로 작용하게 된다고 하였다.

김학삼외(2018)는 신제도주의 이론을 적용하여 R&D 예산제도의 변화를 분석하였다. 즉, 출연연 예산제도가 연구과제중심제도(PBS)에서 묶음예산 모델로 변화하는 과정을 신제도주의 이론으로 분석하였고, 이러한 변화가 층화과정이라고 설명하였다.

이상의 선행연구분석을 종합하면, 예산편성과정의 예산결정 요인을 분석하기 위해 예산이론만을 가지고 접근하였다는 한계가 있고, 신제도주의 이론을 적용하여 출연연의 예산편성제도의 변화 요인을 설명하는 기존 연구가 있었으나, 외부적 환경과 내부적 환경요인 만을 가지고 분석하였다는 한계점이 있었다. 본 연구에서는, 최근 신제도주의에서 강조하고 있는 아이디어를 중심으로 예산편성제도의 변동과정을 분석하고, 예산결정의 특성도 같이 분석하고자 한다.

2. 정책변동의 이론적 검토 및 기존연구 고찰

1) 정책변동의 이론적 검토

본 연구에서는 출연연 예산편성제도의 변동 분석을 위하여 신제도주의 이론을 적용하고자 한다. 그 이유는 출연금과 경쟁예산으로 대변되는 출연연 예산편성제도 변화를 분석하기 위해서는 제도변동을 촉발하는 기제가 어디에서 왔는지를 파악하는 것이 중요하며, 제도적 맥락과 행위자의 아이디어 등이 중요한 요인이라고 볼 수 있다.

신제도주의는 1984년에 March와 Olsen이 처음 도입한 개념으로 제도가 정책을 결정하는 행동을 구조화하는데 중요한 역할을 한다고 하였다(Peters, 2012: 20). 신제도주의는 행태주의에 대한 비판에서 출발하였으며, 사회현상을 설명하고 이해하는데 제도가 중요하다고 설명한다(Peters, 2012: 20). 신제도주의는 크게 합리적 선택 제도주의와 역사적 제도주의, 사회학적 제도주의로 구분되고 있으며, 각각 경제학, 정치학, 사회학적 시각에 뿌리를 두고 있다(Hall&Taylor, 1996: 936). 제도의 정의도 각 분파별로 차이가 있는데, 합리적 선택 제도주의는 제도를 공식적 게임의 규칙과 절차로 보며, 역사적 제도주의는 공식적, 비공식적 법, 규칙, 절차로 정의하고 사회학적 제도주의는 공식적 규칙 또는 문화나 가치체계 등으로 정의한다(Hall&Taylor, 1996: 936). 전통적 신제도주의의 주된 관심이 제도가 행위에 미치는 영향력에 있었다면, 최근 신제도주의의 주된 관심은 제도변동 그 자체와 아이디어가 제도변동에 어떤 영향을 미쳤는지에 대한 것이다(Steinmo, 2008; 167; 하연섭, 2016). Campbell(1998: 35)은 아이디어의 유형화를 통해 크게 프로그램(Programs), 패러다임(Paradigms), 틀(Frames), 대중정서(public Sentiments Ideas)로 아이디어를 구분하였다. 그러나 본 연구에서는 〈표 2〉와 같이 제도변화에 영향을 미치는 패러다임 아이디어와 프로그램 아이디어를 중심으로 제도변동을 분석하고자 한다.

또한 아직까지 아이디어와 제도, 환경 간의 상호작용을 명확하게 설명한 논문은 거의 없으며, 본 연구에서도 기존 선행연구에서 제시하였던 모형을 참고하여 환경, 아이디어로 구분하여 분석의 틀을 제시하고자 한다.

〈표 2〉 아이디어의 개념 정의

구분	아이디어	
	패러다임 아이디어	프로그램 아이디어
수준	이념, 기조, 목표	수단
내용	무엇을 문제로 볼 것인지 정의하는 단계의 아이디어 (Problem Definition)	주어진 목표 및 문제를 해결하기 위한 수단을 제공하는 아이디어 (Policy Solutions)

출처: Campbell(1998: 35)과 Mehta(2011: 27) 참고, 최원재(2022) 재인용

2) 신제도주의 이론의 기존연구 고찰

신제도주의를 이용한 정책변동 연구는 대부분 역사적 제도주의를 기반으로 하고 있다. 역사적 제도주의 연구는 초창기 비교정책을 위한 '제도' 자체에 대한 연구(Steinmo& Thelen 1992; Skocpol, 1995; Thelen, 1999; ; Steinmo, 2008), 제도변동에 대한 연구(Streek and Thelen, 2005; Steinmo, 2008; Mahoney&Thelen, 2010), 아이디어와 정책변동 또는 제도변동에 대한 연구(Campbell, 1998, 2002; Beland et al, 2011; Baumgarter, 2013; Berman, 2013; Blyth at al, 2014)로 구분할 수 있다(최원재, 2018).

국내에서는 주혜정(2009), 염재호외(2012), 천세봉(2013), 이민화(2015) 등이 신제도주의 이론을 이용하여 과학기술정책의 변화 등을 연구하였고, 양홍석(2015)은 국내 정책평가제도의 변동을 역사적제도주의 관점에서 분석하였다. 박진형(2014)은 대학평가정책제도의 변화를 신제도주의 관점에서 분석하였다.

이상의 선행연구 결과를 종합할 때 신제도주의를 이용하여 출연연 예산

편성제도를 분석한 연구는 거의 없으며, 기존 연구 분석틀의 구성요소 중 공통적으로 적용 가능한 환경, 아이디어를 도출하여 본 연구에 적용하고자 한다.

3. 분석틀 설계

본 연구의 분석 틀은 〈표 5〉와 같이 신제도주의 이론을 기반으로 다음과 같이 제도변동의 구성요소를 크게 환경요인, 아이디어로 구분하였다. 기존 선행연구의 경우 제도변동 구성요소로 대부분의 연구자가 거시적 관점에서 환경요인(김형성, 2009; 주혜정, 2009; 천세봉, 2013; 주성돈, 2014; 양홍석, 2015; 최원재, 2018)을 제도변동의 구성요소로 도출하였으며, 중범위 관점에서는 제도적 맥락(주혜정, 2009), 구조(이민호, 2012), 행정이념(김형성), 국정기조 및 프로그램아이디어(양홍석, 2015), 아이디어(천세봉, 2013; 최원재, 2018)로 도출하였다. 본 연구에서는 아이디어를 중범위 제도변동 구성요소로 도출하였다. 그리고, 기존 선행연구에서는 행위자를 미시적 요인으로 도출(주혜정, 2009; 이민호, 2012; 김형성 2009; 양홍석, 2015; 천세봉, 2013; 주성돈, 2014; 최원재, 2018)하였으나, 아이디어 제시의 주체와 행위자가 일치(예: 정부부처 관료)하는 경우가 많아서 본 연구에서는 행위자를 별도의 구성요소로 구분하지 않고 아이디어에 포함하여 분석하고자 한다. 그리고, 아이디어를 다시 정책기조나 목표 등 문제정의 단계의 아이디어인 패러다임 아이디어와 주어진 목표를 해결하기 위한 수단을 제공하는 아이디어인 프로그램 아이디어로 구분하였다. 또한 이러한 제도변동의 결과로서 발생하는 변동유형을 〈표 3〉과 같이 Streek &

Thelen(2005)의 네 가지 제도변동 유형[2]으로 구분하고자 한다.

또한 본 연구의 제도변동의 유형 구분을 〈표 4〉와 같이 조작적 정의하고자 한다. 즉, 예산편성기조, 예산편성과정, 지출한도설정, 예산심의조직, 관련 법제도 개정 등을 기준으로 유형을 구분하였다.

〈표 3〉 Streek & Thelen의 제도변동 유형

구분		변동결과(Result of change)	
		연속성(Continuity)	불연속성(Discontinuity)
변화의 과정 (process of change)	점진적 (incremental)	적응을 통한 재생산 (Reproduction by adaption)	점진적 변형 (Gradual transformation)
	급진적 (Abrupt)	생존과 복귀 (Survival and return)	해체와 대체 (breakdown and replacement)

출처: Streek & Thelen(2005: 9), 최원재(2022)에서 재인용

〈표 4〉 변동유형의 정의

구분	내용
연속적·점진적 변동 (적응을 통한 재생산)	• 이전 예산편성제도와 비교하여 예산편성기조의 변화가 거의 없는 경우 • 예산 편성과정, 지출한도설정, 예산심의조직, 관련 법제도 제·개정 등의 변화가 크지 않은 경우
불연속적·점진적 변동 (점진적 변형)	• 이전 예산편성제도와 비교하여 예산편성기조의 변화가 거의 없는 경우 • 예산 편성과정, 지출한도설정, 예산심의조직, 관련 법제도 제·개정 등의 변화는 크지 않지만, 이전제도와 연속성이 적은 경우
연속적·급진적 변동 (생존과 복귀)	• 이전 예산편성제도와 비교하여 예산편성기조의 변화가 큰 경우 • 예산 편성과정, 지출한도설정, 예산심의조직, 관련 법제도 제·개정 등의 변화가 크지만 이전제도와 연속성이 큰 경우
불연속적·급진적 변동 (해체와 대체)	• 이전 예산편성제도와 비교하여 예산편성기조의 변화가 큰 경우 • 예산 편성과정, 지출한도설정, 예산심의조직, 관련 법제도 제·개정 등의 변화가 크지만 이전제도와 연속성이 약한 경우

---

2) Streek & Thelen(2005)는 변화의 과정이 점진적인지 급진적인지 여부와 변동의 결과가 연속적인지 불연속적인지를 기준으로 네 가지 제도변동 유형을 구분하였다.

한편 우리나라의 예산편성과정의 경우 단순히 어느 하나의 예산결정이론만을 적용하여 설명하기에는 한계가 있으며(엄익천외, 2011: 107), 우리나라의 특수한 제도적 맥락에 관한 분석이 필요한 상황이다(강윤호. 2000: 80). 즉, 우리나라의 예산편성과정 연구에서 적용되고 있는 대부분의 예산결정이론의 경우 점증주의와 공공선택이론을 적용하는 경우가 많으나, 미국의 분권주의적 의사결정과정과 달리 우리나라는 중앙집중화된 예산결정과정을 가지고 있기 때문에 종합적 접근이 필요하다(강윤호. 2000: 80). 따라서 본 연구에서는 주요 예산결정이론인 총체주의, 점증주의, 공공선택이론, 다중합리성이론, 단절적 균형이론 등을 모두 고려하여 출연연 예산편성제도의 특성을 분석하고자 한다.

〈표 5〉 분석의 틀

구 분		설명변수	내 용
제도변동요인	환경	환경 요인	정치적 환경의 변화(5년 주기 정권교체) 사회 경제적 환경 변화(예:일본의 수출규제 등)
	아이디어	패러다임 아이디어	대내외 환경의 변화에 따른 문제 정의 (역대 정부별 과학기술정책 패러다임 변화)
		프로그램 아이디어	새로운 과학기술 정책 패러다임을 달성하기 위한 수단으로서의 종합조정기구, 정부연구개발투자방향, 편성과정, 지출한도, 심의조직, 출연연 정책의 변화
결과		제도변동 여부	출연연 예산편성제도의 변화 여부(연도별 과기정통부 국가연구개발 투자방향, 기재부 예산 및 기금편성 지침 등 참고)
		제도변동 유형	적응을 통한 재생산, 점진적 변형, 생존과 복귀, 해체와 대체
		예산결정의 특징	주요 예산결정이론 중 출연연 예산편성과정의 특성을 설명할 수 있는 이론

제3절 정부의 출연연 예산편성제도의 정책변동 분석

1. 출연연 예산편성제도의 개관

1) 출연연 예산편성과정

정부는 경제성장과 산업발전의 핵심 동력인 과학기술 발전을 위해 국가연구개발사업을 추진하고 있으며, (그림 2)와 같이 대리인인 출연연에 정부출연금[3])을 교부하거나, 출연연, 대학, 산업체 등과 위탁계약을 맺고 국가연구개발사업을 발주하여 수행하고 있다.

정부 R&D 예산은 크게 출연금 예산과 정부 부처사업으로 구성되며, 출연금 예산은 출연연의 예산요구안 제출로 시작하여 국가과학기술연구회,

(그림 2) 출연연 예산편성 구조

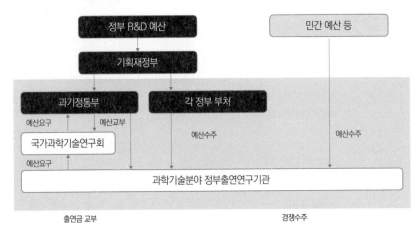

출처: 윤수진 외(2021) 참고하여 재정리

---

3)   정부출연금이란 "정부가 법령에 의하여 설치된 연구기관·기금·공단 등 정부출연기관에 대하여 특정 목적을 위하여 반대급부 없이 지원하는 금전급부를 말한다"라고 정의한다(국회예산정책처, 2012).

과기정통부, 혁신본부(전문가위원회), 기획재정부의 심의를 거쳐 국회에서 최종 결정된다. 부처사업의 경우 각 정부부처가 예산요구를 하면 과기정통부(혁신본부)와 기획재정부, 국회를 거쳐 최종 사업 및 예산이 결정된다. 〈표 6〉과 같이 출연금의 예산요구 및 사업계획 수립은 1년 동안 매우 복잡한 과정과 절차를 거쳐 추진되고 있다.

〈표 6〉 출연연의 출연금 예산 요구 및 결산 절차

출처: 한국핵융합에너지연구원(2021)

2) 출연연 예산편성관련 근거

예산 관련 법규 및 규정의 관점에서 살펴보면, 〈표 7〉과 같이 과학기술기본법 12조2에서 중기사업계획과 예산요구서 제출이 명시되어 있다. 또한 국가재정법 28, 29, 31, 33조에 따라 각각 중기사업계획 제출, 예산편성지침의 통보, 예산요구서 제출, 예산안의 국회제출을 명시하고 있다. 과기출연기관법 10조, 12조, 13조에는 예산요구서의 제출, 결산서의 제출, 사업계획의 제출을 명시하고 있다.

〈표 7〉 국가 R&D 예산관련 법령 및 주요내용

법령	조항	내용	일자
과학기술기본법	제 12조의 2	중기사업계획 제출	매년 1월 31일
		예산요구서 제출	매년 5월 31일
국가재정법	제 28조	중기사업계획 제출	매년 1월 31일
	제 29조	예산안편성지침의 통보	매년 3월 31일
	제 31조	예산요구서 제출	매년 5월 31일
	제 33조	예산안의 국회제출	회계연도 개시 120일 전(9월 3일)
과기출연기관법	제 10조	예산요구서의 제출	매년 5월 31일
	제 12조	결산서의 제출	매년 3월 31일
	제 13조	사업계획의 제출	매년 12월 31일

출처: 한국핵융합에너지연구원(2021)

3) 출연연 예산의 수입 및 지출구조

출연연의 수입구조는 〈표 8〉과 같이 크게 출연금, 정부수탁, 민간수탁, 기타 자체수입으로 구분할 수 있다. 출연금 수입이란 기관운영에 필요한 인건비, 경상경비, 시설비, 기관고유사업비 등을 일괄로 지원하는 방식을 말하며, 정부수탁 수입은 국가 연구개발 사업 정부수탁 연구과제 형태로 특정 연구과제 수행을 위해 지원되는 것으로 예산 확보에 불확실성이 존재하며,

〈표 8〉 과학기술분야 정부출연연구기관 수입구조

구 분	주요내용	지원근거
출연금	기관운영에 필요한 인건비, 경상경비, 시설비, 기관고유사업비 등	과학기술기본법, 과기출연기관법, 국가재정법 등
정부수탁	부처에서 특정 연구과제 형태로 지원	국가연구개발혁신법
민간수탁	민간에서 특정 연구과제 형태로 지원	–
기타 자체수입	기술서비스, 기술료, 이자수입 등	과기출연기관법

출처: 과기부(2018), 윤수진외(2021) 참고하여 정리

계약을 통해 연구비를 지원하여, 결과물이 필요하며, 연구기간 종료후에 정산을 실시하는 방식이다(윤수진, 2021).

민간수탁 역시 정부기관이 아닌 민간에 의한 수탁사업을 말하며, 계약에 의해 지원되는 형태이다. 기타 자체수입의 경우 기술서비스 지원 등에 따른 수입을 말하며, 기술이전 등에 따른 기술료 수입도 있고, 이자수입 등도 포함된다. 출연금의 지급근거는 국가재정법 12조와 과기출연기관법 제5조에 따라 지급되며, 예산 및 사업계획의 승인은 과기출연기관법 제13조에 의해 실시된다(윤수진,2021).

출연연의 출연금 항목별 예산편성 방식을 보면, 〈표 9〉와 같이 인건비의

〈표 9〉 과학기술분야 정부출연연구기관 출연금 항목별 예산편성

구 분	주요내용	내용	일 자
인건비	전년도 인건비 총액 × 처우개선 분(임금인상) + 신규인력 인건비 반영	기본급, 수당, 퇴직급여충당금 등	과기출연기관법
경상비	특이소요 반영(시설 완공 소요, 세금, 공공요금 인상 분 등)	공과금, 자산유지관리비, 일반운영비 등	과기출연기관법
직접비	과제 구조조정(감액) + 신규과제 반영(증액)	연구수행관련 비용	과기출연기관법
시설비	시급한 연구개발 인프라 구축(자체 소요, 지자체 소요 등 반영)	시설구축비, 노후시설보수사업비	과기출연기관법

출처: 과학기술정보통신부(2018c), 국가과학기술연구회(2020) 참고하여 정리

경우 전년도 인건비 총액에 처우개선분과 신규인력 인건비를 반영하여 편성되고 있다. 직접비인 주요사업비의 경우 과제 구조조정을 통한 감액과 신규과제 반영을 통한 증액으로 편성된다. 경상비의 경우 시설 완공 소요, 세금, 공공요금 인상 분 등 특이소요를 반영하여 편성되고 있다. 시설비의 경우 자체소요, 지자체 소요 등을 반영하여 시급한 연구개발 인프라 구축을 위해 편성된다.

출연연의 지출구조는 크게 인건비, 연구비, 경상경비, 시설비 등으로 구분된다. 인건비는 연구자의 기본급과 각종 수당, 퇴직급여 충당금 등이 포함되며, 경상경비는 기관운영에 필요한 공과금, 자산유지관리비, 일반운영비 등으로 구성된다. 직접비는 출연연에서 수행하는 연구비를 말하며, 시설비는 시설구축비와 노후시설보수화사업을 말한다.

이처럼 출연연의 수입구조와 지출구조는 〈표 10〉과 같이 매우 복잡하며, 예산의 수입과 지출구조로 운영이 되고 있다. 수입구조의 정부출연금과 정

〈표 10〉 출연연의 수입 및 지출구조

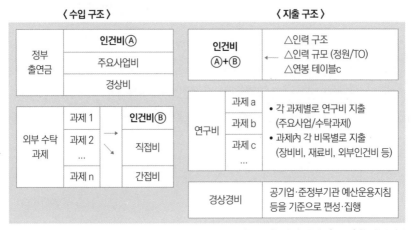

출처: 과학기술정보통신부(2018c) 참고하여 정리

부수탁, 민간수탁 등의 외부수탁의 인건비가 지출의 인건비로 흡수되고, 정부출연금의 주요사업비와 외부수탁의 직접비가 기관의 연구비로 흡수된다. 그리고, 정부출연금의 경상비와 외부수탁과제의 간접비 일부가 기관운영비로 흡수되는 구조로 운영되고 있다.

2022년 기준 25개 출연연의 전체 예산은 사업계획 및 예산(안) 기준 5조 3천억원이고, 출연금과 자체수입 비중은 4:6의 비율을 보이고 있다. 자체수입중 정부수탁의 비중은 전체 대비 46.2%이고, 민간수탁은 전체 예산 대비 약 7.9%이다.

2. 출연연 예산편성제도 정책변동 분석

1) 환경요인

노무현 정부는 같은 진보 정부인 김대중 정부를 이어 받았기 때문에 이념적으로 정책변동이 큰 상황은 아니었다. 다만, 2000년대 들어 급속히 과학기술과 산업기술, 국가경제 측면에서 부상하는 중국에 대한 견제 필요성과 우리나라와 산업 핵심기술 분야에 대한 기술격차를 벌려가는 일본 사이의 포지셔닝 전략의 문제가 대두되었다. 또한 사회경제적으로 국가재정의 적자가 지속되고, 소득 및 국가경쟁력이 둔화되고 있었다.

이명박 정부는 과거 10년 동안의 진보정부에서 보수정부로 전환된 시기로 경제회복을 최우선과제로 정하고 747 공약[4]을 제시하였다. 이명박 정

---

4)   747의 의미는 매년 7%의 경제성장을 하면서, 300만개의 일자리를 창출하고, 10년내 1인당 국민소득 4만 달러를 달성하여 세계 7대 선진 강국으로 올라서겠다는 것을 의미한다(양홍석, 2015: 177).

부는 경제성장 및 선진화를 위해서는 작은 정부, 민간의 역할 강화, 과학기술의 수단화 등이 필요하다고 보았다(홍성주, 2012: 14). 또한 '녹색성장'의 이념 하에 경제개발 문제와 환경문제, 국가연구개발사업을 창조적으로 결합하고자 하였다.

박근혜 정부는 전임 이명박 정부와 같은 정당에서 집권한 보수정부였으나, 기존 이명박 정부와는 다른 상황이었다. 경제사회적 측면에서 과거 우리나라 수출 주력 품목이었던, 조선, 철강, 자동차 등의 성장세가 주춤해졌고, 반도체, 휴대폰, 디스플레이 등도 선진국 및 중국 등 신흥국의 견제가 커지면서 추격형 성장전략의 한계에 직면하게 되었다(미래창조과학부, 2013:3; 최원재, 2018:167에서 재인용).

문재인 정부는 박근혜 정부와 다른 진보 정부로 사람이 중심인 국정방향을 제시하였다. 즉, 과학기술을 통한 국민 삶의 질 향상, 인류사회 발전 등이 강조되었다. 또한 코로나 19와 같은 전 세계적인 감염병 펜데믹이 발생하면서, 새로운 사회적 현상이 노멀로 정립되는 시기였다. 또한 외부 환경요인으로 일제시대 강제징용 배상 판결에 따른 일본의 수출규제 문제가 2018년 7월에 발생하면서 반도체 등에 우리나라 전략산업에 필요한 핵심 소재부품장비 기술에 대한 국산화 문제가 중요 이슈로 부각되었다.

다시 진보에서 보수로 바뀐 윤석열 정부는 이전 정부와 정치 철학적 차이를 보이면서 정치적 측면에서 정책변동의 요인이 높아졌다고 볼 수 있다. 또한 사회경제적으로는 중국의 경기가 둔화되고, 중국으로의 수출이 막히면서 무역수지 적자가 확대되고, 감세정책으로 인한 세수 부족으로 전반적인 국가재정에 대한 부담이 확대되었다. 또한 러시아와 우크라이나 전쟁으로 인한 에너지 안보에 대한 이슈가 부각되면서 원자력과, 신재생 등 에너지믹스에 대한 정책기조 방향도 변화가 되었다.

2) 패러다임 아이디어

노무현 정부에서는 앞서 환경요인을 바탕으로 일본과 중국사이에 놓이 게된 우리나라의 현 상황을 문제정의로 정의하고 국정과제로 "과학기술 중 심사회 구축"을 제안하였다. 그리고 과학기술기본계획(2003~2007)에서는 "과학기술중심사회 구축을 통한 제2의 과학기술 입국 실현"을 제시하였다. 과학기술중심사회 구축을 위한 세부 추진과제로 국가과학기술시스템의 혁 신을 제시하였다. 세부적으로는 연구개발투자 효율화를 위한 종합조정기능 을 강화하고, 연구성과를 높이기 위한 연구회·출연연 체계를 개선하겠다고 하였다.

이명박 정부는 앞서 환경요인에서 제기된 현상에 대해 경제성장과 환경문 제 동시해결을 문제로 정의하고, 2차 과학기술기본계획(2008~2012)을 수립 하면서 '선진일류국가'를 비전으로 '전략적 R&D 투자 확대 및 효율화'를 제 안하였다. 세부실행과제로 577전략을 제시하였다. 첫째, 2012년까지 전체 GDP 중 R&D 비중을 5%까지 확대하고자 하였다. 또한 7대 중점투자 분야 에서 총 90개의 국가중점기술을 선정하였다. 마지막으로 7대 시스템의 선진 화·효율화를 추진하면서 세계적 과학기술인재 양성, 기초원천연구 진흥 등을 제시하였다. 이를 통해 2012년까지 7대 과학기술 강국을 달성하는 것을 목 표로 하였다. 한정된 재원을 효율적으로 투자하기 위하여 국가과학기술위원 회를 컨트롤 타워로 운영하고 민간 주도의 국가 R&D 재원 배분체계를 구축 하겠다고 하였다. 또한 연구자가 중심이되는 환경과 여건을 조성한다고 하면 서 PBS 개선을 통한 안정적 인건비 확보를 국정과제로 제안하였다.

박근혜 정부는 앞서 환경요인에서 제시된 문제 정의를 통해 2013년 5월 국정과제를 발표하면서, 과학기술분야의 정책기조로 "창조경제에 의한 경제부흥"으로 설정하였다. 또한 2013년 7월에 "제3차 과학기술기본계획(안) ('13~'17)"을 발표하면서 "창조적 과학기술로 여는 희망의 새 시대"를 비전으로 제시하였다(미래창조과학부, 2013). 이는 과학기술을 통해 창조경제를 견인하고, 이를 통해 경제부흥에 기여하겠다는 의미로 파악된다. 정책기조에 따른 정책목표로 국정과제에서 국가과학기술혁신역량 강화를 제시하였고, 3차 과학기술기본계획에서 R&D 경제성장기여도 40%, 일자리 64만 개 창출 등의 목표를 제시하였다. 국가과학기술혁신역량의 경우 세부내용으로 출연연별 미션 재정립과 출연금 지원비중 확대를 제시하였다.

문재인 정부에서는 2017년 제시한 국정목표에서 "더불어 잘사는 경제"를 대표적인 과학기술분야 정책기조로 제시하였으며, 4차 과학기술기본계획에서는 "과학기술로 국민 삶의 질을 높이고 인류사회 발전에 기여"하는 것을 비전으로 제시하였다(과학기술정보통신부, 2018b). 정책목표로 "자율과 책임의 과학기술 혁신생태계 조성"을 제시하고, 과학기술총괄부처의 연구개발 예산권한 강화와 정책-예산-평가간 연계 강화를 목표로 하였다. 또한 "미래도전을 위한 과학기술 역량 확충"을 제시하면서 연구자 중심의 연구몰입 환경 조성을 주요 정책목표로 설정하였다.

윤석열 정부에서는 2022년 5월 100대 국정과제를 발표하면서, 과학기술분야 국정목표로 "자율과 창의로 만드는 담대한 미래"와 "민간이 끌고 정부가 미는 역동적 경제"를 제시하였다(20대 대통령직 인수위원회, 2022). 즉, 자율과 창의기반의 R&D를 추진하되, 민간주도의 R&D 추진 정책기조를 밝히고 있다. 주요 정책목표로 "국가 혁신을 위한 과학기술 시스템 재설계"로 제시하고 R&D 예산을 정부 총지출의 5% 수준에서 유지하고, 통합적·전략적 R&D 예산 배분조정체계 마련을 제시하였다. 또한 "초격차 전략기술 육성으로 과학기술 G5" 도약을 위해 10대 전략기술을 지정 및 집중투자하고, 출연연을 전략기술 핵심연구거점으로 지정하겠다고 계획하였다.

3) 프로그램 아이디어

노무현 정부에서는 패러다임 아이디어를 실현하기 위해 과학기술부총리를 신설하고, 과기정출연법을 제정하여 연구회 조직의 감독기관을 국무총리실에서 과학기술부로 변경하였다. 또한 종합조정기구인 국가과학기술위원회를 지원하기 위해 차관급의 과학기술혁신본부를 신설하면서 실질적으로 R&D 종합조정의 컨트롤 타워 기능을 하였다. 정부 R&D 투자 방향은 국가연구개발투자의 효율성 제고와 연구개발 인프라 투자 확대였다. 편성과정은 국과위의 정부 연구개발 예산 조정·배분결과를 수용하여 기획예산처가 편성하는 형태였다. 정부 R&D 지출한도 설정의 경우 김대중정부까지는 상향식 예산제도를 적용하였기 때문에 별도의 지출한도가 설정되지 않았으나, 노무현 정부 때 하향식 예산제도인 총액배분자율편성예산제도가 도입되면서 지출한도가 생겼다. 즉, 국과위와 기획예산처가 공동으로 총액규모와 부처별 지출 한도를 결정한 후 각 부처에 통보하는 방식이었다. 정부 R&D 예산 심의 조직으로는 혁신본부의 4개 심의관이 있었고, 9개 기술분야별 민간 전문위원회를 운영하였다. 출연연 예산 정책관련하여서는 2005년에 출연연 운영개선을 위한 종합대책을 발표하였다. 경쟁예산의 수주부담을 완화하기 위하여 단위과제 중심의 전문연구조직 운영을 활성화하였는데, 정부와 출연연 연계를 통한 전문연구사업 기획을 강화하고 연구책임자의 재량권 확대 등이 주요 내용이다. 2006년에는 기관임무와 연계한 출연금 확대방안 차원에서 Top Brand Project를 추진하였다. 즉, 출연연이 국가수요대응을 위한 중장기 대형과제를 발굴 추진하도록 유도하였다 (박소희외, 2017)

이명박 정부에서는 패러다임 아이디어에서 제시한 문제해결을 위해 정부 R&D 예산관련 조직을 일부 변경하였다. 기존 과학기술부 및 혁신본부 체제를 폐지하고, 교육과학기술부와 국가과학기술위원회 중심으로 종합조정 기구를 운영하였다. 정부 R&D 투자방향은 27대 중점육성기술에 대한 투자 확대와, 선택과 집중, 효율화 등이었다. 편성과정은 교과부 및 국과위에서 예산방향을 마련하고, 기재부가 예산을 조정·배분, 평가하는 방향으로 진행되었다. 노무현 정부 때 기획예산처가 편성 역할 하던 것에 비해 조정·배분, 평가 기능까지 가져가게 되었다. 정부 R&D 지출한도 설정은 기존 국과위와 기재부 공동에서 기재부에서 총액과 지출한도 설정으로 변경되었다. 정부 R&D 예산 심의는 연구회, 교과부를 거쳐 국과위 전문위와 기재부에서 추진되었다. 출연연 예산정책 관련하여서는 2009년 7월에 '과학기술분야 정부출연연 운영효율화 추진방안'을 발표하면서, 안정인건비 비중을 확대하고, 수주실적지표를 평가에서 제외하도록 하였다. 2011년 8월에는 'R&D 성과창출을 위한 출연연 예산제도 개선방안'을 발표하면서 출연금과 정책지정예산 등 묶음예산의 확대방안을 제시하였다. 실제로 한국핵융합에너지연구원의 ITER 사업 등 정부부처 사업의 일부가 출연금으로 이관되었으나, ITER 사업 자체가 정책지정 성격의 사업이였기 때문에 출연금 이관의 효과는 크지 않았다. 또한 기관에서 받은 출연금이 꼬리표를 달고 온 사업이었기 때문에 실질적으로 기관에서 자율적으로 사용하는 것은 제한적이었다고 볼 수 있다.

　박근혜 정부에서는 패러다임 아이디어에서 정의한 문제해결을 위해 프로그램 아이디어로 기존 교과부와 상설 국가과학기술위원회를 폐지하고 미래창조과학부를 설치하고, 종합조정기구로 국가과학기술심의회(위원장: 국무총리)를 설치하였다. 정부 R&D 투자 방향은 창조경제 13대 미래성장동력에 대한 투자 확대와 정부 R&D 투자 시스템 선진화, 출연연 재정지원 시스템 개선 등이었다. 편성과정은 교과부/국과위에서 미래창조과학부와 국과심으로 변경되었고, 기재부가 최종 예산편성권을 가지고 있다. 지출한도 설정 역시 이전과 동일하게 기재부에서 가지고 있었고, 예산심의는 연구회⇒미래창조과학부⇒과학기술전략본부⇒국과심⇒기재부 순으로 진행되었다. 출연연 관련 정책으로는 "출연연 고유임무 재정립 위원회"를 구성하고 산하에 5개 분야별 전문위원회를 구성 운영하였다(전자신문, 2014). 위원회에서 도출된 방안은 국가과학기술연구회 이사회 안건 상정을 통해 최종 확정되었으며, 출연연 임무를 기초·미래선도형, 공공·인프라형, 산업화형으로 구분하고, 고유임무에 따른 출연금 예산배분을 추진하였다(대덕넷, 2014). 2015년에는 매래창조과학부에서 1차 R&D혁신방안을 발표하고, 정부 R&D 전반의 혁신과정에서 출연연 혁신을 추진하면서, 정책지정을 확대하고, 민간수탁 실적과 출연금을 연계하는 정책을 추진하였다. 또한 연구회에 융합연구사업을 추진하고, 출연연의 중소기업 전진기지화 역할을 추진하였다(과기부, 2018). 또한 2016년에는 범부처 합동으로 R&D 혁신방안을 발표하였으며, 기초·원천 연구 투자를 강화하고, 상용화 연구를 축소, 관행적 R&D 축소(구조조정)를 통한 전략분야 집중투자로 전환하였다. 또한 출연금 인건비 비중이 낮은 11개 기관의 인건비 비중을 '18년까지 당시

60%수준에서 80% 수준까지 확대를 목표로 제시하였다. 또한 연구수당풀링제를 도입하여 과제를 많이 수주하면 받던 연구수당을 연구성과평가 결과에 따라 수당지급을 달리하도록 하였다. 이러한 정책의 추진근거는 따로 법률에 근거하지는 않았고, 연구회 이사회 및 국가과학기술심의회 등을 통해 확정되었다. 기타 법률과 관련해서는 2014년에 「공공기관의 운영에 관한 법률」 개정을 통해 공공기관 운영에 관한 기본사항과 자율 및 책임경영 체제 확립에 관한 사항을 규정하였고, 출연연을 기타 공공기관으로 지정하여 관리하였다. 또한 같은 년도에 국가재정법을 개정하여 주요 재정사업에 대한 평가나 사업의 타당성조사를 위해 한국개발연구원과 조세재정연구원을 지정하였다(윤수진, 2021).

문재인 정부에서는 패러다임 아이디어인 정책목표를 달성하기 위하여 프로그램 아이디어로 기존 미래창조과학부를 과학기술정보통신부로 변경하고, 종합조정기구로 국가과학기술심의회를 폐지하고, 국가과학기술자문회의로 변경하였다. 연구개발투자방향은 데이터, 네트워크, AI로 대표되는 4차 산업혁명 기술에 대한 투자 강화, R&D 투자효율화, 소부장 연구개발에 대한 투자 강화 등이었다. 편성과정은 과기정통부 혁신본부에서 주요 R&D 사업을 배분 조정 및 평가하고 총량관리 및 예산 편성은 기재부에서 담당하였다. 지출한도는 역시 기재부에서 총액과 지출한도를 설정하고 관리하였다. 예산심의과정은 연구회⇒과학기술정보통신부⇒과학기술혁신본부⇒자문위⇒기재부의 순으로 진행되었다. 출연연 예산 정책과 관련해서는 2018년 과기부와 연구회는 "과학기술 출연연 발전방안"을 발표하였다. 문재인 정부의 출연연 정책방향을 "더 큰 자율과 더 큰 책임"으로 설정하고, 기관별 해야하는 연구 중심의 역할과 책임(Roles & Responsibility, R&R)

을 수립하고, 2018년에 출연연 PBS의 근본개편 방안을 마련하겠다고 하였다(과학기술정보통신부, 2018a). 또한 과기부는 2018년에 "국가 R&D 혁신방안"을 발표하고, 연구비관리시스템 통합정비, 예비타당성조사 제도 개편, PBS 근본개편 방안 마련 등을 추진하기로 하였다. 이후 과기부는 2018년 말에 "출연연 PBS제도 발전방안"을 발표하고, 기관별 R&R과 연계한 수입구조 포트폴리오를 수립하고, 예산심의 과정에서 이를 고려하여 출연금과 출연금 인건비를 반영하려고 하였다. 이밖에 2018년 국가재정법을 개정하여 국가연구개발사업의 특성을 반영한 예비타당성조사가 수행될 수 있도록 「과학기술기본법」 제11조에 따른 국가연구개발사업에 대한 예비타당성조사를 대통령령으로 정하는 바에 따라 기획재정부장관이 과학기술정보통신부장관에게 위탁할 수 있도록 개정하였다. 한편, 일본의 수출규제에 대응하기 위해 2019년 8월에 "소재·부품·장비 경쟁력 강화대책('19.8.5)"을 발표하였고, 이후 소재·부품·장비 연구개발 투자전략 및 혁신대책('19.8.27)을 발표하였다. 이후부터 정부의 중점 R&D 투자 방향이 소부장 연구개발로 집중하게 되었다.

윤석열 정부에서는 패러다임 아이디어에서 제시한 문제해결을 위한 프로그램 아이디어로 2023년 예산배분 조정방향으로 12대 국가 전략기술 육성에 3조 4천억원을 투자하고, 초격차 전략기술, 탄소중립, 디지털전환 등 새정부 국정과제 이행에 예산 편성 비중을 높이는 방향으로 설정하였다. 또한 투자효율화 및 민관협력 강화, 임무중심형 통합형 예산배분 등의 방향을 설정하였다. 출연연 예산편성제도와 관련해서는 현재까지 기존 문재인 정부의 연구개발 예산 체계를 유지하고 있다. 2023년에 정부 R&D 혁신방안을 발표하며, 글로벌 협력연구 강화 등을 강조하였다. 또한 2023년 1월에 과기정통부 차원에서 "출연연 육성지원 전략(안)"에 대한 의견수렴을 하였는데, 아직까지 공식적으로 발표되지는 않았다. 안건에는 12대 국가핵심기술에 대해 출연연 R&R에 매칭하고, 핵심임무 유형에 따라 전문연구단 또는 장기 기본사업을 구성하고 연구몰입을 강화한다는 내용 등이 들어 있다. 또한 출연연의 안정적 인건비 확대를 위해 기준을 마련하고, 2027년까지 출연금 인건비를 60%까지 확대하겠다는 내용이 담겨있다.

4) 제도변동 결과

출연연 예산편성제도는 1960년대 출연연이 설립된 이후 1996년 이전까지는 당시 기관의 연구인력을 기준으로 출연금을 배분하였다(박소희, 2017). 즉, 기관의 인건비와 경상비는 출연금에서 기준단가 및 T/O에 맞게 지급을 하였고, 출연연에서는 추가적인 연구비, 경상비 수주를 위하여 정부수탁과제와 민간수탁과제를 추진하였다. 그러나 연구성과와 관계없이 출연금 지급에 따른 연구성과 저하에 대한 문제가 제기되었고, 기관단위 T/O 기반 계상이 실제 임금 및 현원보다 부족하여 기타수입을 인건비를 활용하는 문제가 발생하였다. 현재도 신규 T/O 기반 인건비의 정부 지원 단가가 오랫동안 유지되면서 현실적인 임금수준에 못미치고 있는 상황이다. 또한 경상비의 경우도 기준단가가 낮고 T/O외 인력이 다수 존재하여 정부수탁 예산 및 기타수입 일부를 경상비로 활용하게 되었다(과학기술정보통신부, 2018c).

이러한 문제점을 해결하기 위해 정부는 1996년 PBS[5] 제도를 도입하

---

5)   과제중심예산제도(Project Based System)

고, 출연연의 예산 편성 방식을 산학연 경쟁방식의 부처별 사업과 출연방식의 기관별 고유사업으로 이원화 하였다. 또한 과제단위 총연구원가(참여자 인건비+직접비+간접비) 계상으로 개편하였다(과기부, 2018c). 이러한 출연연 예산편성제도는 경로의존에 따라 현재까지도 큰 틀은 그대로 유지되고 있으며, 그 안에서 Streek & Thelen(2005)의 네 가지 제도 변화 유형 중 '적응을 통한 재생산' 형태로 변화되어 왔다고 볼 수 있다. 즉, 기존 제도와의 연속성은 유지한 채 정권변화에 따른 새로운 패러다임아이디어와 프로그램아이디어에 따라 컨트롤 타워의 변경 등 기존제도의 개선정책을 내놓는 방식이었다.

노무현 정부 기간에 국가재정운영계획 도입, 총액배분자율편성제도 도입 등 재정관련 정부 정책의 변화가 R&D 부분에도 적용이되었다. 또한 과학기술 컨트롤 타워로 설립된 과학기술혁신본부가 예산조정 및 배분과정을 주도하면서 일부 제도적 변화를 맞았다. 즉, 2005년 "출연연 운영개선을 위한 종합대책"과 2006년 "출연연 특성화 전문화 추진 및 사기진작 방안"을 연이어 발표하였다. 즉, 단위과제 중심의 전문연구조직 운영과 기관임무와 연계한 출연금 확대방안 차원에서 Top Brand Project를 추진하였다. 그러나 이러한 정책도 2008년 이명박 정부가 들어서며 새로운 패러다임아이디어와 프로그램아이디어의 선택에 따라 큰 성과없이 정책이 종료되었다.

이명박 정부 들어 R&D 예산배분 조정권한이 과학기술혁신본부에서 기획재정부로 이관되면서 거버넌스의 변화가 발생하였다. 이에 따라 출연연의 임무재정립과 연계하여 출연금과 정책지정 확대를 통한 안정적 예산을 확대하고, 과다수주 요인을 억제하는 정책을 시행하였다. 대표적으로 이명박 정부에서 국정과제로 "연구자가 중심이 되는 환경과 여건 조성"을 제시하였고, 이러한 방향에 따라 2009년 7월에는 "과학기술분야 출연연 운영 효율화 추진방안"이 발표되었다(박소희, 2017). 여기에는 출연연 역할을 재정립하고 중장기 발전계획을 수립하고, 이에 따른 안정적 인건비 비중을 확대한다는 내용을 담고 있다. 또한 2011년 8월에는 "R&D 성과창출을 위한 출연연 예산제도 개선안"을 발표하고, 묶음예산(출연금+정책지정예산)을 확대한다는 방안을 제시하였다(과학기술정보통신부, 2018c). 즉, 2011년 당시 출연금대 정부수탁비율이 42.6% : 57.4%를 70% : 30%로 확대한다는 내용이었다. 이러한 정책의 후속으로 당시 일부 부처사업이 정부출연금으로 이관되었으며[6], 부처에서 추진하는 정부수탁사업의 경우도 정책지정으로 확대를 하였다. 이에따라 연구회 산하 25개 출연연의 출연금 비중이 2010년 33.4%에서 2011년 36.9%로 증가하였고, 2012년 40.2%, 2013년 41.6%까지 증가하였다.

박근혜 정부에서는 기존 국가과학기술위원회를 폐지하고 국가과학기술심의회와 미래창조과학부를 연구개발 컨트롤 타워로 설치하였다. 또한 출연연 재정지원 정책방향은 이명박 정부와 비슷한 형태를 보이고 있다. 2014년 미래창조과학부와 국가과학기술연구회 주도로 "출연연 고유임무 재정립 방안"이 발표되었고, 고유임무에 따른 출연금 비중의 확대 등의 정책을 추진하였다. 2015년 발표된 "국가 R&D 혁신방안"과 2016년 발표된 "국가 R&D 혁신방안"도 큰 맥락에서는 PBS 비중을 축소하고, 안정적 연구비를 확대한다는 정책방향은 유사하였다. 그러나 고유임무 재정립의 경우

---

6)   예를들어 핵융합(연)의 ITER국제핵융합로개발사업이 정부수탁사업으로 진행되고 있었는데, 일부 세부사업이 출연금사업으로 이관되었다.

기관의 주요사업을 무리하게 기초·미래선도형, 공공인프라, 산업화, 기타 등으로 분류하고 2014년부터 2018년까지 당초 목표 비율을 맞추도록 하면서, 경직적인 기관운영의 부작용이 발생하였고, 안정예산의 증가도 소폭에 머물렀다.

2018년 문재인 정부가 들어서면서, 과학기술정보통신부는 2018년에 "출연연 발전방안"을 발표하면서, 출연연 PBS 제도의 근본개편방안을 제시하겠다고 하였다. 그러나, 결과적으로 2018년 12월에 "출연연 PBS제도 발전방안"을 발표하면서, 기존의 PBS제도를 유지한 채 출연연별로 R&R에 따른 수입구조 포트폴리오를 수립하여 맞춤형으로 출연금 및 출연금 인건비, 경상비 등의 비중을 높여주는 방향으로 예산정책을 추진하였다. 그러나 실제적으로 예산당국인 혁신본부와 기재부 및 타 R&D 부처와 재원 확보에 대한 충분한 협의가 부족하여 실질적인 PBS 개선효과는 크지 않은 것으로 분석된다. 〈표 11〉과 같이 대부분의 출연연의 경우 당초 수입구조포트폴리오 상 목표 대비하여 실제 출연금 인건비 반영현황이 부족한 상황이며, 이는 출연금 인건비 증액 자체가 충분히 이루어지지 않았기 때문인 것으로 분석된다. 당시 과학기술정보통신부가 연구개발정책실장을 위원장으로 하고, 10여명의 내외부 전문가로 PBS TF를 구성하여 개선을 시도하였으나, 관련 기관인 청와대, 국무총리실, 기재부, 산업부, 혁신본부 등과 제도개선을 위한 충분한 협의 및 소통이 부족했다는 한계가 있었다고 분석된다.

5) 제도변동의 유형

정부별로 출연연 예산편성제도의 변동 유형을 살펴보면 예산편성기조의 경우 정부별로 '효율화'라는 공통적인 방향 아래 각 정부별 시대환경에

<표 11> 수입구조포트폴리오 출연금 인건비 목표 대비 비중 현황

(단위: %)

구 분	출연금 인건비 목표 비중(안)			출연금 인건비 비중		
	'19	'21	'23	'20	'21	'22
KIST	69.7	71.5	73.8	66.9	68.2	68.0
GTC	88.3	88.6	88.8	84.5	87.1	86.4
기초연	71.5	75.3	78.8	69.7	72.9	72.8
천문연	92.8	93.4	93.9	86.8	91.4	91.1
생명연	61.4	65.0	70.0	57.9	61.2	61.0
KISTI	77.4	76.5	76.5	69.2	75.0	74.5
한의학연	85.3	85.3	85.3	77.4	82.8	82.7
생기연	51.4	53.4	56.9	48.4	52.3	53.0
ETRI	17.9	21.8	29.0	17.5	18.9	19.9
건설연	50.7	51.1	49.4	50.6	51.9	52.0
철도연	70.3	73.7	77.7	69.6	71.7	68.5
표준연	69.4	70.5	71.0	68.1	70.5	70.2
식품연	75.8	74.4	72.8	68.5	73.0	71.9
지자연	73.6	74.4	76.0	72.9	73.9	73.7
기계연	54.6	59.8	65.0	52.0	54.5	55.0
항우연	60.4	62.3	63.6	58.7	59.9	60.1
에너지연	67.5	69.5	70.0	65.6	68.4	67.6
전기연	53.3	53.0	53.0	51.1	49.4	51.0
화학연	56.2	67.0	73.0	58.6	62.3	63.7
안전연	45.1	51.0	61.2	42.6	44.7	46.8
원자력연	41.4	45.1	49.1	37.1	36.7	36.7
재료연	57.6	60.8	65.3	54.7	56.8	56.7
핵융합연	81.1	83.5	88.2	77.3	77.0	82.3

출처: 정민우 외(2022)를 참조하여 재구성

맞는 중점전략기술에 대한 투자를 강화하였다. 따라서 출연연 예산편성 기조 역시 효율화 관점이 지배적이였으며, 정부별 시대환경에 따른 중점 투자

분야만 조금씩 변화해왔다. 또한 출연연 예산편성 조직이나 편선과정, 지출한도 등의 경우 정부별로 과학기술전담부처의 변화가 일부 있었으나, 대체로 연속적인 제도변화가 이어져 왔다고 볼 수 있다. 즉, 출연금 예산편성과 PBS를 통한 예산확보의 큰 틀은 큰 변화없이 유지되어 왔다고 볼 수 있다. 이는 Streek & Thelen(2005) 변동유형에 비추어 볼 때 연속적 점진적 유형인 '적응을 통한 재생산'의 형태로 제도변동이 이루어졌다고 볼 수 있다. 그러나 최근 윤석열 정부에서 2024년 국가연구개발 예산 및 출연연 출연금 예산에서 전래없는 20% 내외의 예산삭감을 단행하였다. 이는 기존 예산편성기조와 비교했을 때도 큰 변화가 없고, 기존 예산편성과정, 조직의 변화 없이 비공식적 제도변화에 따른 단절적 균형이 발생하였기 때문에 Streek & Thelen(2005) 변동유형에서 '점진적 변동'에 해당한다고 볼 수 있다.

6) 예산결정의 특징

그동안 우리나라의 출연연 예산정책은 매년 연구개발 투자방향을 마련하고 예산편성지침에 반영한다는 점에서 총체주의적 성격을 보인다고 볼 수도 있으나, 모든 것을 제로에서 시작하는 영기준예산제도와는 성격이 다르고 오히려 매년 기존사업을 유지한 채 전년대비 일정부분 증액 또는 신규사업을 추진한다는 면에서 점증주의적 성격이 더 강하다고 할 수 있다. 또한 예산심의 과정에서 예산당국 관료들의 선호 및 선택에 따른 사업비 증액 및 감액이 적용되면서 공공선택이론적 성격도 띄고 있다. 또한 일본수출규제 대응, 12대 국가전략기술 개발, 부처별 중점 사업 추진을 위한 사업 우선순위 설정 등 다중합리성 성격도 가지고 있다. 또한 1997년말 외환위기 이후 1999년 예산이 감액되었으며, 2008년 금융위기 이후 2011년에 묶음예산 및 정책지정확대에 따라서 전체 수탁사업의 비중이 오히려 줄어들면서 전체 출연연 예산 총액이 감소하였다. 또한 2016년까지 다시 전체 총액이 증가하다가, 문재인 정부 출범이후 2018년부터 2019년까지 출연연 전체 예산 총액이 감액되었다가 2023년까지 지속적으로 증가하여 왔다. 그러나 최근 윤석열 정부에서 2024년 출연연 예산 중 주요사업에서 20% 내외의 삭감 등을 추진하였다. 이러한 현상은 예산이론 중 단절적 균형 현상으로 분석될 수 있다. 또한 전례없이 혁신본부 단계에서 기재부 단계로 예산안이 제출기안을 넘기면서 2024년 출연연 출연금 예산을 포함한 국가 연구개발예산을 원점에서 재검토를 추진하였기 때문에 총체적의적 성격도 일부 있었다고 볼 수 있다.

이러한 R&D 예산의 복합적 예산 특성은 Schick(1988)가 말했듯이 어느 하나의 이론만 가지고 설명할 수 없으며, 이론의 복합적 적용이 필요하다. 또한 Albert Hyde(1992)가 주장하였듯이 정치적, 경제적, 회계적, 행정적인 예산의 여러 속성을 설명한다고 볼 수 있다. 따라서 출연연 예산편성제도의 올바른 설계와 운영을 위해서는 과학기술 예산의 속성에 대한 이론적 이해와 함께 과기정통부와 및 기재부, R&D 부처 등이 출연연의 예산편성 문제를 해결하기 위한 방안 마련이 필요하다. 이상의 분석을 종합하면 〈표 12〉와 같이 정부별 출연연 예산편성제도 변동으로 요약할 수 있다.

〈표 12〉 출연연 예산편성제도 변동 분석

(다음 페이지 계속)

구분		노무현 정부 (2003~2007)	이명박 정부 (2008~2012)	박근혜 정부 (2013~2017)	문재인 정부 (2017~2022)	윤석열 정부 (2022~)
환경	환경요인	• 정권교체(진보→진보) • 일본과 중국사이의 샌드박스 문제	• 정권교체(진보→보수) • 인근역량의 강화 • 작은 정부 지향	• 정권 교체(보수→보수) • 반도체, 자동차 등 수출 경쟁력 약화	• 정권 교체(보수→진보) • 코로나 19 팬데믹 발생('19.11) • 일본 수출규제('19. 7) 발표	• 정권 교체(진보→보수) • 무역수지 증가 확대 • 긴세정책으로 재정적자 확대
제도변동요인	패러다임 아이디어	• 과학기술중심사회 구축(국정목표) • 제2의 과학기술 입국 실현(기본계획 비전) • 연구개발 투자 효율화를 위한 종합조정기능 강화(국정과제) • 과학기술혁신시스템의 선진화 및 과학기술 투자 활동 및 효율성 제고(기본계획)	• 경제성장 및 선진화(국정목표) • 선진일류국가(2차 기본계획 비전) • 연구자가 중심이(되)는 한 경과 여건을 조성, PBS 개선을 통한 안정적 인건비 확보(국정과제) • 국가과학기술위원회를 R&D제인 벨부의 컨트롤타워로 운영(2차 기본계획)	• 창조경제를 통한 경제부흥(국정 목표) • 창조적 과학기술로 여는 희망의 새시대(3차기본계획 비전) • 국가과학기술 혁신역량 강화(과학기술인 연구몰 입환경조성: 출연(연)의 미션 재정립과 출연금 지원비중 확대)(국정과제) • R&D 경제성장 기여도 40%, 일자리 64만개 창출(3차 기본계획)	• 더불어 잘사는 경제(국 정목표) • 과학기술로 국민 삶이 질을 높이고 인류사회 발전에 기여(4차 기본계 획 비전) • 자율과 책임의 과학기술 혁신 생태계 조성(과학 기술종합부처의 연구기 발 예산전환의 강화 및 정 책-예산-평가간 연계강 화)(국정과제) • 미래도전을 위한 과학기 술역량 확보(연구자 중 심의 연구몰입환경 조 성)(4차 기본계획)	• 자율과 창의로 만드는 담대한 미래(국정목표) • 민간이 끌고 정부가 미는 역동적 경제(국정목표) • 국가혁신을 위한 과학기 술 시스템 재설계(R&D 예산을 정부 총지출의 5% 수준에서 유지, 통 합적·전략적 R&D 예산 배분 조정체계 마련(국 정과제) • 질적성장을 위한 과학 기술 체계 고도화(전략 적 투자를 위한 예산 및 평가제도 개선)(5차기 기본계획)

구분	노무현 정부 (2003~2007)	이명박 정부 (2008~2012)	박근혜 정부 (2013~2017)	문재인 정부 (2017~2022)	윤석열 정부 (2022~)
예산편성 기초 (연구개발 투자방향)	• 국가연구개발투자의 효율성 제고 • 연구개발인프라 투자 확대	• 녹색기술 27대 중점육성기술 중심 투자 확대 • 선택과 집중 • 효율화	• 창조경제 13대 미래 성장동력에 대한 투자 확대 • 정부 R&D 투자시스템 선진화 • 출연연 재정지원시스템 개선	• 4차산업혁명 기술(데이터, 네트워크, AI 등)투자 강화 • R&D 투자효율화 • 소재·부품·장비 경쟁력 강화('19.8.) • 소부장 연구개발 투자전략('19.8.)	• 12대 국가전략기술 중심의 예산전성배분 • 투자효율화 및 민관협력 강화 • 임무중심형 통합형 예산배분
종합조정 기구	• 국가과학기술위원회 • 과학기술부 과학기술혁신본부	• 국가과학기술위원회 • 교육과학기술부(교육과학기술부수석)	• 국가과학기술심의회 • 미래부 과학기술전략본부	• 국가과학기술자문회의 • 과기정통부 과학기술혁신본부	• 국가과학기술자문회의 • 과기정통부 과학기술혁신본부
편성과정	• 국과위의 정부 연구개발 예산 조정·배분 결과를 수용하여 기획예산처 편성	• 교과부/국과위 예산배분 방향 마련, 기재부는 예산 조정·배분 및 평가	• 국과심 주요 R&D 사업 배분·조정 및 평가, 기재부는 최종 예산 편성	• 과기정통부(혁신본부) 주요 R&D 사업 배분 조정 및 평가, 총량관리 및 예산 편성은 기재부 담당	• 과기정통부(혁신본부) 주요 R&D 사업 배분 조정 및 평가, 총량관리 및 예산 편성은 기재부 담당
정부 R&D 지출한도 설정	• 국과위와 기획예산처 공동으로 총액규모와 부처별 지출한도 결정후 각 부처 통보	• 기획재정부에서 총액과 지출한도 설정	• 기획재정부에서 총액과 지출한도 설정	• 기획재정부에서 총액과 지출한도 설정	• 기획재정부에서 총액과 지출한도 설정

구분	노무현 정부 (2003~2007)	이명박 정부 (2008~2012)	박근혜 정부 (2013~2017)	문재인 정부 (2017~2022)	윤석열 정부 (2022~)
제도변동요인 미시그룹행위자요인 — 정부 R&D 예산심의 조직	• 혁신본부 • 9개 민간 전문위원회 운영 • 국회	• 국과위 전문위 • 기획재정부 • 국회	• 국과심 전문위(과학기술 전략본부) • 기획재정부 • 국회	• 국가과학기술자문위(혁신본부) • 기획재정부 • 국회	• 국가과학기술자문위(혁신본부) • 기획재정부 • 국회
출연연 예산정책	• 출연연 운영개선을 위한 종합대책(2005) • 출연연 특성화 전문화 추진 및 시기진작 방안(2006)	• 과학기술분야 정부출연연 운영효율화 추진방안(09) • R&D 성과창출을 위한 출연연 예산제도 개선방안('11)	• 출연연 고유임무재정립('14) • 1차 R&D 혁신방안('15) • 2차 R&D 혁신방안('16) • 국가재정법 개정('14) • 공공기관 운영에 관한 법률 개정('14)	• 출연연 발전방안('18) • 국가기술혁신체계 고도화를 위한 국가 R&D 혁신안 • 기관별 R&R 및 수입구조 포트폴리오 수립('18~'19) • 국가재정법 개정('18) • 국가연구개발혁신법 제정('20)	• 정부R&D혁신방안('23)
결과 — 출연연 예산변성제도	• 출연금, PBS제도 큰 변화 없음	• 출연금, PBS제도 큰 변화 없음	• 출연금, PBS제도 큰 변화 없음	• 출연금, PBS제도 큰 변화 없음	• 출연금, PBS제도 큰 변화 없음
Streek & Thelen (2005) 변동유형	• 적응을 통한 재생산	• 적응을 통한 재생산	• 적응을 통한 재생산	• 적응을 통한 재생산	• 점진적 변형
예산결정의 특징	• 점증주의 • 공공선택	• 점증주의 • 단절적 균형 • 공공선택	• 점증주의 • 공공선택	• 점증주의 • 공공선택 • 다중합리성 • 단절적 균형	• 총체주의 • 단절적 균형 • 공공선택

제4절 출연연 예산편성제도 개선을 위한 정책방향

그동안 출연연 예산편성제도가 적용된 이래 노무현 정부부터 윤석열 정부까지 5년 주기 정권 변화 환경에 따라 예산편성제도의 큰 틀은 유지한 채 그 안에서 패러다임아이디어 차원에서 관리주체의 변경 및 출연금 및 경쟁예산 정책변화 등이 있어왔다. 즉, 신제도주의 중 역사적 제도주의에서 주장하는 경로의존성에 따라 출연금과 경쟁예산제도(PBS)의 큰 틀은 유지되어 왔으나, 5년주기 정권교체에 따른 환경변화와 패러다임아이디어 변화에 따라서 부처 관료들이 프로그램아이디어를 통해 제도를 조금씩 변화시켜왔다고 볼 수 있다. 이는 Campbell(1988) 및 Streek & Thelen(2005)이 주장한 아이디어를 통한 점진적 제도변동의 사례라고 볼 수 있다. 그러나, 결과적으로 이러한 프로그램아이디어 차원의 제도변동을 통해 긍정적인 제도개선의 효과 즉, 출연연의 안정적 연구환경 조성을 위한 예산확보 보다는 부처 관료들의 그때그때의 선택적 아이디어 적용을 통한 제도변동을 추진하다보니 정책추진의 한계가 있어왔다.

특이한 점은 이명박 정부에서 정권차원에서 패러다임 아이디어로 PBS 제도를 개선하고, 안정적 연구비를 증액한다고 제시하였고, 기존 과학기술부(혁신본부)로부터 기획재정부가 국가 R&D 예산편성 권한을 가져가면서 실질적으로 묶음예산(출연금과 정책지정)의 확대가 추진되었다는 점이다. 반면, 2018년 문재인 정부 시절 과기정통부 연구기관지원팀(1차관실)에서 추진하였던 PBS 근본개편 방안의 일환인 R&R 및 수입구조포트폴리오 정책의 경우 화학(연) 등 일부 출연금 인건비가 증액하면서 정책효과가 있었지만, 나머지 대부분의 출연연에서는 출연금 인건비 증가 등의 개선효과가 부족했다. 이는 정권 차원의 관심 부족과 기재부, 혁신본부, 타 R&D 부처 등과의 충분한 협의가 부족하였다는 한계가 있었다.

또한 혁신의 실효성을 확보하기 위해 가장 중요한 것은 정부와 출연연 사이의 근본적인 "신뢰" 관계 구축도 필요하다. 독일의 하르나르크 원칙, 영국의 할데인 원칙 등 정부가 재정을 지원하되 간섭하지 않는 원칙이 우리나라 연구개발 예산 정책에도 반드시 적용이 필요하다. 그러나, 그동안 정부 예산 편성과정에서 출연연은 정책대상으로서만 존재하여 왔고, 출연연을 총괄하는 연구회도 충분한 역할과 권한이 없이 정책결정과정에서 배제되어 왔다.

앞으로의 미래사회는 일찍이 경험해보지 못한 문명사의 대변혁기가 될 것이며, 인공지능, 빅데이터, 네트워크, 바이오 등에서의 지식정보화는 우리 삶에 급격한 변화를 초래할 것으로 예상된다. 또한 코로나 19와 같은 신종 전염병 출연, 에너지 위기, 기후위기, 안전 재난 등은 과학기술의 사회적 역할 요구를 증대시키고 있다. 그러나, 출연연 예산편성제도는 출연금의 경우 2004년 하향식 예산편성제도인 총액배분자율편성제도가 도입된 이후 현재까지 큰 틀이 유지되고 있고, 경쟁예산 제도의 경우도 1996년 도입이후 점진적인 변화가 있어 왔으나, 큰 틀은 유지되고 있는 상황이다. 이처럼 새로운 미래에 효과적으로 대응하기 위해서는 새로운 시대를 대비한 국가 R&D 정책환경 혁신이 필요하다.

미래 환경 변화에 대비하여 한정된 재원을 올바르게 배분하여 당초의 정책 목표를 효과적으로 달성하기 위해서는 정책과정의 혁신이 필요하다. 이를 위해서는 첫째, 정부연구개발 투자방향 차원에서 살펴보면, 출연연의 임무를 정부와 연구회, 출연연이 함께 중장기 계획을 마련하고 국가 과제로 중기계획에 반영하는 정책적 과정이 필요하다. 기존에도 과기부 연구기관

지원팀과 연구회, 출연연이 R&R과 수입구조 포트폴리오를 수립하여 추진하였으나, 국가과제로 중기계획에 반영되지는 못하였다.

둘째, 종합조정기구 측면에서 살펴보면, 정책의 실효성 확보를 위해 앞으로의 출연연 재정정책은 과기정통부 출연연 담당과 수준이 아니라 혁신본부, 기획재정부와 함께 타 R&D 부처, 연구회 및 출연연이 참여하는 정부위원회 등의 채널을 통해 정책추진이 필요하다. 즉, 국가연구개발 예산의 확대정책의 방향은 부처의 임무와 수요를 반영한 프로젝트형 사업(예타 등)에 초점을 둔 반면, 출연금 확대를 위한 정부 및 출연연의 전략적 접근은 부족하였다. 출연연이 부처사업 기획을 지원하면서 출연연이 PBS 사업을 활성화시키는데 기여하는 아이러니가 발생하게 되었고, 이러한 이유로 과거 정부의 출연금 인건비 개선 목표가 70~80%를 제시했는데도 불구하고, 여전히 이를 달성하지 못하는 원인이 되고 있다. 즉, 출연금과 PBS 등 출연연 예산편성제도의 근본개편은 과기정통부 혼자만 할 수 있는 것이 아니며, 기재부가 혼자서 할 수 있는 것도 아니다. 앞으로의 환경변화는 한 분야의 관료나 전문가 수준에서 예측하기는 어려우며, 다양한 분야의 전문가들이 관료들과 함께 집단지성을 통해 합리적이고 효과적으로 예산 배분을 해야 한다.

셋째, 예산 편성과정에서 살펴보면, 출연금 예산 요구 프로세스의 혁신과 부처 사업의 정책지정 예산의 확대가 필요하다. 현재의 예산 프로세스를 단순화하여 연구회와 과기부(혁신본부 포함)가 출연금 관련 연구협약을 체결하고, 연구회는 출연연의 연구개발 방향을 종합적으로 검토하여 예산배분을 하는 것이다. 또한 연구협약도 독일 등 해외처럼 5~10년 단위로 계약을 하여 기관에서 장기 계획을 수립하고 상황에 따라 연구 아이템을 변경하여 운용하도록 유연성을 부여해야 할 것이다. 이를 위해서는 정책집행자로서 연구회의 전문성 확보 및 출연연의 연구 경쟁력 강화를 위한 의식 혁신도 필요하다. 독일, 영국 등의 연구회에서는 연구회가 정부에게 예산요구를 하고 출연연에 예산을 배분하는 주도적 역할을 하고 있다. 출연연의 경우도 연구자들이 기관의 비전과 미션, 핵심가치가 공유되고 조직 이기주의가 아닌 정부출연연으로서의 역할과 책임(R&R)을 다하기 위한 의식 개선이 필요하다. 또한 현재 정부수탁과제 중 일정 부분 이상을 정책지정과제로 지정하여 출연연의 안정적 연구비 확보를 확대할 수 있도록 하여야 한다. 부처사업의 경우 대규모 인프라, 대형 원천기술개발 사업의 경우 기업이나 대학에서 수행하기 어렵기 때문에 출연연이 수행할 수 있도록 정책지정화 하는 것이 가능할 것이다. 이 경우 과기정통부를 포함한 기획재정부와 타 R&D 부처의 적극적인 협력과 지원이 필요하다.

넷째, 출연연 예산정책 관점에서 살펴보면, 현재 정부는 매년 출연연의 출연금 예산 요구과정에서 관행적으로 5~10% 수준에서 주요사업 구조개편 및 구조조정 재투자를 요구하고 있다. 물론 정부 수입이 점차 감소하고 지출규모를 축소하는 방향에 따라 필요한 과정이라고는 할 수 있지만, 기준 적용에 있어서 유연성이 필요하다. 즉, 총액 한도내에서 연구회를 중심으로 출연연 특성 및 중장기 계획 등을 고려하여 유연하게 적용이 필요하다. 또한 출연연의 특수성을 고려하여 기타 공공기관과 다른 예산체계 적용이 필요하다. 즉, 현재 출연연은 공공기관운영법 내의 연구개발목적기관으로 지정되어 있으나, 실질적으로 특수성을 고려받지 못하고, 일반적인 공공기관 예산체계를 준용하고 있다.

마지막으로 출연금 인건비 100% 지급 제도 도입이 필요하다. 현재의 PBS 제도의 문제점 해결과 출연연의 안정적 연구환경 조성을 위해서는 인건비 제도개선이 핵심이라고 볼 수 있다. 출연금 인건비 확보는 기존 부처 수탁사업비의 인건비 항목을 걷어서 출연금 인건비로 전환하면 해결될 수 있다. 연구비와 간접비 등은 기존처럼 정부 및 민간수탁을 통해서 확보하도록 제도개선이 필요하다.

제5절 결 론

본 연구에서는 출연연 예산편성과정의 변화과정을 신제도주의 관점에서 분석을 통하여 출연연 재정확보 현황 및 정책 문제점을 도출하고 이를 해결하기 위한 정책방향을 도출하고자 하였다. 분석 이론과 틀로는 신제도주의 이론을 적용하고자 하였다.

분석결과 그동안 출연연의 예산편성과정은 2004년 총액배분자율편성예산제도(하향식 예산편성제도)와 1996년 PBS제도의 도입을 기점으로 경로의 존적인 특성과 예산 결정의 총체주의, 점증주의, 공공선택, 다중합리성, 단절적 균형 특성을 반영하여 추진되었다. 출연금은 당초 취지와 다르게 기관에서 묶음예산으로 받아서 미션에 맞게 자율적으로 사용하는 것이 아니라 매년 거의 1년 동안 지난한 예산요구 절차를 통해 다음연도 예산을 확보할 수 있는 상황이다. 또한 PBS 제도 도입이후에 출연금에서 충분한 인건비와 경상비, 직접비를 교부하지 않기 때문에 기관들은 정부수탁과제 수주를 위해 타 출연연, 대학, 산업체와 치열한 경쟁을 펼쳐야 했다. 기관 특성상 그 분야의 수탁과제가 적은 기관은 출연금에서 인건비와 경상비, 직접비의 비중을 높여야 하고 그 분야의 수탁과제가 많은 기관의 경우 출연금의 비중을 줄여야 하는데, 일률적인 제도의 적용으로 비효율적인 R&D가 추진되고 있다.

따라서 올바른 제도변동을 위해서는 새로운 정권교체에 따른 패러다임 아이디어를 해결하기 위한 프로그램아이디어 제시의 경우 관료들의 선택적 아이디어 적용을 통한 제도개선 시에 담당부처, 연구회, 출연연 등과 충분한 소통과 협의를 통한 정책반영이 필요할 것이다. 또한 정부와 출연연 사이의 근본적인 "신뢰" 관계 구축을 통해 연구회 주도로 기관특성에 맞게 예산배분이 이루어질 수 있도록 새로운 예산배분 시스템 도입이 필요하다. 지금처럼 연구회(기획평가위원회, 이사회) ⇒ 과기부(연구기관지원팀, 1차관) ⇒ 혁신본부 ⇒ 과기자문회의 ⇒ 기재부 ⇒ 국회까지의 예산 심의과정을 새롭게 개편하여 연구회와 과기부가 장기 연구협약을 체결하고 연구회가 출연연 고유미션 및 중장계 발전계획, 정부환경변화 등에 따라 예산을 배분하는 시스템이 필요하다. 또한 출연연의 특수성을 고려하여 기타 공공기관과 다른 예산체계 적용이 필요하다. 결과적으로 출연금 인건비 100% 지급 제도 도입을 통한 안정적 연구환경 조성이 시급하다.

이러한 정책적 시사점에도 불구하고 본 연구는 예산편성제도에 영향을 미치는 요인을 환경과 패러다임아이디어, 프로그램 아이디어로만 한정하여 제도변화를 분석하였으며 다른 요인의 영향을 고려하지 못하였다는 한계가 있다. 또한 부처, 대통령실, 국회, 연구회, 출연연 등 행위자 간의 상호작용을 통한 아이디어의 선택적 적용에 대한 세밀한 분석은 본 연구에서는 수행되지 못하였다. 그럼에도 불구하고, 본 연구를 통해 우리나라 출연연 예산편성제도의 변동과정을 통시적 맥락적으로 분석하고, 올바른 예산편성제도 설계를 위한 정책적 시사점을 제시하였다는 점에서 본 연구의 의의가 있다.

참고문헌

(1) 단행본(각종 정부간행물 및 연구보고서 포함)

국가과학기술연구회 (2021), 「2022년도 사업계획 및 예산(안)」, 세종: 국가과학기술연구회.

＿＿＿＿＿＿＿ (2020), 「2021년도 사업계획 및 예산(안)」, 세종: 국가과학기술연구회.

＿＿＿＿＿＿＿ (2019), 「2020년도 사업계획 및 예산(안)」, 세종: 국가과학기술연구회.

＿＿＿＿＿＿＿ (2018), 「2019년도 사업계획 및 예산(안)」, 세종: 국가과학기술연구회.

국무조정실 (2013), 「박근혜 정부 국정과제」, 서울: 국무조정실.

국정기획자문위원회(2017), 「문재인 정부 국정과제」, 서울: 국정기획자문위원회.

국회예산정책처(2012), 「국가재정법 이해와 실제」, 서울: 국회예산정책처

권명화 (2019), 「정부 R&D 투자 이슈와 정책과제: 오래된 쟁점에 대한 새로운 논쟁」, 충북: 한국과학
기술기획평가원.

과학기술정보통신부 (2018a), 「국민중심·연구자중심 과학기술 출연연 발전방안(안))」, 세종: 과학
기술정보통신부.

＿＿＿＿＿＿＿ (2018b), 「과학기술기본계획(2018~2022)」, 세종: 과학기술정보통신부.

＿＿＿＿＿＿＿ (2018c), 「출연연 PBS 근본개편 추진현황」, 세종: 과학기술정보통신부

미래창조과학부 (2013), 「제3차 과학기술기본계획('13~'17)」, 경기: 미래창조과학부.

＿＿＿＿＿＿ (2015), 「정부 R&D 혁신방안」, 경기: 미래창조과학부.

＿＿＿＿＿＿ (2016), 「정부 R&D 혁신방안」, 경기: 미래창조과학부.

박소희 (2014), 「정부 R&D 예산편성과정의 정책이론적 분석가능성 탐색」, 충북: 한국과학기술기획
평가원.

박소희 (2017), 「정부출연 재정지원제도의 변화와 영향에 관한 연구」, 충북: 한국과학기술기획
평가원.

윤수진 (2021), 「출연연구기관 예산 체계 고도화 방안 연구(1/2)」, 충북: 한국과학기술기획평가원.

이민형·장필성 (2018), 「Post-PBS 시대의 새로운 연구개발 정책방향과 과제」, 세종: 과학기술정책
연구원.

이종수·윤영진·곽채기·이재원·윤태범·이민창 (2022), 「새 행정학 3.0」, 서울: 대영문화사.

이현숙 (2011), 「예산결정 요인 분석을 통한 정부 R&D 재정소요추정 방법론 탐색」, 충북: 한국과학
기술기획평가원.

정민우 외(2022), 「출연연구기관 예산 체계 고도화 방안 연구 (2/2) 연차보고서」, 충북: 한국과학기술기획평가원.

제20대 대통령직인수위원회 (2022), 「윤석열 정부 국정과제」, 서울: 제20대 대통령직인수위원회.

한국핵융합에너지연구원 (2021), 「핵융합에너지연구원 예산 업무 매뉴얼」, 대전: 한국핵융합에너지연구원.

홍성주 (2012), 「과학기술기본계획의 추이 분석과 시사점: 최근 10여년간 한국과 일본의 과학기술기본계획을 중심으로」, 세종 : 한국과학기술정책연구원.

하연섭 (2016), 〈 제도분석: 이론과 쟁점 〉, 서울: 다산출판사.

하연섭 (2022), 〈 정부예산과 재무행정 〉, 서울: 다산출판사.

(2) 학위 논문 및 학술 논문(단행본에 포함된 개인 저술 포함)

강윤호 (2000), 제도, 제약 및 관료의 예산결정행태: 지방정부 예산결정에 대한 신제도주의적 접근, 〈한국정책학회보〉, 9(1): 79-109.

구현우 (2009). "역사적 제도주의와 비교정책연구: 제도의 지속성, 변화가능성, 그리고 정책패턴을 중심으로". 〈한국정책학회보〉, 18(2): 37-72.

김선명 (2007). "신제도주의 이론과 행정에의 적응성: 역사적 제도주의를 중심으로". 〈한독사회과학논총〉, 17(1): 187-215.

김은지·유지연·김상헌 (2016), 총액배분자율편성 예산제도: 이상과 현실의 괴리, 〈행정논총〉, 54(2): 265-285.

김학삼·심영보 (2013), 정부출연연구기관 제도변화의 상호작용모형에 관한 탐색적 연구: R&D 예산제도를 중심으로, 〈The Journal of Digital Policy & Management〉, 11(9): 29-43.

박기주 (2014), 과학기술분야 연구회 R&D 예산의 현황과 구조 분석: 신제도주의적 접근을 중심으로, 〈예산정책연구〉, 3(1): 237-262.

박진형 (2014), "대학평가정책의 변화와 지속에 대한 제도적 분석", 서울대학교 대학원 박사학위논문.

박웅·염명배 (2019), 정부출연연 R&D 수행체제의 복잡계 현상에 관한 연구: 재정지원정책변화를 중심으로, 〈재정정책논집〉, 21(1): 43-92.

양홍석 (2015). "한국의 정책평가제도 변동에 관한 정부별 비교연구 : 정부성향(Paradigm idea)과 국무총리 위상을 중심으로". 연세대학교 대학원 박사학위 논문.

엄익천·김종범·조경호·최진식 (2011), 정부연구개발예산의 결정요인에 관한 연구, 〈한국정책학회보〉, 20(4): 105-134.

이민화 (2014), "원자력 정책의 신제도주의적 특성 연구 : 후쿠시마 사고 전후 국가별 원자력 정책의 경로 의존성을 중심으로". 한양대학교 대학원 박사학위논문.

이정희 (2010), 최근의 주요 예산이론들의 비교, 평가 및 발전방향에 관한 연구, 〈한국행정학보〉, 44(4): 103-130.

주혜정 (2009), "과학기술정책 수용의 제도적맥락과 상이성 : 한국과 미국의 R&D 성과평가제도의 비교를 중심으로", 〈한국정책학회보〉, 18(3): 121-158.

진상기·오철호 (2015), 예산형성 과정에 있어서의 '정치·행정 요인'의 재발견: 한국고등교육 예산의 시계열회귀분석을 중심으로, 〈한국행정연구〉, 24(1): 103-137

천세봉 (2013), "과학기술정책 거버넌스 변동에 관한 신제도주의 분석". 연세대학교 대학원 박사학위논문.

최원재 (2018), 「기관평가제도 변동의 요인과 영향에 관한 연구: 과학기술분야 정부출연연구기관 기관평가제도를 중심으로」, 충남대학교 박사학위논문.

최원재 (2022), 신제도주의 이론을 적용한 출연연 관리제도 변화과정 연구, 〈기술혁신학회지〉, 25(1): 159-192.

Aman Khan and W. Bartley Hildreth. (2002), Budget theory in the public sector, London: Quorum books.

Barker, K. E. and Cox, D. (2011), OECD Issue Brief: Research Organisation Evaluation, Paris: OECD.

Berman, S. (2001), "Ideas, Norms, and Culture in Political analysis", Comparative Politics, 33(2): 231-249.

Blyth, M. (2002), Great Transformations: Economic Ideas and Institutional Change in the Twentieth Century, Cambridge: Cambridge University Press.

Campbell, J. L. (1998), "Institutional Analysis and Role of Ideas in Political Economy", Theory and Society, 27(3): 377-409.

Cox, R. H. (2001) "The Social Construction of an Imperative: Why Welfare Reform Happened in Denmark and theNetherlands but Not in Germany", World Politics, 53(3): 463-498.

Eleveld, A. (2016), "The Role of Ideas in Policy and Institutional Change: A Comparison of the Open Functional Approach, Constructivism and Discourse Theory",

Political Studies, 64(IS): 70-87.

Hall, P. A. & Taylor, R. (1996). "Political Science and the Three New Institutionalisms." *Political Studies* 44(4): 936-957.

Hay, C. (2002), *Political Analysis*, Basingstoke: Palgrave Macmillan.

Mahoney, J. & Thelen, K. (eds.). (2010). A theory of gradual institutional change, in J. Mahoney and K. Thelen, eds, Explaining Institutional Cahnge: Ambiguity, Agency, and Power, Cambridge: Cambridge University Press.

Mehta, J. (2011), "The Varied Roles of Ideas in Politics: From 'Whether' to 'How'", in Daniel Beland and Robert Henry Cox (eds.), *Ideas and Politics in Social Science Research*, Oxford: Oxford University Press.

Peters, B. G. (2012), *Institutional Theory in Political Science*: The New Institutionalism (3rd Eds.), New York City: Bloomsbury Publishing.

Schmidt, V. A. (2002), *The Futures of European Capitalism*, Oxford: Oxford University Press.

Skocpol, Theda. (1984). " Emerging Agendas and Recurrent Strategies in Historical Sociology." in Theda Skocpol (ed.), Vision and Method in Historical Sociology. 356-391. Cambridge: Cambridge University.

Steinmo, S. (2008), "What is Historical Institutionalism?", Porta, D. D. and Keating, M. eds., *Forthcoming in Approaches in the Social Sciences*, Cambridge: Cambridge University.

Streek, W. and Thelen, K. (2005), *Beyond Continuity: Explorations in the Dynamics of Advanced Political Economics(eds)*, Oxford: Oxford University Press.

(3) 신문 기사

전자신문 (2014), "출연연에 맞춤형 임무 부여…고유임무 재정립 작업 '스타트'", (2014.03.18.), 22면.

(3) 법령

기획재정부 (2014), "국가재정법"
_____ (2014), "공공기관의 운영에 관한 법률"

과학기술정보통신부 (2021), "국가연구개발혁신법"

(4) 온라인 자료

과학기술정보통신부 (2022), " 21년 국가연구개발예산, 경제발전 견인에 집중"(보도자료), https://
www.korea.kr/news/pressReleaseView.do?newsId=156513032(2022.6.23.).

대덕넷 (2014), "출연연 제2막…융합연구단 2017년까지 20개", https://www.hellodd.com/
news/articleView.html?idxno=49670 (2022. 10.29),

제**6**장

과학기술 출연연 PBS 제도의 정책변동 분석
: 자율성과 책임성의 균형 확보 방안

장문영 · 오현정

이 글은 「기술경영」 제8권 제4호(2023.12.31.)에 게재 확정된 논문으로서, 필자들이
편집위원회의 동의를 얻어 교육 및 연구용으로만 활용하는 조건으로 여기에 싣게 되었음을 밝힙니다.

제1절 서 론

    2022년 기준으로 '과학기술분야 정부출연연구기관'(이하 '출연연')은 정부 연구개발예산의 약 18.5%인 5.5조 원[1]을 집행하는 국가 차원의 중요한 과학기술 혁신주체이다. 대한민국에서 출연연의 역사는 1966년 한국과학기술연구원(KIST)의 설립으로부터 시작되었다고 할 수 있다(이민형, 2016). 이듬해 1967년 대한민국의 과학기술정책을 책임질 독립된 정부 부처로 과학기술처가 출범한 이후 출연연은 줄곧 과학기술발전의 핵심에 있었다. 특히 1970년대부터 1980년대의 국가 주도 경제발전 시기에 출연연이 정부기술개발 전략을 전담하여 수행하며 산업발전의 첨병 역할을 한 것은 부인할 수 없는 사실이다. 이후 1990년대 들어 지식정보화 사회로 접어들면서 기업과 대학의 연구역량이 폭발적으로 성장함에 따라 출연연의 운영 효율성이 논의되기 시작하였다. 2000년대로 넘어온 이후에는 과거 출연연이 주도하던 연구개발 패러다임이 더는 유효하지 않다는 인식과 함께 출연연은 다양한 비판을 받기 시작하였고, 역할 재정립과 혁신에 대한 사회적

---

[1]   이 중에서 정부출연금은 정부 총연구개발예산의 38%인 2조 1,426억 원을 조달하여 사용하고 있다.

요구가 높아지고 있다.

이 과정에서 여러 차례 정부가 바뀌면서 과학기술 전담 부처의 명칭이 바뀌는 등 과학기술정책 거버넌스의 변동을 비롯하여 출연연을 둘러싼 정책도 반복하여 수립과 변동을 거쳤다. 국가 전반에 걸쳐 제대로 된 연구인프라가 구축되기 전에는 출연연이 국가연구개발사업을 수행할 수 있는 유일한 과학기술 혁신주체였지만, 1990년대 접어들며 기업과 대학이 과학기술 혁신주체로 편입되며 다변화가 이루어졌다. 이러한 현상은 국가 연구개발예산을 거의 독점하고 있던 출연연의 비효율성 문제와 결합하여 출연연 재정정책에 큰 변화를 불러왔다. 이것이 바로 1996년에 도입된 '연구과제중심운영제도'(Project Based System, 이하 'PBS 제도')로 이 제도의 도입 전과 후로 출연연 재정정책의 철학이 바뀌었다고 할 수 있을 만큼 매우 근본적인 변화였다.

PBS 제도는 연구자 및 출연연 간 경쟁을 통해 연구비를 지원하고 이를 통해 연구성과를 높인다는 취지로 도입되었다. 변화의 의미와 폭이 넓은 만큼 제도의 도입 초기부터 연구현장에서 불만을 제기하며 잡음이 일었고 현재도 논란이 끊이지 않고 있다. 실제로 PBS 제도는 본래 취지와 달리 예산환경의 불확실성을 높이는 결과를 낳았고, 이에 따라 출연연이 단기성과 위주의 소규모 프로젝트에 치중하며 출연연 고유임무 수행을 어렵게 할 뿐만 아니라 산학연 협력연구의 부진, 융합연구 기반의 붕괴 등을 초래했다는 비판을 받고 있다. 매번 새로운 정부가 출범할 때마다 이러한 문제를 해결하여 출연연이 효율적으로 임무를 수행할 수 있도록 안정적 연구비 지원을 확대하는 등 다양하게 PBS 제도의 개선을 시도했지만, 그 실현은 애초 계획대비 크게 부족한 수준이다.

연구현장에서 PBS 제도를 둘러싼 갑론을박이 계속되는 동안 이를 해결하고자 정책연구도 활발히 이루어졌다. 연구는 대부분 PBS 제도의 특징을 기반으로 전반적인 변화를 논의하거나(길종백·정병걸·염재호, 2009; 김학삼·심영보, 2013; 박기주, 2014; 박웅·염명배, 2019; 최원재·강근복, 2022), 실증분석 또는 설문 조사를 통해 PBS 제도와 연구성과의 관계를 분석하여 대안을 제시하였다(박소희, 2013; 장호원 외, 2012; 엄익천·류영수, 2019; 김진열·김방룡, 2019; 유주현·조상민, 2019; 임홍래, 2020; 고영태·김영준, 2022; 김계수·이민형, 2000a; 2000b; 2005; 2006; 이민형, 2003; 2006; 2016; 이주량 외, 2015; 박소희 외, 2017b; 이민형·장필성, 2018). 즉, 지금까지 선행연구는 PBS 제도가 변화하는 과정에서 제기된 문제의식과 그 해결방안으로써의 정책변동에 대해 체계적인 분석은 하지 않은 채로 선언적이고 규범적인 수준의 대안을 제시하는 데서 그쳤다고 볼 수 있다.

이처럼 출연연 PBS 제도는 여전히 풀리지 않는 현실의 정책문제로서 새로운 시각으로 접근할 필요가 있다. 정책과정 관점에서 정책변동은 내·외부의 정책환경 변화에 대응하고 정책대상자의 수요를 합리적으로 반영하며 정책목표를 달성해 나가는 능동적인 활동이다(정정길 외, 2011; 강근복 외, 2016; 유훈, 2009). 따라서 정책 활동 전체를 끊임없이 반복되는 순환과정으로 이해하는 정책과정의 관점에서 정책변동을 일으키는 원인과 그 결과에 주목하여 PBS 제도를 분석하고자 한다. 특히 출연연의 연구성과에 영향을 미치는 자율성과 책임성 제고라는 출연연 정책의 규범적 가치에 기초하여 PBS 제도의 정책변동을 살펴볼 것이다. 이로써 본 연구는 정책과정의 관점에서 PBS 제도의 문제점을 분석하고, 기존의 연구결과에 근거하여 현장에서 적용할 수 있는 정책대안을 제안할 수 있을 것으로 기대하고 있다.

분석의 시간적 범위는 2013년부터 2023년 현재까지 약 10년의 동안으로 설정하였다. 일반적으로 정책변동은 정부 교체기에 가장 활발하게 일어나는데, 단기간에 상반된 성격의 정부가 들어선 박근혜 정부 이후부터, 문재인, 윤석열 정부를 중심으로 분석하는 것이 PBS 제도가 시행된 전체 기간을 분석하는 것보다 현재의 정책 상황을 더욱 잘 설명할 수 있을 것으로 판단하였다. PBS 제도가 도입된 1996년을 기준으로 20년이 되는 2015년이 박근혜 정부 시기였던 점을 고려하여 해당 정부의 출범 시점을 분석의 시작으로 설정하였다. 연구방법은 출연연 관련 법령 변화 및 기존의 연구결과를 문헌분석을 통해 종합하는 질적연구방법을 주로 활용하였다.

제2절 이론적 논의 및 분석틀 설계

이 절에서는 먼저 본 연구의 주요 분석이론인 정책변동의 개념과 유형에 관한 이론적 논의를 통해 정책과정 연구에서 정책변동연구가 갖는 중요성을 살펴볼 것이다. 그리고 PBS 제도로 대표되는 출연연 재정정책에 대해 살펴볼 것이다. 이때 PBS 제도의 도입목적에서 말하는 안정적인 연구환경의 조건인 자율성과 책임성의 의미를 먼저 살펴봄으로써 PBS 제도의 정책변동에 관한 규범적 기준을 설정할 것이다. 이러한 논의를 종합하여 출연연 PBS 제도의 정책변동을 살펴보기 위한 분석틀을 구성하고 구체적인 분석요소를 정의할 것이다.

1. 정책변동의 개념과 유형[2]

정책이론에서 정책변동은 정책과정의 가장 마지막 단계로 분석적 관점에서 정책결과에 대한평가를 수행하고 이에 근거하여 기존의 정책을 변화한 정책환경과 정책문제에 맞게 수정하거나 종결하는 활동을 의미한다(정정길 외, 2011; 강근복 외, 2016). 그러나 실제로 정책변동은 정책산출물의 변화(Hogwood & Peters, 1983), 정책내용과 정책집행 수단의 변화(박해룡, 1990), 혹은 정책내용과 정책집행 방법의 변화까지 포함하는 개념(정정길 외, 2011)으로 정책과정의 모든 단계에서 발생하며, 정책과정 전체를 합리적이고 효율적으로 만드는 활동이다(유훈, 2009: 130). 오늘날 점점 더 복잡해지는 정책문제를 해결하기 위해서는 선도적이며 적응적인 정책변동 관리가 중요하다(정정길 외, 2011: 699-700). 특히 정책변동이 정책과정의 어느 단계에서 발생하는지에 따라 변화의 정도와 범위, 구체적인 내용 등도 달라질 것이다. 따라서 적절한 변동관리 전략을 수립하기 위해서는 정책유형에 관한 논의를 통해 분석대상 정책을 면밀하게 검토하는 작업이 우선되어야 한다(이찬구 외, 2022).

정책변동의 유형으로는 Hogwood와 Peters(1983: 27)가 제시한 정책혁신, 정책유지, 정책승계, 정책종결의 네 가지 유형이 일반적이다. 각 유형의 기본성격과 법률·예산·조직 측면에서의 특징은 다음의 〈표 1〉과 같다.

첫째, 정책혁신은 정부가 이전에는 관여하지 않았던 분야에 개입하기 위해 새로운 정책을 수립·집행하는 것으로 정책변동의 폭이 가장 큰 유형으

---

2)   본 내용은 이찬구 외(2022)를 이 연구주제에 맞게 재구성하여 사용하였다.

구분	정책혁신	정책유지	정책승계	정책종결
기본성격	의도적	적응적	의도적	의도적
법률측면	기존 법률 부재	기존 법률 유지	법률 제정 및 개정	기존 법률 폐지
예산측면	기존 예산 부재	기존 예산 유지	기존 예산 조정	기존 예산 폐지
조직측면	기존 조직 부재	기존 조직 유지 또는 보완	기존 조직 개편	기존 조직 폐지

자료 : Hogwood와 Peters(1983), 양승일(2014)을 활용하여 재구성

로 하나의 새로운 정책결정으로 볼 수도 있다.[3] 둘째, 정책유지는 기존의 정책목표는 그대로 유지하되 환경변화를 반영하여 집행과정에서 발생하는 변화를 의미하며, 정책대상자 조정 및 집행수단의 변경과 같은 집행 상황에서의 적응적 변동을 포함한다(정정길 외, 2011: 705-706; 유훈, 2009: 141). 셋째, 정책승계는 기존의 정책목표를 유지한다는 점에서 정책유지와 유사하다. 필요에 따라서 기존의 정책을 새로운 정책으로 대체하거나 일부를 종결하는 것도 가능하여, 부분적으로 정책혁신 및 정책종결의 요소를 포함한다고 볼 수 있다(양승일, 2014: 51-52). 넷째, 정책종결은 정부가 어떠한 문제영역에 더는 개입하지 않기로 하여 기존의 정책을 의도적으로 중지하거나 종결하는 것을 말한다. 현실에서 완전한 정책종결은 드물고 부분종결이나 정책유지 또는 정책승계와의 타협적인 형태가 많이 나타난다(유훈, 2009: 138-143; 정정길 외, 2011: 708-709; 강근복 외, 2016: 334-335).

요약하면 정책은 최초의 정책혁신 이후에 환경변화에 맞춰 수준과 범위

---

3) 21세기에 '전에 없이 완전히 새로운 분야'가 존재할 가능성은 매우 낮다고 보는 견해도 있다(유훈, 2009: 189). 사회가 추구하는 근본 가치의 변화로 인해 정책결정 단계에서 기존의 정책목표를 완전히 새롭게 설정하고, 이를 달성하기 위한 정책수단과 활동 전반을 새롭게 개발하는 정책전환(노화준, 2016: 601)을 정책혁신이라고 볼 수도 있을 것이다.

가 다른 수정 및 보완을 거치며 정책유지, 정책승계, 정책종결이 다양한 경로로 이루어진다(정정길 외, 2011: 709). 이는 정책과정에서 정책변동을 통해 변화하는 정책환경에 능동적으로 대처해야만 정책목표 달성이 가능하기 때문이다. 따라서 본 연구는 정책혁신으로 PBS 제도가 도입된 이후에 대내·외 환경변화 및 정책대상자인 출연연의 요구사항을 반영하여 적절한 정책변동이 일어나고 있는지 분석함으로써, 그간 무수한 논란의 중심에 있는 PBS 제도의 발전적 미래를 위한 정책교훈을 얻기를 기대한다.

2. 출연연 PBS 제도에 관한 이론적 논의

1) 출연연의 자율성과 책임성의 의미[4]

「과학기술분야 정부출연연구기관 등의 설립·운영 및 육성에 관한 법률」 (이하 '과기출연기관법')의 제2조는 '과학기술분야 정부출연연구기관'을 정부가 출연하고 과학기술 분야의 연구를 주된 목적으로 하는 기관으로 정의하고 있다. 법률에 출연연의 설립목적을 별도로 명시하고 있지 않으나, 이들을 관리하는 국가과학기술연구회(이하 '연구회')의 사명선언문에서 출연연의 목적이 지속가능한 혁신성장을 선도하고 국민 삶의 질 향상에 이바지하는 것임을 알 수 있다(국가과학기술연구회, 2023).

이러한 출연연이 설립목적에 맞게 운영되기 위한 전제는 탁월한 연구성과의 창출(수월성)에 있다고 할 수 있다. 장문영 외(2019: 478)에 따르면 출연연의 수월성에 가장 영향을 미치는 요인은 자율성과 책임성이라고 할 수

---

4) 본 내용은 장문영 외(2019)를 이 연구주제에 맞게 재구성하여 사용하였다.

있다. 이는 법률에도 언급되어 있으며5) 여기에 더하여 출연연은 연구기관으로서 연구와 관련하여 스스로 지켜야 하는 규범으로 자율성과 책임성도 동시에 지니고 있다. 즉, 출연연을 대상으로 하는 모든 정책의 기저에는 자율성과 책임성 확보라는 목표가 있을 것이다. 따라서 PBS 제도의 정책변동에 관한 본격적인 논의에 앞서 출연연의 자율성과 책임성에 담긴 의미를 검토한다.

(1) 출연연 자율성(Autonomy)

본래 자율성에 대한 논의의 출발은 학문의 자유로, 과거 학문활동을 전담하는 기관으로서 대학 운영의 자율성이라는 측면에서 '기관 차원의 자율(institutional autonomy)'을 논의한 것이 시작이다(박기범 외, 2016: 56). 학문의 자유는 교육의 자유와 연구의 자유를 모두 포함하는 개념이지만, 우리나라에서 국가연구개발사업을 주로 수행하며 공공연구를 담당하는 출연연의 자율성으로는 '연구의 자율성'을 더욱 중요하게 다뤄야 한다(박기범 외, 2016). 연구개발 활동에서 자율성은 연구자가 창의성, 혁신, 몰입을 발현하도록 하여 연구성과에 직·간접적으로 영향을 미치는 변수로 인식되어 연구개발 수행과 그 경영적 차원에서 중요을 인식하고 있다(허재정, 2012: 9; 정용남, 2019). 실제로 자율성을 연구개발 활동의 고유 특징의 하나로 보고(홍성주 외, 2016: 82), 과학기술기본법을 비롯한 과학기술분야 관련 법령에서도 연구기관과 연구자의 자율성을 보장하는 규정을 명시하고 있다(정용남, 2019).

---

5) 과기출연기관법 제1조가 책임성에 대해 언급하고 있으며, 동 법률 제10조와 과학기술기본법 제2조, 제4조, 제11조, 제32조가 연구기관과 연구자의 자율성을 언급하고 있다.

본 연구의 분석대상인 출연연과 같이 연구개발을 주 업무로 하는 공공기관의 자율성은 서구에서 먼저 논의되었다. 이는 독일의 하르나크 원칙(Harnack Principle)과 영국의 홀데인 원칙(Haldane Principle)에서 쉽게 찾아볼 수 있다(홍형득 외, 2018). 이 원칙들은 공공연구기관에 대한 정부부처를 비롯한 외부로부터 개입을 최소화하여, 연구개발 수행 과정에서 자율성을 침해받지 않도록 하는 것이 창의적인 연구성과의 창출에 중요하다는 점을 보여준다(박기범 외, 2016: 63).

　　이러한 연구자율성의 개념을 이해하는 관점이 다양하고 폭이 넓어 과제 차원의 연구관리에서 기관경영에 이르기까지 관리대상을 중심으로 논의하거나, 연구 기획에서 성과도출에 이르는 과정을 연구개발 활동을 중심으로 자율성을 논의하기도 한다(윤지웅 외, 2018: 11). 그러나, 그동안 출연연의 자율성에 관한 논의는 주로 공공연구기관으로서의 운영 자율성과 거버넌스, 연구개발예산의 문제에 초점을 두었다(박진선, 2006; 지민정, 2015; 고영주 외, 2015). 일반적으로 공공기관이 갖는 자율성과 성과와의 관계에 관한 연구는 일부 있었지만(Verhoest, 2005; Yamamoto, 2006), 연구기관으로서의 특성을 고려하여 자율과 책임의 관계를 다룬 논의는 찾아보기 어려웠다.

　　이들 선행연구를 통해 확인할 수 있는 것은 공공연구기관으로서의 출연연 자율성은 '연구' 자체에 대한 자율성과 '기관의 운영'에서의 자율성으로 구분할 수 있다. 본 연구는 그동안 출연연의 PBS 제도가 연구책임자의 자율성을 중심으로 논의해 온 것에서 벗어나[6], 논의의 관점을 확장하여 출연연

---

6)　　PBS 제도 관련 선행연구는 뒤에서 다루도록 한다.

기관운영의 자율성에 어떠한 영향을 미쳤는가를 알아보고자 한다. 출연연을 비롯한 공공연구기관의 자율성은 어떤 별도의 기준에 따라 정해지는 개념이 아니라, 국가혁신체제 내에서의 역할과 거버넌스, 역사적 배경에 따라 다르게 정의되기 때문이다(박기범 외, 2016: 57).

(2) 출연연 책임성(Responsibility)

책임성이 무엇인지를 두고 Friedrich(1940)와 Finer(1941)가 벌인 고전적 논쟁에서 볼 수 있듯이 책임성은 문맥에 따라 의미가 달라지기도 하고(Behn, 2001), 그 자체로 복잡하고 모호성이 높은 개념(Mulgan, 2000)이라 정의하기가 어렵다(조성식, 2013: 9). 사전적으로도 '책임'에는 첫째, '맡아서 해야 할 임무나 의무'라는 내재적 차원의 책임과 둘째, '어떤 일에 관련되어 그 결과에 대하여 지는 의무나 부담. 또는 그 결과로 받는 제재(制裁)'라는 외부로부터 주어진 책임이 있다(국립국어원 표준국어대사전, 2023). 이러한 차이는 전통적으로 책임성을 나타내는 두 가지 개념인 제도적 책임성(Accountability)과 자율적 책임성(Responsibility)을 나타내는 영어 표현에서도 드러난다(조성식, 2013; 이종수, 2013; 박기범 외, 2016).

이처럼 책임성은 책임성의 근거, 주체, 기준 등에 따라 그 유형도 매우 다양하여(이종수, 2013) 논의의 실마리를 잡기가 쉽지 않다. 그러나 본 연구의 대상인 출연연이 공공연구기관이라는 점에서 공공영역에서의 책임성에 대한 논의로부터 시작해 볼 수 있을 것이다. 실제로 출연연이 수행하는 정부 연구개발 사업은 공공재원으로 이루어지기 때문에 책임성 제고에 대한 성과관리 요구가 증대되고 있다.

일반적으로 공공부문의 책임성은 다차원적 특징을 보이는데, 위계질서에 의한 책임성, 정치적 관계에 의한 책임성, 행정 서비스 전문가로서의 책임성, 법 적용에 의한 책임성으로 나타난다(Romzek & Dubnick, 1987: 228; 황광선, 2016: 190). 그러나 주지하다시피 출연연은 연구개발 조직임과 동시에 공공조직으로서의 특성을 갖기 때문에 일반적인 공공기관의 책임성을 그대로 적용하는 것은 바람직하지 않다. 특히 국가연구개발 사업은 과학기술의 발전을 목적으로 장기적인 관점에서 진행되고, 이때 과학기술 연구자들의 전문성과 자율성이 성과에 중요하게 영향을 미친다는 점에서 통상의 공공사업과 확연히 다른 성격을 보인다. 효율성, 책임성, 사회적 책무 등 다양한 목표가 존재하여, 이러한 목표들이 서로 갈등과 균형을 이루는 특성이 있다(홍성주 외, 2016: 84).

그러나 우리나라에서는 책임성의 연구가 주로 정부재정 분야 혹은 공공조직에서 책임성의 조건을 탐색하는 것에 초점을 두고 있으며(한상일, 2013; 황광선, 2016), 출연연의 책임성에 관한 연구는 많지 않다. 지금까지 논의를 반영한 출연연의 책임에 관한 선행연구로 황광선(2016)과 조성식 외(2012) 정도가 있다. 따라서 이 논문이 공공조직이며 연구개발조직의 특징을 동시에 지닌 출연연의 책임성을 논의하는 것은 이론적으로나 정책적으로도 의미가 큰 시도가 될 것이다. 특히 본 연구는 앞의 논의를 고려하여 출연연의 책임성을 자율성에 기반한 책임성으로 규정하고, 연구자율성과 함께 연구책임성 내지는 자율적 책임성을 출연연 PBS 제도의 정책변동 분석에 있어서 논의 주제로 삼는다.

2) 출연연 연구과제중심운영제도(PBS 제도) 개관
(1) 출연연 예산구조의 문제점과 PBS 제도의 도입

정부는 국가의 과학기술 경쟁력 강화를 목적으로 국가 연구개발예산의 일부를 출연연에 지원한다. PBS 제도 도입 이전에는 출연연의 인력 정원에 기초한 총지출 예산을 기준으로 정부수탁 연구사업비, 민간수탁 연구사업비, 잡수입 등의 자체 수입으로 충당되지 않는 부족분을 정부가 출연금으로 보전해 주는 방식으로 지원하였다. 이러한 방식은 기관의 입장에서는 연구성과에 상관없이 기관별 인력 정원만큼 예산을 지원받을 수 있는 장점이 있는 반면에, 기관의 탁월한 연구성과나 민간수탁 연구비를 통해 수입이 발생하면 오히려 정부출연금 예산의 삭감으로 이어져 연구 의욕 상실을 부추기는 등 건강한 연구 시스템을 방해하였다(윤수진 외, 2021: 55).

1970년대부터 정부 연구개발 투자는 지속해서 늘어났으나, 1980년대를 전후로 산업구조가 변화하고 각 부처가 독자적인 국가연구개발사업을 시작하면서 출연연이 담당하는 정부 연구개발예산의 비율에 변화가 발생했다(윤수진 외, 2021). 실제로 1980년에 정부 연구개발예산에서 출연연이 사용하는 비중이 74.4%까지 증가하였으나, PBS 제도의 도입 직전인 1995년에는 53.7%까지 감소하는 경향을 보였다(김학삼·심영보, 2013: 30). 이는 1980년대 후반부터 산·학의 연구역량이 증대되면서 상대적으로 출연연이 수행하는 연구개발 비중이 감소한 것에 따른 결과로, 이 무렵부터 정부 연구개발예산을 활용하는 핵심주체로서 출연연의 연구개발 투자 효율성 및 연구 생산성에 대한 비판이 제기되기 시작하였다. 그리고 출연연의 경쟁력이 하락하는 원인의 하나로 정부 연구개발예산 지원 방식의 비합리성이 지목되면서, 이를 개선하기 위한 새로운 출연연 재정지원 정책과 제도 도입이 논의되기 시작하였다(윤수진 외, 2021: 55).

그 결과로 1996년에 출연연의 예산구조, 연구환경 및 기관운영 등에 대한 비효율성을 개선하는 것과 동시에, 안정적인 연구환경을 조성하고 자율성을 부여하여 출연연이 도전적이고 모험적인 연구에 집중함으로써 연구성과의 수월성을 지원할 수 있는 제도로 PBS 제도를 도입하였다. 이 새로운 재정지원 정책은 모든 연구는 과제를 기반으로 수행하는 것으로 상정하고, 연구사업 기획, 예산 배분, 수주 및 관리 등 연구 관리체계의 전반적인 과정에서 개별과제에 인건비와 운영비를 연계하고 연구책임자 중심의 연구비 운영을 하도록 하였다. 정부는 이 제도의 도입으로 연구 주체 간 경쟁을 유도하고 성과를 중시하는 분위기가 조성될 것을 기대하였다.

(2) PBS 제도 도입 이후 출연연의 재정정책 및 예산구조의 변화

2000년대 초부터 경제위기 극복을 위해 정부의 연구개발투자가 큰 폭으로 증가했다. 이러한 연구개발 투자의 증가에도 불구하고 1996년 도입된 PBS 제도로 인해 연구개발예산이 안정적 예산보다 경쟁요소가 강조된 예산으로 바뀌면서 연구개발예산 편성의 중심은 출연연에서 정부 부처로 이동하였으며[7], 상위 거버넌스 구조의 확대로 위임체계에 혼선이 발생하기도 했다. 지나친 과제 수주 장려 분위기가 조성되면서 연구자들 사이에는 기관 차원의 방향보다 개별 연구자들의 과제가 더 중요하다는 인식이 확산하였다. 결국, PBS 제도의 처음 취지는 달성하지 못하였고 출연연 내외부에서 제도개선의 필요성을 지속하여 제기하는 결과로 이어졌다.

---

7) PBS 제도 도입 이후 과학기술계 3개 연구회 소관 19개 연구기관의 예산(1998~2004년)은 연평균 11.6%의 증가추세를 보였다. 이 중 안정적 예산인 출연금은 7.3% 증가했으나, 경쟁적 예산인 정부수탁사업비는 17.8%의 높은 증가율을 보이며, 총예산에서 정부수탁이 차지하는 비중(PBS) 역시 41.7%에서 58%까지 차지하는 등 큰 폭으로 증가하였다(이민형, 2006: 91).

이를 인식한 정부는 최근 20여 년간 10여 차례에 걸쳐 출연연의 발전방안을 발표하였고, 그때마다 PBS 제도의 개선방안도 포함하였다. 다음의 〈표 2〉는 본 연구에서 다룰 분석의 시간적 범위 이전 시기에 있었던 PBS 제도의 변화를 요약하였다.

김대중 정부(1998~2003년)는 출연금 인건비 비중과 출연연의 고유임무 수행을 위해 출연금 비중을 증가시켜 안정적이며 동시에 경쟁적인 연구의 조화를 추진하였다. 이후, 노무현 정부(2003~2008년)는 PBS 제도가 연구 생산성에 부정적인 영향을 미쳤다는 인식하에 기본사업비(인건비와 주요사업비의 합)을 단계적으로 확대하여 인건비 및 경상비를 안정적으로 지원하면서 정부수탁사업(PBS)의 비중을 대폭 축소하고자 했다. 이명박 정부(2008~2013년)는 출연연이 명확한 임무에 따라 목표지향적 역할 수행이 중요함을 강조하며, 묶음예산(Block Funding)[8] 등을 통해 사업구조를 개선하고 인건비 지원비율의 확대를 추진하였다.

이렇듯 매 정부가 PBS 제도의 문제점을 인식하는 시각에 약간의 차이는 있으나, 해결방안은 안정적 연구비와 인건비를 확대하는 방식으로 유사하게 제시되었다. 게다가 지금까지의 개선방안은 출연연의 재정구조 개선 그 자체를 목적으로 추진된 것이 아니라, 출연연의 기능을 재정립하고 임무를 달성하기 위한 수단으로서 병행적으로 추진되는 내용이었다고 볼 수 있다. 이처럼 반복적으로 추진된 정책의 목적이 출연연의 자율성과 책임성의 균형 확보에 있지 않아 궁극적으로 정책변동을 통해 PBS 제도 본래의 정책목

---

8) 정부는 'R&D 성과창출을 위한 출연연 예산제도 개선안'(관계부처 합동, 2011.08.)에서 묶음예산을 '연구기관이 기관(장) 재량으로 연구사업을 기획·추진할 수 있도록 정부는 연구방향과 총액만 결정하는 예산'으로 정의하고 있다.

표 달성이 어려울 것을 예상하게 한다. 각 정부가 제시한 PBS 제도의 개선 방안이 처음 제시했던 목표들은 제대로 달성하지 못한 채로 다음 정부에서

〈표 2〉 출연연 관련 정책에 나타난 PBS 제도 개선논의

시기		계획명	PBS 제도 개선목적 및 주요 내용
김대중 정부 (1998~ 2003)	'01. 5	출연연 활성화 및 사기진작 종합대책	• (목적) 안정적 연구기반 조성 • 인건비를 포함한 기관고유사업비 확대
	'01.12	과학기술계 정부출연 연구기관 기능정립 방안(안)	• (목적) 안정적인 연구와 경쟁적 연구의 균형과 조화 추구 • 연구기관별 역할 및 기능에 따라 안정적인 연구비 지원 　－ 연구기관 총예산 대비 정부출연금 비율을 50% 수준 　　까지 확대
노무현 정부 (2003~ 2008)	'03. 6	과학기술계 정부출연연 연구과제중심제도 개선방안 검토(안)	• (목적) PBS 제도의 보완 및 개선을 위한 대안 검토 • 정책지정사업, 출연금 인건비 확대
	'05. 9	정부출연연 연구활성화 방안(안)	• (목적) 출연연의 안정적 연구 분위기 조성 • 기본인력 인건비 등 안정적 인건비 확보
	'06. 6	출연(연) 특성화 전문화 추진 및 과학기술인 사기진작 방안	• (목적) 안정적 연구 분위기 조성 및 사기 진작 • 출연(연) 기본사업비 단계적 확대 및 안정적 연구비 확보 　－ 출연연 고유기능에 따라 부처사업의 이관, 기본인력 　　인건비 확대, 대형 장기과제 중심으로 연구과제 재편 등
이명박 정부 (2008~ 2013)	'08. 3	이명박 정부 100대 국정과제	• (목적) 연구자가 중심이 되는 연구환경과 여건 조성 • PBS 제도 개선을 통한 안정적 인건비 확보
	'09. 7	과학기술분야 정부출연연 운영효율화 추진방안(안)	• (목적) 임무중심적 연구수행에 몰입하도록 사업구조 개선 • 인건비 비율의 점증적 확대 　－ (08년) 30.8% → (09년) 50% → (10년) 60% → 　　(11년) 70%.
	'10.10	과학기술분야 정부출연연 운영효율화 추진현황 및 향후계획	• (목적) 기관 고유기능 및 특성화 분야에 집중할 수 있는 　연구환경 조성 • PBS 제도 개선을 통한 인건비 지원 비율 확대 　－ 국정과제로 출연연의 정규직 인건비(평균) 70% 목표
	'11. 8	R&D 성과창출을 위한 출연연 예산제도 개선	• (목적) 안정적 연구환경 조성 • 묶음예산의 단계적 확대 　－ 출연금 대비 정부수탁비율을 70:30 수준으로 조정 • 전략연구사업 정책지정도 출연금 비중에 포함

자료: 박소희 외(2017b) 및 국가과학기술자문회의(2019)에서 인용하였으며 일부 내용을 수정 보완함.

유사한 내용이 반복되는 모습을 보였다. 이는 PBS 제도의 정책변동 원인과 결과를 분석하고자 하는 본 연구의 문제의식을 공고하게 만들어 주고 있다.

3. 출연연 PBS 제도 관련 선행연구 검토

PBS 제도가 도입되고 20년이 훌쩍 넘는 동안 제도의 성과에 대한 논란과 비판이 끊이지 않았던 만큼 정책현장과 학계도 PBS 제도에 관심을 기울이며 중요한 연구주제로 다뤄왔다. PBS 제도 관련 선행연구는 크게 네 개의 범주로 분류해 볼 수 있다. 가장 먼저 PBS 제도의 문제점을 파악하여 개선방안을 제시하고자 출연연과 직접 관련이 있는 연구관리기관, 전문연구기관 및 출연연 지원기관에서 수행한 보고서 형태의 연구결과가 있다(이민형, 2006; 이주량 외, 2015; 이민형, 2016; 박소희 외, 2017b; 이민형·장필성, 2018). 이들 연구는 실질적인 문제해결에 초점을 두고 기본적으로 현황파악에 집중한 경향이 있다.

두 번째는 대부분 설문을 근거로 PBS 제도의 문제점을 지적하고 개선방안을 제시하였다(김계수·이민형, 2000a; 2000b; 2005; 2006; 이민형, 2003). 이 연구들은 PBS 제도의 도입으로 연구과제 수주를 위한 경쟁이 연구자들에게 부담이 되며, 수주한 연구과제에만 집중하게 되어 연구자율성을 저해하는 것을 가장 큰 문제점으로 지적하였다(이민형·장필성, 2018; 이민형, 2016; 김계수·이민형, 2005). 더불어 단기에 창출할 수 있는 양적 성과의 추구로 연구성과의 질 저하가 우려된다고 지적했다(이민형·장필성, 2018; 이민형, 2006).

세 번째는 PBS 제도의 도입과 변화과정을 분석한 연구이다. 신제도주의 이론을 적용한 연구(김학삼·심영보, 2013; 박기주, 2014; 최원재·강근복, 2022)는 PBS 제도의 도입이 연구기관과 연구자들의 행위를 제약하며 발생하는 부작용을 중심으로 출연연 재정정책을 분석하고 있다. 이들 연구 중에서 정부별로 제도의 변동을 논의한 최원재·강근복(2022)을 제외한 나머지 연구는 PBS 제도의 특징을 기반으로 전반적인 변화를 논의하고 있어 제도의 변동과정에서 나타나는 인과와 환류를 충분히 설명하지는 못하고 있다. 길종백 외(2009)의 연구는 PBS 제도의 성과와 한계를 대리인 이론으로 설명하였고, 박웅·염명배(2019)는 복잡계이론을 토대로 출연연 재정지원정책의 변화과정에 나타나는 출연연 R&D 수행체제의 단절적인 변화를 분석하였다.

네 번째는 PBS 제도를 포함한 출연연의 예산구조가 연구성과에 미치는 영향을 실증 분석한 연구들이다(박소희, 2013; 장호원 외, 2012; 엄익천·류영수, 2019; 김진열·김방룡, 2019; 유주현·조상민, 2019; 임홍래, 2020; 고영태·김영준, 2022; 배진희 외, 2015; 백승현·이윤주, 2020; 김학민·박윤환, 2021). 이 중에서 박소희(2013), 장호원 외(2012), 임홍래(2020)의 연구는 연구성과의 '질(quality)'을 종속변수로 PBS와 정부출연금 비율이 연구성과에 미치는 영향을 분석한 점이 주목할 만하다. 장호원 외(2012)의 연구를 제외한 대부분의 실증분석 연구는 기관의 특성이나 연구과제의 기술적 특성에 따라 차이는 있지만, PBS 제도로 인해 연구성과의 질이 저하된다고 주장하고 있었다. 다시 말해 정부수탁(PBS)에 비해 정부출연금 비율이 높을수록 연구성과에 긍정적인 영향을 미친다는 공통적인 결론을 내리고 있다.

지금까지 살펴본 선행연구를 다음의 〈표 3〉에 요약하였다. 선행연구의 논의를 종합하면 PBS 제도의 문제점은 인건비 확보를 위한 과도한 경쟁으로 연구활동의 안정성 저하 및 불안감 조성, 기관 내·외 연구자 간의 경쟁 구도 심화로 상호협력을 통한 융합연구의 어려움, 관리·운영체계의 제약요인으로 인한 제도확산의 방해 등이다. 이러한 문제를 해결하고자 선행연구가 제시한 해결 방향은 정부수탁(PBS) 보다는 정부출연금 비율의 확대(박소희 외, 2017b; 이주량 외, 2015; 이민형, 2003; 김계수·이민형, 2006)와 출연연의 유형에 따라 정부출연금 비율의 차등 적용(윤수진 외, 2021; 박소희 외, 2017a; 이주량 외, 2015) 등으로 대부분 유사하였다. 이를 인식한 정부는 출연금 비율을 확대하는 정책을 꾸준히 추진하고 있으나, 아직도 PBS 제도에 대한 논의는 지속되고 있으며 개선방안은 표류하고 있다(임홍래, 2020; 동아 사이언스, 2023). 박소희(2013; 2017b)는 이렇게 제도에 대한 논의가 반복되고 있는 근본적인 이유를 PBS의 효과에 대한 실증분석이 매우 적기 때문이라고 지적하였다. 실제로 대부분의 선행연구는 현상분석을 통해 문제점 분석과 개선방안을 제시하고는 있으나, 논의의 근거가 되는 배경이론이나 연구방법 등이 빈약한 한계를 보인다.

〈표 3〉 출연연 PBS 제도 관련 선행연구 (다음 페이지 계속)

구 분	저 자	적용이론 및 분석방법과 주요 내용	비 고
운영 현황 분석 및 발전방안 제시	이민형(2006)	• PBS 제도의 구조적 문제점 분석	전문잡지
	이주량 외(2015)	• PBS 제도의 운영 현황 분석	연구 보고서
	이민형(2016)	• 출연연의 역사 및 PBS 제도의 변화 과정 분석	전문잡지
	박소희 외(2017b)	• 출연연 재정지원제도 변화 분석	연구 보고서
	이민형·장필성(2018)	• Post-PBS 시대를 위한 연구개발정책 방향 제안	전문잡지

〈표 3〉 출연연 PBS 제도 관련 선행연구

구 분	저 자	적용이론 및 분석방법과 주요 내용	비 고
PBS 관련 설문조사 연구	김계수·이민형(2000a)	• 설문조사를 실시하여 PBS 제도를 포함한 출연연 연구 개발예산관리시스템 문제점 진단 및 개선방안 도출	연구 보고서
	김계수·이민형(2000b)		
	이민형(2003)	• PBS 제도의 도입이 관리자들의 관리통제 행위에 미친 영향 분석	논문
	김계수·이민형(2005)	• 제도 도입 10년 경과 시점에서 설문조사를 통해 PBS 제도의 문제점 및 개선안 제시	연구 보고서
	김계수·이민형(2006)		
제도의 도입 및 변화에 관한 연구	길종백 외(2009)	• 대리인 이론을 적용하여 PBS 제도의 문제점 분석	논문
	김학삼·심영보(2013)	• 신제도주의 동태적 관점으로 PBS 제도의 변화 분석	논문
	박기주(2014)	• 신제도주의 거래비용적 접근으로 출연연 예산구조 분석	논문
	박웅·염명배(2019)	• 복잡계 이론으로 재정지원정책의 변화과정 분석	논문
	최원재·강근복(2022)	• 신제도주의 이론으로 정권별 PBS 제도 변화과정 분석	논문
PBS와 정부출연금 비율과 연구성과와의 관계 실증분석	박소희(2013)	• Q 방법론, 출연연 재정지원방식에 대한 인식 조사 • 상관관계 분석, 출연금 비율과 연구성과의 '질'의 관계 분석	연구 보고서
	장호원 외(2012)	• 분산분석, 정부수탁(PBS)과 정부출연금 과제의 연구 성과(논문)의 '질'의 차이 분석	논문
	엄익천·류영수(2019)	• 자료포락분석, 정부수탁(PBS)과 정부출연금 과제의 R&D 효율성 분석	논문
	김진열·김방룡(2019)	• 회귀분석, 안정적 인건비와 연구성과의 관계 분석	논문
	유주현·조상민(2019)	• 회귀분석, 출연금 비율과 연구성과의 '양' 분석	논문
	임홍래(2020)	• 회귀분석, 재정지원방식이 연구성과의 '질'에 미친 영향	논문
	고영태·김영준(2022)	• 회귀분석, 예산지원방식이 연구성과에 미치는 영향	논문
	배진희 외(2015)	• 이항 로지스틱 회귀모형, 연구개발 성과창출 영향요인	논문
	백승현·이윤주(2020)	• 회귀분석, 연구실적 영향요인 분석	논문
	김학민·박윤환(2021)	• 회귀분석, 출연연 연구성과 중 경제적 성과의 결정 요인	논문

본 연구진은 지금까지의 선행연구에서 PBS 제도가 변화하는 과정에서 문제의식과 정책변동 내용, 그리고 정책변동의 결과에 대한 체계적인 분석이 이루어지지 않고 있다는 점을 주목하였다. 따라서 본 연구는 지금까지 정책변동을 일으켰던 원인과 채택된 정책변동의 내용, 그리고 그 정책변동이 본래 의도했던 목표 달성에 주목하여 PBS 제도를 분석하고자 한다. 이를 통해 기존 선행연구에서 분석했던 다양한 문제 현상과 해결방안 사이의 불일치를 밝혀내고, 합리적인 정책변동 방향을 제시할 수 있을 것으로 기대한다.

4. 분석틀 설계 : 분석요소 및 분석절차

지금까지의 논의에 근거하여 본 연구는 정책변동의 관점에서 PBS 제도를 분석하기 위한 분석틀을 구성하였다. 분석틀의 분석요소는 크게 PBS 제도의 정책변동 내용과 이러한 정책변동을 일으킨 원인과 결과로서의 정책문제로 구성할 수 있으며, 세부적인 분석요소는 다음의 〈표 4〉와 같다.

첫째, 정책변동은 정책구조와 정책변동의 특징을 살펴볼 것이다. 정책구조의 분석변수는 Hogwood와 Peters(1983)가 정책변동의 분석요소로 제시한 정책의 기본 성격(정책기조), 법률, 조직, 예산과 정책변동을 통해 달성하고자 하는 정책목표를 포함하여 5가지 요소로 구성하였다. 정책구조에 대한 분석을 종합하여 정책변동의 기본성격(의도적, 적응적)과 변동유형(정책혁신, 정책유지, 정책승계 및 정책종결)을 분류할 것이다. 이때 정책기조는 PBS 제도에 국한되지 않고 거시적 관점에서 해당 정부의 과학기술 분야에 대해 살펴보고, 그에 따른 정책의 수직적 목적 체계와 구조로써 출연연 재정정책 및 나머지 변수를 분석할 것이다. 그리고, 정책구조에 관한 분석을 종합하여 정책변동을 통해 출연연의 자율성과 책임성이라는 PBS 제도의 궁극적인 정책목표가 어느 정도 달성되었는지를 살펴볼 것이다.

둘째, 정책문제의 분석요소는 정책변동을 일으키는 원인과 정책변동의 실질적인 결과로 나타나는 문제로 구분하였다. 정책변동은 정책환경의 영향을 받고 정책변동의 결과는 정책내용에 영향을 미치는 상호연계성을 가지고 있다. 따라서 본 연구에서는 정책환경이 정책변동을 일으키는 원인이라고 보아 정책문제에 포함하여 분석할 것이다. 특히 정책환경으로써 정부의 역할 및 안정적 연구환경 조성을 중점적으로 논의하고자 한다. 정책변동의 결과로 나타나는 문제는 정책과정의 특징과 그 구체적인 내용을 중심으로 분석할 것이다.

〈표 4〉 PBS 제도의 분석변수와 내용

구 분	변 수		분석내용
정책변동 (A)	정책구조	정책기조	• 국정과제 등에서 과학기술정책 관점
		정책목표	• 출연연의 자율성과 책임성 제고와 관련한 정책
		법률(정책)	• PBS 제도 관련 정책 및 법적 근거
		거버넌스(조직)	• PBS 제도를 포함한 연구개발예산 추진체계
		예산구조	• 출연연 관련 예산구조 변화
	정책변동의 특징	기본성격	• 의도적 vs. 적응적
		변동유형	• 정책변동의 유형 분류(혁신, 유지, 승계, 종결)
정책문제 (B)	정책변동의 원인 (B-1)	정책환경	• 정부의 정책결정 • 연구환경의 변화
	정책변동의 결과 (B-2)	정책과정	• 정책의 경로의존성 • 정책변동의 형태
		정책내용	• 예산배분 및 종합조정/사업기획관리/사업수행 등

정책문제 논의의 구체적인 사항은 다음과 같다. 먼저, 정책변동의 원인으로서 정책환경은 정부의 정책결정 과정과 연구환경의 변화와 같은 PBS 제도에 직·간접적으로 영향을 미치는 요인을 중심으로 살펴본다. 일반적으로 정책변동을 일으키는 원인으로서 정책환경은 단기적으로는 정책실패의 간접적인 원인으로 작용하면서, 장기적으로는 새로운 연구환경 변화를 수용하는 과정에서 장애 요인으로 작용한다(이찬구 외, 2022).

다음으로 정책변동의 결과로서 정책 과정상에 나타나는 문제점을 분석할 것이다. 정책과정에서 정책변동은 통상 정책과정의 마지막 단계를 지칭하지만, 오늘날에는 정책혁신으로 새롭게 정책이 수립되는 첫 단계를 포함하는 넓은 의미로 받아들여지고 있다. 정책변동 관리는 정책의제설정과 정책형성 단계에서는 새로운 환경변화와 정책대상자의 수요를 반영할 수 있도록 부단한 정책혁신과 시의적절한 정책종결이 이루어져야 하며, 정책집행 과정에서는 정책의 안정성과 지속성을 위하여 필요한 범위 내에서의 합리적인 정책유지와 정책승계가 필요하다. 따라서 정책 과정상의 문제를 분석하는 것이 다음번 정책변동의 방향설정에 시사하는 바가 크다.

마지막으로 정책변동의 결과로서 나타난 정책내용은 정책환경을 반영하여 정책변동을 구체화하고 실현하는 수단적인 성격을 갖는다. 이 부분은 정부의 정책형성과 집행정책 형성과 관련된 사항들로서, 예산의 배분과 종합조정(정책기조 및 거버넌스), 사업기획관리 및 사업수행을 포함한다(이찬구 외, 2022: 211). 즉 정책내용에 나타난 문제를 분석하고 관리하는 것은 정책변동을 통한 문제해결의 실마리가 될 것이다.

위에서 정리한 분석요소를 중심으로 분석의 시간적 범위에 해당하는 역대 정부 각 시기에 일어난 출연연 PBS 제도의 정책변동을 분석하고 난 후,

이를 종합하여 PBS 제도의 정책문제를 도출할 것이다. 정책문제에 관한 논의는 4장에서 각 정책문제에 일대일로 대응하는 정책혁신 방안을 제시하는 데 기초자료로 활용할 것이다. 이러한 분석순서는 정책변동의 실질적인 결과는 정책변동 이후에 나타나는 정책문제를 통해 확인할 수 있으며, 정책문제를 해결하기 위한 정부의 종합적인 노력은 정책혁신으로 실현된다는 점에 따라 설정하였다(이찬구 외, 2022: 202). 본 연구를 통해 PBS 제도를 분석함으로써 출연연이 본연의 임무에 충실하면서 동시에 변화하는 국가 수요에 부응하기 위한 혁신 주체로 전환하는 전략을 모색하고자 하는 것이다. 지금까지 논의한 분석틀을 적용한 구체적인 분석 절차를 다음의 (그림 1)에 표현하였다.

출연연 육성을 위한 과학기술정책에 있어서, 특히나 그중에서도 30여 년 간 지속적으로 시행되고 있는 PBS 제도와 같은 장기적 관점의 정책설계가 필요한 분야에서는 거시적 방향 제시의 타당성과 미시적 해결의 효율성이 조화를 이룰 필요가 있다. 본 연구에서는 환경변화에 따른 정책변동의 유용성을 분석하고자 하며, 정책변동의 이론을 활용하여 출연연 PBS 제도와 관련된 문제점 도출과 정책혁신 방향을 논의하고자 한다.

(그림 1) PBS 제도의 정책변동 분석 절차

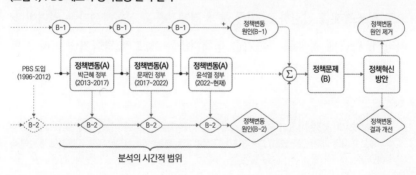

제3절 출연연 PBS 제도의 정책변동 분석 및 정책문제 도출

이 절에서는 앞에서 PBS 제도가 처음 도입된 시점부터 박근혜 정부가 출범하기 이전까지 제도 전반의 변화를 개관한 것에 이어, 박근혜 정부에서부터 현 정부까지 3개 정부에 걸쳐 일어난 PBS 제도의 정책변동을 분석틀에 따라 분석할 것이다. 다음으로 정책변동에 대한 미시적인 분석결과를 종합하여 정책문제를 도출한다.

1. 정부별 출연연 PBS 제도의 정책변동 분석

1) 박근혜 정부 (2013~2017)

(1) 정책구조

2013년 5월에 박근혜 정부가 출범하면서 발표한 국정과제에서 과학기술 분야의 국정기조를 '창조경제에 의한 경제부흥'으로 설정하였고(관계부처 합동, 2013)[9], 이어서 2013년 7월에 「제3차 과학기술기본계획(안)('13~'17)」(이하 '3차 기본계획')을 발표하면서 '창조적 과학기술로 여는 희망의 새 시대'를 비전으로 제시하였다(미래창조과학부, 2013). 과학기술 발전으로 창조경제를 견인하고, 이를 통해 경제부흥을 실현하겠다는 의미이다. 따라서, 박근혜 정부의 과학기술 정책기조는 '창조적 과학기술'이라고 할 수 있다.

---

9) 박근혜 정부가 설정한 140개 국정과제 중에서 당시 과학기술분야 주무부처인 미래창조과학부가 주관부처로 명시된 과제는 9개였고, 그중 8개가 〈국정기조 1. 경제부흥〉 실현을 위한 '창조경제' 전략에 속해있다.

박근혜 정부의 정책기조에 따른 정책목표는 '국가연구개발 투자 확대와 효율화 및 출연연 육성'으로 요약할 수 있다. 정책기조의 실행방안으로 설정된 국정과제 중에 출연연 운영의 정책목표로 볼 수 있는 '국가 과학기술 혁신역량 강화'가 있다. 그리고 출연연의 예산과 관련된 주요 추진계획으로 '국가R&D 투자규모 확대와 효율성 제고를 위한 투자전략 정비', '창의적 성과도출을 위한 R&D 기획·평가 및 관리 시스템 개편', '과학기술인 연구 몰입 환경 조성'이 있다. 특히 '출연연별 미션 재정립과 중장기 비전수립, 출연금 지원 비중 확대와 충액인건비 제도를 활용한 정규직 확대 추진'이라는 출연연 예산에 직접 관계된 세부내용을 확인할 수 있었다.

이러한 정책목표들은 3차 기본계획에서 더욱 구체적으로 나타났다. 먼저 선도형 연구개발시스템을 구축하기 위해서 '국가 연구개발 투자 확대 및 효율화'라는 다소 성격이 다른 두 가지 전략을 동시에 수립하면서 출연연의 출연금 비중 확대 및 묶음예산 지원 등 출연연의 재정지원시스템 개선을 추진과제로 내세웠다. 다음으로 과학기술의 '중장기 창의역량 강화'의 하위 전략으로 제시된 '국가발전의 중추거점으로 출연연 육성'의 세부과제로 제시된 자율과 책임의 경영체계는 글로벌 연구 경쟁력 강화를 위한 보다 적극적인 내용을 담고 있다. 출연연의 자율성과 책임성 확보는 출연연이 본래의 설립목적에 부합하는 탁월한 연구성과를 창출하기 위한 요건으로, 3차 기본계획도 출연연 육성에 이를 고려하고 있음을 보여준다.

국정과제와 과학기술기본계획에 반영된 출연연 재정정책의 방향성은 2014년 미래창조과학부와 연구회의 주도로 수립된 '출연연 고유임무 재정립 방안'(국가과학기술연구회, 2014)과 2015년과 2016년에 두 차례 걸쳐서 발표된 '정부R&D 혁신방안'에서 PBS 제도를 포함한 출연연 재정정책의 정책변동으로 나타났다. 우선 출연연별 임무정립 및 전략적인 R&D사업 포트폴리오 구성으로 기관의 체질 개선을 도모하였으며, 2015년도 1차 '정부R&D 혁신방안'(이하 '1차 R&D혁신방안')과 '출연연 대상 정책지정사업 추진방안'에서는 정부 연구개발 전반에 걸친 혁신과정에서 출연연 예산구조 개선을 계획했다(관계부처 합동, 2015a; 2015b). 구체적으로는 정책지정 사업을 확대하여 정부수탁(PBS) 중 경쟁사업 예산 비중을 축소하고 민간수탁 실적과 출연금을 연계[10]하는 정책을 추진하고자 하였다.

뒤이어 2016년에 발표된 2차 '정부R&D 혁신방안'(이하 '2차 R&D혁신방안')에서는 기초·원천 연구 투자를 강화하고 상용화 연구 및 관행적 연구개발 축소를 통한 전략분야 집중투자로 전환하였다(관계부처 합동, 2016). 이를 지원하는 방안으로전체 인건비에서 정부출연금 인건비 비중이 낮은 11개 기관의 정부출연금 인건비를 2018년까지 70% 수준으로 확대하는 것이 목표로 제시되었고(관계부처 합동, 2016).[11] 이는 PBS제도를 개선하여 출연연이 정부과제 수주 경쟁 대신 미래를 선도할 원천기술개발에 집중할 수 있는 환경을 조성하고, 평가방식의 변화와 적절한 집행체계 구축을 통해 이에 상응하는 책임성도 강화하기 위한 전략이라고 볼 수 있다. 1차 R&D 혁신방안에 이어 산업화형 출연연에는 민간수탁 향상 실적에 따라 인센티

---

10) '출연연 민간수탁 활성화 지원사업'은 민간기업과 협력할 R&D분야가 상대적으로 높은 6개 산업화형 출연연을 대상으로 한시적(2016~2019년)으로 추진되었다. 민간수탁 목표를 초과달성하면 인센티브 명목의 추가적인 사업비를 지원함으로써, 민간수탁 확대를 유도하였으나 실적이 왜곡되었다는 지적과 함께 효과적인 정책수단으로 기능하지는 못하였다(국회예산정책처, 2019).

11) 정부출연금 인건비 비중이 70% 미만인 기관은 총 15개였으나, 기금·대형국책사업 수행기관(한국항공우주연구원, 한국원자력연구원, 한국전자통신연구원) 및 시험·평가전문기관(안전성평가연구소)을 제외한 11개 기관이 대상으로 선정되었고, 이들 기관의 2016년 당시 정부출연금 인건비 비중은 60% 수준이었다.

브를 제공하여 점진적으로 정부 예산지원을 축소하는 계획을 강화하였는데, 이는 궁극적으로 연구주제의 다변화로 인한 출연연의 자율성과 연계되는 것으로 해석할 수 있다. 이상의 법률에 나타난 예산구조의 변화 특징을 종합하면 안정적 연구기반 확보를 위한 인건비 비중 확대와 정책지정사업 추진이라 할 수 있다.

한편 이와 같은 정책변동을 원활하게 추진하기 위한 과학기술 거버넌스의 변동도 수반되었다. 박근혜 정부의 출범과 동시에 국가과학기술위원회를 폐지하고, 교육과학기술부, 지식경제부, 방송통신위원회 등의 과학기술 기능을 통합한 미래창조과학부(이하 '미래부')를 신설하여 과학기술 정책 및 연구개발사업 종합조정 기능을 이관하는 동시에 심의회의체 기능은 새로 설치된 국무총리 소속 국가과학기술심의회(이하 '국과심')[12]로 이관하였다(김성수, 2013). 통상적으로 거버넌스 재편은 정부 출범 초기에 발생하지만, 박근혜 정부는 종합조정 기능을 강화하려는 의지로 추가적인 거버넌스 개편을 이어나갔다. 1차 R&D혁신방안에서 미래부 내에 '과학기술전략본부'를 별도 조직으로 신설하고 국과심 사무국을 이동하는 한편, 2차 R&D혁신방안에서는 대통령이 의장을 맡는 '과학기술전략회의'를 신설하였다.

이외에도 2014년에는 기초기술연구회와 산업기술연구회로 분리되어있던 과학기술분야 연구회를 '국가과학기술연구회'로 통합하여 출연연을 효율적으로 지원할 수 있는 체계를 구축하고자 했다. 그러나 과학기술 분야를

---

12) 비상설 자문위원회 성격의 국가과학기술심의회는 과학기술기본법 제9조에 법적 근거를 두어 정부R&D 예산의 배분 및 조정, 운영에 관한 사항을 심의하는 기구로 국가연구개발 정책 방향 및 투자전략 등을 제시하는 과학기술 분야 지휘 본부 할 수 있다.

둘러싸고 정부조직 최상위 기구에서 실질적인 출연연 관리기구까지 다양한 수준에서 거버넌스의 변동이 있었지만, 이러한 변화가 과학기술정책 추진을 비롯한 출연연의 자율성과 책임성 제고 측면에 효과적이지는 못했던 것으로 보인다(김성수, 2013; 박수경·이찬구, 2015; 장문영·이찬구, 2017; 장문영 외, 2019). 새로운 정부가 출범하고 거버넌스 체계를 지속적으로 조정하는 것을 상황에 따른 적응적 대응으로 해석할 수도 있지만, 거버넌스 체계가 의도대로 작동하지 않는 반증으로 해석할 수도 있기 때문이다.

(2) 정책변동의 특징

정책구조를 통해 확인된 것처럼 PBS 제도의 도입 이후부터 이명박 정부까지와 마찬가지로 박근혜 정부에서는 출연연 재정지원 정책의 방향을 PBS 제도의 완화 및 출연연의 안정적 연구기반 확보로 설정하고 제도 개선을 위한 노력을 지속하였다. 실제로 정권교체에 따른 과학기술 정책기조의 변화로 인해 1, 2차 R&D혁신방안을 통하여 제도가 변화하였으므로 정책변동의 기본성격은 의도적이라 할 수 있다.

그러나 이러한 의도적 정책변동에도 불구하고 그 내용적 측면에서는 정책혁신을 실현하지는 못하고 정책승계에 머물렀다고 볼 수 있다. 2015년과 2016년 두 차례에 걸쳐 발표된 R&D 혁신방안이 큰 맥락에서 PBS비율을 축소하고, 안정적 연구비 및 인건비를 확대하고자 했다는 점에서 정책방향은 이전 정부와 유사했고, 기존 예산을 일부 조정하는 수준에서 정책을 집행하고자 했다. 다만 이 정책을 추진하기 위해 기존의 조직을 폐지하고 새로운 조직을 신설하는 등 거버넌스 측면의 변동이 비교적 큰 폭으로 일어났다는 점에서 정책승계로 구분할 수 있다.

앞서 선행연구 검토에서 논의된 바와 같이 PBS 제도로 인해 연구자율성이 저해되거나 연구역량이 분산되어 연구성과의 질이 저하되는 문제점은 지속적으로 제기되었다. PBS 제도 개선 노력으로 2015년 기준 정부출연금 인건비 지원비중이 약 52.8% 수준까지 높아졌지만, 기존에 지적되었던 PBS 제도의 부작용인 단기적 과제 중심의 연구, 인건비 확보를 위한 불필요한 과제 규모 확대, 연구성과가 아닌 과제수주 실적에 따른 인센티브 지급 등이 반복되는 것을 막지 못했다(박소희 외, 2017b). 정책변동을 통해 이러한 문제를 해결하기 위한 계속된 노력에도, 성과중심의 책임성만 강조되면서 PBS 제도 개선의 현장체감도는 여전히 낮은 상태로 예산 정체현상과 함께 연구자율성의 한계를 드러내는 상황은 나아지지 않았던 것으로 볼 수 있다.

2) 문재인 정부 (2017~2022)

(1) 정책구조

2017년 6월에 출범한 문재인 정부가 제시한 100대 국정과제에는 과학기술분야 정책기조가 명확히 제시되어 있다. 5대 국정목표 중에서 '더불어 잘사는 경제'를 실현하기 위한 국정전략으로 '과학기술 발전이 선도하는 4차 산업혁명'을 제시하였다(대한민국 정부, 2017). 이는 2016년 1월 다보스 포럼에서 논의되어 사회적으로 관심이 집중된 4차 산업혁명 이슈를 반영한 것으로, 박근혜 정부의 국정과제에서 과학기술 관련 내용이 표면적으로 드러나지 않았던 것과 대조적이다. 이러한 정책기조는 문재인 정부가 출범한 이듬해에 발표한 제4차 과학기술기본계획('18~'22)(이하 '4차 기본계획')이 '과학기술로 국민 삶의 질을 높이고 인류사회 발전에 기여'를 비전으로 제시하면서 더욱 명료하게 드러났다(관계부처 합동, 2018). 4차 기본계획을 통해서 문재인 정부의 과학기술정책은 전반적으로 인류애적 관점을 견지하며 '사람중심 과학기술'에 초점을 맞추었다는 것을 확인할 수 있었다.

정부의 국정철학에 따라 과학기술정책도 '사람'을 강조하는 만큼 정책목표를 비롯한 정책구조가 다양한 혁신주체의 적극적인 참여를 중심으로 전환되었다. 특히 문재인 정부의 출연연 정책방향은 4차 기본계획보다 한 달 앞서 2018년 1월에 발표된 '국민중심·연구자중심 과학기술 출연연 발전방안'(이하 '발전방안')에서 '더 큰 자율과 더 큰 책임'으로 구체화 되었다(과학기술정보통신부, 2018a). 이는 앞에서 살펴본 출연연을 대상으로 수립되는 정책이 추구해야 할 궁극적인 정책목표로서 문재인 정부가 추진하는 출연연 정책 전반의 규범으로 작동하였다.

발전방안에는 출연연 혁신을 위한 일방적인 정책 대신에 향후 추진할 정책의 대략적인 내용과 이것을 앞으로 어떤 절차와 방법으로 구체화하고자 하는지 계획을 담고 있었다. 이렇게 추진된 대표적인 정책이 출연연 스스로 '역할과 책임(Role & Responsibility, R&R)'을 정립하고 이와 연계한 기관별 재정전략(수입구조 포트폴리오) 수립이다. 출연연 연구 환경 조성을 위해서 출연연이 주도하여 운영시스템 개선안을 마련하고자 했고, 이것은 이듬해 2019년 6월에 발표된 '국가과학기술연구회 소관 출연연 PBS 운영 개선방안'(과학기술정보통신부, 2019)으로 이어졌다. 한편 과학기술정보통신부는 2018년 7월에 '국가 R&D혁신방안'을 발표하여 연구자 중심의 창의·도전적 R&D 지원체계 강화와 혁신주체 역량 강화를 위해서 자율과 책임의 원칙 하에 기관운영과 연구자 측면을 모두 고려한 PBS 제도의 근본개편 방안을 마련하였다(과학기술정보통신부, 2018b).

문재인 정부는 정책기조에 따라 출연연 주요 관계자들과 함께 PBS 제도의 현황과 운영실태를 심층적으로 분석하였다. 분석결과를 바탕으로 경쟁에 의한 연구역량 향상 등의 장점은 유지하면서도 출연연의 자율성은 높이고 책임성은 강화할 수 있도록 기존의 PBS 제도에 덧붙여 출연연이 각 기관의 R&R에 따른 사업계획과 수입구조 포트폴리오를 수립하면, 정부는 평가를 통해 우수기관에 맞춤형으로 정부출연금 및 정부출연금 인건비, 경상비 등의 비중을 높여주는 방식으로 예산구조를 개선하여 안정적 연구환경 조성을 뒷받침하고자 했다. 출연연의 연구생산성 제고와 연구환경 조성 등 연구 경쟁력 향상을 위해 PBS 제도를 수정하고 보완하는 절차를 마련한 것이다.

그러나 이렇게 추진된 정책이 가져온 예산구조의 개선 효과는 크지 않았던 것으로 볼 수 있다. 출연연별로 예산현황 및 현안과제가 다르고, 예산당국인 혁신본부와 기재부 및 타 연구개발 부처 사이에 재원 확보에 대한 충분한 협의가 부족하여 실질적인 PBS 제도 개선으로 이어지기 어려웠던 것으로 분석된다. 결국, 연구현장에서는 예산 확보의 불안을 해소하지 못하여 과제 수주경쟁이 지속되었다. 박근혜 정부의 '출연연 임무재정립'에 대해 타당한 정책평가 없이 문재인 정부가 출연연 중장기 계획을 폐기함으로써 적절한 정책변동을 추진하지 못했고, 이는 부족한 성과로 귀결된 것이다.

다음은 정책추진을 위한 거버넌스의 변화이다. 오늘날 정권변동에 따른 거버넌스 변화는 새로울 것이 없을 만큼 반복적인 현상이다. 박근혜 정부에서 신설되었던 국가과학기술심의회의와 과학기술자문회의를 폐지하고 그 기능은 국가과학기술자문회의가 흡수하는 한편, 이명박 정부가 들어서며 폐지되었던 과학기술관계장관회의를 복원하였다. 동시에 관계부처 실장급이 참여하는 실무조정회의를 설치함으로써 부처 간 협력을 통해 국가 R&D

혁신을 촉진하고, 장관회의의 결과를 R&D 예산 배분·조정과 예비타당성 조사 등에 신속하게 반영하여 실효성을 확보하도록 하였다. 당시 갑작스러운 정권교체로 인해 약간의 시차를 두고 미래창조과학부의 명칭을 변경하고 기능은 확대하여 과학기술정보통신부를 출범하였다. 특히 과학기술전략본부를 과학기술혁신본부로 명칭 변경하면서 지위를 격상하였는데, 이는 과학기술의 중요성을 강조하며 각종 과학기술관련 정책을 보다 적극적으로 추진하겠다는 의지를 표명한 것이라고 할 수 있다.

(2) 정책변동의 특징

문재인 정부에서 PBS 제도의 정책변동으로 인한 정책산출은 수입구조 포트폴리오에 의한 안정적 연구비 확대로 대표될 수 있다. 이전 정부와 마찬가지로 문재인 정부에서도 정권교체에 의해 정책변동이 일어났다. 그러나 이전 정부와의 차이점은 과학기술 정책기조가 변화함에 따라 정책변동의 내용적 측면보다 정책변동의 추진방식이 달라졌다는 것이다. 문재인 정부에서 추진된 출연연 PBS 운영 개선방안은 이전과는 다르게[13] 정부가 일방적으로 출연금 확대나 민간수탁 확대 등의 재정개편을 추진하는 것이 아니라, 과거의 공급자 중심 정책변동 방식을 탈피하는 것이 필요하다는 인식에 따라 연구자 중심의 정책변동을 추구하였다. 정부는 출연연 관계자들과 협력을 통해 정책문제를 구체화하고 그 해결방안으로써의 정책변동도 출연연 스스로 제시할 수 있도록 유도하였다. 연구자들이 외부 과제 수주보다는

---

13) PBS 제도의 시행 이후 문제점들이 제기되어 대안으로 검토된 기존의 내용은 대략 3가지로 요약된다. 첫째, 인건비 100% 출연금으로 지원. 둘째, 기관을 유형별로 구분하여 출연금인건비 비중 확대. 셋째, 정부출연금을 블록펀딩으로 지원하는 방안이다.

연구에 집중할 수 있도록 기관별 예산환경과 혁신역량에 적합하게 설계된 전략에 따라 재정(정부출연금) 지원을 추진하였다. 따라서 문재인 정부의 정책변동은 이전 정부에서보다 훨씬 의도성이 강한 정책변동이었다고 볼 수 있다.

그러나 의도적 성격 강하게 반영된 정책변동을 추진했음에도 불구하고 그 내용적 측면에서는 정책승계에 머물러, '더 큰 자율성과 더 큰 책임'이라는 상위 정책목표를 충분히 달성하지는 못했다. 당시 연구자들에 대한 현장 의견수렴 내용을 살펴보면 연구경쟁력 확보나 정부 부처의 연구수요 충족을 위해 PBS 제도의 필요성을 인정하는 의견도 있지만, PBS 제도의 한계로 지적한 인건비 확보를 위한 과다한 과제 수주로 인한 연구성과의 질 저하, 연구몰입도 저하 및 과제기획 중심의 업무 등 부작용은 기존에 제기되었던 PBS 제도의 문제점과 크게 다르지 않았다(국가과학기술연구회, 2018).

게다가 중장기계획의 변화에 따라 연구과제 중단으로 인한 혼란과 함께 법적으로 보장된 출연연의 독립성과 자율성이 훼손될 수 있다는 우려가 제기되었다(국회예산정책처, 2019). 결국, 문재인 정부에서도 PBS 제도에 관한 개선책이 제시되고 추진되었으나 정책목표를 기대만큼 달성하지 못하고, 출연연의 자율성과 책임성 확보를 위한 PBS 제도운영에 관한 정책변동의 필요성은 그대로 이어지는 모습을 보였다(이장재 외, 2020).

3) 윤석열 정부 (2022~현재)

(1) 정책구조

윤석열 정부는 2022년 5월에 110대 국정과제를 발표하였고, 과학기술 관련 내용을 담은 국정목표로 '자율과 창의로 만드는 담대한 미래'와 '민간이 끌고 정부가 미는 역동적 경제'를 제시하였다(제20대 대통령직 인수위원회, 2022). 과학기술 정책기조를 명시하지는 않았지만, 국정과제의 내용으로 미루어 자율과 창의 기반의 연구개발을 추진하되 '민간주도의 연구개발 추진'을 정책기조로 볼 수 있다.

주요 정책목표로 '국가 혁신을 위한 과학기술 시스템 재설계'를 제시하고 연구개발예산을 정부 총지출의 5% 수준에서 유지와 통합적·전략적 연구개발예산 배분조정체계 마련을 과제로 설정하였다. 초격차 전략기술 육성으로 과학기술 G5 도약을 위해 10대 전략기술을 지정 및 집중 투자하고, 출연연을 전략기술 핵심연구거점으로 지정하는 것을 계획하고 있다.

정책수단으로서 질적 성장 중심의 연구개발 투자전략성을 제고하고자 중장기 투자전략 수립 및 통합적·전략적 연구개발예산의 배분·조정체계를 마련할 예정이다. 하지만, 윤석열 정부가 출범하고 1년 5개월이 지난 2023년 10월 현재까지 출연연 육성정책 내지는 지원방안에 대해서 구체적인 방안이 제시되지 않았으며, 마찬가지로 PBS 제도의 변화를 위한 세부정책도 진척된 내용이 없다. 지난 2022년 12월에 국가과학기술자문회의 심의회의를 통과하여 올해 2023년부터 2027년까지 추진될 '제5차 과학기술기본계획'에도 출연연 육성 또는 재정과 관련하여 내용이 명시적으로 포함되지 않았다.

지난 정부(박근혜, 문재인 정부)에서의 PBS 제도 개선안들은 강제성을 갖지 않고 정책 방향을 제시하는 수준에 그쳤다고 볼 수 있다. 당초 목표대비 실적 달성은 이루어지지 않았으나 별다른 후속 조치도 없었다. 또한, 개선안을 실행하는 주체도 각 출연연이 되면서 이렇다 할 눈에 띄는 변화를 가져오지 못한 것이 사실이다. 전국공공연구노동조합이 2022년도에 진행한 설문 조사에 의하면 PBS 제도를 폐지를 주장하는 목소리도 다시 나오고 있다.[14] 그러나, 현 정부는 PBS 제도의 폐지보다는 또 다른 개선안을 준비하는 것으로 보인다. 연구개발 효율성을 높일 수 있는 마땅한 대안이 존재하지 않아서 현실적으로 PBS 제도의 폐지가 쉽지 않기 때문이다. 실제로 윤석열 정부는 우주·바이오 등 12대 국가전략기술 육성의 임무를 출연연에 맡기고, 이 과정에서 PBS 제도의 기존 문제점들을 경감시킬 방안을 구상 중인 것으로 보인다(동아사이언스, 2023).

한편 윤석열 정부가 출범하고 일 년 넘게 시간이 흐른 2023년 현재도 과학기술 거버넌스의 개편은 거의 일어나지 않고 있다. 국정과제에 명시되어 있던 '민관 과학기술혁신위원회'의 신설은 사실상 폐기된 것으로 보인다. 국가혁신을 위한 과학기술의 역할이 강조되는 시대적 흐름에 맞춰 정부와 민간의 역량을 결집한 과학기술 종합조정기구로 '민관 과학기술혁신위원회'를 신설하고자 했으나, 국가과학기술자문회의 역할과 기능을 명확하게 하는 것으로 대신하는 결정을 내린 것이다(아이뉴스24, 2022). 실제로 2022년 12월에 국가과학기술자문회의에서 '제1차 민관 과학기술혁신 자문포럼'을 개최하고 민관 과학기술혁신위원회 신설은 논의하지 않는 것을 확인할 수 있었다(국가과학기술자문회의, 2022)

(2) 정책변동의 특징

지금까지 살펴본 바에 따르면 현 정부의 PBS 제도의 완화 정책은 아직

---

14) 전국공공연구노동조합(2022.04.)에서의 출연연 종사자 552명 대상 설문조사결과로서 228명(41.3%)은 PBS 제도를 폐지하고 인건비와 경상비, 사업비를 100% 지원하는 방안을 지지하였으며, 122명(22.1%)은 PBS 제도 폐지와 인건비, 경상비 100% 지원방안을 지지했다.

판단하기 어려운 상황이다. 현재까지 윤석열 정부가 추진한 뚜렷한 출연연 재정정책이 존재하지 않고 대부분의 정책이 계획 중이기 때문에, 현재 시점에서 윤석열 정부의 정책변동 특징을 논의하는 것은 시기상조일 것이다. 그러나 정책과정의 측면에서는 무의사결정도 하나의 정책결정 행위에 속하므로(강근복 외, 2016: 147), 구체적인 정책내용을 확인하기 어려운 현재의 상황은 정책변동 유형상 정책유지로 판단하는 것이 가능할 것이다. 다만 정책유지 결정이 의도적인지 여부는 확인할 수 없고, 일반적으로 정책유지는 기존정책의 적응적 변화에 해당하므로 정책변동의 기본성격은 적응적인 것으로 분석할 수 있다.

4) 정부별 정책변동 분석의 종합

앞서 살펴본 정부별 PBS에 대한 정책변동 유형 및 관련 주요 내용을 종합하여 최종적으로 PBS 제도의 정책변동을 요약하면 다음의 〈표 5〉와 같다.

정책변동 측면에서 살펴본 정부별 정책변화에 있어서, 박근혜 정부에서는 PBS 제도 개선을 목표로 하는 정책승계로서 일정 부분 연구책임자의 자율성이 상승하는 성과를 보였으나, 정부 주도의 정책으로 인해 과학기술 혁신을 이루기에 충분한 자율성을 확보하는 데는 한계를 드러내었다. 이는 다음 정부에서의 정책문제로 나타나는 것으로 여겨진다. 이후 문재인 정부에서는 과학기술혁신본부를 부활하여 과학기술 혁신체계를 재정비하고, 연구자 중심의 연구개발 체계를 강조하면서 자율성 측면에서와 출연연 PBS 제도의 전환을 시도하였다. 그러나 중장기계획의 변화에 따른 출연연 자율성 훼손에 대한 우려는 다음 정부로 이어졌다.

〈표 5〉 정부별 PBS 제도의 정책변동분석 종합

구 분		박근혜 정부 (2013~2017)	문재인 정부 (2017~2022)	윤석열 정부 (2022~현재)
정책 구조	정책기조	• 창조적 과학기술	• 사람중심 과학기술	• 민간주도 연구개발
	정책목표	• 국가연구개발 투자 확대와 효율화 및 출연연 육성 – 출연연의 자율성과 책임성 강화를 위한 출연금 지원 비중 확대	• 자율과 책임의 과학기술 혁신 생태계 조성 – 정부R&D 투자 시스템 혁신	• 국가 혁신을 위한 과학기술 시스템 재설계 – 통합적·전략적 R&D 예산 배분·조정체계 마련
	거버넌스 (조직)	• 국가과학기술위원회 폐지 • 국가과학기술심의회 신설 • 미래창조과학부 신설 – 과학기술전략본부 신설 – 과학기술전략회의 신설 • 국가과학기술연구회 통합	• 국가과학기술심의회 폐지 • 국가과학기술자문회의 개편 • 과학기술관계장관회의 복원 • 과학기술정보통신부 신설 – 과학기술혁신본부 격상 – 과학기술전략회의 폐지	• 과학기술정보통신부 유지 • 민관 과학기술혁신위원회 신설(사실상 신설 폐기) • 국가과학기술자문회의 유지
	법률 (정책)	• (2013.07.) 제3차 과학기술 기본계획 • (2014.07.) 출연연 고유임무 재정립 방안 • (2015.05.) 1차 정부 R&D 혁신방안 • (2015.12.) 출연연 대상 정책지정사업 추진방안 • (2016.05.) 2차 정부 R&D 혁신방안	• (2018.01.) 국민중심·연구자중심 과학기술 출연(연) 발전방안 • (2018.06.) 제4차 과학기술 기본계획 • (2018.07.) 국가기술혁신체계(NIS) 고도화를 위한 국가R&D 혁신방안 • (2019.06.) 국가과학기술연구회 소관 출연연 PBS 운영 개선방안	• (2022.12.) 제5차 과학기술 기본계획 • 이외의 세부 추진정책 없음 (2023년 10월 현재)
	예산구조	• 출연금 비중을 높이되 기관별 맞춤형 지원 – 인건비 비중 확대 – 정책지정사업 추진	• 예산의 전략성 미흡 – 출연연별 예산현황 및 현안 문제 상이 • 예산의 불안정성 지속	• 변화 없음(2023년 10월 현재)
정책 변동의 특징	기본성격	• 의도적	• 의도적	• 적응적
	변동유형	• 정책승계	• 정책승계	• 정책유지
정책변동의 성과 종합		• 성과중심의 책임성 강조로 자율성의 한계 • PBS 제도 개선에 대한 낮은 현장 체감도 • 예산 정체 현상 발생	• 연구자 중심 자율성 강조: 자율성 훼손 우려 지속 • 과도한 과제 수주경쟁 지속 및 다수과제 수행으로 인한 외부 협력 부족	• 진행중으로 판단 불가

앞서 살펴본 바와 같이 정부별 정책기조의 변화에 따라 출연연의 중장기 계획의 변화가 크게 일어나고 현장에서의 혼선을 부추기는 측면이 있었으나, 역대 정부들은 출연연을 육성하는 차원에서 PBS 제도의 개선을 추진했기 때문에 PBS 제도 자체의 정책내용에서는 큰 변화 없이 관련 정책이 승계 및 유지되었다고 할 수 있다. 또한, PBS 제도의 단점을 보완하기 위해 매 정부는 안정적 연구비 확대 등 정책변동을 시도하였으나, 그 성과는 미미한 것으로 보인다. 가장 최근인 문재인 정부가 추진한 주요 PBS 제도 개선방안인 출연연의 수입구조 포트폴리오도 2021년도 결산기준으로 목표를 달성한 기관은 총사업비 기준으로 1개 기관(철도연), 총인건비 기준으로 2개 기관(한국지질자원연구원, 한국한의학연구원)에 불과하다(국가과학기술연구회, 2022b).

〈표 6〉에 2013년에서 2023년 현재까지 각 정부의 출연연 예산을 정부출연금과 정부수탁 기준으로 요약하였다.[15] 지난 정부와 비교하여 실제로 출연연 예산에서 정부출연금 비율은 꾸준히 하락하는 반면, 안정적 예산확보가 어려운 PBS(정부수탁) 비율은 점차 증가하는 추세를 확인할 수 있다. 개별 출연연별로 정부출연금 비율의 편차가 크다는 점을 고려하더라도, 전반적으로 정부수탁 비중이 확대되는 경향으로 미루어 예산확보의 불확실성이 높아지고 있으며, 이는 PBS 제도 정책변동의 성과가 크지 않음을 방증하고 있다.

한편 표에서 총인건비를 중심으로 출연연의 PBS 비율을 살펴보면, 총예

---

15) 새로운 정부 출범한 다음 년 도의 사업계획 및 예산안 기준이다. 예를 들어, 2013년에 출범한 박근혜 정부가 수립한 예산안이 처음 적용되는 시점은 2014년도이다.

산 비율이 계속 확대된 것과 같이 전체 총인건비에서 정부출연금 인건비가
차지하는 비율도 증가하여, 매 정부가 추진한 PBS 제도가 효과를 나타낸 것
으로 보인다. 그러나 이를 전적으로 PBS 제도의 개선 효과로만 보기는 어렵
다. 2018년에 있었던 출연연 내 비정규직의 정규직 전환으로 인해 정부출
연금 주요사업비 내 비정규직 인건비를 정부출연금 인건비로의 조정(비목
변경)으로 기존 예산 대비 인건비 비중이 높아진 것이다[16].

이와 관련해서 최근에도 출연연구기관 예산 체계에 관한 연구 보고서(윤
수진 외, 2021; 정민우 외, 2022)가 발간되는 것으로 보아 꾸준한 정책변동
에도 출연연의 정부 예산 확보 불확실성이 가중되는 등 예산구조에 별다른
변화가 없는 것으로 보인다. 앞으로 정부가 PBS 제도를 어떻게 인식하여 출
연연의 자율성과 책임성에 관한 운영철학을 반영한 정책을 추진할 것인가

〈표 6〉 출연연 PBS 현황 (단위 : 억 원, %)

구분		박근혜정부				문재인정부 (2018)		윤석열정부 (2023)		연평균 증가율
		(2013)		(2014)						
		금액	비율	금액	비율	금액	비율	금액	비율	
예산	총예산	41,057	100.0	42,472	100.0	47,392	100.0	58,492	100.0	4.3
	정부출연금	17,302	42.1	17,825	42.0	19,356	40.8	22,466	38.8	3.0
	정부수탁(PBS)	19,363	47.2	19,302	45.4	21,338	45.0	27,934	46.7	4.4
인건비	총인건비	9,144	100.0	9,526	100.0	11,261	100.0	15,009	100.0	6.4
	출연금인건비	4,740	51.8	5,070	53.2	6,044	53.7	8,272	55.1	7.5
	정부수탁 인건비(PBS)	3,667	40.1	3,753	39.4	4,175	37.1	5,111	34.1	3.9

자료: 국가과학기술연구회(2022a)

---

16) 정부의 출연연 비정규직의 정규직 전환 정책에 따라 2017년 말 기준 정규직 인력은 1만 2,357명이었
으나 2018년 말 기준 1만 4,639명으로 대폭 증가했다.

가 과학기술계 출연연의 당면과제 중 하나라 할 수 있다. 이는 PBS 제도의 정책변동 원인과 결과를 분석하고자 하는 본 연구의 문제의식을 공고하게 만들어 주고 있다.

3. 출연연 PBS 제도의 정책문제 도출

본 연구는 정부별 출연연 PBS 제도의 정책변동을 분석하여 오랜 기간에 걸쳐 PBS 제도에 관한 문제의식과 차별성 없는 정책변동이 반복되고 있음을 확인하였다. 이는 그 기저의 정책문제가 해결되지 않고 있음을 의미한다. 따라서 PBS 제도의 도입 이후로 2023년 현재에도 문제가 계속 누적되고 있다는 관점에서, 시기의 구분 없이 정책변동 분석을 총괄하여 정책문제를 도출할 것이다.

1) 정책환경 관점

(1) 정부주도형 정책의 한계

1960년대에 태동한 우리나라의 과학기술정책은 경제발전의 수단으로 과학기술을 활용하고자 정부주도로 빠르게 형성되었다는 특징이 있다(송성수, 2002). 이 과정에서 정부는 과학기술정책을 추진하는 중요한 매개체이며 수단으로 활용하기 위해서 출연연을 설립하였다(박승덕, 1998; 송성수, 2002). 당시 이렇다 할만한 기반이 없는 상태에서 과학기술 활동을 추진해야 했던 정부가 나서서 출연연이라는 독특한 형태로 국가연구개발사업을 수행할 핵심주체를 만들고 대대적으로 육성에 나섰던 것이다. 앞의 정책변동 분석에서 볼 수 있듯이 최근까지도 각 정부는 출연연을 육성의 대상으로 설정하고 있는 것에서 출연연을 바라보는 정부의 시각은 출연연 체제가 출범할 때와 크게 달라지지 않았다는 것을 추론할 수 있다. 이는 출연연에 관련된 정책의 대부분이 지금도 계속해서 정부의 주도하에 결정되고 있다는 것을 방증한다.

바람직한 정책결정을 좌우하는 다양한 요소 가운데 환경변화를 반영한 정확한 정책문제의 설정과 정책문제와 관련된 이해관계집단의 요구를 파악하는 것은 향후 정책집행단계를 고려했을 때 매우 중요한 부분이다(정정길 외, 2011: 332-367; 강근복, 2016: 107-153). 새로운 정부가 들어설 때마다 현장과의 소통을 강조하며 PBS 제도의 직접적인 이해관계집단인 출연연이 인식하는 정책문제와 요구가 무엇인지 의견수렴을 추진하여 정책변동에 반영하고자 노력하였다. 그러나 지금까지 출연연이 끊임없이 PBS 제도의 부작용 및 한계에 대한 문제를 제기하였음에도 불구하고 이들을 대상으로 한 의견수렴은 형식적이었다고 할 수 있다. 출연연 현장에서는 PBS 제도의 부작용과 한계를 지적하며 제도의 폐지나 비율의 감소 등과 같은 적극적인 개선을 주장하는 의견이 많았다. 그러나 그때마다 정부가 내놓은 개선책은 항상 정부 중심의 부분적이고 제한적인 개선에 머물렀다.

그동안 개진된 다양한 현장의 의견은 정부재정의 한계와 집행과정에서 예상되는 어려움을 이유로 채택되지 않았다. 실질적인 PBS 제도의 폐지나 비율감소를 이루려면 상당한 국가재정의 투입이 필요하고, 이를 위한 재정의 동원이 쉽지 않다는 현실적인 한계가 있다. PBS 제도의 개선과 직접 관련이 있는 정책지정사업은 정부 내 여러 부처와 관련되어 있어 단일 부처가 전담하여 문제를 해결하기에 더욱 어려움이 따른다. 관련 부처 간의 연계 또는 통합된 예산구조가 필요하나 현실적으로 각 부처에 나뉘어 있는 연구개발예산을 전략적이고 역동적으로 재분배하기는 원천적으로 어려운 구조이다. 실제로 소관 부처 간의 이해관계로 인해 수탁과제 사업 개편과 예산 이관이 원활하게 진행될지 미지수이기 때문에 단기간에 해결되기는 어려워 보인다(국회예산정책처, 2019: 78).

(2) 정책환경과 무관하게 정치환경의 변화가 촉발하는 정책변동

PBS 제도는 1990년대에 급격하게 성장한 한국의 과학기술 환경의 변화에 따라 출연연이 경쟁력의 향상을 목적으로 도입한 제도이다. 그리고 2000년대 이후 과학기술 환경은 변화의 방향과 폭을 가늠할 수 없도록 빠르게 변화하였다. 이런 정책환경에 적절하게 대응하기 위해서는 정책환경에 대한 합리적인 분석과 앞으로의 변화에 대한 근거 중심의 예측을 기반으로 명확한 원칙하에 정책변동을 추진해야 한다. 하지만 앞에서 살펴본 PBS 제도의 정책변동은 정책환경의 변화에 대한 분석이나 예측에 근거하여 대응하기보다는 정치환경의 변화로 촉발되는 경향을 반복했다.

비록 정치환경의 변화 시점마다 정책변동이 반복되었더라도 그 내용만큼은 출연연 정책의 기본원칙에 따라 합리적으로 이루어졌다면 문제 될 것이 없다. 하지만 정책변동의 기본원칙이 무엇이었는지 알기 어려운 실정이다. 실상은 PBS 제도 도입 이후 연구개발 방향은 물론 구체적인 내용에까지 일일이 정부가 개입하면서 연구의 자율성이 위축되고 연구환경의 안정성은 떨어졌다고 할 수 있다(동아사이언스, 2018). 이는 결국 PBS 제도의 도입 취지와 동떨어진 결과로, 궁극적으로 출연연의 수월성 확보를 위한 자율성과 책임성 고취에 장애물로 작용하고 있다.

2) 정책과정 관점

(1) 정책혁신을 방해하는 경로의존적 정책변동

앞의 PBS 제도의 정책변동 분석에서도 나타나듯이, 역대 정부의 과학기술정책은 유사한 내용이 반복되는 경로의존성을 강하게 보인다. 과거 추격형의 성장기에 경제의 양적 성장을 위한 도구로 과학기술을 활용(이찬구 외, 2022)하는 동안은 정책의 경로의존성이 문제로 불거지지 않았다. 그러나 디지털 전환을 필두로 급변하는 환경에 과학기술이 과거와는 전혀 다른 기술·경제·사회적 변화에 대응할 것을 요구받고 있다. 이러한 상황에서 과거를 답습하는 경로의존적 정책은 문제를 해결하기보다 악화시킬 가능성도 내포한다.

그러나 PBS 제도가 도입된 이후 지금까지 여러 정부가 제시한 PBS 제도 개선방안을 종합하면 형식적으로는 새로운 형태를 취하였지만, 실질적으로는 안정적 연구비 내지는 안정적 인건비 확대와 같이 미시적인 수준의 유사한 정책내용을 반복하고 있다. 앞서 언급하였듯이 PBS 제도 개선이 출연연의 재정구조 그 자체를 목적으로 추진된 것이 아니라, 출연연의 기능을 재정립하고 임무를 달성하기 위한 수단으로서 병행적으로 추진되었다. 즉, PBS 제도가 내재하고 있는 본질적인 문제를 해결하고자 했던 것이 아니기 때문에 실제 문제와는 동떨어진 정책이 추진된 것에 불과했다고 할 수 있다.

(2) 정책변동의 단절과 정체를 유발하는 분절적 정책관리

우리나라 정책의 대부분은 정치구조로 인해 5년 주기로 단절되고 정체되는 현상이 반복하여 발생하고 있다(이찬구 외, 2022). 장기적인 관점에서 추진되어야 할 과학기술정책이 새로운 정부의 출범과 함께 소모적인 변화를 겪는 것이다. 앞의 정책변동 분석에서 확인했듯이 박근혜 정부와 문재인 정부는 모두 PBS 제도에 있어 의도적인 정책승계를 하였다. 정책승계는 정책변동 유형 중에서 부분적으로 정책혁신 및 정책종결의 요소를 포함하고 있다. 특지 PBS 제도의 정책변동에서는 법률과 조직이라는 형식적인 측면의 변화가 비교적 크게 나타나고 있어 매 정책변동이 이전 정부의 정책과 단절될 가능성을 크게 내포한다고 볼 수 있다.

경로의존성을 벗어난다는 측면에서 중요한 환경변화가 발생했거나 성과가 부족하다면 과감한 정책종결이 필요하겠지만, 정부 변동이 항상 정책변동으로 이어지는 것은 소모적이라는 표현을 넘어 오히려 정책문제를 악화하는 결과로 이어질 가능성을 배제할 수는 없다. 한편 정책집행의 중요한 수단인 예산의 변화는 불안정한 모습을 보이며 실질적인 정책변동의 정체를 유발하는 것으로 해석할 수 있다.

단적인 예로서 지난 문재인 정부에서는 출연연 중장기계획이 새로 수립하며 출연연의 자율성 훼손에 대한 우려를 불러일으켰고, 조직의 대대적인 개편으로 안정적인 정책추진을 어렵게 만들었다. 이번 윤석열 정부는 출범한 지 1년이 지난 2023년 현재도 눈에 띄는 정책변동이 확인되지 않고 있어 정책유지로 판단하였지만, 실제로는 지난 정부의 수입구조 포트폴리오에 대한 정책추진이 지체되고 있다. 이러한 분절적 정책관리가 출연연 구성원들이 연구현장에서 피부로 느끼는 PBS 제도에 대한 불만 사항의 집약이라 할 수 있으며, 과학기술 혁신을 위한 안정적인 연구환경을 유지하는 것에도 영향을 미치고 있다.

3) 정책내용 관점

(1) 정책구조의 한계: 패러다임에 뒤처진 정책기조와 경직된 거버넌스

정책기조(policy paradigm)는 정책구조 전체를 결정짓는 규범이다(강근복 외, 2016: 90). 즉, 정책기조를 무엇으로 규정하는 가에 따라 법률, 조직, 예산 등 정책의 거의 모든 것이 영향을 받는다. 앞의 정책환경 관점의 문제점 논의에서 언급했다시피 우리나라 정부가 과학기술을 경제발전의 수단으로 삼고 출연연을 설립할 당시에 가졌던 시각이 지금도 변함없이 이어지고 있다. 이는 정책구조의 측면에서 정책기조가 고정되는 결과로 직결된다. 수시로 정책기조가 바뀌는 것은 문제라고 볼 수 있지만, 정책환경의 변화를 따라가지 못하는 정책기조는 더 큰 문제라 할 수 있다. 실제로 그사이 정부가 출연연을 대하는 관점을 관리에서 지원으로 전환하려는 시도가 있었다. 2014년 통합연구회를 출범하면서 출연연 정책에 있어서 '관리 대(對) 지원'을 4:6에서 6:4의 비중으로 지원 중심의 내용을 발표하며 출연연 정책의 기조에 변화를 선언하였다(국가과학기술심의회, 2013). 그러나 안타깝게도 정부는 그 이후에도 출연연은 투자 대비 성과가 부족하다는 경제성장의 논리를 들어 관리 중심의 출연연 정책을 계속해서 추진하고 있다. 이는 결국 변화한 정책환경을 무시하게 되어 출연연 재정정책의 하나인 PBS 제도에도 영향을 미칠 것이다.

현대 민주국가에서 협치(協治)로 해석되는 거버넌스(governance)는 정책기조를 형성하는 데에 중요한 역할을 하는 것은 물론(강근복 외, 2016: 150), 합리적인 거버넌스는 정책을 원활하게 추진하기 위해서 필수적이다(노화준, 2016: 262-263). 그러나 우리나라 과학기술정책은 과학기술 전담부처(현재 과학기술정보통신부) 중심의 거버넌스 운용으로 여러 가지 한계에 부딪히고 있다. 국가과학기술자문회의는 형식상 과학기술 분야 최상위의 종합·조정 기구이지만, 비상설 자문기구이기 때문에 부처 간의 첨예한 갈등 상황에서 주도권을 발휘하기 어려운 구조적인 한계를 가지고 있다. 게다가 과학기술부가 국가과학기술자문회의의 사무국 역할을 담당하면서 집행과 조정의 기능 중첩에 대한 비판(소위 '선수심판론')을 피할 수 없는 상황이다(이찬구 외, 2022: 215).

더 구체적으로는 PBS 제도와 관련된 거버넌스를 수평적 거버넌스와 수직적 거버넌스로 구분하여 살펴볼 수 있다. 수평적 거버넌스는 측면에서는 정부 연구개발예산 규모가 큰 폭으로 증가하면서 경쟁적(정부부처예산) 연구개발예산 규모가 매우 커졌고, 이를 확보하기 위한 부처 간 사업예산 확대 경쟁도 심화하고 있다. 부처간 사업예산 확보 경쟁은 세부 사업 경쟁으로 이어져 파편화된 사업구조 및 부처 간 사업중복 문제로 확대되고 있으며, 종합조정이 사업중복 조정 중심으로 이루어져 그 실효성에 의문이 제기되고 있다. 다음으로 수직적 거버넌스 측면에서는 출연연 정책을 둘러싼 정책주체들(정부 부처, 관리기구, 출연연 등)은 수직적으로 통제하고 관리받는 관계를 유지해 왔다. 수직적 거버넌스가 강하게 작용하는 환경에서 자율성을 추구하는 정책의 추진에 한계가 있게 마련이다. 게다가 현재는 부처가 출연연의 자율에 맡겨야 할 일상적인 관리업무까지도 관여함으로써(이찬구 외, 2022: 216) 출연연의 자율성을 심각하게 저해하는 현실이다.

(2) 연구현장의 부작용 양산: 협력문화 및 연구몰입 방해

기존의 여러 연구자가 지적하듯이 PBS 제도는 연구현장의 과당경쟁을 유발하여 연구개발 자원의 효율적 활용 및 협력문화를 방해하고 있다. 무차별적인 경쟁적 연구환경은 출연연 연구원들을 부족한 인건비 확보를 위한 사업 수주 경쟁에 내몰고 있다. 이는 제한된 연구개발 자원을 효율적이고 효과적으로 활용하는 것을 어렵게 만들고 있다. 또한, 연구성과의 질적 수준이 아니라 과제수주와 연구결과 모두 양적 성과에 근거하여 평가하기 때문에 연구과제수행의 몰입을 어렵게 하고 수준 높은 연구성과를 도출해야 할 동기를 빼앗고 있다(이민형·장필성, 2018: 19). 결과적으로 연구자들은 단기간의 많은 양적 성과를 가져오는 연구과제를 선호하게 되고, 인건비 확보 차원의 과도한 수탁연구의 수주와 수행에 내몰리게 된다. 역설적으로 지나친 경쟁체제가 연구자들로 하여금 '질' 보다는 '양' 위주의 연구활동을 장려하고, 연구자들은 심리적 불안감을 갖게 만들며 출연연 연구환경의 구조적 불안정성을 공고하게 만들고 있다.

제4절 출연연 PBS 제도의 정책혁신 방안

이 절에서는 정책변동 분석을 통해 도출한 PBS 제도의 정책문제를 해결하기 위한 정책혁신 방향과 구체적인 정책과제를 제안한다. 역대 정부에서 추진했던 PBS 제도의 정책변동은 정책환경과 정책과정, 정책내용 측면의 문제가 서로 연계되어 문제를 표출하고 있다. 따라서 정책혁신 방향과 과제도 각 영역의 문제를 개별적으로 다루면서도 상호연계성을 고려하여 제시하는 노력이 필요하다. 기존 연구들이 PBS 제도의 특징과 집행 과정에서 제기된 문제 및 의견을 바탕으로 발전방안을 제시하는 데서 그치는 것에 비하여, 본 연구는 정책과정 이론에 근거한 분석으로 정책문제를 도출하고 이에 대응하는 정책혁신 방안을 제시함으로써 정책대안의 정교성과 체계성을 높였다. 앞서 정책변동 분석을 통해 도출된 정책문제와 대응하여 지금부터 논의할 정책혁신 방안을 다음의 〈표 7〉에 요약하였다.

〈표 7〉 정책문제에 대응하는 정책혁신 방안

관점	도출된 정책문제	정책혁신 방향 및 과제
정책 환경	• 정부 주도형 정책의 한계 • 정책환경과 무관하게 정치환경의 변화가 촉발하는 정책변동	• 정책참여자 의견 반영 및 역할 분담 • 출연연 정책의 기본원칙을 '연구자율성'으로 설정
정책 과정	• 정책혁신을 방해하는 경로의존적 정책변동 • 정책변동의 단절과 정체를 유발하는 분절적 정책관리	• 재정정책의 관점에서 PBS 제도의 설계 및 운영방식 전면 재검토 • 정책평가를 근거로 일관된 정책변동 추구
정책 내용	• 정책구조의 한계 　– 패러다임에 뒤쳐진 정책기조와 경직된 거버넌스 • 연구현장에 부작용(협력문화 및 연구몰입 방해) 양산	• 정책구조의 개선 　– 출연연을 지원의 대상으로 인식하는 정책기조 전환과 협력적 거버넌스 구축 • 개별 출연연의 특성을 고려한 운영으로 연구자의 자율성 강화

1. 정책환경의 변화 방향

1) 정책참여자 의견 반영 및 역할 분담

　정부는 정책의 큰 틀을 설계함으로써 이후 정책과정의 진행을 바르게 유도하며 정부와 연구회 및 출연연 간 역할 분담의 효과성을 높여 나가야 할 것이다. 정부는 정책과정의 공식참여자로서 연구개발 기본 이념과의 부합성, 상위 정책과의 정합성, 기존 정책과의 상충성 등과 관련한 일들을 총괄할 권한과 자격을 갖고 있어, 갈등이나 문제 발생 시 조정할 수 있다. 정책의 절대적 양이 증가하고 종류가 다양해지는 것에 더하여 정책환경의 복잡도가 증가하고 정책참여자 또한 다양해지는 가운데 정부의 역할은 더욱 긴요해지고 있다(정정길 외, 2011: 141-152).

그러나 PBS 제도가 출연연 육성을 목적으로 추진되었다는 점에서 정부는 거시적인 목표를 검증하고 미세 조정은 과감히 이양하는 자세가 필요하다. 출연연 예산 등 세부 업무에 정부의 세밀한 조정이 개입될수록 전체적인 방향성을 간과하기가 쉽기 때문이다. 정부 연구개발예산 증가율의 둔화가 나타나고 재정 건전화가 중요해짐에 따라 앞으로 이러한 현상은 더욱 심각해질 것으로 보인다. 정책결정 구조 측면에서 볼 때 각기 권한 범위에 차이가 있는 정부와 연구회 및 출연연이 함께 예산 검토를 하게 된다면 정부의 결정이 합리적이고 효과적으로 반영될 가능성을 높일 수 있다. PBS 제도를 통해서 출연연의 자율성과 책임성의 균형을 확보하기 위해서는 정부와 연구회, 그리고 출연연이 최적안의 도출에 협업하는 체계가 바람직할 것이다.

정책주체들이 각자의 전문성을 바탕으로 정책과정에 참여하여 협력한다면 정책환경의 변화에 신속한 대응이 가능할 것이다. 정부는 PBS 제도로 달성하고자 하는 큰 방향성과 예산의 총액을 제시하고 그 틀 안에서의 예산배분의 세부전략은 전문가들에게 권한을 일임하는 것이 효과적일 것이다. 예산 당국의 혼선을 줄여 국가 정책과 출연연 수행 사업의 방향성이 일치하도록 조정하기 위해 과학기술혁신본부는 출연연의 주요사업비에 대하여 기술 분야별 타당성 검토에 집중하고, 출연연 주무 부처는 소관 출연연별의 주요사업비와 기관운영비를 검토 과정에서 연구개발 전문성을 고려해야 한다. 다음으로 출연연의 직속 상위 기관이며 정부와 출연연 사이에서 출연연이 자율적으로 연구할 수 있는 환경을 구축하는 핵심 정책주체인 연구회는 소속 출연연별로 최적화된 예산안을 마련하는 세부 조정을 담당하고, 이를 위해 일정 부분 연구회의 권한이 확대하여 책임성을 부여할 필요성이 있다.

　　자율과 책임의 원칙은 연구에만 적용되는 것이 아니다. 앞의 이론적 논의에 따르면 출연연의 책임성이 일반 공공기관의 책임성과 다르다는 점은 분명하지만, 출연연은 연구조직이기 전에 공공기관이라는 점에서 정부재정에 대한 책임성을 부여받고 있다(한상일, 2013; 황광선, 2016; 조성식 외, 2012). PBS 제도의 정책변동에서도 구체적인 내용과 현실을 가장 잘 아는 출연연에 예산의 미세조정 등 예산편성 과정에 대한 책임감을 부여함으로써 예산확보보다는 예산을 잘 활용하는데 좀 더 신중할 수 있도록 유도해야 한다. PBS 제도의 직접적인 정책대상집단인 출연연은 기관 수준에서 이상적인 예산구조를 설계하여 연구회와 함께 분야별 전문성을 통해 전략적인 예산안을 마련해야 한다. 이때 예산 담당 주체 간 공통된 심의 기준을 마련하고 소통을 강화하며 출연연 성과를 데이터 근거로 검토하는(data based review) 노력이 더욱 필요하다(박소희 외, 2017b: 147). 각자의 전문성을 인정하는 것이 출연연에 자율성을 부여하고 책임성을 요구할 수 있는 기본이 될 것으로 본다.

2) 출연연 정책의 기본원칙 수립, '연구자율성'

　　출연연에 '연구의 자율성'을 보장하는 연구환경을 조성하기 위해서는 서구의 선례가 보여주듯이 홀데인 원칙(Haldane Principle) 및 하르나크 원칙(Harnack Principle)과 같은 연구개발의 특성을 반영한 국가차원의 기본 철학 수립이 필요하다(홍형득 외, 2018; 박기범 외, 2016: 63). 얼핏 출연연 재정정책과 무관한 듯 보일 수 있지만, PBS 제도의 상위 정책인 출연연 정책에 대해 이러한 기본원칙을 수립하고 가치를 공유함으로써 출연연을 대상으로 수립되는 모든 정책의 기본 철학으로 작동할 수 있도록 해야 한다.

이에 대한 연구자들의 바람이 정책토론회[17]와 설문조사[18]에서도 드러났다. 토론회에서 한 참석자는 출연연을 충분히 지원하고 자율성을 보장하는 패러다임 변화가 필요하다는 의견을 제시하였다. 특히 "출연연법 내지는 특별법 제정으로 '지원은 하되 간섭하지 않는, 자율을 보장하되 성과에 책임을 지는 체계'를 구축하는 것이 필요하다"고 강조하였다(전자신문, 2023). 설문 결과는 좋은 과학을 위해 '국가 차원'에서 해야 할 일은 정권이 바뀌어도 흔들림 없이 일관성 있게 연구할 수 있는 '환경'이라는 의견이 지배적이었다. 실제로 정권이 교체되면서 추진 중이던 연구 프로젝트가 무산되거나 연구비가 대폭 삭감 등으로 연구에 몰입이 어려웠음을 토로하며 정치적 성향에 좌우되지 않는 안정적인 연구환경 구축에 대한 다양한 의견이 제시되었다(대덕넷, 2020). 이러한 의견들을 모아 출연연을 비롯한 공공연구 전반에 적용할 수 있는 우리만의 원칙을 수립하는 것이 출연연의 자율성과 책임성을 강조하면서도 안정적 연구환경 조성하는 첫걸음이 될 것이다.

2. 정책과정 관점의 혁신과제

---

17) (사)한국과학기술정책연구회가 '과학기술 강국 실현을 위한 공공부문 연구개발 체계 혁신'을 주제로 2023년 4월에 국회의원회관에서 정책토론회(2023.4.5.)를 개최하였다.

18) 대덕넷은 2020년 신년 기획으로 STEPI와 함께 2019년 12월 19일에서 31일까지 '좋은 과학'을 주제로 과학기술계 종사자 대상 설문조사를 실시하였다.

1) PBS 제도의 설계 및 운영방식 전면 재검토

새로운 정부가 출범할 때마다 빠짐없이 PBS 제도의 정책변동이 있었으나, 실질적인 정책내용은 과거 정부를 답습하는 경로의존성을 강하게 보여왔다. 이민형·장필성(2018)이 지적한 것과 같이 역대 정부는 PBS 제도의 문제의 원인을 안정적 인건비 부족으로 한정하고 개선방안을 논의하였다. 안정적 인건비 확보가 중요하지 않은 것은 아니지만, 출연연의 자율성과 책임성의 균형 확보 측면에서 문제를 해결하는 데에 한계를 드러내었다. 사실상 PBS 제도가 출연연 운영시스템 전반을 지배한다고 할 만큼 핵심적인 재정정책이다. 따라서 관련 논의를 출연연의 안정적 인건비에 한정해서는 제도의 본질적인 문제를 해결할 수 없다.

연구현장에서 요구하는 PBS 제도 개선의 반복적이며 소모적인 논란을 종식하기 위해서는 안정적 인건비 확보와 같은 기존의 방안들을 더욱 획기적으로 보완하거나 과감하게 정책종결하고 새로운 정책혁신을 도입할 필요가 있다(이찬구 외, 2022). 윤수진 외(2022)의 연구에서 수행한 포커스 그룹 인터뷰(FGI)에 의하면, 출연연 관계자들은 PBS 제도의 개선과 기관 임무에 집중할 수 있는 연구환경 조성 등을 위해 추진된 R&R 및 수입구조 포트폴리오의 실효성이 낮은 것으로 인식하고 있었다. 이 같은 상황에서 PBS 제도가 출연금 인건비 비중 상향 및 수탁과제 비중 축소라는 기존 제도의 경로의존성을 극복하기 위해서는 PBS 제도에 국한하지 않고 출연연을 포함한 정부 연구개발제도 전반에 대한 체계적이고 종합적인 접근을 통해 거버넌스, 인력, 평가제도, 연구개발 추진전략 및 연구문화 등과 같은 다수의 연관된 정책에 혁신이 필요하고, 필요에 따라서는 과감한 정책종결을 고려해 볼 수 있을 것이다.

그럼에도 불구하고 우선하여 추진되어야 할 과제는 재정구조에서 찾아야 할 것으로 본다. 앞서 선행연구에서 지적한 바와 같이 PBS 제도로 인해 안정적 인건비가 부족하여 연구환경의 불안정성이 확대되고 부처 간 예산 확보를 위해 과도한 경쟁이 유발되고 있다는 점은 주지의 사실이다(김계수·이민형, 2000a; 2000b; 2005; 2006). 이런 상황에서는 연구자율성에 대한 기본원칙에 따라 인건비 100% 지원하며 PBS 제도를 폐지하는 것까지도 고려하는 획기적인 정책혁신이 필요하다. 역대 정부에서 PBS 제도 개선 방안 중 하나로 인건비 100%를 지원을 추진하고자 했지만, 그로 인해 출연연이 국공립연구소처럼 운영되는 것과 연구자의 도덕적 해이 및 인건비 재원확보의 어려움에 대한 우려 때문에 실제로 정책수단으로 채택되지는 않았던 경험이 있다. 그러나 여러 실증연구가 보여주듯이 재정지원 방식이 연구성과에 미치는 긍정적인 영향(엄익천·류영수, 2019; 유주현·조상민, 2019; 임홍래, 2020; 고영태·김영준, 2022)을 간과해서는 안 된다. 이러한 우려는 역으로 연구자의 연구성과 창출을 위한 안정적 연구환경 구축으로 출연연 책임성 강화하는 방법으로 활용할 수 있다.

현실적으로 가장 어려운 문제인 재원확보는 총연구비 범위 내에서 비목 변경을 통해 조정하는 방법으로 보완할 수 있으리라 판단한다. 장기적 관점에서 단계적으로 연구 직접비에 대한 정부수탁(PBS) 비중을 축소하고 정부 출연금 비중을 증가시키는 것이 바람직할 것이다. 단기적으로는 연구비(직접비)와 인건비 관리를 분리해서 검토할 필요가 있다. 인건비 100% 지원을 전제로 정부출연금을 묶음예산으로 지원하여 예산 비목 간 자유로운 전용을 허가하는 방안을 먼저 추진할 것을 제안한다. 문재인 정부는 정부출연금의 묶음예산은 예산집행 지침과 감사[19] 등을 고려할 때 완전한 자율 편성 및 집행은 불가하며 정확한 결산, 엄정한 성과평가 및 결과의 환류 등이 필요하다고 판단하고 있었다(과학기술정보통신부, 2019). 그러나 30여 년 동안 PBS 제도를 시행하며 수없이 제기된 문제점과 뚜렷한 성과를 얻지 못한 개선방안들을 돌이켜 본다면, 운영방식의 획기적인 전환이 필요하다. 따라서 묶음예산 제도로 야기될 수 있는 문제점을 걱정하기보다, 장점은 더욱 살리고 한계는 보완해야 할 것이다.

이 밖에도 묶음예산과 더불어 연구회가 출연연과 함께 자율성과 책임성에 따라 융합연구를 포함한 모든 연구과제를 기획하고 출연연이 함께 운영예산을 편성하는 방식을 고려해 볼 수 있을 것이다(국회예산정책처, 2019). 연구회에 주어진 기능으로서 출연연의 중·장기 계획, 사업계획 및 예산안 심의, 기관장의 성과목표 검토 및 융합연구 활성화 등을 통해서 출연연의 예산집행과 성과평가 등에 대해 견제와 육성역할을 수행하고 있다.[20] 묶음예산 제도를 활용하여 출연연의 자율성과 책임성에 부합되는 출연연 운영제도로 정착할 필요가 있다.

2) 정책평가를 근거로 일관된 정책변동 추구

정책과정의 각 단계에서 끊임없이 환류가 이루어지는 것은 자연스러운 현상이다(정정길 외, 2011: 699). 그러나 그동안 많은 정책이 과거에 집행된 정책성과에 대한 적절한 평가와 환경변화를 고려한 합리적인 미래예측

---

19) 국회, 감사원 등에서 방만 운영 지적을 통하여 통제 강화가 되풀이되거나 출연금의 인건비 우선집행으로 인해 실질 연구비가 부족한 현상이 발생할 우려가 있다.
20) 연구회에는 연구기관 간의 기능조정 업무와 연구기관에 대한 평가 업무를 지원하고, 연구기관의 장기 발전방향을 자문하는 기획평가위원회와 연구기관의 연구 기획 및 연구기관 간의 협동연구 추진방향을 자문하는 연구개발전략위원회를 두고 있다.

없이 정부 변화에 따라 정책의 단절과 지체를 반복해 왔다. 게다가 실질적인 정책변동이 없더라도 정부 교체기에는 일정 기간 정책이 단절되는 현상도 나타나고 있다(이찬구 외, 2022). PBS 제도도 예외는 아니어서 묶음예산, 정책지정과제 등 무조건 안정적인 예산지원만 하면 된다는 단순한 접근을 하였고, 지속해서 추진되어야 할 출연연 중장기 발전계획이나 주요 예산정책(수입구조 포트폴리오) 등이 단지 정부 변화에 따라 단절되거나 지체된 것이다(김학삼·심영보, 2013; 박웅·염명배, 2019; 최원재·강근복, 2022).

이를 극복하기 위해서는 증거 기반의 정책변동 관리전략이 요구된다(이찬구 외, 2022). 정책변동의 구체적인 영향요인들을 확인하고 향후의 변동 가능성 등을 점검하여 지속적이고 일관성 있게 정책변동이 일어나도록 해야 할 것이다. 기존의 여러 연구가 재정지원 방식과 연구성과의 관계를 다양한 관점에서 규명했다(박소희, 2013; 엄익천·류영수, 2019; 김진열·김방룡, 2019; 유주현·조상민, 2019; 임홍래, 2020; 고영태·김영준, 2022; 배진희 외, 2015; 백승현·이윤주, 2020; 김학민·박윤환, 2021). 이는 곧 PBS 제도를 두고 지난하게 이어지고 있는 정책변동 논의를 합리적인 정책승계 또는 정책유지로 해결할 수 있는 최선의 증거가 될 수 있다. 그동안 누적된 문제를 해소할 수 있는 PBS 제도의 개편을 위해서는 협의의 PBS 제도 범위를 넘어 정부 연구개발 재정정책 전반에 대한 종합적인 혁신방안이 필요한 것은 물론, 이를 일관하여 추진할 수 있는 안정적인 조직체계도 필요할 것이다.[21]

---

21) 출연연 PBS 제도는 연구개발예산 제도의 일부이자 전부라 할 수도 있으나, 연구개발예산 제도 전반에 대한 혁신방안은 본 연구의 범위를 벗어나기 때문에 향후 연구과제로 남겨두고자 한다.

3. 정책내용 관점의 혁신과제

1) 정책기조의 전환 및 협력적 거버넌스 구축

출연연을 관리의 대상으로 인식하는 정부의 출연연 운영에 관한 정책기조를 전환하여 출연연을 지원의 대상으로 인식하고, 이와 연계하여 PBS 제도와 관련된 수직적 정책기조에도 변화가 필요하다. 출연연이 처음 출범한 이후로 줄곧 출연연의 역할과 책임은 정부로부터 부여받은 임무에 근거를 두고 있었다. 고도의 전문성을 요구하는 과학기술 분야의 특성으로 정부는 국가 차원의 연구개발 대부분을 출연연으로 대표되는 전문연구기관에 위탁하고 있기 때문이다(길종백 외, 2009). 즉, 출연연을 관리의 대상으로 인식하는 정부의 정책기조가 출연연의 자율성이 확대되는 것을 원천적으로 차단하는 요인으로 작동하고 있는 것이다. PBS 제도가 경쟁을 통한 효율성 증가라는 원래의 목적대로 운영되지 않는 것도 바로 이 때문이라고 할 수 있다. 따라서 정부는 출연연을 관리와 통제가 아닌 지원의 대상으로 인식을 전환하고, PBS 제도의 목적을 효율성이 아닌 자율적 연구를 통해 질적 성장을 추구하는 책임있는 연구개발체계로 재설정하도록 유도해야 한다(이민형·장필성, 2018: 26).

이러한 정책기조의 전환을 바탕으로 PBS 제도의 전면 개편을 위한 범정부적 대응방안을 마련해야 한다. 앞에서 논의한 PBS 제도의 정책혁신을 효과적으로 추진하기 위한 과학기술 거버넌스 체계는 다양한 정책주체 간의 협력적 거버넌스로 거듭나야 한다(정용남, 2023; 디지털타임스, 2023). 이런 관점에서 거버넌스의 수평적·수직적 측면을 동시에 고려해야 하고, 특히 PBS 제도를 둘러싼 수직적 거버넌스의 경직성 해소가 중요할 것이다.

수평적 거버넌스는 과학기술 관련 부처들의 기능과 역할의 합리적 배분과 조정을 의미한다(이찬구 외, 2022). 그러나 우리나라는 과학기술 분야에서 강력한 수직적 거버넌스가 수평적 거버넌스를 구성고 있는 각 정책주체의 자율적 역할수행을 방해한다. 통제와 관리를 당연하게 여기는 부처의 관점을 출연연을 지원하고 육성하는 데 초점을 두어 여러 하위 정책주체와 협업의 관계로 전환하는 방안이 마련되어야 한다. 연구회는 수직적 거버넌스의 중간에서 부처의 간섭으로부터 출연연을 보호하되, 통제하지는 않아야 한다. 이를 위해서 연구회의 권한이 확대될 필요가 있다. 또한, 건강한 수직적 거버넌스 관계를 바탕으로 PBS 제도의 개선에 출연연이 직접 참여하여 출연연 운영의 자율성을 확보할 수 있도록 해야 할 것이다. 이처럼 출연연이 적극적으로 운영의 자율성을 확보해 나간다면, 이를 기반으로 책임성을 묻는 것이 가능해지고 출연연 스스로 책임성을 갖는 계기가 될 것이다.

거버넌스 재설계를 기반으로 나열식 정책 추진에서 벗어나 종합조정 관리기구가 주도하는 통합적인 전략주제와 정책방향 연계가 필요하다. 우리나라에서는 기획재정부가 총괄 예산부서로서 모든 예산의 편성 및 조정권을 가지고 있다. 그러나 연구개발 및 출연연 육성 분야는 과학기술의 특수성을 반영한다는 이유로 과학기술혁신본부에 예산편성권을 일부 이관 또는 폐지하는 반복적인 정책변동이 있었다. 이는 명목상으로 이원화된 예산권에도 불구하고, 실제로는 과학기술의 전문성을 반영할 수 있는 장기적이고 전략적 관점의 예산 배정을 어렵게 만드는 요인이 되고 있다. 관련 부처와 과학기술혁신본부가 전문적 관점에서 연구개발예산을 편성하고 민간 전문가로 구성된 국가과학기술자문회의 등이 심의하더라도, 기획재정부의 최종 예산조정 단계에서 빈번하게 변경되고는 한다. 현재와 같이 관련된 각 정부 부처의 담당 업무가 세부단위로 구분된 체제에서는 정책을 통합적으로 연계하여 추진하기 어렵다는 점을 잊지 말아야 할 것이다(이민형·장필성, 2018: 26).

2) 개별 출연연의 특성을 고려한 운영으로 연구자의 자율성 강화

이상의 논의에 덧붙여 연구현장에서 가장 중요하게 여기는 요소는 연구자의 자율성 강화일 것이다(전자신문, 2023). PBS 제도로 인한 인건비 확보의 압박, 지나치게 많은 과제 수행으로 인한 연구몰입 저하, 단기적인 양적 성과 중심의 과제 수행 등이 서로 얽혀 연구자의 자율성을 방해하며 다양한 문제를 일으키고 있다(이민형, 2003). PBS 제도의 도입으로 연구성과(논문, 특허 및 기술료)의 양이 증가하였지만, 연구성과의 질이 저하되는 것도(박소희, 2013; 임홍래, 2020: 300) 연구자의 자율성과 관련이 있다고 볼 수 있다. 앞의 정책문제 분석에 따르면 연구현장의 과제수주 및 양적 성과경쟁은 PBS 제도의 운영방식에 기반하고 있기 때문이다.

따라서 PBS 제도를 유지하더라도 질적 연구성과를 강조하는 과제기획 및 평가 방식을 적극적으로 도입하는 것으로부터 연구자의 자율성 강화의 실마리를 찾고자 한다. 각 출연연의 특성에 따라 PBS 제도가 어떻게 창의적인 연구활동의 성과창출에 부담으로 작용하는지 점검하여 각각에 부합하는 유인 설계가 필요하다. 연구의 특성 및 자율성 강화를 위한 묶음예산 제도 도입 및 확대와 기관의 임무 및 연구 특성 등을 반영한 성과지표의 발굴과 평가결과의 긍정적 예산 환류 강화가 필요하다. 한편 기존의 PBS 제도와는 차별화된 제도의 도입 필요성도 있다. 예산관리 제도에 있어서 일괄적으로 심의 기준을 적용하는 것 보다 기관의 특성을 반영한 예산심의 및 출연금 확대와 전체적인 PBS 제도의 개선을 효율적으로 뒷받침하기 위해서는 안정적인 성과평가 체계와 집행체계를 반드시 수반할 필요가 있다.

게다가 PBS 제도로 확보한 연구비 사용의 번거로움이 연구자들의 자율성을 묶어두는 요인이 되고 있다. 따라서 예산집행 과정에서 연구자의 행정부담을 낮출 방안이 필요하다. 이러한 필요성을 인식한 정부는 연구자 불신으로 인한 거래비용의 증가를 막고자 2021년 1월부터 국가연구개발혁신법을 시행하고 있다. 그럼에도 여전히 지나치게 많은 세부 규정으로 거래비용의 낭비는 계속되고 있다(이찬구 외, 2022). 따라서 연구비 관련 규정의 단순화를 통한 연구자율성 제고가 PBS 제도 개선에 반드시 포함되어야 할 것이다.

제5절 결론

본 연구는 지난 1996년에 도입되어 출연연 재정정책의 철학이 바뀌었다고 할 수 있을 만큼 출연연 예산구조에 근본적인 변화를 불러온 PBS 제도의 정책변동을 분석하였다. 특히 최근 3개 정부에 걸쳐 추진된 PBS 제도의 정책변동을 출연연의 자율성과 책임성 확보 관점에서 분석하였다. 분석결과는 여러 차례의 의도적 정책변동에도 불구하고 PBS 제도는 경로의존적이며 분절적이라는 상반된 모습을 보이며 정책혁신보다는 정책유지와 정책승계가 지속되는 모습이었고, 결과적으로 정책변동을 통해 출연연의 자율성과 책임성 확보에 긍정적인 영향을 주었다고 보기는 어려웠다.

이러한 분석결과를 종합하여 PBS 제도의 정책변동을 둘러싼 정책문제를 정책환경, 정책과정 및 정책내용의 관점에서 도출하고 이에 대응하는 혁신방안을 제안하였다. 정책환경 측면에서는 정부와 출연연의 역할을 재정립하고 안정적 연구환경 조성이 필요함을 강조하였다. 정책과정 관점에서는 정책의 경로의존성 극복을 위해서는 PBS 제도의 폐지 또는 비율 축소와 같은 지속적인 정책혁신과 과감한 정책종결이 필요하며, 분절적인 정책변동을 극복하기 위해서는 PBS 제도의 효과분석 등을 활용하는 증거 기반의 정책변동 관리전략을 통해 합리적인 정책유지와 정책승계가 균형을 이루어야 한다. 정책내용 관점에서는 PBS 제도 범위를 넘어 연구개발예산 제도 전반에 대한 정책기조 확장 및 거버넌스의 재설계를 통한 통합적 연구개발 추진체계의 강화와 사업수행 측면에서 연구자의 자율성 강화를 논의하였다. PBS 제도의 근본적인 개편의 실천 방안으로는 장기적 관점에서 명확한 정책목표를 설정하고 정책변동을 추진하되, 단기적으로는 연구비와 인건비 관리를 분리해서 인건비 100%를 지원을 전제로 정부출연금을 묶음예산으로 지원할 것을 제안하였다.

본 논문의 이론적 기여는 정책학적 측면과 기술경영학적 측면으로 구분하여 논의해 볼 수 있다. 먼저 정책학적 측면에서 본 연구는 정책변동의 구조적 측면과 정책변동 자체의 특징을 분석하고, 장기간에 걸쳐 지지부진한 정책변동을 정책변동의 원인과 결과라는 관점에서 통합적으로 도출함으로써, 정책변동 이론을 분석대상에 따라 어떻게 적용해야 할지 예시를 보였다. 본 연구는 이론을 활용하여 현상을 해석하고 문제해결을 위한 대안을 제시하고자 하는 현장 중심의 연구로, 정책변동 이론을 과학기술 출연연의 PBS 제도에 적용하여, 지금까지의 변화를 설명하고 문제점을 도출하였다.

모든 학문의 발전이 연역과 귀납의 순환 과정을 통해 이루어지는 만큼 이론을 사례에 적용한 본 연구는 정책변동 이론의 설명력을 높이는 한편 일반화 가능성을 향상했다는 측면에서 정책학적 의미를 찾아볼 수 있다.

한편 과학기술정책이 기술경영을 국가 수준으로 확대한 것이라고 보는 관점에서 본 연구는 기술경영학의 학문적 범위 확장의 실제성을 제시한다. 기술경영이 기술을 활용하여 기업의 경쟁우위와 경제적 이윤을 추구하는 목적의 전략적 행위라면, 과학기술정책은 기술경영을 국가 차원의 공적 영역에 확대하여 적용함으로써 과학기술 영역에서의 시장실패를 막고 국가 전반의 과학기술 수준 향상 및 활용을 통한 국가 경쟁력 제고와 경제적 가치를 창출하기 위한 전략으로 이해할 수 있다(정선양, 2013: 153-220). 서론에 언급한 바와 같이, 2000년대 들어 출연연은 국가 과학기술 혁신주체로서 경쟁력이 하락하고 있다는 비판에 직면하고 있다. 이에 국가는 재정정책의 변동을 통해 출연연이 자율성과 책임성의 균형을 확보하여 연구개발성과의 수월성을 달성하도록 관리하고 지원하고자 하는 것이다. 따라서 본 연구는 기업 수준에서 활용하는 기술경영의 관점을 국가 수준으로 확대한 것으로 이해할 수 있다.

다음으로 정책적 기여는 향후 출연연이 자율성에 기반한 책임성을 전제로 탁월한 과학기술 연구성과를 창출할 수 있는 재정정책의 방향을 찾고자 하는 다양한 정책참여자들에게 관련 정책의 기획과 설계를 위한 다각적인 관점을 제공한 것이다. 기존의 연구는 상대적으로 정책이론을 적용한 분석보다 PBS 제도의 특징과 집행 현황 점검하고 그 과정에서 제기된 문제점과 의견을 설문으로 수집하고 이를 바탕으로 발전방안을 제시하는 데서 그치는 경향이 있었다. 일부 연구가 PBS 제도와 성과의 관계를 통계적으로 증명하고자 하였으나, PBS 제도의 문제점을 종합적으로 이해하여 해결방안을 제시하지는 못했던 것으로 판단된다. 이와 달리, 본 연구는 정책과정 이론에 근거하여 분석을 수행함으로써 PBS 제도가 장기간에 걸쳐 여러 번의 정책변동에도 불구하고 문제가 해결되지 않고 있는 상황을 종합적으로 이해하고자 했다. 그 결과를 바탕으로 각 문제점에 대응하는 해결방안을 제시하고, 이때 선행연구의 논의를 근거로 활용함으로써 정책대안의 논리성을 확보하였다. 이는 본 논문이 제시한 정책혁신 방안이 향후 정책현장에서 적실한 대안으로 활용될 가능성을 높였다고 할 수 있다.

이러한 이론적·정책적 기여에도 본 연구는 2차 자료를 활용하여 문헌분석 중심으로 수행된 질적연구라는 점에서 근본적인 한계가 있다. 문헌분석 중심의 질적연구방법은 양적연구방법과 비교하여 상대적으로 연구자의 주관적 판단이 개입될 여지가 높다는 단점 때문이다. 그동안 PBS 제도에 대한 논란을 지속하면서도 체계화된 총괄평가나 과정평가는 이루어지지 않았기 때문에 분석의 시간적 범위 동안에 해당 정책의 성과를 판단할 수 있는 적절한 기준과 근거를 확보할 수 없어 분석방법 채택에 제약이 있었다. 따라서, 출연연의 자율성과 책임성을 강조하는 차원에서 정량적 연구를 통하여 PBS 제도와 연구성과와의 관계를 분석하는 것이 필요해 보인다. 예를 들어, 연구원 1인당 연구비 변화와 연구성과 변화와의 관계를 살펴보는 것도 향후의 과제이다. 또한, PBS 제도 개편을 위해서는 협의의 PBS 제도 범위를 넘어 정부 연구개발예산 제도 전반에 대한 종합적인 혁신방안이 필요할 것으로 여겨진다. 그러나 현시점에서 기존에 PBS 제도에 관한 여러 연구가 있었지만, 정책변동의 관점을 적용한 연구는 찾아볼 수 없다는 점에서 본 연구의 의미를 찾을 수 있을 것이다.

참고문헌

강근복·김재관·박근후·박정택(2016), 「정책학」, 서울: 대영문화사.

고영주 외 (2015), 「선진 공공연구기관의 자율적 운영체제 조사 연구」, 정책연구 2015-18, 세종: 국가과학기술연구회.

고영태·김영준 (2022), "정부출연(연) 예산지원방식이 연구성과 창출에 미치는 영향 연구환경의 매개효과를 중심으로", 「기술혁신학회지」, 25(5): 85-127.

국가과학기술연구회 (2014), 「국가과학기술연구회 소관 연구기관 임무 정립(안)」, 서울: 국가과학기술연구회.

─────────── (2018), 「출연(연) PBS 간담회 결과보고」, 세종: 국가과학기술연구회

─────────── (2022a), 「국가과학기술연구회 소관연구기관 기초 통계자료」, 세종: 국가과학기술연구회.

─────────── (2022b), 「출연연 수입구조 포트폴리오 현황」, 세종: 국가과학기술연구회.

─────────── (2023), "비전 및 전략", https://www.nst.re.kr/www/contents.do?key=10 (2023.09.18.).

국가과학기술자문회의 (2019), 「과학기술 출연(연) 임무지향성 및 연구수월성 제고 방안」, 서울: 국가과학기술자문회의.

─────────── (2022), "제1차 민관 과학기술혁신 자문포럼 개최", https://www.pacst.go.kr/jsp/board/boardView.jsp?post_id=2334&cpage=5&board_id=2 (2022.12.12.).

과학기술정보통신부 (2018a), 「국민중심·연구자중심 과학기술 출연(연) 발전방안(안)」, 과천: 과학기술정보통신부.

─────────── (2018b), 「국가기술혁신체계(NIS) 고도화를 위한 국가R&D 혁신방안」, 과천: 과학기술정보통신부.

─────────── (2019), 「국가과학기술연구회 소관 출연(연) PBS 운영 개선방안」, 세종: 과학기술정보통신부.

관계부처 합동 (2011), 「R&D 성과창출을 위한 출연연 예산제도 개선(안)」.

─────────── (2013), 「박근혜정부 국정과제」.

─────────── (2015a), 「정부R&D 혁신방안」.

─────────── (2015b), 「출연(연) 대상 정책지정사업 추진 방안(안)」.

_____ (2016), 「정부R&D 혁신방안」.

_____ (2018), 「제4차 과학기술기본계획(2018~2022)」.

국회예산정책처 (2019), 「국가연구개발사업 분석: 과학기술정보방송통신위원회 소관」, 서울: 국회
　　예산정책처.

길종백·정병걸·염재호 (2009), "정부출연연의 대리문제와 PBS의 한계", 「한국조직학회보」, 6(2):
　　179-202.

김계수·이민형 (2000a), "정부출연(연) 연구개발예산관리시스템에 대한 설문조사분석", 「과학기술
　　정책」, 통권 128호.

_____ (2000b), "정부출연(연) 연구개발예산관리시스템 문제점 진단 및 개선방안", 「과학
　　기술정책」, 통권 129호.

_____ (2005), 「정부출연연구기관의 연구과제중심 운영체계(PBS) 개선방안 연구」, 정책
　　연구 2005-15, 서울: 한국과학기술기획평가원.

_____ (2006), 「정부출연연구기관의 연구과제중심 운영제도(PBS) 대체모델 적용 연구」, 정책
　　연구 2006-11, 서울: 한국과학기술기획평가원.

김성수 (2013), "미래창조과학부: 과학기술 행정체제의 진화와 역행", 「한국사회와 행정연구」, 24(2)
　　: 509-539.

김진열·김방룡 (2019), "안정적 인건비 비율이 과학기술계 정부출연(연) 연구성과에 미치는 영향분석",
　　「기술혁신학회지」, 22(4): 576-604.

김학민·박윤환 (2021), "과학기술의 지식창출과 경제적 성과의 결정요인 분석 – 과학기술분야 정부
　　출연연구기관을 중심으로", 「한국사회와 행정연구」, 32(2): 59-83.

김학삼·심영보 (2013), "정부출연연구기관 제도변화의 상호작용모용에 관한 탐색적 연구: R&D
　　예산제도를 중심으로", 「디지털융복합연구」, 11(9): 29-43.

노화준 (2016), 「정책학 원론 (제3전정판)」, 서울 : 박영사.

대덕넷 (2020), "과학자는 '사명감'…국가는 '안정적 연구환경'", https://www.hellodd.com/
　　news/articleView.html?idxno=70903 (2020.01.28.).

대한민국 정부 (2017), 「100대 국정과제」.

동아사이언스 (2018), "현장 연구자들, 중규모 연구 과제 늘리고 PBS 폐지해야", https://www.
　　dongascience.com/news.php?idx=21736 (2018.03.13.).

_____ (2023), "연구경쟁력 옥죄는 'PBS'…"탈출구가 안보인다", https://www.dong-
　　ascience.com/news.php?idx=58789 (2023.03.06.).

디지털타임스 (2023), "출연연 비효율, PBS 개선해 해소해야", https://www.dt.co.kr/contents. html?article_no=20230823021099931731005 (2023.08.24.).

미래창조과학부 (2013), 「제3차 과학기술기본계획(2013~2017)」, 과천: 미래창조과학부.

박기범 외 (2016), 「공공부문 과학연구에서의 자율과 책임」, 정책연구 2016-07, 세종: 과학기술정책연구원.

박기주 (2014), "과학기술분야 연구회 R&D 예산의 현황과 구조 부석 – 신제도주의 접근을 중심으로", 「예산정책연구」, 3(1): 237-262.

박소희 (2013), 「과학기술분야 정부출연연구기관 재정지원방안 개선에 관한연구」, 연구보고 2013-028, 서울: 한국과학기술기획평가원.

박소희 외 (2017a), 「자율과 책무를 바탕으로 한 출연연 발전방향 제언」, 이슈 위클리 2017-05, 서울: 한국과학기술기획평가원.

박소희 외 (2017b), 「정부출연연 재정지원제도의 변화와 영향에 관한연구」, 연구보고 2017-026, 서울: 한국과학기술기획평가원.

박수경·이찬구 (2015), "박근혜 정부 과학기술 거버넌스 개편에 대한 연구", 「사회과학연구」, 26(4): 195-216.

박웅·염명배 (2019), "정부출연연 R&D수행체제의 복잡계 현상에 관한 연구 – 재정지원정책 변화를 중심으로", 「재정정책논집」, 21(1): 43-92.

박진선 (2006), 「과학기술분야 연구회 체제의 운영 및 성과분석에 관한 연구 : 혁신체제와의 정합성을 중심으로」, 서울대학교 대학원 석사학위 논문, 서울.

박해룡 (1990), "정책변동에 관한 연구(II)", 「대구·경북행정학회보」, 2: 119-130.

배진희·전계영·박성민 (2015), "이항 로지스틱 회귀모형을 이용한 R&D 성과창출 영향요인 분석", 「경영컨설팅연구」, 15(2): 9-21.

백승현·이윤주 (2020), "과학기술분야 정부출연연구기관의 연구실적 영향요인 분석", 「한국산학기술학회논문지」, 21(8): 170-177.

아이뉴스24 (2022), "尹정부 '민관 과학기술혁신위원회 신설' 공약 폐기", https://www.inews24. com/view/1511189 (2022.08.17.).

양승일 (2014), 「정책변동론: 이론과 적용」, 서울: 박영사.

엄익천 (2011), "정부연구개발예산 편성제도의 진화과정 분석: 역사적 제도주의 접근", 서울행정학회 추계학술대회 논문집.

엄익천·류영수 (2019), "정부출연연구기관의 R&D 효율성 분석: 정부수탁과제와 출연금과제의 비교",

「정책분석평가학회보」, 29(3): 85-113.

유주현·조상민 (2019), "정부출연구기관의 출연금비율이 성과에 미치는 영향", 「재무와회계정보 저널」, 19(2): 1-22.

유훈 (2009), 「정책변동론」, 서울: 대영문화사.

윤수진 외 (2021), 「출연연구기관 예산 체계 고도화 방안 연구(1/2) 연차보고서」, 연구보고 2021-001, 음성: 한국과학기술기획평가원.

윤지웅 외 (2018), 「자율과 책임에 기반한 미래 과학기술 정책수행 시스템 연구」, 정책연구 2017-2, 서울: 과학기술정보통신부.

이민형 (2003), "정부출연구기관에서의 자금조달환경의 불확실성이 관리통제시스템에 미치는 영향 – PBS 제도 도입을 중심으", 「기술혁신연구」, 11(1): 177-194.

_____ (2006), "PBS제도의 구조적 문제와 개선 접근방향", 「과학기술정책」, 161: 85-97.

_____ (2016), "출연연구기관 역사적 변화 과정과 미래 발전 방향". 「과학기술정책」, 213: 18-25.

이민형·장필성 (2018), 「Post-PBS 시대의 새로운 연구개발정책 방향과 과제」, STEPI Insight 제221권, 세종: 과학기술정책연구원.

이장재 외 (2020), 「문재인 정부 3년, 과학기술혁신 정책 3년」, 이슈페이퍼 2020-06 (통권 제284호), 음성: 한국과학기술기획평가원.

이종수 (2013), 「한국 행정의 이해」, 서울: 대영문화사.

이주량 외 (2015), 「출연(연)의 효율적 임무 수행을 위한 PBS 운영현황 분석 및 제도개선방안」, 정책연구, 세종: 국가과학기술연구회.

이찬구·장문영·손주연·이향숙 (2022), "국가 성장동력 정책의 변동분석: 정책문제와 정책혁신 방향", 「기술혁신학회지」, 25(2): 193-226.

임홍래 (2020), "정부출연구기관 재정지원 방식이 연구성과에 미친 영향: PBS가 정부출연구 기관 특허성과의 질에 미친 영향을 중심으로", 「한국행정학보」, 54(2): 285-307.

정민우 외 (2022), 「출연연구기관 예산 체계 고도화 방안 연구(2/2) 연차보고서」, 연구보고 2022-009, 음성: 한국과학기술기획평가원.

장문영·김방룡·이찬구 (2019), "구조방정식 모형을 활용한 과학기술 연구회제도의 정책변동 관리 방안", 「기술혁신학회지」, 22(3): 475-502.

장문영·이찬구 (2017), "다중흐름모형을 이용한 과학기술 연구회제도의 정책변동 분석", 「기술혁신 학회지」, 20(4): 858-887

장호원 외 (2012), "PBS제도와 과제의 기술적 특성이 출연(연) 연구성과에 미치는 영향: PBS사업과

기관고유사업의 논문성과 비교분석", 한국기술혁신학회 학술대회(2012.05), 30-44.

전국공공연구노동조합 (2022), "제55회 과학의 날 공공연구노조 성명서: R&D 기획·관리 시스템 혁신과 출연연 활성화를 위한 제언", 전국공공연구노동조합 성명 (2022.04.20.).

전자신문 (2023), "출연연 위기 극복하려면 공공기관서 빼거나 맞춤형 시행령 만들어야", https:// www.etnews.com/20230405000170 (2023.04.05.).

정용남 (2019), "과학기술계 공공연구기관 운영의 자율과 통제에 관한 연구", 「한국사회와 행정 연구」, 29(4): 307-348.

정정길·최종원·이시원·정준금·정관호 (2011), 「정책학원론」, 서울: 대명출판사.

제20대 대통령직인수위원회 (2022), 「윤석열정부 110대 국정과제」, 제20대 대통령직인수위원회

조성식 (2013), 「집행구조에 따른 제도적 책임성의 유형이 정책성공에 미치는 영향 분석」, 연세대학교 대학원 박사학위논문, 서울.

조성식·권기훈·김동현 (2012), "연구개발조직의 책임성에 관한 연구: '나로호' 발사체 사례를 중심 으로", 「기술혁신학회지」, 15(1): 163-184.

지민정 (2015), 「준정부조직의 경영 자율성이 조직성과에 미치는 영향 분석」, 서울대학교 대학원 석사학위논문, 서울.

최원재·강근복 (2022), "신제도주의 이론을 적용한 출연연 관리제도 변화과정 연구", 기술혁신학 회지」, 25(1): 159-192.

최창택 (2022), 「국가R&D 혁신방안 추진과제 분석 및 향후 추진방안 제언」, 이슈페이퍼 2022-06, 음성: 한국과학기술기획평가원.

표준국어대사전 (2023), "책임", https://stdict.korean.go.kr/search/searchView.do?word_no =487785&searchKeywordTo=3 (2023.09.19.).

한상일 (2013), "한국 공공부문의 다양화와 새로운 책임성 개념의 모색", 「한국조직학회보」, 10(2): 123-151.

허재정 (2012), 「공공연구기관 연구자의 자율성에 관한 연구 : 사회환경적 변수가 미치는 영향을 중심으로」, 과학기술연합대학원대학교 석사학위 논문, 대전.

홍성주 외 (2016), 「자율과 책무중심의 연구개발 조직문화 활성화를 위한 제도 진단 및 개선 방안 연구」, 정책연구 2016-08, 세종: 국가과학기술연구회.

홍형득·이광훈·박광표·황병용 (2018), "연구관리기관의 역량이 성과에 미치는 영향 분석", 「기술 혁신학회지」, 21(2): 788-817.

황광선 (2016), "과학기술 국가연구개발(R&D)의 책임성과 딜레마", 「한국행정학보」, 50(2): 189-213.

Behn, Robert D. (2001), "Rethinking Democratic Accountability", Brookings Institution Press.

Finer, H. (1941), "Administrative Responsibility in Democratic Government", *Public Adminstration Review*, 1(4): 335-350.

Friedrich, C. J. (1940), "Public Policy and the Nature of Administrative Responsibility", In Carl J. Friedrich and Edward S. Mason. (ed). *Public Policy: A Yearbook of the Graduated School of Public Adminstration*, Harvard University.

Hogwood, B. W. and G. B. Peters(1983), "Policy Dynamics", Martin's Press.

Mulgan, R. (2000), "Accountability: An Ever-Expanding Concept?", *Public Administration*. 78(3): 555-573.

Romzek, B. S., and Dubnick, M. J. (1987), "Accountability in the Public Sector: Lessons from the Challenger Tragedy", *Public Administration Review*, 47(3): 227-328.

Verhoest, Koen. (2005), "Effects of Autonomy, Performance Contracting and Competition on the Performance of a Public Agency: A Case Study", *The Policy Studies Journal*. 33(2): 235-258.

Yamamoto, K. (2006), "Performance of semi-autonomous public bodies: Linkage between autonomy and performance in Japanese agencies", *Public Administration and Development*, 26(1): 33-44.

제7장

정부출연연구기관의 연구비 사용의 자율성

: 국가연구개발사업 법령의 변화를 중심으로

이상길

제1절 서 론

정부에서 출연연구기관을 포함한 연구수행 주체에게 연구비를 지급하고 이를 사용하게 하는 것은 국가적인 차원에서의 공공재적 성격을 지니는 국가의 과학기술력 확보를 통한 다양한 분야에서의 글로벌 경쟁력확보를 위하여 추진되고 있다. 이러한 추진의 당위성에도 불구하고 국민의 세금을 기초로 한 연구개발비 재원이 되는 예산의 조성과 이를 합리적으로 배분 및 사용하는 기준은 역시 법률에 따라 정해지고 관리되어야 할 사항이다. 물론 특수 목적성을 지니는 기금의 경우는 약간의 예외 사항을 보유하고 있지만 기금 역시 국회의 심의를 거쳐 입법화하여야 하는 경직적 성격을 보유하고 있디. 반면 연구개발활동 자체는 자율성, 창의성, 전문성을 기반으로 독립적이며 자율적으로 추진되어야 한다는 것은 이론의 여지가 없다.

국가연구개발 예산 30조 시대에 있어서 통일적이고 경직적 성격을 지니는 국가예산과 자율성과 창의성을 요구하는 연구개발 수행체제를 조화롭게 운영하는 것은 효과성 측면에서는 물론이고 정책학은 물론 행정학에서의 주요한 이슈라고 할 수 있다. 과거 핵무기 개발은 맨하탄 공학원 학자들의 거듭된 실험과 연구의 결실이었지만, 동시에 미국 정부가 맨하탄 공학원이라는 특수 행정조직을 구성하여 여러 분야의 석학들이 협동적으로 연구개발 활동을 전개할 수 있도록 한 점을 간과할 수 없다. 다시 말하면 핵무기 개발의 성공은 자연과학연구의 결과이면서 동시에 인간 관리에 대한 사회과학의 성취로 보아야 할 것이다.(김인철, 2008) 이러한 성공사례에서 볼 수 있듯이 경직적 성격의 정부예산을 적절히 활용할 수 있는 행정체제를 마련하는 것은 막대한 연구개발 예산이 동원되는 현시점에 매우 중요한 정책적 이슈라 할 것이다.

이러한 시대적 요구하에 국가연구개발사업의 시행과 관리의 기준이 되는 국가연구개발혁신법이 2021년 1월 제정·시행되었다. 이번 법률은 과거 과학기술기본법에 따른「국가연구개발사업의 관리 등에 관한 규정」에 비해 모든 유형의 국가연구개발사업을 포괄하도록 정의하였고 연구자 중심의 R&D 혁신, 전문기관의 일하는 방식 혁신, 부처 간 협업 강화 및 데이터 기반의 과학기술 정책 추진 등을 위해 시행되었다. 그러나 이러한 법률개정의 결과로 연구비 사용의 절차적 불합리성 해소와 이를 통한 국가연구개발사업의 목표를 더울 잘 달성할 수 있는가를 확인하기 위하여 실제 국가연구개발과제 운영상의 연구 자율성이 얼마나 확보되었는지를 점검하는 것은 더욱 중요한 일이라고 할 수 있다. 실제 상위 정책목표가 하위 집행 단위에서 왜곡되어서 이루어지는 경우는 정책목표의 수립과 집행단계에서 많이 발생하는 현상이다. 또한 이러한 현상은 집행단계에서의 전문성, 자율성, 독립성이 강하게 요구되는 단계에서 더욱 자주 발생하게 된다.

연구개발의 자율성은 연구주제를 자유로이 선택하고 선택된 연구과제를 자유로이 수행할 수 있는 제도적 요인으로 나누어질 것이다. 연구자가 수행하기로 한 연구과제를 자유롭게 연구할 수 있는 요인 중 중요한 요인은 정부에게서 받은 연구비를 자유로이 사용할 수 있는 것이냐 하는 문제일 것이다. 본 논문은 정부연구개발사업을 규정하고 있는 법령의 변화를 중심으로 연구자의 연구개발비 사용의 자율성을 분석하고자 한다. 이를 위하여 첫째 연구개발 관련 법령 중 연구비 사용의 자율성과 관련된 변화내용을 중심 (1990년~2021년)으로 연대기적 제도 변화를 분석한다. 둘째 연구비 사용의 자율성 확보를 위한 정책적 노력이 실제 집행단계에서도 잘 이루어지고 있는지 분석한다. 셋째, 최근 제정된 연구개발혁신법을 중심으로 실제 현업 수준에서의 연구비 사용의 자율성 확보 수준을 사례 중심으로 분석한다. 마지막으로 이러한 분석을 기반으로 정태적 성격을 지닌 예산과 법령을 포함한 연구개발제도와 자율성을 기반으로 하는 연구개발의 동태적인 특성을 조화할 수 있는 정책적 제언을 하고 자 한다. 이를 위한 연구 방법은 문헌 분석 및 2021년 제정·시행된 연구개발혁신법하에서 이루어진 연구비 변경 사례분석을 하였다.

제2절 배경이론 및 분석틀 설계

본 논문은 선행연구가 적은 주제로서 몇 가지 이론적 배경을 서술한 후 분석지표를 설정한 후 분석틀을 구성하고자 한다. 먼저 이론적 배경으로 예산집행원칙, 신공공관리론, 주인대리인이론, 협의의 법률적 개념 등을 논하고 연구개발자율성의 변화를 측정하기 위한 지표구성을 하도록 한다.

1. 이론적 배경

정부예산은 국가가 일정 기간에서의 수입과 지출에 관한 계산을 한 것으로서 행정부가 1년의 사용처에 대한 수입과 지출에 관한 권한을 부여토록 국회에 요구하면 국회는 이를 심의·확정하여 행정부로 하여금 이를 집행할 수 있도록 하는 것이다. 이러한 내용을 규율하는 것을 예산법이라고 일괄하여 부른다. 여기에는 예산의 편성집행회계및결산회계검사, 자산 및 부채의 관리 등을 포함하는 개별행정법의 한 분야이다. 이와 관련하여 예산회계법이 제정되어 있으며 예산회계법은 예산과 회계에 관한 기본적인 사항을 규정하고 있다. 이는 예산완전성의 원칙, 예산통일의 원칙, 예산단일성의 원칙, 예산단년성의 원칙 등을 말한다. 이러한 전통적인 예산원칙들은 예산에 대한 통제적 기능을 중시하고 의회의 권한을 인정하기 위한 예산민주주의 입장에서 강한 법적 구속력을 인정하려고 하고 있다. 그러나 행정 분야가 넓어지고 기존의 전통적 입장에서의 예산원칙을 고수하기에는 어려운 부분이 발생하였다. 이는 기존의 관점보다는 예산운영의 탄력성 보장이라는 보다 진보적인 방향으로 변화해가고 있다. 그러나 예산운영의 탄력성과 집행상의 재량은 예산민주주의와 법치국가적 재정운영의 대원칙을 훼손할 수 없다는 것도 다수의견이다. 결국 전통적 예산의 통일성의 원칙을 해치지 않으면서 현대 행정의 목적을 달성하기 위한 예산사용의 탄력성과 집행상의 재량을 확보하기 위한 방법을 찾아가는 것은 정부의 중요한 역할이 되는 것이다. (김성수, 2002)

2021년 시행된 연구개발혁신법 역시 예산의 통일성을 지향하면서 구체적인 타당성 확보를 위하여 연구자 중심의 R&D 혁신, 전문기관의 일하는 방식 혁신, 부처 간 협업 강화 및 데이터 기반의 과학기술 정책 추진 등을 위해 시행되었다. 또한 국가연구개발사업 연구개발비 사용 기준 제4조는 "연구개발기관은 연구개발과제 참여연구자가 법, 영, 규칙, 이 고시에서 정하는 연구개발비 사용과 관련된 규정의 목적과 취지에 맞게 연구개발과제를 수행할 수 있도록 참여연구자를 체계적이고 전문적으로 지원하고, 연구개발 자율성이 보장될 수 있도록 이를 과도하게 해석하여 적용하여서는 아니 된다."고 하면서 연구자에 대한 자율성 부여를 연구개발기관의 책무로 명시하고 있다.

신공공관리론은 투입물에 대한 사전 통제를 지양하고 정책집행에 있어 자율성을 부여하되, 정책결과물에 대한 사후평가를 통한 통제를 강조한다.(권민경·김병섭, 2009, Kettl, 1997, Hood, 1991;Osborme, & Gabler, 1992) 연구개발혁신법의 대체적인 제정 방향도 이러한 관점에서 볼 수 있다. 본 논문의 분석대상인 과학기술혁신법상 연구개발기간 동안의 총액예산제도(일괄협약제도), 협약변경대상의 확대와 자율성을 확대 인정한 점 등이 이에 해당한다. 이와 함께 연구자중심의 R&D혁신, 전문기관이 일하는 방식 혁신 등을 주요한 개정 배경으로 한 것은 신공공관리론적 입장을 취한 것으로 볼 수 있을 것이다.

연구개발의 자율성 논의의 범위는 통상 법과 사업단위에서 이루어지고 있으며 이러한 논의는 국가과학기술위원회를 중심으로 이루어 지고 있다. 결과적으로 세부 시행령이나 매뉴얼 즉, 개별과제의 수행 단위에서는 공개적으로 논의가 어려운 특성을 보이고 있다. 즉 상위거버넌스 단계에서는 과학기술계의 의견을 기반으로 연구개발의 전문성과 창의성을 높이기 위한 제도적인 논의가 상대적으로 잘 이루어지고 있다. 반면에 실무 집행단계에서 보다 연구비 사용의 자율성을 높이기 위한 제도적 논의는 잘 이루어지지 않고 있다. 결과적으로 과학기술행정체제의 전체적인 구조적 접근방식에 치중하여 제도 운영의 실무적인 측면을 놓치고 있다고 평가할 수도 있다는 것이다. 시행령이나 세부집행 단계에서의 절차적인 논의 역시 과학기술계와 전문가, 연구관리전문기관이 함께 이루어져야 한다는 것이다. 이러한 과정을 거치지 못하게 된다면 당초 법률의 개정 취지가 집행단계에서는 변질 또는 왜곡될 수 있다는 것이다.

이점에서 정책의 세부 집행단계에서 중요한 역할을 하는 과학기술일선 관료들의 역할과 기능을 면밀히 볼필요가 있다. 일선관료들은 일반 대중과 직접 접촉하는 공공 기관이나 정부 기관의 각종 단체에서 일하는 공무원, 출연 및 출자기관 등에서 유사한 직무를 수행하는 사람들을 말한다. 일선관료들은 안전, 보안, 교육, 사회 서비스에 이르기까지 정부의 법과 공공에 의해 요구되는 조치를 수행하거나 시행한다. 몇 가지 예로는 경찰관, 사회복지사, 국립학교 교사 등이 있다. 물론 방대한 정부예산을 집행하는 연구관리전문기관의 직원들도 포함된다. 이러한 일선관료들은 일반 국민과 직접 접촉한다. 현업의 관료들은 정부 정책 입안자들과 시민들 사이의 연락책 역할을 하며, 공공 서비스의 고위 공무원들 또는 선출직 공무원들에 의해 만들어진 정책 결정을 시행한다. 예를 들어 음주운전을 확인하기 위해 무작위로 검문소를 하는 경찰관이나 공무원이 실업보험을 신청하거나 받아 수급권자를 확인하고 세무부서 공무원이 정부의 과세법에 대해 알아보는 사람에게 이를 회신하는 역할을 한다. 연구관리 전문기관의 소속 직원들 역시 연구과정중의 연구내용 변경 등에 대하여는 관련법을 해석하고 연구자들에게 회신하는 역할을 하게 된다. 일선 관료들은 종종 그들이 지켜야 할 규칙,

법률 및 정책을 집행하는 방법에 대해 어느 정도의 재량권을 갖는다. 예를 들어, 과속 운전자를 잡는 경찰관은 일반적으로 운전자에게 경고를 줄 것인지 아니면 벌금이나 형사고발과 같은 벌칙을 적용할 것인지를 결정할 수 있다. 어려운 가정환경의 노인이나 청소년을 만나는 정부 사회복지사는 사회 지원이나 실업보험 혜택을 제공할지 말지를 결정할 수 있고, 학생이 학교를 결석한 것을 알게 된 고등학교 교장은 학생의 독특한 상황을 고려하여 학생에게 적절한 징계조치를 할지 말지를 결정할 수 있다. 이러한 권한이 적절히 행사될 수 있도록 연구관리를 전담하는 과학기술행정관리자들의 재량권은 법, 정부의 각종 규정, 법률 및 행정 절차 규칙 내에서 운용되어야 한다. 이러한 규제, 법률 및 규칙은 일선 관료제가 공정하고 윤리적으로 운영되고 각 시민이 공정하게 대우받도록 하는 데 매우 중요한 역할을 하게 된다.(Michael Lipsky, 1964) 즉, 세심한 제도의 운영이 필요한 것이다.

세밀한 제도의 설정이외에도 이러한 제도가 잘 운영되도록 하는 것도 중요한 이슈이다. 일선관료들의 업무의 적정한 집행관리와 관련된 이론으로 주인-대리인이론을 볼 수 있다. 주인·대리인 이론은 1970년대 경제학 분야에서 소개된 이론이었다(Mitnick, 2006). 이후 이론은 타 영역에 점점 확장되게 되었으며 Holmstrom(1979)과 Shavell(1979)는 보건의료 영역에서 가장 뚜렷한 주인·대리인 관계인 보험회사와 가입자간 관계에서 나타나는 문제점들을 소개하였다. Miller(2005)는 고전적인 주인·대리인 모델이 성립되기 위한 핵심적인 가정 여섯 가지를 제시하고 주인대리인 관계가 잘 운영될 수 있는 성과기반의 인센티브(조성식, 2012), 그리고 대리인에 대한 통제수단을 제시하였다.

과학기술행정에 있어서 주인-대리인관계는 국민-과학기술일선관료, 국민-실제연구수행자로 설명될 수 있다. 전술한 바와 같이 과학기술행정관리자의 역할은 방대할 수 있다. 주인대리인이론에서 제시하는 주인대리인 간 문제발생원인은 다음과 같다. 먼저, 정보의 비대칭성 문제이다. 주인-대리인 관계의 본질적 문제이다. 즉, 대리인은 주인보다 많은 정보를 지니고 있는 것이다. 즉, 직접 업무를 수행하는 대리인은 주인이 모르고 있는 지식과 정보를 가지고 있다는 것이다. 특히 과학기술 분야의 경우에는 위임자인 국민, 정치인, 일반 행정관료의 경우에는 이러한 정보의 비대칭 문제를 해결하기 어려운 것이 현실이다. 둘째, 주인의 대리인에 대한 통제가 불가능 하다는 것이다. 전문성·첨단성이 있는 기술분야에 대하여 과학기술의 행정관리 위임자들이 현업에서 대리인의 업무를 통제하기는 어려운 것이 사실이다. 셋째, 대리인의 역선택 문제이다. 정보를 지닌 대리인은 주인의 이익과는 다르게 자신의 이익에 부합되게 행동 할 수 있게 되는 것이다. 주인대리인이론에서 대리인에 대한 통제는 먼저, 신호발송(Signaling) 정보를 가진 자가 정보를 가지지 못한 자에게 자신의 특성을 알리는 장치를 마련하는 것이다. 이는 일종의 정보공개제도를 볼 수 있다. 두번째 걸러내기(screening), 이는 주인이 좋은 대리인을 선별하기 위한 방법이다. 대리인에게 일정한 자격과 요건을 구비하게 요구하는 방법이다. 연구관리제도상의 적절성을 검증할 수 있는 제도적 장치를 마련하는 것이다. 이는 시스템의 통합 및 예산의 통합 등을 통한 업무절차의 적절성을 만드는 것 등으로 설명될 수 있을 것이다. 셋째, 정보의 공유(Sharing) 즉, 비대칭적 정보구조를 극복할 수 있도록 정보공개를 할 수 있는 장치를 만드는 것이다. 마지막으로 유인설계(Incentive System) 즉, 주인-대리인 문제를 해결하는 가장 효과적인 방법은 보상을 통하여 대리인의 선호와 주인의 선호를 일치하는 방법이다. 즉, 대리인이 주인의 선호에 맞추어 일을 성공적으로 수행하였을 때 대리인에게 많은 인센티브를 제공하는 것이다.

다음으로 협의 개념을 살펴보도록 한다. 2021년 개정된 연구개발혁신법은 연구개발비 사용과 관련하여 제11조 4항에서 '협약 당사자는 연구개발비, 연구개발 기간 등 연구개발과제 수행에 관한 중요한 사항을 변경할 필요가 있을 때는 대통령령으로 정하는 바에 따라 협의하여 해당 연구개발과제 협약의 내용을 변경할 수 있다.'라고 규정하고 있다. 아울러 같은 법 제3항에 의할 경우 '제2항에도 불구하고 협약의 내용 중 대통령령으로 정하는 경미한 사항은 협약 당사자 간의 통보로 해당 연구개발과제 협약이 변경된 것으로 본다.'라고 규정함으로써 연구자가 과제수행 중 필요한 사항에 대하여 자유로이 변경할 수 있도록 규정하고 있다. 이러한 법률상 협의의 개념은 그 정의가 명확한 용어가 아닌 것이 현실이다. (이상천, 2015) 협의의 경우 법률적 용어도 아니고 행정기관에서 통상 쓰이는 용어도 아니다. 불공정약관의 규제와 관련하여 공정위원회의 의결서 주문상의 '협의'가 무엇을 의미하는가에 대하여도 이것이 공정위원회의 의견이나 자문을 구하는 절차 정도로 해석하는 의견과 '최소한의 확인'으로 보는 의견으로 갈리기도 한다. (배정범, 2021) 이러한 개념이 도입되는 것은 연구자 자율성 증진이라는 시대적인 취지를 법률상 반영한 것으로 볼 수 있다. 즉, 기술의 발달로 인한 사회의 복잡화 및 다양화는 정부의 사회 각 분야에 대한 다양한 형태의 개입 요구의 증대로 나타나고 있다. 이로 인한 정부의 과부하는 단순한 양적인 업무증가에 그치지 않고 질적인 부담감의 증대, 즉, 정부 자체에서 수행할 수 없는 영역에 대한 요구 역시 증대하고 있는 실정이라 할 것이다. 이러한 다양한 요구에 대응하는 정부의 정책은 다양한 형태로 나타날 수 있을 것이다. 거버넌스 역시 이러한 다양한 요구에 대한 정부의 과부하를 해결하는 하나의 해결책이라 할 수 있을 것이다. 그러나 실제 정부와 민간이 또는 중간적 조직(Hybrid organization)이 함께 협업(Collaboration)을 통하여 다양한 요구를 수행하고 또는 시장실패(Market failure)를 치유하려는 노력을 볼 수 있다. 이러한 정부와 영리 또는 비영리 조직 간의 협업은 여러 분야에서 볼 수 있는 현상이라 할 것이다. 아울러 이러한 협업은 단순히 정부의 과부하를 해결하는 것을 넘어서 새로운 가치를 창출해 낼 수 있는 중요한 원동력이 될 수 있다 할 것이고, 협업을 위한 제도·문화적인 기반을 위한 법률상 협의 개념의 사용은 더욱 확대될 것으로 예측할 수 있다.

2021년 제정된 행정기본법[1]에서도 협의 개념이 사용되고 있다. 특히 인허가 의제와 관련하여 협의가 있으면 인허가를 받았는가 볼 수 있는지 여부가 쟁점이 되는 바 제25조 제1항에서는 "협의가 된 사항에 대해서는 주된 인허가를 받았을 때 관련 인허가를 받은 것으로 본다"라고 규정하고 있다. 아울러 제24조 제3항은 주된 인허가를 하기 전에 미리 협의해야 하는데, 원칙적으로 20일 이내에 의견을 제출하지 않으면 협의가 된 것으로 간주한다. 즉 행정기본법의 입장은 인허가와 관련하여서는 협의를 일종의 동의로 보고 있는 것이다. 결국 행정기본법에서의 협의 개념은 단순히 사전적인 의미로서 사인 간 또는 행정주체와 私人간에 특정사안에 대한 구속력 없는 논의를 말하는 것은 아닐 것이고 일정한 법률적 효과를 부여하고 있다.

---

1)　「행정기본법」이 2021년 3월 23일자로 공포·시행됐다. 행정기본법은 민법, 형법처럼 행정법영역에서의 기본법으로 작용될 수 있다. 「행정기본법」에는 그동안 학설과 판례에 의존하던 행정의 법 원칙과 기준들이 명문화됐다. 앞으로는 이 법이 공무원에게는 업무수행의 기준이 되는 '직무규범'으로, 국민에게는 법적 권리를 주장할 수 있는 '권리규범'으로 기능하게 된다.

행정기본법에서의 인허가 사례와는 다르게 달리 판단해야할 부분도 발생하게 된다. 이는 협의가 다양한 의미로 다양한 부분에서 사용되고 있기 때문이고 관련 판례도 달라지는 경우가 있어 사안별로 판단해야 한다. 즉, 실제 협의가 있었는지 없었는 지의 여부의 중요성은 행정소송의 대상이 되는 행정청의 처분성이 인정되느냐에 따라 의미를 갖게 되는바 이에 대하여는 법률에서 협의에 대하여 어떤 의미를 부여하고 있는지를 살펴보아야 한다. 결국 협의라는 용어가 사용되는 해당법이나 시행령 또는 판결 등에서 어떠한 의미를 부여하고 있는지가 중요한 결론을 지니게 된다. 결론적으로 행정법, 국가연구개발혁신법에서의 협의의 개념은 국어 사전적인 의미보다는 법률에서 구체적으로 정해진 의미를 파악하고 운영사례를 살펴보면서 그 구체적인 의미를 정의하는 것이 중요하다고 볼 수 있다.

2. 연구비 사용의 자율성 지표

승인이나 협의 개념을 연구비 사용기준에서 볼 수 있다면 연구비 사용의 자율성의 변화도를 측정할 수 있는 개념적 지표가 될 수 있을 것이다. 승인 개념은 법적으로 허가·인가의 의미를 가지고 있다. 즉, 규제의 강도로 본다면 승인개념은 상대적으로 강한 규제로 볼 수 있다.(2006, 법제처) 반면 협의 개념은 양 당사자간에 상대방의 의견을 듣거나 질문에 답변하면서 수용할 부분은 최대한 수용하고 그렇지 못한 사항에 대하여는 그 이유를 설명하는 일련의 논의과정을 말한다.

즉, 정부로부터 연구개발사업에 선정되어 과제를 수행하는 연구수행 주체가 연구비 사용변경과 관련하여 관리주체로부터 허가 및 승인 등을 받는

〈표 1〉 연구비 사용 자율성 지표

구분	자율성의 정도	내용
제도적 특징	자율성이 높은 지표	협의, 통보, 일괄협약제도, 이월 인정
	자율성이 낮은 지표	승인, 보고, 단년도협약, 이월 불인정
운영적 결과	자율성이 높은 경우	협약 변경 승인율이 높은 경우
	자율성이 낮은 경우	협약 변경 승인율이 낮은 경우

경우 연구개발비 사용의 자율성이 낮다고 볼 수 있을 것이다. 우리나라에서 규제 완화 노력에서 가장 흔하게 볼 수 있었던 것은 허가, 인가, 승인 등을 신고(등록)방식으로 전환하는 것이었다. 연구비사용변경에 있어서 협의개념을 사용한다면 연구비사용의 제도적 자율성은 다소 높은 것으로 볼 수 있다.

아울러 실제 연구비 사용과 관련된 협약변경신청에 있어서 승인율이 높거나 중간이상일 경우 연구비사용의 실질적 자율성이 높은 것으로 볼 수 있을 것이다. 반면에 승인율이 낮다면 연구비 사용의 실질적인 자율성은 낮은 것으로 평가할 수 있을 것이다.

추가로 통상 예산법의 기본 원칙인 1회계연도 기준을 벗어나 1년 이상의 연구개발 전체기간을 통하여 일괄 협약제도를 도입하고 예산의 이월제도를 인정한다면 연구비 사용의 제도적 자율성 내지는 신축성이 높아진 것으로 볼 수 있을 것이다. 이와 반대로 예산의 이월제도 불인정 내지는 단년도 협약원칙을 고수한다면 그 예산사용의 자율성 및 신축성은 낮은 것으로 볼 수 있을 것이다.

3. 분석틀

　연구비 예산 사용 기준상의 경직적 특성과 함께 전문성·자율성을 기반으로 하는 R&D특성, 특화된 연구지원을 하는 일선관료들은 전문성을 기반으로 하여 정부 R&D사업의 지원법령의 제도변화에 다양한 영향을 미칠 수 있는 요인들이다. 이러한 변인을 기초로 약 30여년간의 정부의 연구지원사업 법령내에 승인, 협의, 일괄협약제도의 도입여부 및 연구지원사업의 운영적 결과 등을 통하여 연구비 사용의 자율성을 분석하도록 한다. 이러한 분석은 신공공관리론, R&D의 자율성·전문적 특성, 행정분야에 있어서의 주인 대리인 이론을 통하여 설명토록 한다.

(그림 1) 분석틀

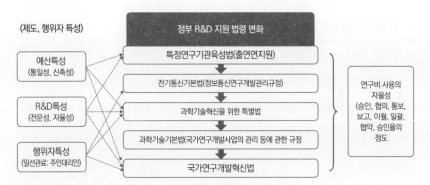

적용이론 : 예산이론(통일성, 신축성), 신공공관리론, 협의, 주인대리인, 일선관료
연구범위 및 분석대상 : R&D사업 지원 관련법(1990~2021)중 예산 사용 관련 제도

제3절 연구개발비 사용의 자율성 관련 사항 분석

1. 정부연구개발사업 관련 법령의 변화

1) 특정연구기관육성법

정부출연연구기관에 대한 정부의 예산지원은 1974년 특정연구기관육성법에 의하여 시작되었다. 그러나 동 법령은 정부출연연구기관에 대한 출연금에 대한 사항을 정하고 있는 법령으로서 정부가 시행하는 연구개발사업에 대한 사업비 사용과는 별개로 정해져 있다. 즉, 정부가 시행하는 연구개발사업을 통하여 지원받는 정부출연금의 경우에는 특정연구기관육성법이 아닌 별개 법령에 의하여 그 사용방식이 정하여져 있었다.

2) 부처별 사업시행 시기(1990~)

본 논문의 분석대상인 정부에서 시행하고 있는 국가연구개발사업에 의하여 정부출연금을 지원받는 경우는 그 사용이 특정연구기관육성법이 아닌 별개 법령에 의하여 정해지고 있다. 이러한 연구개발지원사업은 각 부처에서 다양하게 시행하고 있었으나 본 논문은 정보통신분야 지원사업을 그 분석대상으로 한다. 1991년 체신부는 전기통신기본법을 통하여 부처내 연구기관육성 및 산업활성화를 위한 사업을 시행할 수 있도록 법률을 개정하였다. 이와 동시에 산업통상부 등도 이와 유사한 법률을 제정하여 소관 부처내 연구소 및 산업지원을 위한 사업을 시행하고 재정적인 지원을 할 수 있는 근거 법령을 제정하였다. 또한 필요한 재원 확보를 위한 근거규정을 마련하였는데 동법 제12조 (연구ㆍ개발투자등)에 따라 체신부장관이 전기통신기술의 진흥을 위하여 특히 필요한 경우에는 기간통신사업자로 하여금 매년 매출액의 일정 비율에 해당하는 금액이상을 전기통신에 관한 첨단기술의 연구·개발을 위한 업무에 투자하게 하거나, 전기통신에 관한 공통기술 또는 통신방식의 연구·개발업무를 수행하는 기관 또는 단체에 출연하도록 권고할 수 있도록 정하므로써 부처차원의 재정확보 계획도 마련하였다. 이러한 법령은 개별 부처차원에서 수립시행된 사항으로서 각 부처별 사업의 시행계획 및 예산집행은 부처 차원에서 마련되고 시행되었으며 각 부처별 계획의 통합이나 절차에 대한 통합노력은 이루어지지 않았다. 즉 부처차원의 예산 재원마련과 수립 및 집행 등이 이루어졌다. 아울러 다년도 연구과제에 대한 협약은 이루어졌으나 매년 연도별 평가와 연도별 협약 등의 절차를 거치는 예산의 경직성은 강하였다.

각 부처별 R&D는 소관 부처의 해당 산업분야 연구개발에 국한되는 양상을 지니고 있었다. 1991년 체신부는 전기통신기본법 전부개정을 통하여 다음과 같은 전기통신분야 기술진흥시행계획을 수립 및 시행토록 하였다. 즉. 제5조 (전기통신기본계획의 수립) ① 체신부장관은 전기통신의 원활한 발전과 정보사회의 촉진을 위하여 전기통신기본계획(이하 "基本計劃"이라 한다)을 수립야 한다. 아울러 제8조(기술진흥시행계획의 수립 및 시행) 근거를 통하여 1. 전기통신기술의 연구·개발에 관한 사항, 2. 전기통신기술인력의 양성 및 수급에 관한 사항, 3. 새로운 전기통신기술 및 전기통신방식의 채택에 관한 사항, 4. 전기통신기술의 표준화에 관한 사항, 5. 전기통신기술을 연구하는 기관 또는 단체의 육성에 관한 사항, 6. 전기통신기술의 국제협력에 관한 사항, 7. 기타 전기통신기술의 진흥에 관한 사항을 정하여 시행할 수 있도록 하였다. 또한 동법률 제10조 (연구기관등의 육성)을 통해 체신부장관은 전기통신의 진흥을 위하여 전기통신을 연구하는 기관 및 단체를 지도·육성하여야 하도록 하고 이에 따라 규정에 의한 기관 및 단체에 재정적 지원을 할 수 있도록 하였다. 그리고 제11조 (연구과제등의 지정)을 통해 체신부장관이 전기통신기술의 연구·개발을 위하여 필요한 경우에는 전기통신기술에 관한 연구과제를 선정하고 연구할 자를 지정할 수 있도록 하고 연구과제의 선정 및 연구할 자의 지정과 연구비의 지원 등에 관하여 필요한 사항은 대통령령으로 정하도록 하였다.

소관부처 제도내에서 소관부처에서 지원받는 연구비재원의 특성상 연구과제는 국가의 종합적인 계획하에서 이루지기 보다는 소관부처의 산업과 정책목적 달성을 이루기 위하여 진행되었다. 이러한 측면에서의 연구자율성의 확대노력은 제한적이라고 평가 할 수 있을 것이다.

부처별 연구개발사업은 과학기술부 또는 국무총리실에서의 통합적 계획수립 등과 같은 사항은 이루어지지 않았다. 즉, 각 부처에서 정한 연구개발사업의 시행계획에 대한 집행은 각 부처에 설치된 연구개발사업을 집행하기 위한 각 부처에 소속된 전문기관에서 시행되었는 바, 정보통신분야의 연구개발사업은 정보통신연구진흥원에서 시행하였다. 결국 해당부처와 해당소속기관에 국한되는 행위자 특성을 보였다.

당시 정보통신연구개발관리규정상(이하 관리규정)의 연구개발비 사용에 관련된 조항을 살펴보면 연구비 사용과 관련된 협약변경사항은 동 규정 제24조 제2항에 따라 "주관연구기관의 장은 연구개발비중 인건비 또는 위탁연구개발비를 연구개발과제수행계획서상의 금액보다 20% 이상 증액하고자 하는 경우에는 관리기관의 장의 승인을 얻어야 한다"로 규정하고 있었다. 이외에도 국제 공동연구비 변경, 3천만원 이상 장비비 같은 경우도 승인사항으로 제시하였다. 아울러 다년도 협약에 대한 근거는 있었지만 예산의 이월시 장관의 승인을 얻은 경우에 한하여 차년도 사업에 활용할 수 있도록 하였다. 또한 다년도 협약과제의 경우에도 매년도 연구개발실적보고를 제출하게 하였고 이에 대한 평가를 거쳐 부족한 경우에는 관리기관의 장이 이의 보완을 요청할 수 있게 하였다.

3) 과학기술처의 부처별 사업계획 종합심의 시작(1997~)

1997년 과학기술혁신을 위한 특별법의 제정을 통하여 과학기술처 중심의 각 부처별 사업시행계획에 대한 종합적인 검토 및 계획수립이 처음으로 이루어지게된다. 즉, 과학기술혁신5개년계획의 수립을 근거로 제1항 과학기술처장관은 제1조의 목적을 달성하기 위하여 과학기술혁신5개년계획을 관계중앙행정기관의 장과의 협의 및 제4조의 규정에 의한 과학기술장관회의의 심의를 거쳐 수립한도록 규정하였다. 그리고 이 혁신계획에는 정부가 추진하는 연구개발사업의 투자재원의 확대목표 및 추진계획이 포함되도록 하였다. 그러나 이러한 종합계획의 수립에도 불구하고 예산의 통합조정 등은 이루어지지 않았다. 즉, 계획의 통합조정이라는 측면에서 이루어지게 되었다. 결과적으로 연구개발예산은 통합적으로 집행되기는 어려웠고 각 부처별로 집행되게 되었다. 아울러 별다른 제도적인 변화는 없었으므로 최초 연구개발사업 시행대비 예산의 경직적 성격은 동일하게 유지되었다고 평가할 수 있다.

과학기술혁신을 위한 특별법과 동 시행령은 과학기술처장관은 혁신계획 및 추진계획의 수립지침을 정하기 위하여 필요한 때에는 관계중앙행정기관의 장 및 지방자치단체의 장에게 필요한 자료의 제공을 요청할 수 있도록하였고 과학기술처장관은 이러한 추진계획을 제출받은 때에는 혁신계획에 따라 이를 검토·조정한 후 과학기술장관회의의 심의를 거쳐 확정하고 매년 관계 중앙행정기관의 장 및 지방자치단체의 장에게 통보하도록 하였다. 또한 과학기술처장관은 각 부처별 국가연구개발사업에 대한 정보의 관리·유통체계를 관계중앙행정기관 및 국가연구개발관련기관과 연계하여 구축하고 이를 운영·관리하도록 함으로써 부처별 연구개발사업에 대한 조사 분석 업무를 시행하였다.

결과적으로 부처별 연구개발사업의 특성을 유지하되 연구개발사업에 대한 통합적인 조정보다는 부처별 연구개발사업의 중복회피 등 소극적인 측면에서의 계획수립이 이루어진 것으로 평가할 수 있다. 즉, 연구개발의 전문성과 자율성은 이러한 부분에서 제한적이었다고 평가할 수 있다.

과학기술혁신특별법은 각 부처별 연구개발사업을 최초로 통합하고 그와 관련된 정보와 성과를 집약하기 위한 최초의 법령으로 평가될 수 있으며 2021년에 시행된 각 부처별 연구개발사업의 시스템 통합을 위하여 모태가 된 법으로 평가 할 수 있다. 이 단계에서의 행위자 특성은 각 부처가 과학기술처를 중심으로 통합조정되는 양상으로 전환되는 시점이었다. 그럼에도 부처별 연구개발 사업의 세부 시행방안에 대한 통합노력이나 조정노력은 가능하지 않았다. 이러한 특성으로 인하여 부처별로 시행되던 연구개발사업과 관련된 연구비 사용과 관련된 규정의 특별한 변화는 이루어지지 않았다. 즉, 연구비 사용시 변경을 위한 절차와 제도는 변경되지 않고 동일하게 운영되었다.

4) 부처별 사업계획의 통합(공동관리규정의 시행)

1997년 시행된 과학기술혁신특별법 제정 이후 12년 경과 후인 2009년 과학기술기본법의 제정과 대통령령으로 시행된 국가연구개발사업의 관리 등에 관한 규정(이하 '공동관리규정'이라함) 제정을 통하여 부처별 연구개발사업 시행에 관한 내용이 일부 통합되게 되었다. 이에 따라 부처별사업시행을 위한 연구개발사업과 관련된 규정제정은 공동관리규정 범위내 시행되었다. 즉, 대통령령으로 정하여진 공동관리규정에 의하여 위임된 범위내에서 각 부처의 장관고시로 정하는 연구개발관리규정의 내용이 정해질 수 있었다. 그러나 실질적으로는 연구개발사업의 세부 시행에 관한 사항은 부처별 규정에 의하여 정해졌다. 그러나 공동관리규정은 국가연구개발사업의 기획에서부터 국가연구개발사업의 공고, 연구개발과제의 선정, 협약 및 협약의 변경은 물론 연구개발비의 지급 및 관리 등 세세한 항목에 대한 개괄적인 내용을 정함으로써 향후 각 부처의 사업시행계획이 이러한 근거에 의하여 세부사항이 마련될 수 있도록 하였다. 아울러 부처별 세부 사업시행계획의 제반사항이 포함될 수 있는 법적인 구조를 마련하였다. 한가지 중요한 변경점은 연구비의 이월이 가능하도록 조치하였다. 그러나 시행일이 19.9월인 특성으로 인하여 신규협약과제에 대한 적용이 어려웠기 때문에 실질적인 시행단계로 이루어지지 못했다. 이는 후술하는 연구개발혁신법의 제정이후로 미루어졌기 때문이다. 또한 각 부처의 예산을 통합 조정하는 내용은 별도로 포함되어 있지는 않았다.

공동관리규정 역시 각 부처별 연구개발사업에 대한 내용과 주제에 대한 통제는 이루어지기 어려웠다. 단, 과제지원시스템 통합구축을 위한 근거 제도 마련 등에 국한되었다.

결과적으로 1997년 제정된 과학기술혁신특별법이 부처별 연구개발사업의 특성을 유지하되 연구개발사업에 대한 통합적인 조정보다는 부처별 연구개발사업의 중복회피 등 소극적인 측면에서의 계획수립이 이루어진 것과 같이 동일한 수준으로 통합노력이 이루어진 것으로 평가할 수 있다. 이러한 점에서 연구개발의 전문성과 자율성은 여전히 제한적이었다.

과학기술기본법은 각 부처별 연구개발사업규정을 최초로 통합한 법령으로 2021 시행된 과학기술혁신법에 따른 각 부처별 연구개발사업의 시스템 통합을 위한 사전적인 법이었다. 이 단계에서의 행위자 특성은 각 부처가 과학기술부를 중심으로 통합 조정되는 것이 강화되는 시점이었다. 그럼에도 부처별 연구개발 사업의 세부 시행방안에 대한 통합노력이나 조정노력은 가능하지 않았다. 이러한 특성으로 인하여 부처별로 시행되던 연구개발사업과 관련된 연구비 사용과 관련된 규정의 특별한 변화는 이루어지지 않았다. 즉, 연구비 사용시 변경을 위한 절차와 제도는 변경되지 않고 동일하게 운영되었다.

연구개발비의 사용과 관련하여서는 대부분 중앙행정기관의 장 또는 전문기관의 장의 승인을 받도록 하였는 바 이는 종전에 부처별 관리규정에 의한 사항과 동일하였다. 즉, 건당 3천만원 이상의 연구장비를 신규로 집행하려는 경우, 직접비에 한하여 차년도에 이월하려는 경우(간접비는 불포함), 위탁연구개발비를 당초보다 20%증액하려는 경우에는 주관연구기관의 장으로 하여금 관리기관의 장 또는 장관에 승인을 받도록 하였다. 당시 부처별 관리규정은 이러한 사항에 위배되지 않는 범위내에서 시행할 수 있었다. 아울러 이러한 내용은 1991년 시행된 정보통신연구개발관리규정상의 내용과 크게 바뀐 점은 없었다. 즉, 주요한 연구개발비사용의 변경과 관련된 사항은 각 부처별로 연구개발사업에 대한 시행을 대행하고 있는 관리기관의 장의 승인을 받도록 하고 있었으며 매년도 연구개발실적과 함께 연구비 사용실적을 제출하여 연도별 과제 평가와 연도별 사업비 정산원칙을 준수하고 있었다. 연도별 사업비 정산은 예산의 경직적 성격의 하나인 1회계 연도원칙에 따른 사항으로 볼 수 있다. 다만, 연구개발사업비중 직접비의 이월은 가능한 것으로 제도변경은 있었으나 19.9월 시행으로 인하여 그 적용시점이 신규협약과제인 2020년에나 시행가능하였고 실제 통합시스템 구축의 지연으로 인하여 실제 시행은 연구개발혁신법 이후로 연기되었다. 또한 이러한 사항은 역시 승인사항으로 분류되었다. 추가적으로 연구비 사용제도와는 무관하지만 카드매출전표 등 연구비 집행서류를 전자문서로 보존가능하도록 명시하였다. 또한 연구행정인력의 인건비를 간접비가 아닌 직접비에서 사용 가능하도록 개정하는 등 연구현장의 목소리가 반영되었다. 이처럼 특정부처가 아닌 통합관리규정에 의하여 연구제도가 정해지는 경우 친 연구자적인 제도가 반영되는 특성을 보였다.

5) 국가연구개발사업의 통합 기준 제정시행

(1) 통합법률의 시행

전술한 바와 같이 정부의 연구개발의 시행과 관리의 기준이 되는 국가연구개발혁신법이 2021년 1월 제정·시행되었다. 이번 법률은 기존「국가연구개발사업의 관리 등에 관한 규정」에 비해 모든 유형의 국가연구개발사업을 포괄하도록 정의하였고 연구자 중심의 R&D 혁신, 전문기관의 일하는 방식 혁신, 부처 간 협업 강화 및 데이터 기반의 과학기술 정책 추진 등을 위해 시행되었다. 동 법률은 부처별 사업시행계획의 통합은 물론 연구자 중심의 R&D 혁신, 다년도 협약체결을 가능하게 함으로써 년도별 평가의 부담을 경감하여 장기간 과제수행이 보다 편이하도록 하였으며 각 부처별 시스템통합을 통하여 연구자 측면에서 기관별 상이한 규정·지침, 시스템별 개별 로그인, 자료 중복 입력·관리, 서비스 상이 등 연구자의 불편을 해소했다. 과거 연구개발혁신법 시행 이전의 공동관리규정과 부처간 상이한 사항들이 모두 해소되어 일관된 행정을 제공할 수 있게 하였다.

단, 이러한 조정 노력에도 불구하고 법령상 예산통합을 위한 조정작업은 별도로 이루어지지 않았다. 즉, 과제의 신청과 평가는 통합관리시스템을 통하여 이루어지고 선정된 과제에 대한 사업비 지급과 같은 행위는 각 부처의 전문기관의 별도 시스템을 통하여 집행되게 되었다. 다만, 후술하는 바와 같이 실질적인 다년도 협약이 이루어지게 됨으로써 예산의 경직적 성격이 다소 완화되어 이러한 부분에 있어서는 연구비 사용의 자율성이 확대되었다고 평가 할 수 있다. 아울러 과학기술부중심의 연구사업진행구조마련은 한계점은 있으나 연구개발예산 사용의 신축성을 좀 더 활용 할 수 있는 구조로 전환된 것으로 볼 수 있다는 것이다.

(2) 전문기관 시스템의 통합

연구개발혁신법은 각 부처별 사업관리규정의 통합 및 시스템 통합이 이루어지는 근거가 되었지만 연구개발사업에 대한 내용과 주제에 대한 통제는 이루어지기 어려웠다. 물론 연구개발혁신법 개정의 취지로 연구자 중심의 R&D 혁신을 중심으로 하였으나 연구개발의 내용적인 변화로 평가하긴 어려웠고 단지, 제도상 연구를 수행하기 위한 편의성을 증대하고 자율성을 일부 증대한 개정으로 평가할 수 있다. 즉, 연구자들의 불편을 야기하는 차별적인 제도를 통합한 수준으로 평가할 수 있고 별도의 R&D전문성 및 자율성을 위한 제도변화는 발견하기 어려웠다. 다만, 과학기술부 주관의 연구개발사업과 관련된 절차적 내용을 규정함으로써 향후 과학기술계의 전문적

〈표 2〉 부처별 과제지원시스템 운영현황

구 분	연구관리전문기관	소관부처	통합
1	한국연구재단	교육부	
		과학기술정보통신부	
2	정보통신기획평가원*	과학기술정보통신부	
3	한국산업기술평가관리원	산업통상자원부	
4	한국산업기술진흥원	산업통상자원부	
5	에너지기술평가원	산업통상자원부	
6	중소기업기술정보진흥원	중소벤처기업부	
7	국토교통과학기술진흥원	국토교통부	
8	한국보건산업진흥원	보건복지부	
9	농촌진흥청	농촌진흥청	
10	해양수산과학기술진흥원	해양수산부	과학기술정보통신부 과학기술기획평가원 통합 iris 시스템
11	농림식품기술기획평가원	농림축산식품부	
12	한국환경산업기술원	환경부	
13	한국기상산업기술원	기상청	
14	식품의약품안전평가원	식품의약품안전처	
15	국방기술품질원	방위사업청	
16	한국콘텐츠진흥원	문화체육관광부	
17	국립문화재연구소	문화재청	
18	한국원자력안전재단	원자력안전위원회	
19	국립재난안전연구원	행정안전부	
20	한국임업진흥원	산림청	

자료: 2018.9. 연구지원시스템통합구축추진계획 일부 수정,
정보통신기획평가원은 한국연구재단의 부설기관으로 설치 되어 있음

의견을 제시하여 행정절차를 마련할 수 있는 제도적 기반을 마련한데 의의가 있다고 평가할 수 있다. 즉, 연구개발혁신법은 각 부처별로 사용되던 시스템 통합에 큰 의의를 지닌다. 특히 국가연구개발사업을 수행가기 희망하는 연구자의 불편을 해소하기 위하여 부처별로 다른 20여 개의 과제지원시스템과 17개에 달하는 연구개발관리시스템을 통합하는 근거 법령을 만들었다는 데에 큰 의의가 있다. 아울러 관련된 연구개발 통합시스템은 '22.1월 운영되었다. 이러한 통합노력은 과학기술부를 중심으로 한 보다 강력한 행위자 통합과 내용적인 통일성이 이루어 질 수 있는 구조로 전환된 것으로 평가할 수 있다.

(3) 연구비개발비 변경과정에서의 협의

연구개발혁신법은 연구개발비 등 중요한 사항의 변경과 관련하여 대통령령이 정하는 바에 따라 협약당사자가 상호 협의하여 변경할 수 있도록 정하였다. 죽, 국가연구개발혁신법 제11조(연구개발과제 협약 등) 제2항에 의하면 "제1항에 따른 협약 당사자는 연구개발기관을 추가 · 변경하거나 연구책임자, 연구개발 목표, 연구개발비, 연구개발 기간 등 연구개발과제 수행에 관한 중요한 사항을 변경할 필요가 있을 때는 대통령령으로 정하는 바에 따라 협의하여 해당 연구개발과제 협약의 내용을 변경할 수 있다."라고 규정되어 있다. 아울러 동조 제3항에 의하면 "제2항에도 불구하고 협약의 내용 중 대통령령으로 정하는 경미한 사항은 협약 당사자 간의 통보로 해당 연구개발과제 협약이 변경된 것으로 본다."라고 규정하고 있다. 즉, 연구개발과제가 선정되면 협약이라는 절차를 거치게 되는데 이러한 협약변경 절차를 행정청과 연구기관이 협의하여 정하도록 한 것이다.

이러한 협의절차와 관련하여 국가연구개발혁신법 시행령 제14조(연구개발과제협약의 변경 등)가 정하고 있는바 "연구개발과제협약의 한쪽 당사자는 법 제11조 제2항에 따라 연구개발과제협약의 내용을 변경하려는 경우 협약의 상대방에게 연구개발과제협약의 변경 사유와 내용을 사전에 문서로 명확히 알리고 상호협의를 거쳐야 한다." 아울러 동조 제3항에 의하면 "연구개발기관의 장은 통합정보시스템에 제2항 제1호부터 제5호까지의 규정에 따른 사항을 등록하는 방법으로 법 제11조 제3항에 따른 통보를 할 수 있다."라고 명시하고 있다. 즉 시행령은 협의절차에 대하여 상호 간 문서 또는 시스템에 의하도록 한다.

동 시행령은 통보만으로 협약을 변경할 수 있는 사항을 제14조 제2항에 규정하고 있는바 "1. 연구개발과제의 추진 방법의 변경 2. 연구개발과제를 수행하는 연구자(연구책임자는 제외한다)의 변경 3. 연구개발비 사용에 대한 개괄적인 계획의 변경(간접비 및 연구수당[2]을 늘리는 사항은 제외한다) 4. 연구개발기관의 연락처, 연구지원을 전담하는 인력(이하 "연구지원인력"이라 한다)의 변경 등 연구개발과제 수행에 영향을 주지 않는 변경 5. 연구개발기관의 장이 효율적이고 쉬운 연구개발과제의 수행을 위하여 중앙행정기관의 장과 연구개발과제협약으로 별도로 정한 사항 6. 중앙행정기관의 장이 법 제12조 제3항 또는 법 제15조 제1항에 따라 연구개발과제를 변경하게 되어 연구개발과제협약의 변경이 필요한 사항" 으로서 과제 진행에 지

---

[2] 국가연구개발사업비 사용기준 제11조는 연구수당의 사용용도는 연구개발과제 수행에 참여하는 연구책임자 및 연구자(학생연구자를 포함한다)를 대상으로 지급하는 장려금으로 한다.로 규정하고 있으며 이러한 연구수당은 별도 인건비를 지급받는 출연연구기관이나 대학의 연구진들에게 별도 과제수행의 인센티브가 되고 있다.

장을 주지 않거나 이미 의사결정 된 사항에 보조적인 정보를 전달하는 경우로 한정하고 있다. 6호와 7호 항목도 이미 평가 결과에 따라 연구개발과제를 변경하는 경우에 해당한다.

'협의절차와 방식은 협약의 당사자가 문서로 송부 또는 시스템에 의한다'라고 하지만 실제 어떠한 방식으로 협의가 되어야 하느냐 하는 논쟁이 남게 된다. 이는 협의라는 개념의 모호성에 기인한다는 특성이기 때문이다. 이러한 법률상 규정에 따르면 연구개발협약당사자 간의 협의는 협약변경을 위한 필수적인 요건에 해당한다고 볼 수 있다. 즉, 이러한 행위가 없을 경우 협의는 없었던 것으로 되고 연구개발비 사용변경과 관련된 절차적 무효로 인하여 향후 연구개발비 사용실적에 있어서 불인정 요소로 될 수 있다는 것이다. 결과적으로 행정소송법상의 처분성이 인정된다고 볼 수 있는 것이다. 이러한 협의 사항에 대하여는 '국가연구개발혁신법 매뉴얼'이라는 기준을 만들어 동법에 관한 세부 절차와 상세기준, 관련 서식, 일부 제도 (학생 인건비 통합관리제, 기술료, 제재)에 관한 별도 매뉴얼을 통합하여 적용토록 하고 있다.[3] 이 중에는 같은 법 제11조 제2항에서 정한 협약의 중요한 사항에 대하여 정하고 있다.

(4) 매뉴얼상의 승인사항

국가연구개발혁신법 매뉴얼에서는 실무상 승인사항을 제시하며 동법 제11조 제2항에서의 협의의 방식에 대하여 실무상 승인사항으로 정하고 있

---

3) 본 매뉴얼과 〈국가연구개발혁신법 설명자료〉 등 「국가연구개발혁신법」에 관한 기존 안내자료의 내용이 서로 상이한 경우에는 본 매뉴얼에서 안내하는 바에 따르도록 정하고 있다

다. 법률상 협의하여야 한다는 개념을 매뉴얼 상에서 '실무상 승인'이라고 명명한 것은 입법론적으로 좀 더 살펴보아야 할 대상으로 보인다. 연구개발기관의 추가·변경, 연구책임자의 변경, 연구개발비의 변경에 대한 사항은 자세히 정하고 있다.

제1항 연구개발기관의 추가·변경은 주관·공동·위탁연구개발기관의 추가·변경 모두 해당하는 것으로 정하고 있다. 그러나 한가지 과거에 비하여 위탁연구개발기관의 변경은 승인사항으로 취급되지 않는 사례가 있었다. 즉, 주관이나 공동연구기관의 경우 승인사항으로 처리된 바가 있었으나, 위탁연구기관의 경우는 별도 승인사항으로 처리되지 않았다. 구 정보통신·방송연구개발 관리 규정(2019.9.)상의 승인 대상으로는 위탁연구기관에 대한 사항이 명시되어 있지 않았다. 위탁연구기관이란 연구개발협약으로 정하는 바에 따라 주관연구기관으로부터 연구개발과제의 일부 또는 세부 과제의 일부를 위탁받아 수행하는 기관을 말한다. 다양한 목표 달성과 다학제적 연구를 필요로 하는 연구개발과제는 하나의 전문성을 지닌 주관연구기관이 단독으로 수행하기 어려운 경우가 많다. 특히 과학기술의 융합화, 첨단화는 이러한 협동연구기관, 공동연간구기관 및 위탁연구기관을 필요로 하게 되는 경우가 많아졌다. 아울러 과거 연구개발관련규정은 연구책임자가 자유로이 위탁연구기관을 선정하는 방식으로 인하여 위탁연구의 방만한 운영이 도덕적 해이로 이어질 수 있음을 고려하여 원칙적으로 해당 연구개발과제의 위탁연구개발비를 제외한 직접비의 40%를 초과할 수 없다고 규정하였으며 아울러 위탁연구개발비를 원래 계획보다 20% 이상 늘리려는 경우도 승인사항으로 규정한 바 있었다. 즉, 과거의 규정으로도 위탁연구를 방만하게 운영하는 것을 막는 제도적인 장치가 있었다는 것이다.

<표 3> 국가혁신법 매뉴얼의 연구비 관련사항 승인/통보

구 분	세부항목	승인/통보
연구개발비 총액	변경	승인
	연구개발기관부담금	승인
인건비	영리기관현금 계상 인건비	승인
위탁 연구개발비	20%이상 변경	승인
국제공동연구비	변 경	승인
연구시설 장비비	3천만원이상 연구시설, 장비비변경	승인
	보유현황변경	통보
	설치, 운영장소변경(연구시설장비구축목적과제)	승인
연구수당	감액	통보
	증액	불가
간접비	감액	통보
	증액	승인
연구개발비변경	승인사항을 제외한 명시되지 않은 세부내역	통보
연구개발비외지원금	변경	승인
계좌	변경	통보

이를 통해 자칫 주관연구기관이 연구를 직접 수행하는 것이 아닌 위탁연구기관이 연구를 대신 수행하는 형태의 연구비 집행 및 연구수행 형태를 방지하기 위한 조항으로 활용되었다. 이러한 제한사항에도 불구하고 위탁연구개발기관의 추가·변경사항에 대하여 승인사항으로 추가한 것은 입법론적으로 위임입법의 취지에 벗어난 것으로서 재검토 될 필요가 있다.

연구개발비 지원과 관련한 근거 법령의 주요변화사항을 종합하여 보면 1990년대 부처별 연구개발비지원과 관련한 주요법령이 제정되기 시작하였으며 과학기술부 중심의 종합화 노력은 1997년도에 시작된 것을 알 수 있었다. 그리고 2002년도에 들어서면서 대통령령에 의한 국가연구개발사업에 대한 관리규정이 통합되면서 부처별 고시로 시행되던 사업규정의 통합이 추진되었으며 2021년도에 들어서면서 각 부처별 사업관리규정이 통합되었다. 실제 부처별 사업시행계획이후로 제도적으로 연구비사용의 자율성이 높아진 것은 크게 찾아보기 어려웠다. 연구비사용의 자율성 확대가 법률상 이루어진 것은 연구개발혁신법 시행 이후로 파악되었다. 즉 연구개발계획의 주요내용을 변경할 경우 승인에서 협의 개념으로 변한 것이다. 큰 전환점으로 평가할 수 있었지만, 매뉴얼 단계에서는 아직도 실무상 승인이라는 개념으로 남아 있는 것을 알 수 있었다.

〈표 4〉 연구개발비 지원 근거 법령의 변화

시 기	관련법령	비 고
'74	• 특정연구기관육성법 • 특정연구기관육성법시행령	• 5개 출연기관에 대한 지원 근거제정 　– 기본사업과 사업지원사항은 별개
'91~	• 전기통신기본법 • 정보통신연구개발관리규정	• 각 부처별 사업시행 마련 근거 제정 • 세부시행계획은 전문기관이 수립 및 부처 보고 　– 연구개발비 관리사용은 관리기관장 승인
'97	• 과학기술혁신을 위한 특별법	• 부처별 사업시행 근거 마련 　– 과학기술혁신 5개년계획 　– 사업시행계획은 부처 시행
'02	• 과학기술기본법 • 국가연구개발사업의 관리 등에 관한 규정	• 부처별 시행계획 통합 　– 부처별 규정제정은 공동관리규정 범위내 시행(협약변경 승인은 각 부처 시행)
'21	• 국가연구개발혁신법 • 국가연구개발혁신법시행령 • 국가연구개발사업시행규칙 • 행정규칙 • 메뉴얼	• 부처별 시행 근거 폐지 '2018 국가과학기술자문회의 의결 (동 자문회의는 위원장으로 대통령과 과학기술계의 주요 인사가 심의위원으로 구성되며 자문회의는 전원 민간인이 심의회의는 민간과 정부위원으로 구성)

2. 연구개발비 협약변경 관련 사례분석

변화된 법령하에 실제 운용된 연구개발비의 변경은 협약변경 사례에서 가장 높은 빈도를 차지한다. 본 논문은 연구개발혁신법 시행이후 운용된 약 40여건의 운영사례를 실제 조사하였다. 이중 연구비와 관련된 사항은 절반에 해당하는 약50%에 해당하였다. 즉, 연구비사용과 관련된 사항의 협약변경율을 꽤 높은 것으로 파악되었다.

매뉴얼에 의하여 협약변경에 해당되는 사항은 연구개발비의 총액, 연도별 정부 지원연구개발비 또는 기관부담연구개발비를 변경(현금부담금액과 현물부담금액의 변경을 포함한다)하려는 경우, 전체 연구개발기간 동안의 간접비 총액(연구개발과제가 단계로 구분될 때는 해당 단계의 간접비 총액을 말한다)을 증액하려는 경우(단, 간접비 고시 비율 내), 영리 기관이 현금으로 계상하려는 인건비를 변경하려는 경우, 3천만 원 이상의 연구시설·장비를 변경하거나 구매를 포기하는 경우와 연구시설·장비 구축을 주된 목적

〈표 5〉 협의제도 운영사례 요약

구 분	세항목	건 수	비율(%)	내 용
연구비 관련	연구비			오류조정, 간접비 등
	용역(위탁)	4	10	시설 등 구축
	장비	2	5	성능 상향
기타	연구책임자	7	17	이직, 퇴사, 인사발령
	연구기관	6	15	조직변경, 인수합병
	연구기간	4	10	질병, 외부기관협의
	연구목표	4	10	기술변화, 외부기관 협의
	계	41	100	

〈표 6〉 협약변경 내용 요약

구분 (건수)	내용	처리 결과
사업비 변경 (16)	(간접비 증액) 여비, 행사비 감액 및 과학문화활동비 증액(기업) 연구개발성과홍보를 위한 간접비(과학문화활동비) 증액 외 2건	승인
	(현금 인건비 증액) 참여율 증가로 인한 학생 인건비 증액 *기계 학습 적용 API 연구, 알고리즘 연구 및 개발, 엣지 컴퓨팅 환경 분석 및 개발을 위한 참여율 증가	승인
	(간접비 증액) 특허출원 증가로 인한 간접비예산 증액 외 2건 *지적재산권 심사 시 반려되는 경우가 대부분인데 이 경우 비용이 초과 집행될 수밖에 없음	승인
	(사업비 이월) 장비 부품공급 부족으로 연구비 이월 외 1건	승인
	(오류조정) 특허출원 증가로 인한 간접비예산 증액 및 2차 연도 예산을 1차 연도 예산으로 잘못 기재되어 있어서 이를 조정	승인
	(오류조정) 사업비 계좌 입력 오류로 인한 계좌변경 외 3건(통보로 변경)	승인
	(오류조정) 연구과제추진비를 간접비로 변경 *간접비 증액은 승인사항으로 승인처리	승인
	(사업비 재배분) 법인의 물적분할로 인한 과제 승계로 인한 사업비 재배분 신청	승인
용역 및 위탁 추가 (4)	(용역 추가) CCTV 기반 개인정보 비식별화 처리 및 영상 제공 환경 스마트시티 운영센터 내 구축 (추진 근거 : 개인정보 보호법 제18조 2항 4호에 따른 비식별 영상 정보제공용)	승인
	스마트시티 AI 기술 기업 활용을 위한 사업화 지원 인공지능 빅데이터 수요기업 컨설팅 (부스 1식 구축)	승인
	스마트시티 AI 기술 기업 활용을 위한 사업화 지원 인공지능 관련 기업 교육 및 과업 홍보 등 컨퍼런스 개최	승인
	협약 당시 공모 절차 진행 중으로 위탁과제를 추후 선정하여 다시 승인신청	승인
3천만 원 이상 장비 (2)	전년도 구매 장비를 활용하고 대신에 측정 성능이 향상된 장비를 구입하기 위하여, 해 당 내역을 미도입하고 확장 모듈을 포함한 장비를 구입(추가)	승인
	매니코어 시스템은 많은 코어 (CPU) 가 장착되어, 높은 메모리 용량 (Bandwidth)을 요구함. 이러한 요구조건을 만족하는 시스템을 2019년 하반기 출시 계획에서 4월 출 시로 앞당김. 그리고 사업 협약 시점에 제공하지 않았던 시스템의 공급가 등을 3월부 터 제공하여 인상된 공급가를 고려하여 증액 신청	승인

으로 하는 연구개발과제로 구축된 연구시설·장비를 원래 계획에 따른 공간 외의 장소에 설치·운영하려는 경우, 위탁연구개발비를 원래 계획의 20% 이상 증액하여 사용하려는 경우, 국제공동연구개발 비를 원래 계획과 다르게 변경하려는 경우(단, 환율의 변동만으로 금액이 달라질 때는 제외한다), 해당 단계의 연구개발비 중 직접비(현물은 제외한다)를 다음 단계의 연구개발비에 포함하여 사용하려는 경우(연구비 이월)를 제시하고 있다.

동 기준에 의하여 연구기관에서 신청한 협약변경사례를 분석한 결과 사업비와 관련된 사항은 미승인 된 경우가 1건도 없었다는 점이다. 오기, 미기재로 인한 단순한 통보사항이외에도 현금인건비 증액, 간접비 증액, 사업비 이월 등과 같은 사항도 연구자의 필요성에 의하여 모두 해소되고 있었다는 점이다.

이러한 변경절차를 제대로 거치지 않으면 연구과제종료 후 연구과제비에 대한 정상이 진행되는바 이때 이러한 변경 절차가 잘 이루어지지 않으면 환수 대상이 되기 때문에 정확한 협약변경이 요구되는 사항이다. 그런데 연구비체계나 비목이 복잡하여 연구자들이 이를 잘못 기재하는 경우가 많다. 실제 단순 오류로 인한 사업비 변경 승인요청이 가장 많았다. 아울러 연구기관에 편입되는 간접비에 대한 조정요청이 많았다. 이 중에는 지적재산권 보장을 위한 비용 청구가 가장 많았다. 연구개발 결과물에 대한 지적재산권 보장 측면의 제도가 많이 요구된다고 볼 수 있다. 사업비가 이월되는 경우는 연구 장비 등의 조달이 늦어지거나 전염병 등으로 인하여 사업비 집행이 늦어져 불가피하게 이월되는 경우였다. 결과적으로 사업비변경의 경우에도 연구자의 전문적인 지식보다는 연구개발비 사용기준을 잘 이해하고 있는 행정적인 지식이 더 요구되는 내용이 더 많았다. 그럼에도 미승인된 협약변경 신청의 효과를 살펴볼 필요가 있다. 연구기관이 연구비 변경과 관련된 사항을 협약변경을 통하여 과제관리시스템에 등록되지 못하면 문제가 되는 경우가 많다. 국가연구개발혁신법 제정과 함께 과거 연구비 용도 위반의 제재 사항을 연구비 용도는 물론 기준 모두 위반'으로 종전보다 제재 사유가 더욱 확장되었다. 협약변경승인이 되지 않으면 및 연구비 사용기준에 어긋나는 경우 연구개발혁신법에 따른 제재 처분이 가능해진 것이다. 이와 관련된 제재 조치는 정부가 시행하는 연구개발사업에 참여 제한, 연구비환수, 제재부가금 등이 추가로 신설되어 연구자에게 처할 수 있게 되었다. 이러한 제재 처분은 행정소송의 대상이 되고 있으며 종종 과도한 처분으로 법원에서 판단하고 있다.[4]

3. 소결

1) 연구비사용의 제도적 자율성

연구비 사용의 자율성 확보를 위한 제도적 분석결과 즉 법률의 개정경과를 살펴보면 연구비사용의 자율성확보를 위한 큰 전환점은 연구개발혁신법의 제정 전·후로 나누어 볼 수 있었다. 법률상 연구개발 다년도 협약체제가

---

4) 국가연구개발사업 참여 제한처분 취소 사건에서 법원의 입장을 살펴보면, 법원은 '참여 제한처분이 역량 있는 연구책임자를 국가연구개발사업에서 배제함으로써 오히려 과학 기술혁신을 통해 국가경쟁력을 강화하여 국민경제 발전을 도모하고자 하는 과학기술기본법의 궁극적인 목적을 저해할 우려가 있는 중대한 제재처분일만큼 그 처분 여부와 기간을 정함에 있어서는 매우 신중하고 엄격해야 한다'라는 전제 하에 인건비 공동관리의 구체적인 형태, 연구과제 수행을 통한 연구목적 달성 여부, 연구책임자의 연구성과와 업적, 연구원들의 의사, 공동관리 금액 반환 여부 등을 종합적으로 고려해 단지 인건비 공동관리가 있었다는 이유만으로 일률적으로 5년의 참여 제한처분을 한 다수의 사례에 대해 재량권을 일탈·남용한 것이라는 판단을 하였다. (대한변협신문·2021.8.23.)

확인되었고 실질적으로도 연구비의 자동이월제도가 새롭게 시행되었다. 아울러 연구개발혁신법 제정이후 적어도 법률상으로는 연구개발비 사용의 주

〈표 7〉 연구개발혁신법 시행 이전 및 이후 연구비 변경 사유 및 절차

구분	내용	세부항목	연구개발 혁신법 시행전	연구개발혁신법 시행이후 법	연구개발혁신법 시행이후 메뉴얼
제도 특성	연구개발비 총액	변경	승인	협의	승인
		연구개발기관부담금	승인	협의	승인
	인건비	영리기관현금 계상 인건비	승인	협의	승인
	위탁 연구개발비	20%이상 변경	승인	협의	승인
	국제공동연구비	변 경	승인	협의	승인
	연구시설 장비비	3천만원이상 연구시설, 장비비변경	승인	협의	승인
		보유현황변경	통보	협의	통보
		설치, 운영장소변경 (연구시설장비구축목적과제)	승인	협의	승인
	연구수당	감액	통보	협의	통보
		증액	불가	협의	불가
	간접비	감액	통보	통보	통보
		증액	승인	협의	승인
	연구개발비변경	승인사항을 제외한 명시되지 않은 세부내역	통보	통보	통보
	연구개발비외 지원금	변경	승인	협의	승인
	계좌	변경	통보	협의	통보
	연구비 이월	단, 동일항목내(직접비만 가능, 연구수당은 불가함)	불가(공동관리 규정상 가능 (단, 승인)	자동 이월	
	다년도 협약	연차실적보고서 제출	필요	생략	
운영 특성	연구비 변경신청승인율	신청대비 승인율	-	100%(높음)	

요한 내용의 변경시 주관연구기관의 장과 관리기관의 장이 상호 협의하여 이를 변경할 수 있도록 하였기 때문이다. 이는 과학기술계의 의견을 더 반영하기 쉬운 구조인 정책결정 및 집행구조하에 있을 경우 연구자율성이 더 높아질 수 있다는 것을 알 수 있었다. 즉, 부처별로 연구개발사업을 시행하는 경우보다는 과학기술계의 의견이 집약되어 질 수 있는 과학기술부 중심으로 정책결정이 이루어지는 경우 보다 과학기술계의 의견이 반영되기 쉽다는 것을 알 수 있었다. 이는 향후 과학기술계의 정책방향을 어떤 구조하에 설계하느냐가 중요하다는 것을 알 수 있다.

추가적으로 유의해야할 사항은 법률 제·개정이후 세부 시행령이나 매뉴얼과 같은 실질적으로 연구비사용에 영향을 미치는 규정을 정비하는 과정에서도 과학기술인의 참여를 확대할 수 있는 방안을 고려하는 것도 필요하다. 실제 연구개발혁신법개정으로 인하여 법률상으로는 협의사항으로 반영된 사항들이 매뉴얼단계에서는 소위 '실무상 승인'이라는 개념으로 과거와 동일한 방식의 업무처리가 되고 있었다. 이는 전술한 바와 같이 이러한 승인 절차가 없을 경우 연구비사용의 불인정 사유가 되고 있기 때문이다. 즉, 협의가 없는 경우의 효과가 허가 및 인가가 없는 경우와 똑같은 결과로 귀결되기 때문에 당초 법률의 입법 의도에 부합하지 않고 있다고 평가할 수 있었다. 이는 실무메뉴얼단계에서 과학기술인의 참여가 적었던 것으로 평가 할 수 있다.

2) 연구비사용의 실질적 자율성

실질적 연구비사용의 자율성 분석 즉, 연구자의 실무적이며 전문적 지식을 기반으로 한 연구비 변경신청과 이에 따른 관리기관의 승인율을 분석해 본 결과 연구비 사용의 자율성은 높은 것을 알 수 있었다. 즉, 40여 건의 협약변경 신청 운영사례를 분석하여 보면 사업비 변경과 관련된 사항이 가장 많은 것을 알 수 있었다. 이를 분석하여 보면 향후 과학기술 관련 행정청이 어떠한 역할을 하여야 할 수 있는지를 파악할 수 있었다. 즉, 연구비와 관련된 협약변경신청이 가장 많았던 점은 이와 관련된 제도를 개선해야 할 필요성이 높은 것이며 또 한 가지 주목할 점은 100%에 가까운 승인율을 주목해야 할 것이다. 승인율이 높다는 것은 연구비 변경과 관련된 사항을 승인사항으로 분류할 필요성이 없다는 것이다. 또한 연구비와 관련된 주요 변경사항이 연구비 산출의 단순 오류 사항이 많다는 점은 연구비 산출과 관련된 사항을 보다 시스템화하고 세목을 보다 통일하여 간단명료한 가이드라인 제시를 통하여 불필요한 행정절차를 나누는 것이 필요하다고 볼 수 있다.

3) 연구비사용의 자율성 변화 종합

연구비 사용과 관련된 법령변화의 분석결과 연구비 사용의 자율성은 1990년대 연구개발비를 최초 사용하던 당시에 비하여 형식적으로는 높아진 것을 알 수 있었다. 특히 연구개발사업을 수행하는 협약 당사자간에 승인이 아닌 협의 개념으로 바뀌어진 점을 보면 알수 있었다. 또한 다년도 협약체제 하에서 연차별 실적보고서 제출에 의한 평가절차를 생략하고 예산의 자동이

〈표 8〉 연구비 변경의 주요 내용

구분	세항목	건수	비율(%)	내용
연구비 관련	연구비	14	34	오류조정, 간접비 등
	용역(위탁)	4	10	시설 등 구축
	장비	2	5	성능 상향

월제도 등을 인정한 점은 더욱 그러하다고 볼 수 있었다. 이점은 예산의 경직적, 통일적 성격을 다소 완화하였다는 점에서도 긍정적인 정책변화로 평가할 수 있다. 그러나 실무 매뉴얼 단계에서의 승인개념 사용과 같은 내용은 형식적으로도 연구비 사용의 자율성이 높아졌다고 보기 어려운 요소가 존재하였다. 즉 입법단계의 거버넌스 구조에서의 정책결정이 하위 집행체제로 잘 연계되어지지 못하는 구조적 취약점을 지니고 있었다. 셋째 협약변경시의 높은 승인율을 살펴보면 실질적인 자율성 측면에서도 연구비 사용의 자율성은 높은 것으로 평가할 수 있었다. 다만, 법률상 연구비 사용계획의 변경과 관련하여 양당사자간에 협의 개념이 명시되어 있는 상황하에서 전문기관에서 협약변경신청이 들어 올 경우 이를 특별한 사유없이 미승인 하기는 어려운 환경에 있다고 볼 수 있다는 것이다. 법률상 협의가 아닌 승인개념이 존재할 경우 실질적인 승인율은 달라질 수도 있을 것이다. 즉, '승인'이 아닌 '협의'로 규정하고 있는 입법의 영향력이 클 수 있다는 것이다.

제4절 향후 정책방향

국가연구개발혁신법의 제정으로 일부 연구비 사용의 자율성을 높이고 아울러 관리시스템 통합을 통하여 연구자의 행정적인 부담을 덜어준 사항이 존재하는 것은 매우 긍정적인 부분이다. 이는 국가예산의 일환인 국가연구개발비 역시 예산법의 기본원칙을 준수하여야 한다는 점에서는 매우 고무적인 것으로 평가할 수 있다. 그러나 실질적인 연구자중심의 성과 위주

국가연구개발사업을 추진하기 위하여 좀 더 제도를 정비해주는 노력이 좀 더 필요하다. 아울러 연구비와 관련된 문제 사항 및 일부 불필요한 절차적인 문제와 관련하여서는 좀 더 행정적인 부담을 낮추는 것이 필요하다. 반면 실질적으로 성과를 확대할 수 있고 성과관리측면의 데이터공유 노력을 제도적으로 마련하는 것이 필요하다. 이러한 측면이 해소되지 않는다면 연구개발혁신법의 제정이 단지 시스템의 통합에 그친 것과 같은 효과를 가져올 수 있다. 이를 세분하여 설명하면 다음과 같다.

1. 실무상 '승인'을 '협의 확인'으로 용어 변경

1990년 이후 정부가 주도하는 연구개발사업의 연구비사용과 관련된 제도의 변화는 크게 변화하지 않은 것으로 볼 수 있었다. 법령변화의 주된 목표는 정부주도 연구개발사업의 집행구조를 통합하기 위한 노력으로 평가할 수 있었다. 실제 연구개발혁신법의 시행으로 인하여 차이가 발생한 것은 부처의 연구개발사업 관련규정의 통합과 시스템의 통합에 그쳤기 때문이다.

그럼에도 법령에 따라 연구개발비의 주요사용계획의 변경이 연구개발 협약당사자간에 협의사항으로 바뀐 것은 연구개발사업이 시행된 이후 30년만에 이루어진 일이다. 이러한 의미있는 개정사항이 효과적으로 작동될 수 있도록 해야 할 것이다. 즉, 연구개발혁신법 제11조 제2항에서 '연구개발비를 포함한 연구개발의 중요사항 변경에 대하여는 협의하여야 한다'라고 규정하고 있으나 같은 법 제13조 제3항 제3호에서는 연구비에 대한 승인개념이 동시에 존재하고 있는바 이를 모두 협의로 변경 또는 협의 후 확인하여야 한다와 같이 시정하는 것이 필요하다. 연구개발계획의 변경을 위한 연구개발전문기관의 승인 및 미승인 조치 사항에 따른 연구개발비반납 처분은 판례에 따라 행정법상 항고소송이 가능한 행정처분으로 인정하고 있다.(대법원 2015.12.24.) 물론 이러한 구조가 즉시 위임입법의 원칙에 위배 된다고 할 수 없을지라도 연구자의 연구자율성 확보라는 취지를 확대한다는 측면에서 필요한 조치라고 볼 수 있다. 아울러 연구개발혁신법의 연구자 중심의 R&D 입법 취지에 벗어난다고 볼 수 있는 것이다. 아울러 연구개발과제 협약변경 사례분석에서 본 것처럼 실제 승인이 무의미한 경우가 많으므로 협약변경 사유를 좀 더 축소하고 기업이나 정부출연연구기관 등으로 분류하여 승인사항을 정비하는 것이 바람직하다. 즉, 연구자의 전문적인 식견이 필요치 않은 사항들은 협의나 통보 사항으로 분류하고 다수 전문가의 의견 및 확인이 필요한 사항에 대하여는 협의 확인이나 동의 등과 같은 제도를 도입하는 것이 맞다. 이러한 개념의 도입은 학계에서도 언급(배정범, 2021)되고 있는 사항으로서 입법 취지에도 맞으며 행정청과 연구자 간의 관계가 보다 연구자율성과 연구도전성을 존중하는 관계로 형성된다고 볼 수 있다.

2. 인센티브 제도 범위 확대

주인대리인이론에서 대리인과 주인의 선호를 맞추는 방법중의 하나로서 유인(Incentive)설계가 필요한 점을 제시하였다. 이론적인 궤를 맞추는 측면에서 특히 정부출연연구기관의 경우 민간기업에 비하여 상대적으로 안정된 조직구조를 지니고 있어 도전적이고 창의적인 연구수행에 다소 한계를 지닐 수 있다는 문제점을 지니고 있다. 국가연구개발사업을 수행하는 연구자에 대한 연구유인측면에서의 인센티브 제도의 확대설계가 필요하다고 볼 수 있다는 것이다.(권기훈 외, 2012) 물론 인센티브는 연구결과물에 대한 특허와 이에 따른 소유권 귀속으로 인한 성과귀속이 가장 큰 인센티브라 할 수 있겠지만 본 논문은 연구개발사업의 시행으로 지급받은 연구비사용의 자율성을 논하고 있으므로 지급받은 연구비 사용의 자율성이라는 측면이 있으므로 한정적인 제안을 한다. 즉, 연구개발 사업비중 인건비의 20% 범위내로 한정하고 있는 연구수당의 지급범위를 점진적으로 확대하는 방안을 검토 할 필요가 있다. 특히 이러한 점은 매우 도전적인 연구분야 또는 연구실적이 부진한 인문사회연구소를 포함한 출연연구기관 등에 좋은 인센티브로 활용 될 수 있는 요소로 볼 수 있다. 별도의 인센티브가 없는 연구를 힘들게 수행할 필요가 없다는 것이다.

연구개발혁신법은 연구개발과제의 다년도 협약에서 이월된 연구비는 동일 항목으로 사용하되, 직접비 항목 내 항목 간 전용이 가능하도록 하고 있으나 연구수당의 이월 자체는 아직까지 승인 제도로 남아 있으며 아울러 그 증액 역시 불가한 것이 현실이다(국가연구개발혁신법 매뉴얼 제8절 연구수당 사용용도 및 사용기준 나. 제4호). 고정적으로 지급되는 인건비의 경직성은 인정하되 추가적인 연구로 인하여 지급되는 연구수당은 좀 더 유연하게 제도를 운영할 필요가 있다. 출연연은 물론 대학과 같이 정부로부터 연구개발과제를 수주하는 연구자들의 경우 정부로부터 별도의 인건비를 지급받는 점을 감안하더라도 추가적인 연구로 인하여 지급받는 인센티브 성격의 연구수당은 신축성을 보여줄 필요도 있는 것이다. 적어도 별도의 연구개발사업을 수주하여 과제를 수행하는 경우 연구수당이라는 측면에서 과학기술인에게 대한 보상체제를 확대하는 것이 필요하다는 것이다.

3. 연구개발주체의 연구개발정책수립 참여 확대

협약변경의 주요사항에 대한 협의제도의 도입과 실질적인 연구비일괄 협약제도 및 연구비이월제도가 도입된 것은 과학기술계의 의견이 주도적으로 반영된 2021년 연구개발혁신법체제하이다. 이러한 제도의 변화는 정부에서의 통합적인 제도구축 변화 노력과 함께 대통령을 중심으로한 과학기술부의 의견이 반영될 경우 제도개선이 이루어 지고 있다는 것이다. 이는 민간위원이 주도적으로 참여한 국가과학기술위원회 전원회의에서 의결(2018.7.26; 제1회 제1호 안건)된 점을 보면 알 수 있다. 그러나 보다 적극적으로 과학기술인의 의견을 반영할 수 있는 조직적이고 지속적인 체계가 필요하다. 물론, 연구개발혁신법 시행 이후 입법에 관한 주도권을 과학기술부가 주도적으로 할 수 있는 구조로 변경되었지만 상위거버넌스의 의사결정을 위하여 실무집행성격을 지닌 전문기관의 업무절차와 의견을 함께 파악하여 법령의 제·개정을 추진하여야 할 것이다. 법령 따로 매뉴얼 따로인 구조는 개선되어야 한다는 것이다. 이는 상시적이지 못한 의견수렴체제 내지는 특정 목적을 위하여 임시로 조직되는 위원회의 구조적 문제점이라고 볼 수도 있다.

이러한 한계를 극복한 새로운 정책집행에 대한 점검 체계가 필요한 것으로 볼 수 있는 것이다. 예를 들어 현재 과학기술혁신법 시행령 제21조의 간접비 계상산출위원회의 구성을 보면 당연직 위원으로 기획재정부를 중심으로 한 각 부처의 과장급 공무원과 산·학·연의 전문가를 위촉직 위원으로 둘 수 있는 구조로 구성되고 있다[5]. 그러나 이러한 구조보다는 실제 간접비를 사용하는 주체가 위촉직이 아닌 당연직으로 구성하여 그 비율을 함께 정하는 것이 보다 효과적이면서 적절할 것이다. 실제 간접비는 영리기업보다는 주로 출연연구기관이나 대학 등의 공통경비를 위하여 사용되는 항목으로 실제 사용자가 참여하여 그 비율을 정할 경우 정부의 예산사정과 기관의 운영사정 등을 감안한 적정한 비율산출이 가능하다고 볼 수 있다. 아울러 이러한 실질적인 효과성 측면 이외에도 주요한 과학기술정책과정에 그 수혜를 받는 사용자가 함께 참여하는 과학기술 정책결정과정에서의 협업적인 거버넌스를 만들어 나가는 또 다른 사례로서 필요한 것이다.

4. 연구개발혁신법 집행점검체계 수립

정책의 완전한 이행을 위하여는 상위거버넌스에서 의도한 바와 같이 정책의 이행이 제대도 이행되고 있는지의 여부도 조사하고 점검해야하는 일이 필요하다. 실무상, 이론상 쉽지 않은 이슈이긴 하지만 중요한 부분으로 볼 수 있다. 이는 최초의 정책의도가 집행단계에서 변경이나 왜곡 또는 오집행되는 경우가 발생하기 때문이다. 본 사례에서와 같이 법령에서의 승인 개념이 매뉴얼단계에서 실무상승인 개념으로 사용되는 바와 같다. 통상 정책집행의 하향식 접근법은 정책집행의 성공요인을 정책결정권자가 집행과정의 제반 측면을 통제할 수 있을 것을 필요로 한다. 이외에도 정책집행의 성공을 위한 요인으로 정책목표와 산출간의 인과관계 성립, 유능하고 헌신

---

5) 시행령 제21조 4항을 보면 당연직 위원으로 기획재정부, 교육부, 과학기술정보통신부, 국방부, 문화체육관광부, 농림축산식품부, 산업통상자원부, 보건복지부, 환경부, 국토교통부, 해양수산부, 중소벤처기업부, 원자력안전위원회, 농촌진흥청, 산림청 및 기상청 소속의 과장급(팀장을 포함한다) 공무원 중에서 소속 중앙행정기관의 장이 지명하는 사람으로 위촉직 위원으로 연구계·학계·산업계의 전문가 중에서 과학기술정보통신부장관이 위촉하는 사람으로 구성하도록 명시되어 있다.

적인 집행 관료, 결정된 정책에 대한 지속적인 지원 등이 필요한 것으로 지적하고 있다. 실제 연구개발혁신법의 시행 취지가 잘 전파될 수 있도록 연구하는 것은 별도의 연구주제로 추후 연구가 필요한 사항으로 볼 수 있다. 즉, 실제 상위법의 취지가 하부 시행령이나 매뉴얼 등에서도 잘 이행되고 있는지의 여부를 살펴볼 수 있는 체계 역시 마련해야 한다. 추가로 통합된 연구관리시스템의 활용에 있어서의 문제점도 점검해야할 필요성이 있을 것이다. 실제 시스템은 통합되어 있으나 각 부처별 재원은 통합되지 않았으므로 연구과제 수행 및 관리에 있어서 과제관리와 사업비 집행의 이중적 구조가 잔존하기 때문이다.

제5절 결 론

동 논문은 법령의 변화를 통한 정부출연연구기관의 연구비 사용의 자율성은 분석하였다. 국가주도의 연구개발사업은 기본적으로 정부에서 국가 전반의 과학기술력 향상을 위한 제도적 지원을 위한 출연에 관한 보조적 사항을 정하는 것으로서 정부주도로 제도가 정하여지는 특성을 보일 수 밖에 없었다. 즉, 정부의 정부출연구소에 대한 연구비 출연과 관련된 사항은 다른 이해관계자나 과학기술계의 요구가 강하게 작용하기 어려운 제도적 특성을 지니고 있다. 그러나 본 논문에서 본 바와 같이 정부연구개발사업이 점차 과학기술계의 참여가 확대 될 수록 제도의 변화가 이루어지는 것을 볼 수 있었다. 결국 정부에 의한 제도적 결정이 중요하지만 연구비 사용의 자율성 확대를 위하여는 실제 연구수행자이며 수요자인 연구자의 의견이 더욱 반영될 수 있는 구조로 제도가 변화되는 것이 필요하다는 것이다. 연구비 사용의 자율성은 지급된 연구비를 불필요한 제약없이 사용할 수 있도록 하여 연구지원의 궁극적인 목적인 혁신적인 연구성과를 창출할 수 있도록 매진하게 하는 것이다. 이를 감안한 제도의 변화가 지속적으로 이루어져야 할 것이다.

본 연구의 한계점과 관련하여서는 협약변경사례 분석이 연구개발혁신법이 제정된 이후 시점에서만 분석된 것이어서 제도변화 전의 내용과 균형적인 비교가 이루어지지 못하였다. 아울러 연구비 사용관련 법령의 범위가 넓어 법규 전반에 걸친 종합적인 제도 분석은 다소 부족하였다. 이는 연구비를 출연금의 성격으로 평가할 것 인지의 여부와도 연계되는 문제이며 연구비 정산의 문제와도 연결되는 문제로서 R&D 행정 및 정책과 주요한 연계점이 있는 부분이라 할 것이다. 이러한 부분은 추가 연구가 필요한 부분이라 하겠다.

![참고문헌]

김광수 (2006.11), 허가 인가 특허 등의 올바른 사용을 위한 정비 및 심사기준 연구(법제처)

김성수 (2003), 예산법의 기본원칙과 재정법의 과제, 한국헌법판례 제5권 2003.11. p437-459

_____ (2008), 과학기술 행정체제 개편의 특성 및 정책운영 쟁점 분석, 국공공관리학보 22(1) 2008.3, 49-75

김인철 (2008), Dwight Waldo의 행정의 개념 '행정학의 주요이론'

권민경·김병섭 (2009), 탐다운 예산제도의 자율성 변화 분석 한국행정연구 2009년 겨울호(제18권 제4호 p145~170)

이상천(2015), "행정과정상 協議의 法的 地位에 관한 小考*- 行政과 私人 사이의 協議를 중심으로 -" 전북대학교 법학연구소 법학연구 통권 제44집 2015년 5월 1~33면

조성식·권기훈·김동현 (2012), 연구개발조직의 책임성에 관한 연구.기술혁신학회지,15(1),163-184.

정정길 (2022), 정책학 개론

윤혜선 (2015), 원자력안전행정의 신뢰 및 수용성 제고를 위한 주민의견수렴제도에 관한 소고 — 캐나다 원주민 사전협의·배려의무에 관한 고찰과 시사점을 중심으로 —. 공법연구, 43(4), 223-273.

조성식·권기훈·김동현 (2012), 연구개발조직의 책임성에 관한 연구;나로호 발사체 사례를 중심으로 기술혁신학회지 제15권 1호 163~184

조성제 (2013), "행정법상 협의제도에 관한 고찰-군사기지 및 군사시설보호법상 협의를 중심으로", 「강원법학」, 40, 347-346.

양현모·이준호 (2003), 지방자치단체간 협력을 위한 행정협의회 활성화방안. 한국지방자치학회보, 15(4), 175-194

박기주 (2018), 과학기술정부출연구기관 개인평가제도 개선방향 연구. 과학기술정책 제1권 제1호 (2018.12 173-203

배정범 (2021), 행정기본법상의 인허가의제 규정에 대한 법적 소고. 법학연구, 24(1), 209-244.

신정은 (2019), 불공정약관 시정명령상 협의(協議)의 의미와 시정명령 이행확보 방안에 관한 연구 법학논문집 제43집 제3호 2019 Vol 43, No. 3, pp. 277~303

대한변협신문 (2021.8.22.), 국가연구개발사업 참여제한처분에 대한 행정쟁송

과학기술정보통신부 (2021.1), 국가연구개발혁신법설명자료

_____ (2022.3), 국가연구개발혁신법메뉴얼

한국재정정보원 (2021.4), 행정법의 공통매뉴얼「행정기본법」

국가과학기술자문회의전원회의 국가과학기술혁신체계(NIS) 고도화를 위한 국가R&D혁신방안 (2018.7.26.)

연구개발중단 조치 등 사건([대법원 2015.12.24.선고 판례;대법원2015두264])

JEFFRY MANDITCH PROTTAS. THE POWER OF THE STREET-LEVEL BUREAUCRAT IN PUBLIC SERVICE BUREAUCRACIES「Urban Affairs Review」03/1978; 13(3):pp285-312.

Miller, G.J. (2005). The political evolution of Principal-agent models. Annual Review of Political Science. 8. 203-35.

Hood, C. & Peters G. (2004). The Middle Aging of New Public Management: Into the Age of Paradox?Journal of Public Administration Research and Theory, 14(3): 267~282. (1991). A Public Management for All Seasons? Public Administration, 69(1): 3~19.

Kettl, Donald F. (1997). The Global Revolution in Public Management: Driving Themes, Missing Links.Journal of Policy Analysis and Management, 16(3): 446~462.

Osborne, D. & Gabler, T. (1992). Reinventing Government, MA: Addison-Wesley.

연구시설장비 정책

제8장 연구시설장비 정책 – 황병상

제**8**장

과학기술 정부출연연을 위한 연구시설장비정책 제안
: 정책의 구성요소별 분석을 중심으로

황병상

이 글은 필자가 「기술경영」 제8권 제3호(2023.9.30.)에 게재한 논문으로서,
편집위원회의 동의를 얻어 교육 및 연구용으로만 활용하는 조건으로 여기에 싣게 되었음을 밝힙니다.

제1절 서 론

1966년에 한국과학기술연구원(KIST) 설립을 시작으로 과학기술분야 정부출연연구기관(이하 '출연연'이라 한다)은 국가 R&D 수행에 핵심적인 역할을 하고 있다. '과학기술분야 정부출연연구기관 등의 설립·운영 및 육성에 관한 법률'(이하 '과기출연기관법'이라 한다)에 따르면 출연연은 정부가 출연하고 과학기술분야의 연구를 주된 목적으로 하는 기관을 말한다. 현재 국가과학기술연구회(이하 'NST'라 한다) 산하에 25개 출연연[1]이 있다.

출연연은 지금까지 약 57년 동안 국가적인 R&D를 통해 다방면으로 기여를 하였다. 1980년대 한국전자기술연구소가 개발한 DRAM 반도체 원천기술은 삼성전자에 의해 상용화되어 반도체 선진국 대열에 진입하도록 만들었고, 1990년대 중반 한국전자통신연구소는 세계 최초로 CDMA 이동통신 시스템 상용화에 성공하였다(과학기술정보통신부·과학기술정책연구원, 2017). 2023년에는 한국천문연구원 등이 자체 제작한 인공위성을 한국항공우주연구원이 자체 제작한 우주 발사체인 누리호에 실어 우주궤도에 올

---

1)　21개 법인과 4개 부설연구소로 구성되어 있다.

리는 데 성공함으로써 한국은 이런 성과를 달성한 세계 7번째 국가가 되었다. 이처럼 출연연은 국가적으로 중요한 성과를 창출하고 있으므로 앞으로도 지속적으로 육성해야할 필요성이 있다.

국가 전체적으로 2017년~2021년(5년간) 국가연구개발사업비가 연평균 187,088억원이 투자되었고, 그 중 4.4%인 8,304억 원이 연구시설장비[2] 구축에 사용되었다. 그중에서 출연연에는 26.4%인 연평균 2,195억원이 투입되고 있다(과학기술정보통신부, 2022). 출연연은 2022년 12월말 기준으로 18,618점(4,224,621백만원)의 연구장비를 보유하고 있다. 아울러 출연연은 연구시설을 보유하고 있는데, 2021년 4월 기준으로 92개 연구시설(총 23,146억원)[3]이 있다(과학기술정보통신부 · 국가연구시설장비진흥센터, 2021). 2022년 10월 말 기준으로 출연연 연구시설을 살펴보면 17개 출연연에 101개 연구시설이 ZEUS에 등록되어 있다.

2006년에 이르러 관계부처 합동으로 '범부처 연구시설·장비 공동활용 촉진방안'을 마련함으로써 연구시설장비정책이 첫 걸음을 내딛게 되었다. 2009년에 한국기초과학지원연구원(이하 'KBSI'라 한다) 소속으로 국가연구시설장비진흥센터(이하 'NFEC'이라 한다)를 출범시킨 후, 2010년 12월에 '국가연구시설장비 관리 표준지침'(이하 '표준지침'이라 한다)을 만들어 2011년에 시행하면서[4] 본격적으로 국가 차원의 정책을 펼치기 시작하였다. 지금까지의 국가연구시설장비정책은 연구장비 등록, 연구시설·장비종

---

2) 연구시설 및 연구장비를 뜻한다. 연구시설과 연구장비의 정의는 과학기술정보통신부(2021) 참조 바람.
3) 연구시설구축비(총 23,146억원)에는 연구시설 내의 연구장비구축비, 토지, 건물 및 부대시설비 등이 포함되어 있다.
4) 2011년에 시행된 표준지침은 매뉴얼로 시행한 것이며, 과학기술정보통신부에 의해 정식 표준지침으로 제정·고시된 것은 2016년 5월이다.

합정보시스템(ZEUS) 구축을 통한 전주기 관리체제 확립, 연구시설장비 심의를 통한 예산 절감 등 여러 성과를 거두고 있다.

그러나 이 정책은 대학, 출연연, 공공기관 및 민간기업 등 모든 기관이 준수해야 할 공통적이고 표준화된 관리기준들을 만들어 적용하다보니, 각 기관의 유형별 특성을 반영하지 못하는 한계가 존재한다. 대학은 기초·원천 연구와 교육이 중심이며, 민간기업은 시장지향의 R&D가 중심이며, 공공기관 등도 각각 설립 목적이 상이하다. 반면에 출연연은 국가 R&D와 산업기술 지원을 주로 수행하는 기관이다. 그럼에도 불구하고 정책대상집단의 특성을 고려하지 않은 채로 일률적인 정책을 수립·적용하는 과정에서 일부 부작용이 발생되는 경향이 있다[5].

따라서 지금까지의 획일화된 정책에서 벗어나 정책대상집단에 따라 특성화된 정책을 만들어야 하는 시기가 도래하였다고 판단된다. 연구시설장비정책이 본격적으로 시행된 지 12년 정도 지난 이 시점이 바로 전문화되고 보다 정교한 정책을 준비해야 하는 시기이다. 특히 출연연에 설치된 연구시설장비는 그 규모나 성격 면에서 국가기간시설에 해당할 정도의 중요성을 가지고 있고, 출연연이 좀 더 자유로운 연구환경 속에서 고유 임무를 수행하기 위해서는 출연연만을 위한 연구시설장비정책이 반드시 필요하다. 이에 이 논문이 이러한 정책개발의 기폭제가 되기를 바라는 마음으로 연구에 착수하였다.

현재 시행 중인 국가연구시설장비정책은 어떤 내용으로 구성되어 있으며, 출연연을 위한 정책의 차별적 요소는 무엇인가? 그리고 출연연을 위한

---

5)   2019년 감사원 감사를 통해 확인된 사례가 대표적이다. 제2절 3.에 상술하였음.

연구시설장비정책은 어떤 방향으로 세우는 것이 바람직한가? 이것이 바로 연구 질문(Research Question)이다. 이에 이 연구의 목적은 국가연구시설장비정책을 정책의 구성요소별로 분석하여 출연연 연구시설장비정책의 차별적 요소를 도출한 후, 출연연을 위한 연구시설장비정책을 별도로 수립하기 위한 방안을 제안하는 것이다.

연구의 시간적 기준은 2023년 7월을 기준으로 현재 시행되고 있는 정책에 초점을 두고 연구하고자 한다. 구체적으로는 시행 중인 관련 법령과 정부의 중장기계획을 통해 국가연구시설장비정책을 분석하고자 한다. 분석대상을 표로 정리하면 〈표 1〉과 같다.

연구방법은 문헌연구를 통한 질적 연구(Qualitative research) 방법을 채택하였다. 아울러 NFEC과 KBSI에 근무하는 직원 10명과 인터뷰를 통해 연구를 수행하였다(〈표 2〉 참조). 아울러 필자 자신이 2019년 10월부터

〈표 1〉 정책분석의 대상: 법령 및 정책

구 분	제정(개정)/수립 시기	명 칭
법령	2001. 1.(2022. 6. 개정)	과학기술기본법
	2001. 7.(2022.11. 개정)	과학기술기본법 시행령
	2011. 1.(2021.12. 개정)	국가연구개발 시설·장비의 관리 등에 관한 표준지침
	2019.10.(2021. 5. 개정)	소재·부품·장비 국가연구실 등의 지정 및 운영에 관한 규정
	2021.12.(2022.12. 개정)	국가연구개발사업 연구개발비 사용 기준
	2022. 9.	대형연구시설 구축관리 표준지침
중장기 계획	2020. 3.	대형가속기 장기로드맵 및 운영전략
	2020.12.	국가연구시설 중기('22~'24) 확충·고도화 방향
	2022.11.	제3차 국가연구시설장비 고도화계획(2023~2027)

NFEC에 근무하고 있기 때문에 참여관찰도 가능했다.

〈표 2〉 인터뷰 개요

구분	내용
인터뷰 기간	• 2023.1. ~ 2023.5.
인터뷰 대상	• 총 10인: NFEC 8인, KBSI 2인 (책임급 2인, 선임급 4인, 원급 4인)

공통 질문	• 연구시설장비 관련 담당 업무에서 제도적으로 개선이 필요한 사항?
	• 출연연을 위한 연구시설장비정책의 문제점과 발전 방안?
	  : ① 정책목표 부문, ② 정책수단 중 조직 부문, ③ 정책수단 중 재정 부문
	    ④ 정책수단 중 관리 부문, ⑤ 정책수단 중 유인 부문, ⑥ 정책수단 중 설득 부문

제2절 이론적 배경 및 분석의 틀

1. 연구시설장비정책

과학기술기본법 제28조 제1항과 정부의 종합계획(국가과학기술심의회 운영위원회, 2013; 국가과학기술심의회 운영위원회, 2018)을 토대로 Hwang and Park(2022)은 인력과 산업에 대한 내용을 포함하여 연구시설장비정책을 정의하였다. 즉 '연구개발 시설·장비의 확충, 관리, 운영, 공동 활용, 개발 및 처분뿐만 아니라 관련 인력과 산업의 육성에 관한 정책'으로 정의했다.

한편 국가과학기술심의회 운영위원회는 2017년에 "R&D 생산성 제고 및 고급 일자리 창출을 위한 연구산업[6] 혁신성장전략(안)"을 의결했고, 정부는 2021년 4월에 연구산업진흥법을 제정하였으며, 2022년 8월에는 제1

차 연구산업 진흥 기본계획을 수립하였다. 이들을 토대로 황병상(2022)은 연구장비산업정책을 '연구장비와 그 주변시스템 및 부품을 개발하거나 개조, 유지·보수·서비스하는 산업을 육성하는 정책'으로 정의한 바 있다.

연구시설장비정책은 연구장비 인력 및 관련 산업의 육성까지 포함하여 광의로 정의할 수도 있지만, 연구장비산업정책은 이미 연구산업정책의 하위정책으로 분류되어 정책이 수립되어 있기 때문에, 산업과 관련된 부분을 제외하고 협의로 정의할 수도 있다. 과학기술정보통신부(이하 '과기정통부'라 한다)에서도 연구시설장비관리 부문은 과학기술혁신본부 소속의 연구평가혁신과에서, 연구장비 인력 육성을 포함한 연구장비산업부문은 제1차관 소속의 연구산업진흥과에서 담당하고 있음을 감안할 필요가 있다.

이에 본 연구는 연구장비 인력 육성 및 연구장비산업과 관련된 부분은 제외한 협의의 개념으로 재정의하고자 한다. Hwang and Park(2022)의 연구시설장비정책에 대한 정의를 약간 수정하여, 국가연구시설장비정책을 '연구시설장비의 확충, 관리, 운영, 공동활용 및 처분에 관한 정책'으로 정의하고자 한다. 이 정책은 과학기술정책의 하위정책이며, 국가혁신체제론에서 보면 '과학기술 하부구조정책(Science & Technology Infrastructure Policy)'[7]의 하위 정책으로도 볼 수 있다.

선행연구 검토를 위해 먼저 해외학술지를 살펴보면, Tassey(1991)는 기술하부구조정책이 연구개발, 생산, 마케팅의 모든 단계와 관련 제품 생

---

6) 연구산업의 세부분야는 주문연구산업, 연구관리산업, 연구개발 신서비스산업 및 연구장비산업이다(국가과학기술심의회 운영위원회, 2017).

7) OECD는 연구하부구조정책(Research Infrastructure Policy)이라는 용어를 사용하고 있다(http://www.innovationpolicyplatform.org) (Hwang and Park, 2022: 155).

산주기를 동시에 다루어야 함을 주장했고, Justman and Teubal(1995)은 기술하부구조정책의 필수 특성을 분석하고, 가격에 기반을 둔 조치보다는 제도적 혁신을 중요시하는 정부의 촉매 역할을 규정하였다. Riggs and Hippel(1994)은 높은 과학적 중요도가 있는 혁신은 연구장비 사용자에 의하고, 높은 상업적 중요도가 있는 혁신은 연구장비 제작자에 의함을 밝혔다. Yoon(2018)은 연구장비의 효율적 관리에 있어서 정부와 과학자 간의 정책갈등에 대해, Tomaskova et al.(2019)은 의료기기 개발과정의 비즈니스 프로세스 모델에 대해 연구했다(Hwang and Park, 2022). Hwang and Park(2022)은 한국의 4개 정부에 걸친 연구시설장비정책의 변동을 분석한 후 국가 차원의 정책 발전방안을 제안한 바 있다.

국내에서는 연구장비 및 대형연구시설을 주제로 한 연구들이 수행되어 왔다. 먼저 연구장비와 관련해서는 김인호 외(2002)와 이찬구(2015)는 연구장비 관리 방안에 대해, 유경만 외(2008)는 연구시설·장비의 효율적 확대 및 공동활용 제도화 방안에 대해, 홍재근(2012)은 연구장비 인프라의 사용자 중심 서비스 혁신에 대해 연구했다. 조만형·박종우·이형진(2014)은 연구시설장비의 관리를 위한 법제화 방안에 대해, 유경만 외(2015)는 공동활용 성과관리체계에 대해 분석했다. 이찬구(2016)는 연구장비의 공동활용 정책에 대해, 김용주·김영찬(2018)은 연구장비의 유사도 판단기법에 대해 연구했다(Hwang and Park, 2022). 안치수(2005)는 연구장비 공동활용을 통한 연구지원 성과의 경제적 효과에 대해 연구했다.

대형연구시설과 관련해서는 이철원 외(2003)가 대형연구장비·시설의 구축과 공동활용 제고방안에 대해, 권기헌 외(2006)가 대형연구시설 투자 우선순위에 대해 연구했다. 윤수진(2017)은 한국의 3세대 방사광가속기

정책에 대해, 노승철 외(2018)는 대형연구시설의 관리체계 및 성과평가 방안에 대해 연구했다(Hwang and Park, 2022). 손경한·송용주(2020)는 국가대형연구시설 관리 법제의 현황과 개선방향을 연구하였고, 황윤민·이수재(2021)는 대형연구시설기반 지역 혁신생태계 구축 전략에 대해 연구하였다.

하지만 이러한 기존 연구들은 국가 차원의 정책에 대해 연구하거나, 세부 주제를 중심으로 분석하여 한 부분에 국한된 대안이나 발전방안을 제시하는 한계를 가지고 있다. 즉, 출연연 연구시설장비정책이라는 측면에서 다룬 연구는 전무한 실정이다. 출연연 연구시설장비의 중요성을 감안하면 반드시 연구가 필요한 주제로 판단된다. 이에 본 연구는 정책의 구성요소론 관점에서 국가연구시설장비정책을 분석하여 출연연을 위한 연구시설장비정책을 제안하고자 한다.

2. 정책의 구성요소론

정책의 구성요소에 대한 여러 학자들의 논의를 종합하면 핵심적인 요소는 정책목표와 정책수단이라고 볼 수 있으며, 학자에 따라 정책기조, 정책의지, 정책 추진주체, 정책 대상집단, 당위성, 공식성 등을 들기도 한다(고순주, 1997). Anderson(1984)과 허범(1988)은 정책기조를 정책의 구성요소 중 하나로 보고 있으며(고순주, 1997에서 재인용), 고순주(1997)와 황병상(2013)도 정책기조를 정책의 구성요소로 분류하고 있다. 정책의지나 당위성 또는 공식성은 정책기조나 정책목표에 일부 포함될 수 있는 것으로 보이고, 정책 대상집단은 정책의 내용에 따라 정해지는 면이 있기 때문에 크게 보면 정책의 구성요소는 정책기조, 정책목표 및 정책수단으로 분류할 수 있다(황병상, 2019).

정책기조는 정책목표와 정책수단의 선택에 큰 영향을 미치는 요소이다. 정책기조(Policy paradigm)란 '특정한 정책 분야에서 정책형성을 구조화하는 지배적인 사상적 틀'(Hall, 1990; 김종범, 2017에서 재인용) 또는 '정책의 방향, 내용, 성격, 과정 등을 규정해 주는 사고정향, 이념, 철학, 사상 등 정책의 기초적·논리적 전제로서의 기본적 준거가치'(박정택, 1995)로 정의된다.

정책목표는 '정책(활동)을 통하여 달성하고자 하는 바람직한 상태(정책이 추구하는 바람직한 미래상), 얻고자 하는 결과'를 말한다. 이러한 정책목표는 본질상 미래 지향성과 방향성을 가지고 있다. 즉, 정책목표는 시간적으로 보아 미래에 실현하고자 하는 바람직한 상태이며, 어떤 방향으로의 변화를 지향하는 것이다(강근복 외, 2016).

정책수단에 대해 Howlett and Ramesh(2003)는 '정책을 집행하기 위하여 정부가 사용할 수 있는 실제수단 또는 장치'로 정의했다. 노화준(2012)은 '정부기관들이 정책효과를 가져오도록 하기 위하여 사용하는 각종 수단들(means)과 활동들'로 정의한 바 있다. 종합적으로 보면 정책수단은 정책을 집행하고 정책목표를 달성하기 위한 여러 가지 수단이라 할 수 있다.

정책수단에 대한 분류 역시 학자들에 따라 다양하다. Hood(1986)는 정부가 사용할 수 있는 통치자원을 네 가지 범주 즉 정보(information 또는 nodality), 권위(authority), 자금(treasure), 공식조직(formal organization)으로 분류하였는데, 노화준(2012)은 이를 원용하여 조직에 기반을 둔 정책수단, 권위에 기반을 둔 정책수단, 자금에 기반을 둔 정책수단, 정보에 기반을 둔 정책수단으로 분류하고 구체적인 정책도구를 제시한 바 있다. Vedung(1998)은 정책수단을 규제(regulations), 경제적 수단(economic means) 및 정보(information) 등 세 가지로 분류하였다(백승기, 2021).

정정길 외(2003)는 실질적 정책수단과 실행적 혹은 보조적 정책수단으로 대별했다. 실질적 정책수단은 상위목표에 대해서는 정책수단으로서, 하위수단에 대해서는 목표로서의 역할을 하는 것으로 정책의 종류에 따라서 달라지는 것이다. 실행적 정책수단은 실질적 정책수단을 현실로 실현시키기 위하여 필요한 수단으로 첫째, 순응확보수단(설득, 유인, 강압적 수단), 둘째 집행기구, 집행요원, 자금, 공권력 등이 있다. 황병상(2013)은 한국의 녹색성장정책을 연구하면서 정책수단을 집행기구, 재정, 규제, 유인 및 설득으로 분류하였다.

3. 출연연 연구시설장비정책의 필요성

과학기술분야 출연연은 '과기출연기관법'에 따라 설립되었고, '공공기관의 운영에 관한 법률'과 그 시행령에 따르면 출연연은 '연구개발을 목적으로 하는 기관'이다. 정부는 2013년에 '출연(연) 개방형 협력 생태계 조성안'을 마련하고 '출연(연)별 고유임무 재정립'을 실천과제로 채택한 바 있다. 이에 2013년 말에서 2014년에 걸쳐 과학기술분야 출연연에 대한 고유임무 재정립을 통해 각 기관의 연구사업을 기초·미래선도형, 공공·인프라형 및 산업화형 등 3개 유형으로 구분하여 관리하고 있다.

2018년에 정부는 출연연의 R&R(Roles & Responsibility; 역할과 책임)

정책을 추진하여 '자율과 책임 기반으로, 연구로 대표되고, 그 성과로 인정받는 국가대표 핵심 연구기관'을 목표로 정하고, 국민이 공감하는 출연연 역할과 책임 확장, 연구하는 출연연 환경 조성 등을 추진방향으로 설정한 바 있다(국가과학기술연구회·과학기술정보통신부, 2018). 이에 따라 2019년에 각 출연연별 R&R 정립을 완료하였다. 한 마디로 자율과 책임을 기반으로 '해야 하는' 연구에 집중하는 연구기관을 지향하는 것이다. 이 정책은 지금도 출연연에 적용되고 있는 정책이다[8].

한편 미래창조과학부는 연구장비 공동활용실적을 출연연의 기관평가에 반영코자 2015년 10월 국가과학기술심의회에 '국가연구시설·장비의 투자 효율화 및 공동활용 촉진방안(안)'을 상정하였다. 이어 2016년 5월에 '과학기술분야 출연연구기관 경영성과계획서 작성지침'을 개정하여 출연연의 경영성과계획서에 공동활용실시율(%)을 필수적으로 반영하도록 하였다. 이로 인해 일부 출연연에 부작용을 낳게 되었다.

앞에서 언급했듯이 2019년에 감사원이 출연연 3곳의 시설장비 공동활용율을 조사한 결과 허위 사례가 나타났다[9]. 사유는 국정감사와 언론으로부터의 지적을 회피하기 위해서였거나, 연구시설장비 심의 통과에 유리하도록 단독활용장비임에도 공동활용장비로 분류하여 심의를 받은 후 그대로

---

8) 「2023년 국가과학기술연구회 소관연구기관 평가편람」에도 '기관운영계획'과 '연구사업계획'을 기관의 R&R을 반영하여 수립하게 하고 이에 대한 평가절차 등을 제시하고 있다(국가과학기술연구회, 2022).

9) 「① A연구원은 시설장비 127대 중 55대의 장비에 대한 공동활용 실적을 2,000시간으로 일괄 등록하였고, 공동활용이 불가능한 시제품 12대를 공동활용실적이 있다고 허위 입력했고, ② B연구원은 단독활용만 가능한 239대의 장비를 공동활용이 가능하다고 하여 공동활용허용율을 부풀렸으며, ③ C연구원 역시 총 261대의 단독활용 시설장비를 공동활용시설장비로 등록하여 공동활용허용율을 부풀리고, 공동활용이 불가능한 장비 20대에 대해 공동활용실적을 허위로 등록하였다(감사원, 2020).

출연연 공공관리 정책: 지식창출자로 자리매김 **463**

ZEUS에 등록했기 때문이다(감사원, 2020). 편법적인 행위 자체는 이를 행한 연구기관에게 1차적인 책임이 존재하나, 연구중심의 출연연 특성을 적절히 반영한 연구장비 활용실적 평가기준의 부재에도 일부 책임이 있다고 본다.

출연연은 고유의 목적과 중요성 및 특수성을 가진 연구기관이다. 따라서 현재의 정책처럼 정책대상집단을 가리지 않고 일률적으로 적용할 것이 아니라 출연연에만 적용되는 연구시설장비정책을 수립하여 시행하는 것이 필요하다. 지금까지 국가연구시설장비정책에서 NST의 역할이 없었지만, 출연연을 위한 연구시설장비정책에 NST의 기능과 역할이 필요한 시점으로 판단된다. 물론 장기적으로는 출연연뿐만 아니라 대학, 공공기관 등 정책대상집단별로 특성화된 연구시설장비정책으로 발전시켜 나가야 할 것이다.

4. 분석의 틀

연구시설장비정책 분야에는 고유의 이론으로 정립된 것이 아직 없기 때문에 본 연구는 정책학의 이론을 활용하여 분석의 틀을 도출하고자 한다. 즉 정책의 구성요소론에 따라 분석의 틀을 구성하고자 한다.

앞에서 언급했듯이 정책의 기본적인 구성요소는 정책기조, 정책목표 및 정책수단이다. 그러나 연구시설장비정책과 같은 하위정책에서는 정책기조가 정책목표나 정책수단에 미치는 영향이 약한 것이 사실이다. 〔표 1〕분석대상의 내용에서 정책기조와 가까운 것을 찾아보면 대표적으로 과학기술기본법 제28조에는 '효율적이고 균형 있는 연구개발'을 위해 연구개발 시설·장비의 확충·고도화 및 관리·활용에 대한 시책을 세우는 것이라고 명시되어 있다. 또한 '제3차 국가연구시설장비 고도화계획'(이하 '제3차 고도화계획'이라 한다)에는 '현장 중심 연구시설·장비 생태계 구축·연구자, 연구기관이 자율적으로 관리할 수 있는 연구인프라 환경 조성-'을 비전으로 설정한 바 있다(국가과학기술자문회의 심의회의 운영위원회, 2022). 이상과 같은 정책기조를 요약하면 '효율적인 연구개발을 위해 연구시설장비에 대한 시책을 세우는 것'과 '현장중심의 연구시설장비 생태계 구축'을 들 수 있다. 이러한 내용은 사상적이거나 이념적인 것이라기보다 실천적인 내용에 속하는 것이므로 정책목표나 정책수단에 미치는 영향이 크지 않다. 따라서 정책기조는 분석요소에서 제외해도 무방하므로, 정책 구성요소의 핵심이라 할 수 있는 정책목표와 정책수단에 대해서만 분석하고자 한다.

정책목표는 정책을 통하여 달성하고자 하는 바람직한 상태나 얻고자 하는 결과를 뜻하므로 정책에서 명시한 정성적/정량적 목표를 찾아서 분석하고자 한다. 정책수단의 경우에는 거의 모든 정책에 적용할 수 있는 실행적 정책수단에 의해 분류하여 고찰하고자 한다. 정책수단은 황병상(2013)의 분류를 참고하되, 집행기구 대신에 좀 더 보편적으로 사용되고 있는 용어인 '조직'을 사용하고자 한다. 또한 연구시설장비정책의 특성을 고려하여 정책수단 중 '규제'라는 용어 대신에 '관리'라는 용어로 바꾸어 사용하고자 한다. 규제는 형사정책이나 환경정책과 같이 강제성과 처벌을 전제로 하는 경우에 적절한 용어인 반면에 연구시설장비정책에서는 관리적 차원의 정책수단을 사용하고 있기 때문이다. 이에 필자는 정책수단을 ① 조직, ② 재정, ③ 관리, ④ 유인, ⑤ 설득 등 5가지로 구분하고자 한다.

각 정책수단별 세부 분석요소는 Hwang and Park(2022)을 참고하여 중요한 항목 위주로 정하고자 한다. 본 연구는 국가연구시설장비정책의 정책목표와 정책수단에 대한 분석을 통해 출연연 연구시설장비정책의 차별적 요소를 파악한 후 출연연을 위한 연구시설장비정책을 제안을 하고자 하는 연구목적을 가지고 있기 때문에 이러한 목적을 고려하여 적합한 세부 정책수단을 도출하고자 한다.

이에 정책수단 중 ① 조직은 과기정통부 연구평가혁신과, NFEC 및 연구기관10)을 분석하고자 한다. ② 재정에 대해서는 연구시설장비 심의를 분석하고자 한다. ③ 관리 수단으로는 표준지침, 연구시설장비 등록 및 연계, 연구시설장비 실태조사를 분석하고자 한다. ④ 유인 수단으로는 연구장비 공동활용촉진, 연구시설·장비비통합관리, 커뮤니티 및 협의체 육성지원, 유휴·저활용장비 이전지원을 다루고자 한다. ⑤ 설득 수단으로는 관리/윤리 교육, 정책홍보를 분석하고자 한다. 정책홍보는 전시/설명회, 공모전을 의미한다. 이상과 같이 구성한 분석의 틀을 그림으로 나타내면 (그림 1)과 같다.

본고에서는 출연연 연구시설장비정책 자체를 위한 제안뿐만 아니라 NST와 출연연의 정책역량 강화에도 초점을 맞추어 혁신방안을 제안하고자 한다. NST는 출연연에 대한 관리기구이고, 출연연은 정부가 수립한 연구시설장비정책의 정책대상집단 및 정책집행자라는 이중적인 역할을 하고 있어 집행정책의 중요한 역할을 담당하고 있기 때문이다.

한편 본고에서는 정책환경에 대해서는 별도로 다루지 않을 계획이다. 일반적으로 정책환경은 지형적 요인, 인구학적 요인, 사회경제적 요인 및 정치체제의 요인 등으로 나누어지는데, 출연연 연구시설장비정책은 과학기술

---

10) 국가연구개발혁신법 제2조제3호의 연구개발기관을 말한다(표준지침 제2조).

(그림 1) 분석의 틀

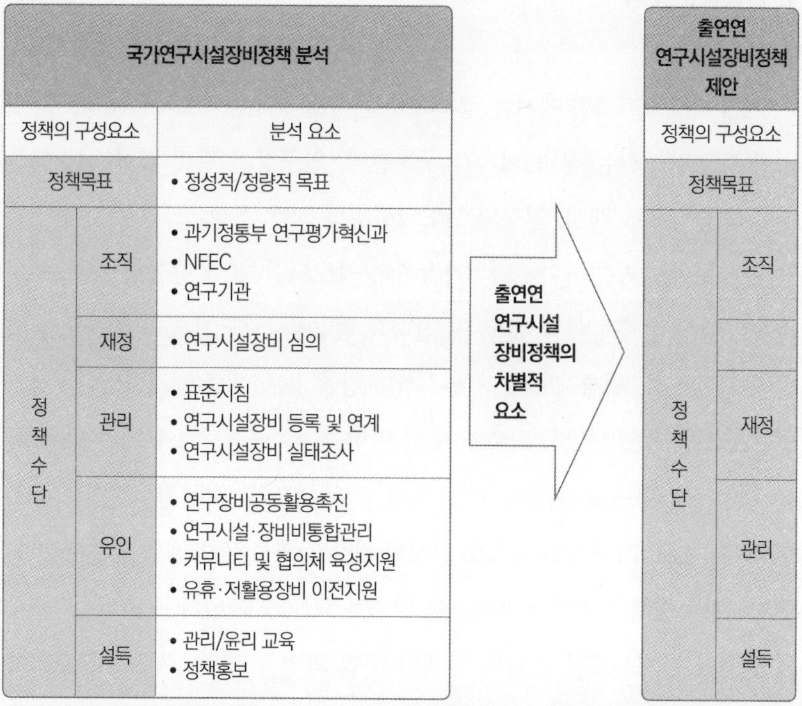

국가연구시설장비정책 분석			출연연 연구시설장비정책 제안	
정책의 구성요소		분석 요소	정책의 구성요소	
정책목표		• 정성적/정량적 목표	정책목표	
정책수단	조직	• 과기정통부 연구평가혁신과 • NFEC • 연구기관	정책수단	조직
	재정	• 연구시설장비 심의		재정
	관리	• 표준지침 • 연구시설장비 등록 및 연계 • 연구시설장비 실태조사		관리
	유인	• 연구장비공동활용촉진 • 연구시설·장비비통합관리 • 커뮤니티 및 협의체 육성지원 • 유휴·저활용장비 이전지원		설득
	설득	• 관리/윤리 교육 • 정책홍보		

출연연 연구시설 장비정책의 차별적 요소

인프라의 구축과 활용이 중심이 되기 때문에 정책환경의 영향이 거의 없는 분야로 판단되기 때문이다.

제3절 국가연구시설장비정책의 정책 구성요소별 분석

본 절에서는 국가연구시설장비정책의 정책 구성요소별 분석을 통해 출연연 연구시설장비정책의 차별적 요소를 도출하고자 한다.

1. 정책목표 분석

　'제3차 고도화계획'에서는 정책목표를 특정하지 않았으나, 전략으로 설정한 대형연구시설·장비 체계적 구축관리, 연구장비 관리·활용 시스템을 수요자 중심으로 개선, 연구인프라 역량강하 기반 조성 등 세 가지를 정책목표로 보아도 무방하다. '대형가속기 장기로드맵 및 운영전략'에는 '대형가속기의 중장기적 구축·운영 및 전략적 활용을 통해 기초·원천연구/산업발전 기반조성, 세계적 수준의 우수성과 창출'을 목표로 명시하였다. '국가연구시설 중기('22~'24) 확충·고도화 방향'에는 '연구시설에 대한 구축·활용 관리체계 확립'을 목표로 하고 있다. 정책목표가 모두 정성적인 목표로 설정되어 있고 정량적인 목표로 설정된 것은 찾아보기 어려우며, 출연연 연구시설장비정책을 위한 정책목표를 별도로 세운 것도 없다.

　아울러 정책목표를 포함한 정책의 수립 과정을 보면, '제3차 고도화계획' 수립을 위해 설문조사 2회, 출연연을 포함한 연구자 및 전문가와의 심층 인터뷰, 연구현장 간담회 2회, 관계부처 의견수렴 2회, 학·연·산 전문가 간담회 1회 등을 통해 의견을 수렴하였다(국가연구시설장비진흥센터, 2023). 이와 같이 연구시설장비와 직접 관련된 전문가나 기관 등 소규모로 의견 수렴이 이루어졌으나, 공청회와 같은 보다 개방적인 의견 수렴의 장은 없었다. 즉 대부분의 정책과정이 정부 주도적으로 운영되면서 정책목표 수립에 참여하는 정책행위자가 제한적이었다. 또한 지난 10년간의 주요 성과와 한계를 간단하게 파악한 후(국가과학기술자문회의 심의회의 운영위원회, 2022), 동 계획을 수립하였지만, 엄밀한 의미에서 기존 정책(정책목표 포함)에 대한 효과성 평가(evaluation of policy effectiveness)를 실시하지 않고 추진되었다는 한계가 있다.

이상과 같은 국가연구시설장비정책의 목표에 대한 분석을 토대로 출연연 연구시설장비정책의 차별적 요소를 도출하면 다음과 같다. 출연연은 국가 R&D와 산업기술 지원이 주목적이므로 이에 맞게 출연연만을 위한 연구시설장비정책의 목표 수립이 필요하다. 아울러 정책목표 수립과정에 보다 많은 정책행위자의 참여가 가능하도록 개선이 필요하다는 점이다.

2. 정책수단 분석

1) 조직

조직으로는 과기정통부 연구평가혁신과, NFEC 및 연구기관이 있다. 첫째, 과기정통부 연구평가혁신과는 국가연구시설장비정책의 전반을 관장하고 있다. 연구평가혁신과는 연구시설장비에 대한 심의, 구축, 등록, 운영, 활용 및 처분 등 전주기에 대한 관리를 총괄하며, 산업통상자원부, 해양수산부, 환경부 등의 중앙행정기관과의 협력에서 중심적인 역할을 하고 있다. 반면에 NST는 현재 연구시설장비정책과 관련한 역할이나 기능이 없는 실정이다.

둘째, NFEC이다. NFEC은 2008년 8월 제28회 국가과학기술위원회 본회의를 통해 KBSI 내에 설치·운영하기로 결정되었고, 2009년 8월에 정식으로 출범하였다. NFEC의 법적인 근거는 2010년 2월 과학기술기본법 개정에 반영되었으며, 2010년 9월에 연구시설·장비의 고도화 추진을 지원하는 기관으로 지정되었다(Hwang and Park, 2022: 163-164). 2014년 11월에는 미래창조과학부가 NFEC을 연구시설장비 분야 연구성과 관리·유통 전담기관으로 정식으로 지정·고시하였다. 2022년 11월에는 NFEC에 대형연구시설구축지원단이 설치되었다. 2022년 12월 현재 장비정책팀, 장비심의팀, 장비활용팀, 장비정보팀 및 대형연구시설지원팀 등 5팀이 운영되고 있으며, 정규직 25명(박사 10명)과 계약직 19명(박사 7명)이 근무 중이다.

셋째, 연구기관이다. 각 연구기관은 연구시설장비에 대한 소유권과 함께 관리책임을 가지고 있다. 3천만원 이상 1억원 이하의 연구시설장비에 대한 심의와 3천만원 이상의 연구시설장비에 대한 활용·처분 등을 위해 자체연구시설장비심의위원회를 구성·운영하고 있다. 아울러 표준지침 제26조에 의해 각 연구기관은 연구시설장비책임관을 두고 있다. 연구기관의 장은 부서장이나 자체연구시설장비심의위원장 중에서 1명을 연구시설장비책임관으로 지정하여 ZEUS에 등록하게 하고 있으나,[11] ZEUS 상에서 연구시설장비책임관의 역할은 미비한 실정이다.

이상과 같은 국가연구시설장비정책의 정책수단 중 조직에 대한 분석을 토대로 출연연 연구시설장비정책의 차별적 요소를 도출하면 다음과 같다. 먼저 출연연 연구시설장비정책에 대한 NST의 역할이 필요하다는 점이다. 국가연구시설장비정책이 정책대상집단을 구분하지 않고 일률적으로 적용되면서 출연연의 고유임무 수행에 일부 부작용을 가져오고 있기 때문에, 출연연 관리기구인 NST의 일정한 역할이 필요한 시기가 도래했다고 판단된다. 아울러 NFEC이 정책대상집단별로 세분화된 정책을 마련할 수 있는 역량이 충분한지 인력구성과 전문성 측면에 대한 검토가 필요하다. 또한 연구

---

11) 국가연구시설장비 실태조사를 통해서는 조사대상 449개 기관 중 79.5%인 357개 기관이 연구시설장비책임관을 지정하고 있다고 조사되었다(관계부처 합동, 2022).

기관 중 출연연의 연구시설장비 관리 관련 역할의 강화 및 연구시설장비책임관의 ZEUS 상의 역할에 대한 조치가 필요하다.

2) 재정

재정은 연구시설장비 심의를 통해 파악할 수 있는데, 표준지침 제4조~제6조에 이에 대한 사항을 규정하고 있다. 국가연구시설장비심의위원회 본심의는 차년도 예산에 반영하고자 하는 1억원 이상 연구시설장비에 대해 심의하며, 동 위원회의 상시심의는 예산편성 단계에서 구축계획이 파악되지 않은 1억원 이상의 연구시설장비에 대한 심의를 맡고 있다. 3천만원 이상 1억원 미만 장비에 대해서는 정부위탁사업인 경우는 연구개발과제평가단에서, 연구기관기본사업인 경우는 기관별 자체연구시설장비심의위원회에서 심의를 하고, 심의일로부터 15일 이내에 심의결과를 ZEUS에 입력하고 있다.

이상과 같은 재정 수단에 대한 분석을 토대로 출연연 연구시설장비정책의 차별적 요소를 도출하면 다음과 같다. 출연연의 연구중심 R&R을 지원할 수 있도록 출연연의 연구시설장비 투자 비중을 연구기관이 직접 수립하고 이를 보장하는 방식으로 NST가 일정한 역할을 담당하는 것이 필요하다. 아울러 연구개발과제평가단 구성·운영은 전문기관[12)]에서 수행하고 있는데, 각 전문기관의 연구시설장비 관련 전문성에 한계가 있어 연구시설장비에 대한 심의 자체를 부담스러워하는 측면이 있다. 또한 연구기관기본사업인 경우의 기관별 자체연구시설장비심의위원회 심의를 의무로 규정하고 있는데, 연구기관의 자율성 측면에서 재검토가 필요하다.

3) 관리

관리 수단으로는 세 가지가 있다. 첫째, 표준지침이다. 이 지침은 과학기술기본법과 동 시행령에 근거하여 과기정통부 고시로 시행되고 있다. 연구시설장비의 관리 체계 확립을 위해 최소한의 기준으로 만들어져 연구기관에 가이드라인으로 제공되고 있다. 세부적으로는 연구시설장비의 관리, 심의, 구축, 등록, 운영, 활용, 처분 및 실태조사에 대한 내용을 담고 있다.

둘째, 연구시설장비 등록 및 연계는 표준지침 제20조~제22조에 규정되어 있다. 연구기관의 장은 도입 완료된 연구시설장비에 대하여 기관자산으로 등재해야 하며, 3천만 원 이상 연구시설장비와 3천만 원 미만이라도 공동활용이 가능한 연구시설장비에 대해서는 기관자산 등재 후 30일 이내에 ZEUS에 등록하게 하고 있다. 아울러 등록정보들을 관계기관 간에 상호연계 할 수 있도록 규정하고 있다. 현재 ZEUS 등록정보들은 관리부처별 또는 연구주제별로 별도의 웹사이트를 통해 연동되거나[13], 개별 기관에 제공되어 정보를 공유하고 있다.

셋째, 연구시설장비 실태조사이다. 이 조사는 표준지침 제40조에 규정되어 매년 실시되고 있으며, 2022년 실태조사는 비영리연구기관 449개를 대상으로 14개 항목에 대해 시행되었다(관계부처 합동, 2022). 그러나 조사항목이 14가지에 불과하고 그중 9가지는 예/아니오 식의 단순 이행현황만

---

12) "전문기관"이란 중앙행정기관의 국가연구개발사업의 추진을 위하여 업무의 전부 또는 일부를 대행하는 기관으로서 중앙행정기관의 장에 의해 지정된 기관을 말한다(국가연구개발혁신법 제2조). 한국연구재단 같은 기관이다.

13) "예를 들면 산업통상자원부의 i-Tube시스템, 바이오혁신연계서비스(BICS), 탄소산업공동활용플랫폼(CARBONET) 등이다.

조사하는 등 단순한 편이어서 향후 정책수립 및 조정을 위한 통계자료로 사용하기에는 부족해 보인다. 아울러 현행 실태조사에서 공동활용기관이 대학인지, 기업인지, 정부출연연구기관인지 등에 대한 구분이 없어 이용기관의 성격별로 추세를 파악하기 어려운 점도 시정이 필요하다.

이상과 같은 국가연구시설장비정책의 관리 수단에 대한 분석을 토대로 출연연 연구시설장비정책의 차별적 요소를 도출하면 다음과 같다. 표준지침의 경우 정책대상집단에 맞게 세부 사항을 개선할 필요가 있다. 출연연의 예를 들면 별표 7의 '연구시설장비 활용실적지표' 등을 출연연에 맞게 개선할 필요가 있다. 현재의 지표는 공동활용실적 위주로 구성되어 있는데 반해 출연연의 경우 연구시설장비의 활용목적에 따라 지표를 다르게 구성할 필요성이 있다. 아울러 연구시설장비 등록 및 연계와 관련하여 25개 출연연의 연구시설장비정보를 모은 온라인 플랫폼을 만들어 서비스를 할 수 있다면 연구시설장비의 활용도를 높이는데 기여할 것으로 생각된다. 또한 연구시설장비 실태조사에 대해서는 출연연의 경우 14개 항목에 대해 대부분 기준을 충족하고 있기 때문에 좀 더 심층적인 조사항목을 마련하는 방향으로 개선이 필요하고, NST 차원의 통합관리를 검토할 필요가 있다.

4) 유인

유인수단으로는 네 가지가 있다. 첫째, 연구장비공동활용촉진이다. 교육부의 기초과학연구역량강화사업을 통해 대학을 대상으로 연구분야 및 특정 기능 등의 단위로 연구장비를 집적하여 공동활용 및 전문적 운영을 하는 '핵심연구지원센터'(Core-Facility)를 지정하여 지원하고 있다. 2019년 이후 2022년까지 총 63개 센터를 운영 중이며, 2022년도 정부지원금은

38,053백만원이다(국가연구시설장비진흥센터, 2022). 아울러 과기정통부는 NFEC을 통해 출연연과 부처 직할 연구기관을 대상으로 '핵심연구지원센터'를 지정하여 지원하고 있다. 2019년에는 4개 센터를 지정하여 3년간 총 1,280백만원 지원했고, 2022년에는 3개 센터를 지정했다[14].

둘째, 연구시설·장비비통합관리[15]이다. '국가연구개발사업 연구개발비 사용 기준' 제104조에 따르면 통합관리기관의 장은 정부가 지원한 연구개발비를 지급받은 날로부터 90일 이내에 해당 연구시설·장비비통합관리계정으로 이체 또는 계정대체하게 되어 있다. 또한 2022년까지 총 71개 기관(대학 55개, 출연연 10개, 전문생산기술연구소 등 6개)이 통합관리기관으로 지정되었는데, 그중 NST 산하 출연연은 8개 기관(32%)에 불과하다.

셋째, 커뮤니티 및 협의체 육성지원이다. NFEC은 '연구시설·장비 커뮤니티 및 협의체 육성지원사업'에 대한 아이디어를 내어 2020년부터 사업을 시행하여 지원하고 있다. 이는 과학기술기본법 제28조에 따른 사업으로 10명이상으로 구성된 커뮤니티 등을 활동비를 지원하여 포럼 개최를 통한 지식공유/인적교류의 장을 마련하고 있다. 2023년도에는 커뮤니티 8개, 협의체 2개를 선정하여 각 1천만원의 예산을 지원하고 있다. 주관연구자의 자격만 연구기관, 대학 등 비영리기관에 재직하도록 한정하고 있고, 지원대상을 특정하지는 않고 있다.

---

14) 2022년도에는 ETRI의 차세대ICT통신융합집적화랩과 KAIST의 바이오코어연구센터 및 양자기초기술 핵심연구지원센터가 지정되었다.

15) 연구시설·장비 관리를 위한 별도 계정을 설정하여 하나 이상의 연구개발과제의 연구시설·장비를 통합관리하는 것을 말한다. 연구시설·장비비는 ① 연구시설·장비 임차비 및 연구시설·장비 운영비, ② 정부출연연구기관의 기본사업의 연구개발비 중 연구시설·장비 유지·보수비를 의미한다('국가연구개발사업 연구개발비 사용 기준' 제2조 및 제101조).

넷째, 유휴·저활용장비 이전지원이다. 표준지침 제37조에 따라 활용되지 않는 연구장비를 보유한 기관과 이를 필요로 하는 기관을 연결하여 장비당 취득금액의 10%이내(최대 6천만원)에서 연구장비의 사전점검, 이전·설치, 수리 비용을 지원하는 사업이다. 2022년도에 심의위원회를 13회 개최하여 총 483점의 연구장비를 268개 기관에서 양수하였다(국가연구시설장비진흥센터, 2023: 35-36). 이 사업은 지방자치단체, 공공기관, 연구기관, 연구개발관련 중소기업 등 전체를 대상으로 하고 있고, 출연연만을 위한 별도의 사업은 없다.

이상과 같은 국가연구시설장비정책의 유인 수단에 대한 분석을 토대로 출연연 연구시설장비정책의 차별적 요소를 도출하면 다음과 같다. 연구장비공동활용촉진은 출연연 개별 기관 단위가 아닌 25개 출연연 공동의 연구장비 집적화 체계 구축을 검토할 필요가 있다. 연구시설·장비비통합관리는 NST 차원에서 출연연 공동의 연구시설·장비비를 확보·지원하는 방식을 검토할 필요가 있다. 커뮤니티 및 협의체 육성지원 역시 출연연을 포괄하는 기술인력 커뮤니티 구성 및 활용을 검토해 볼 수 있다. 유휴·저활용장비 이전지원도 출연연 내의 유휴·저활용장비에 대한 조사와 이전 활성화 방안 마련이 필요하다.

5) 설득

설득수단으로 두 가지가 있다. 첫째 관리/윤리 교육이다. NFEC은 국가연구시설장비 관리 및 윤리 정기교육을 2014년부터 개최하고 있다. 이는 건전한 연구장비 윤리의 확산과 더불어 표준지침의 세부관리기준을 연구현장에 쉽고 빠르게 숙지시키기 위한 목적이다. 2022년에는 10회의 정기교육과 3회의 방문교육을 통해 총 499명에 대한 교육을 실시하였다(국가연구시설장비진흥센터, 2023).

둘째, 정책홍보이다. NFEC은 'KSFree 연구장비지식공유포럼'을 2019년부터 매년 개최하여 연구장비 전문운영인력들이 각자 보유한 연구장비 운영·활용 지식과 정보 및 경험을 공유하는 자리를 마련하고 있다. 2022년 12월에는 서울 과학기술회관에서 개최하였다. 아울러 NFEC은 스스로 아이디어를 내어 2016년부터 2021년까지 연구장비 정책 제안과 활용콘텐츠에 대한 공모전을 열었다. 응모작에 대해 심사를 통해 상장과 상금을 주었으며, 연구현장의 아이디어를 받아들여 실제 정책에 활용하는 성과가 있었다.

이상과 같은 국가연구시설장비정책의 설득 수단에 대한 분석을 토대로 출연연 연구시설장비정책의 차별적 요소를 도출하면 다음과 같다. 관리/윤리 교육에서는 출연연 직원을 대상으로 한 교육지원책 강구가 필요하다. 아울러 정책홍보 측면에서도 출연연 연구시설장비정책에 대한 별도의 정책홍보를 실시하는 것을 검토할 시기가 되었다고 판단된다.

제4절 출연연을 위한 연구시설장비정책 제안

본 절에서는 국가연구시설장비정책의 정책 구성요소별 분석을 통해 도출된 출연연 연구시설장비정책의 차별적 요소를 기준으로 출연연을 위한 연구시설장비정책을 제안하고자 한다.

1. 정책목표 제안

출연연 연구시설장비정책 중 정책목표에 대한 제안을 하면 다음과 같다. 첫째, 출연연만을 위한 연구시설장비정책의 정책목표 설정은 다음 내용을 포함하는 것이 바람직하다. 출연연은 국가 R&D 수행이 주목적이므로 연구 중심의 연구시설장비 활용이 중요하며, 연구시설장비 중심의 학·연·산 공동연구를 통해 우수 연구성과를 창출한다는 목표 설정이 필요하다. 아울러 산업기술 지원과 기술사업화 지원 목표가 중요하다. 물론 연구시설장비 공동활용이 기관의 일부 기능일 경우에는 포함하는 것도 가능하다. 아울러 이러한 목표는 가급적 정량적인 목표를 포함하여 달성도 파악이 용이하게 해야 할 것이다.

둘째, 출연연 연구시설장비정책의 목표 수립과정에 공청회와 같은 공개적인 토론의 장을 포함한 좀 더 개방적인 시스템이 필요하며, 학계, 연구계 및 산업계의 중요한 정책행위자들이 폭넓게 참여할 수 있도록 하는 것이 필요하다. 참고로 '국가연구시설·장비의 운영·활용 고도화계획(2013~2017)'을 마련하기 위해 '범부처 연구시설장비 협의체'를 만들어 2011년 11월부터 4차례 회의를 했고, '중장기 계획 수립을 위한 전문가 TF'를 만들어 2012년 4월부터 4차례 회의와 부처 및 관련 산하기관 의견 수렴을 거친바 있다. 이러한 사례는 국가연구시설장비정책의 수립 과정에 대한 사례이지만, 참고하는 것이 필요하다.

2. 정책수단 제안

1) 조직

출연연 연구시설장비정책 중 집행기구의 발전방향에 대해 제안하면 다음과 같다. 첫째, 출연연 연구시설장비정책을 위한 NST의 능동적인 역할이 필요하다. 국가연구시설장비정책을 일률적으로 적용하는 과정에서 출연연 고유의 국가 R&D 수행에 일부 역행하는 사례가 노정된 바 있으므로 이제는 정책대상집단별로 특성화된 정책이 요구되는 상황이기 때문이다. 또한 연구시설장비에 대한 관리가 부처별로 그리고 지방자치단체별로 분산화하려는 경향이 있기 때문에[16] 출연연의 관리기관인 NST가 출연연에 전문화된 연구시설장비정책을 펼칠 때가 되었다고 생각된다.

둘째, NFEC이 출연연을 포함하여 정책대상집단별로 전문화된 세부정책을 마련할 수 있도록 정규직과 박사급 인력을 증대하고 전문성을 강화하는 것이 필요하다. 2017년 말 기준으로 정규직 18명(박사 9명), 계약직 22명(박사 8명)에서 5년 후인 2022년 12월말 기준으로 정규직 25명(박사 10명) 계약직 19명(박사 7명)이 되었다. 정규직은 7명 늘어났지만, 그 중 박사급 인력은 1명만 늘어났고 계약직은 오히려 3명이 줄어든 상황이다. '제3차 고도화계획'에 NFEC에 대해 "연구시설·장비 관리 업무에서 벗어나 국가 연구시설·장비 선순환 생태계 구축을 지원하는 조직으로 위상 제고"라고 명시하고 있는 만큼 이대로 실행할 필요가 있다.

---

16) 산업통상자원부는 연구시설장비관리를 i-Tube 시스템을 통해 관리 중이고, 2023년 5월 현재 해양수산부 역시 '바다봄'이라는 별도의 시스템을 개발 중에 있다. 경상북도와 전라남도도 지역의 연구시설장비를 종합관리하려는 움직임을 보이고 있다.

셋째, 출연연은 정부의 표준지침이나 NFEC의 요청사항에 대한 수동적인 수행에서 한 발 더 나아가 연구시설장비 관리주체로서 연구시설장비 관리에 필요한 제도와 방안을 능동적으로 만들어 시행할 필요가 있다. 또한 연구시설장비책임관에 대해서는 ZEUS 상의 역할 부여가 필요하다.

2) 재정

출연연 연구시설장비정책을 위한 재정 수단의 발전방향을 제안하면 다음과 같다. 첫째, 출연연 연구시설장비 심의에 대해서는 NST가 위임받아 본심의 및 상시심의 기능을 수행하는 것을 검토할 필요가 있다. 출연연의 특성을 가장 잘 아는 NST에 출연연의 연구시설장비에 대한 심의를 맡겨 출연연의 R&R을 지원할 수 있는 방안이기도 하다.

둘째, 정부위탁사업의 경우 3천만원 이상 1억원 미만 장비에 대해 연구개발과제평가단이 심의하도록 되어 있는 것을 부처별 위임을 받아 NST가 수행하도록 개선하는 것을 검토할 필요가 있다. 이는 전문기관의 연구시설장비 관련 전문성이 약한 측면과 업무 경감 차원에서 고려한 것이다. 아울러 연구기관기본사업인 경우에는 현재의 자체연구시설장비심의위원회의 심의 의무로부터 연구기관의 자율에 맡기는 방향으로 개선하는 것이 바람직하다. 특히 출연연에 대해서는 출연연이 R&R에 충실할 수 있도록 이를 기관 자율에 맡길 필요가 있다.

3) 관리

출연연 연구시설장비정책을 위한 관리 수단의 발전방향을 제안하면 다음과 같다. 첫째, 표준지침을 출연연의 임무에 맞게 좀 더 세분화할 필요가 있다. 예를 들면 별표 7 '연구시설장비 활용실적지표'에서 출연연의 경우 연구시설장비의 활용목적이 단독활용을 통한 연구성과 창출인지, 공동활용을 통한 서비스인지 등에 따라 지표를 다르게 구성하는 것이 바람직하다. 단독활용인 경우 논문, 특허, 시제품 개발 및 기술이전 등 R&D 성과위주로 지표를 구성해야 할 것이다.

둘째, ZEUS 연구시설장비정보의 연계를 통해 NST 주도하에 25개 출연연의 연구시설장비의 공동연구/공동활용을 위한 온라인 플랫폼을 만들어 운영하는 것이 필요하다. 이 플랫폼은 단순 장비활용을 넘어 공동연구와 지식교류의 장으로서의 기능과 역할을 해야 할 것이다. 이 플랫폼에서 출연연 연구시설장비에 대한 검색, 공동활용 예약, 애로사항 문의 및 답변, 연구시설장비 중심의 공동연구, 지식교류 등이 이루어질 수 있다면 출연연 연구시설장비의 활용도 향상에 기여할 것이다.

셋째, 출연연에 대한 연구시설장비 실태조사는 매년조사 방식에서 3년에 1회 조사로 줄이되, 보다 심층적이고 세부적인 조사보고서로 업그레이드할 필요가 있다. 현행 실태조사에서 공동활용기관이 대학인지, 기업인지, 정부출연연구기관인지 등에 대한 구분이 없어 이용기관의 성격별로 추세를 파악하기 어려운 점도 시정이 필요하다. 또한 NST 차원에서 NFEC과 협조하여 25개 출연연 연구시설장비 실태조사에 대한 통합관리를 도모해야 할 것이다.

4) 유인

출연연 연구시설장비정책을 위한 유인수단의 발전방향을 제안하면 다음과 같다. 첫째, NST 차원에서 공동활용을 목적으로 하는 출연연의 연구장비들을 모아 '출연연 연구시설장비공동활용센터'를 만든 다음 여기에 연구장비공동활용촉진사업을 통해 예산을 지원하는 방안에 대한 검토가 필요하다. 각 출연연이 독자적으로 운영하기 어려운 연구장비를 이 센터에 집적시켜 공동활용을 촉진하고 전문적인 연구지원이 가능하도록 하는 것이다. 이 센터를 NST가 직접 운영하기 어렵다면 경험과 노하우를 가진 KBSI에 위탁 운영하면 될 것으로 보인다.

둘째, 기관 단위의 연구시설·장비비통합관리에서 한 발 더 나아가 NST의 별도 재원을 통해 NST 차원에서 출연연 공동의 연구시설장비 계정을 마련하여 출연연의 연구시설장비에 대한 유지보수를 지원할 필요가 있다. 특히 이를 통해 NST 차원에서 만들어진 '출연연 연구시설장비공동활용센터'의 유지보수비 예산도 지원할 수 있을 것으로 보인다.

셋째, 연구시설장비 중심의 커뮤니티 및 협의체 육성지원에서 한 발 더 나아가 NST 차원에서 25개 출연연을 포괄하는 기술인력 커뮤니티를 구성하여 '출연연 연구시설장비공동활용센터'에 기술지원하는 방법을 강구해 볼 수 있다. 필요시 출연연에서 NST로 파견 근무하는 형태로 기술지원이 가능할 것이다.

넷째, NST 주도로 출연연의 유휴·저활용장비에 대한 재활용 수요를 분석한 후 출연연 간에 무상양여 방식으로 장비를 이전하여 활용을 증진하는 것이 바람직하다. 필요시 '출연연 연구시설장비공동활용센터'에 이 유휴·저활용장비들을 귀속시켜 활용을 증진하는 방법도 검토될 수 있다.

5) 설득

출연연 연구시설장비정책을 위한 설득수단의 발전방향을 제안하면 다음과 같다. 첫째, NST 차원에서 출연연을 대상으로 연구시설장비에 대한 관리/윤리 교육을 위한 지원활동을 펼칠 필요가 있다. 이렇게 하면 출연연에 특화된 관리/윤리 교육 지원이 활성화 될 것으로 생각된다.

둘째, NST가 과기정통부와 협의를 거쳐 출연연 연구시설장비정책에 대한 현장수요 조사, 포럼 및 정책기획/제안 프로그램을 운영하는 것이 바람직하다. NST가 출연연 현장의 아이디어를 받아들여 연구시설장비정책에 반영할 수 있다면 소망성과 실현가능성이 높은 제안을 얻을 수 있을 것으로 생각한다. 아울러 NST가 출연연 연구시설장비의 활용실적과 성과에 대한 포럼을 개최한다면 지식과 정보를 확산하고 연구네트워크를 확장해 나가는데 도움이 될 것으로 보인다. 또한 NST 차원에서 출연연을 대상으로 연구시설장비정책에 대한 정책기획이나 제안 프로그램을 운영하는 것도 검토할 필요가 있다.

제5절 분석의 종합 및 결론

1. 분석의 종합

제3절에서 분석하고 제4절에서 제안한 내용을 표로 정리하면 〈표 3〉과 같다.

구 분		국가연구시설장비정책 분석	출연연 연구시설장비정책의 차별적 요소	출연연을 위한 연구시설장비정책 제안
정책 목표		• 정성적인 목표 위주이며, 출연연 연구시설장비정책을 위한 목표를 별도로 세운 것이 없음. 정책 수립과정에 공청회와 같은 개방적인 의견 수렴의 장이 없었고, 정책행위자가 제한적임	• 출연연은 국가 R&D와 산업기술 지원이 주목적이므로 이에 맞는 출연연만을 위한 정책목표 수립 필요. 정책목표 수립과정의 개선 필요	• 연구 중심의 연구시설장비 활용과 연구시설장비 중심의 학·연·산 공동연구를 통한 우수 연구성과 창출 목표 설정, 산업기술 지원 및 기술사업화 지원 목표 필요(정량적 목표 포함). 목표 수립과정에 개방적 시스템과 정책행위자들의 폭 넓은 참여 필요
정책 수단	조직	• 과기부 연구평가혁신과는 연구시설장비에 대한 전주기 관리를 총괄함. NST는 연구시설장비정책에 관한 역할이 없음	• 출연연 연구시설정비정책을 위한 NST의 역할 필요	• 출연연에 전문화된 연구시설장비정책을 펼 수 있도록 NST의 능동적인 역할 필요
		• NFEC은 연구시설장비 고도화 추진기관 및 연구시설장비 분야 연구성과 관리·유통 전담기관 역할 수행	• NFEC이 정책대상집단별로 세분화된 정책을 마련할 수 있는 역량이 충분한지 인력 구성 및 전문성에 대한 검토 필요	• NFEC이 출연연을 포함하여 정책대상집단별로 전문화된 세부 정책을 마련할 수 있도록 정규직 및 박사급 인력 증대 및 전문성 강화
		• 연구기관은 자체연구시설장비심의위원회와 연구시설장비책임관을 운영 중. ZEUS 상 연구시설장비책임관의 역할은 미비	• 출연연의 연구시설장비 관리 관련 역할 강화 및 연구시설책임관의 ZEUS 상의 역할에 대한 조치 필요	• 출연연은 연구시설장비 관리주체로서 제도와 방안을 능동적으로 만들어 시행 필요. 연구시설장비책임관에 대한 ZEUS 상의 역할 부여 등 정비 필요
	재정	• 차년도 구축비 1억원 이상에 대한 본심의. 구축계획이 파악되지 않은 1억원 이상 구축비에 대한 상시심의. 3천만원 이상 1억원 미만의 연구시설장비에 대한 연구과제개발평가단과 자체연구시설장비심의위원회의 심의	• 출연연의 연구중심 R&R을 지원할 수 있도록 연구시설장비 투자 비중을 출연연이 직접 수립하고 이를 보장하는 방식으로 NST가 일정한 역할 담당 필요. 연구과제개발평가단을 구성하는 전문기관의 전문성 한계에 따른 개선 및 자체연구시설장비심의위원회 심의 의무 재검토	• 출연연 연구시설장비 심의에 대해서는 NST가 위임받아 본심의 및 상시심의 기능을 수행. 정부위탁사업의 3천만원 이상 1억원 미만 연구시설장비 심의를 NST가 부처별 위임을 받아 수행하도록 개선 검토. 기관별 자체연구시설장비심의위원회 심의는 자율로 변경

(다음 페이지 계속)

구 분		국가연구시설장비정책 분석	출연연 연구시설장비정책의 차별적 요소	출연연을 위한 연구시설장비정책 제안
정책수단	관리	• 연구시설장비 관리체계 확립을 위해 최소한의 기준으로 표준지침을 만들어 연구기관에게 가이드라인으로 제공	• 표준지침을 정책대상집단별로 세분화 필요. '연구시설장비 활용실적지표'는 출연연의 연구시설장비 활용 목적에 맞게 개선 필요	• 표준지침을 출연연의 임무에 맞게 세분화 필요. 예를 들면 연구시설장비의 활용 목적에 따라 실적 지표를 다르게 구성
		• 구축이후 연구시설장비 정보를 ZEUS에 의무적으로 등록시키고 등록정보를 관계기관 간 연계하여 정보 공유	• 연구시설장비 등록 및 연계와 관련하여 25개 출연연의 연구시설장비정보를 모아 온라인 플랫폼을 만들어 서비스를 할 수 있다면 연구시설장비 활용도 향상 기대	• NST 주도로 출연연 연구시설장비를 모아 공동연구/공동활용 온라인 플랫폼을 운영함으로써 단순 장비활용을 넘어 공동연구와 지식교류의 장 역할 수행
		• 실태조사는 매년 14가지 항목을 기준으로 조사하여 컨설팅 등에 활용	• 실태조사는 출연연의 경우 조사대상 14개 항목에 대해 대부분 기준을 충족하고 있는 편이기 때문에 좀 더 심층적인 조사항목을 마련하고, NST 차원 출연연 통합관리 도모	• 출연연 실태조사는 매년조사 방식에서 3년에 1회로 줄이되 심층적인 조사보고서로 업그레이드 필요. NST주도로 NFEC과 협조하여 출연연 실태조사의 통합관리 검토
	유인	• 연구분야/특정기능 단위로 연구시설장비를 집적하여 공동활용하는 핵심연구지원센터를 지정하여 공동활용촉진	• 출연연 개별 기관 단위가 아닌 25개 출연연 공동의 연구장비 집적화체계 구축 검토 필요	• NST차원에서 '출연연 연구시설장비공동활용센터'를 만들어 연구장비공동활용 촉진사업을 통해 예산지원 (필요시 KBSI에 위탁운영)
		• 통합관리기관을 대상으로 별도 계정을 설정하여 하나 이상의 연구개발과제의 연구시설·장비비를 통합관리	• 개별 기관 단위로 시행 중인 현행 제도에서 NST 차원의 출연연 공동 연구시설·장비비를 확보·지원하는 방안 검토 필요	• NST 차원에서 별도 재원을 통해 출연연 공동의 연구시설장비 계정을 마련하여 출연연의 연구시설장비에 대한 유지보수를 지원
		• 연구시설장비 커뮤니티 및 협의체를 육성하기 위해 활동비 지원하고 포럼개최를 통한 지식공유/인적교류의 장 마련	• 출연연을 포괄하는 기술인력 커뮤니티 구성 및 활용 검토	• 출연연 기술인력 커뮤니티를 구성하여 출연연 연구시설장비 집적센터에 기술인력 지원(필요시 출연연에서 NST 파견 형태로 지원)

구 분		국가연구시설장비정책 분석	출연연 연구시설장비정책의 차별적 요소	출연연을 위한 연구시설장비정책 제안
정책수단	유인	• 활용되지 않는 연구장비를 보유한 기관과 이를 필요로 하는 기관을 연결하여 연구장비 이전을 지원	• 출연연 내의 유휴·저활용 장비에 대한 조사와 이전 활성화 방안 마련 필요	• NST주도로 출연연 유휴·저활용장비에 대한 재활용 수요를 분석한 후 출연연 간에 무상양여 방식의 장비이전 및 활용촉진
	설득	• 건전한 장비윤리 확산 및 표준지침의 세부관리기준을 연구현장에 숙지시키고자 윤리/관리 교육 실시	• 관리/윤리 교육 측면에서 출연연 직원을 대상으로 한 교육지원책 강구 필요	• NST 차원에서 출연연 직원을 대상으로 한 연구시설장비 관련 윤리/관리 교육 지원활동
		• 정책홍보를 위해 'KSFree 연구장비지식공유포럼'과 정책 제안 및 활용콘텐츠 공모전 실시	• 출연연 연구시설장비정책에 대한 정책홍보를 별도로 실시하는 것을 검토	• NST주도로 출연연 연구시설장비정책 현장수요 조사, 포럼 개최 및 정책기획/제안 프로그램 운영(과기정통부 협의)

2. 결론

출연연은 지금까지 약 57년 동안 국가 R&D 수행과 산업기술 지원을 통해 많은 기여를 해왔고, 2022년 12월말 기준으로 18,618점(4,224,621백만원)의 연구장비와 함께 연구시설을 보유하고 있다. 정부는 표준지침을 만들어 2011년에 시행하면서 본격적인 연구시설장비정책을 펼치기 시작하였다. 그러나 이 정책은 모든 기관이 준수해야할 공통적이고 표준화된 관리기준들로 구성되다보니, 각 기관유형별 특성을 잘 반영하지 못하는 한계가 있다. 또한 2019년 감사원 감사를 통해, 일부 출연연의 연구시설장비와 관련한 부작용 사례가 나타나기도 하였다.

따라서 지금까지의 획일화된 정책에서 벗어나 정책대상집단에 따라 특성화된 정책을 만들어야 하는 시기가 도래하였다고 판단하였다. 연구시설장비정책이 본격적으로 시행된 지 12년 정도 지난 이 시점이 바로 전문화되고 보다 정교한 정책을 준비해야 하는 시기이다. 출연연이 보유한 연구시설장비는 국가기간시설로서의 중요성을 가지고 있고, 출연연이 좀 더 자유로운 연구환경 속에서 고유 임무를 수행하기 위해서는 출연연만을 위한 연구시설장비정책이 반드시 필요하다.

이에 저자는 다음과 같은 연구질문을 하게 되었다. 현재 시행중인 국가연구시설장비정책은 어떤 내용으로 구성되어 있으며, 출연연을 위한 연구시설장비정책의 차별적 요소는 무엇인가? 그리고 출연연을 위한 연구시설장비정책은 어떤 방향으로 세우는 것이 바람직한가? 이러한 질문에 답하기 위해 먼저 국가연구시설장비정책을 '연구시설장비의 확충, 관리, 운영, 공동활용 및 처분에 관한 정책'으로 정의하였다. 이어 정책학의 정책 구성요소론을 활용하여 국가연구시설장비정책에 대한 분석을 통해 출연연 연구시설장비정책의 차별적 요소를 도출하였으며, 이를 토대로 출연연을 위한 연구시설장비정책을 제안하였다. 분석요소는 크게 정책목표와 정책수단으로 나누었고, 정책수단은 ① 조직, ② 재정, ③ 관리, ④ 유인, ⑤ 설득 등 5가지로 구분하였으며, 다시 정책수단별로 세부정책수단 1~4가지를 도출하여 분석하였다.

출연연을 위한 연구시설장비정책 제안의 주요 내용을 정리하면 다음과 같다. 먼저 정책목표 측면에서는 연구 중심의 연구시설장비 활용과 연구시설장비 중심의 학·연·산 공동연구를 통한 우수 연구성과 창출 목표를 세우는 것이 바람직하다. 아울러 산업기술 지원 및 기술사업화 지원 목표도 필요하다. 정책수단 중 조직 측면에서는 출연연을 포함하여 정책대상집단에 전문화된 연구시설장비정책을 펼 수 있도록 NFEC의 전문성 강화와 NST의 능동적인 역할이 필요하다. 재정 측면에서는 출연연 연구시설장비 심의에 대해서는 NST가 위임받아 본심의 및 상시심의 기능을 수행하는 것이 필요하다. 관리 측면에서는 NST 주도로 출연연 연구시설장비를 모아 공동연구/공동활용 온라인 플랫폼을 운영하는 것이 바람직하다. 유인 측면에서는 NST차원에서 '출연연 연구시설장비공동활용센터'를 만들어 연구장비공동활용촉진사업을 통해 예산을 지원하며, NST주도로 출연연 유휴·저활용장비에 대한 재활용 수요를 분석한 후 출연연간에 무상양여 방식의 장비이전을 실시하는 것이 필요하다. 설득 측면에서는 NST주도로 과기정통부와 협의를 거쳐 출연연 연구시설장비정책에 대한 현장수요 조사와 포럼 개최 및 정책기획/제안 프로그램 운영하는 것이 필요하다.

일반적으로 연구개발의 3대 핵심 요소는 연구과제, 연구인력 및 연구시설장비로 구성된다. Stephan and Levin(1992: 13-15)은 과학의 역사는 바로 발견을 위해 자원과 장비가 얼마나 중요한가의 역사이며, 과학적 발견으로 인해 과학에서 장비의 중요성이 반복적으로 보고되고 있다고 말했다. Kruybosch(1997)는 노벨상 수상 연구의 81%, 500개 피인용 최고 논문의 76%, 1950~1970년대 주요 진보적 연구의 63%가 연구시설장비를 통해 도출되었음을 밝힌 바 있다. 이렇듯 과학기술연구에서 연구시설장비는 필수요소이며 관련 정책의 중요성은 점점 증대되고 있다(황병상, 2020: 23).

이 연구의 한계점도 존재한다. 연구 과정에서 인터뷰 대상이 출연연 연구시설장비정책의 다양한 정책행위자로 확대하지 못하고 NFEC과 KBSI의 직원으로 한정되었다는 한계가 있다. 그러나 두 기관의 직원들이 이 분야의 전문가들이기 때문에 이러한 한계점은 상당 부분 해소될 것으로 보인다. 또한 정책 제안이 상당히 당위성 차원에 입각하고 있는 한계도 있다.

그러나 이 연구는 출연연의 연구시설장비정책에 대한 연구가 전무한 상황에서 이런 주제로 연구한 국내 첫 번째 논문이다. 즉 국가연구시설장비정책에 대한 분석을 통해 출연연 연구시설장비정책의 차별성을 도출한 후 출연연 연구시설장비정책을 위한 방안을 제안한 연구이다. 아울러 현재 25개 출연연 중 16개가 대덕연구개발특구에 소재하고 있고, 올해 2023년이 대덕연구개발특구 50주년을 맞는 뜻깊은 해인만큼 이 연구의 의미는 더욱더 커질 수 있다고 생각한다. 연구 결과가 국가연구시설장비정책이 정책대상 집단별로 전문화되는 기폭제로 작용하고, 출연연을 위한 연구시설장비정책 수립에 중요한 아이디어를 제공할 수 있기를 기대한다.

강근복 외 (2016), "정책학", 대영문화사, pp. 145.

감사원 (2020), "감사보고서 – 국가연구개발사업 연구수행규제 개선실태-", pp. 53-59.

고순주 (1997), "환경정책변동의 맥락과 특성에 관한 연구 – 정책기조, 목표 및 수단을 중심으로-". 충남대학교 박사학위 청구논문, pp. 20-23.

과학기술정보통신부 (2021), "국가연구개발 시설·장비의 관리 등에 관한 표준지침". pp. 1, 11, 별표1의 1.

_____ (2022), "2021년도 국가연구시설장비 조사·분석 보고서", pp. ⅲ-ⅳ, 20-21.

과학기술정보통신부·국가연구시설장비진흥센터 (2021), "연구시설 성과분석 보고서 2021", pp. 26, 47, 84-85.

과학기술정보통신부·과학기술정책연구원 (2017), "과학기술 50년사, 2편 : 과학기술 정책과 행정의 변천", pp. 62-66.

관계부처 합동 (2022), "2022 국가연구시설장비 실태조사보고서", pp. 20.

국가과학기술심의회 운영위원회 (2013), "국가연구시설·장비의 운영·활용 고도화계획(안) (2013~2017년)". 국가과학기술심의회 운영위원회 제1회 제5호 안건, pp. 9-17.

_____ (2017), "R&D 생산성 제고 및 고급 일자리 창출을 위한 연구산업 혁신성장전략(안)", pp. 1.

_____ (2018), "국가연구시설·장비의 운영·활용 고도화계획(안) (2018~2022)". 제33회 운영위원회, pp. 24-28.

국가과학기술연구회 (2022), "2023년 국가과학기술연구회 소관연구기관 평가편람", pp. 4.

국가과학기술연구회·과학기술정보통신부 (2018), "국민중심·연구자중심 과학기술 출연(연) 발전방안(안)", pp. 10.

국가과학기술자문회의 심의회의 (2020), "대형가속기 장기로드맵 및 운영전략".

국가과학기술자문회의 심의회의 운영위원회 (2022), "제3차 국가연구시설장비 고도화계획(2023~2027)(안)", pp. ⅱ, 7-11.

국가연구시설장비진흥센터 (2022), "2021년도 국가연구시설장비진흥센터 사업실적 및 계획 보고서".

_____ (2023), "2022년도 국가연구시설장비진흥센터 사업실적 및 계획 보고서", pp. 28, 35-36, 91, 103-104.

권기헌 외 (2006), "과학기술 경쟁력 제고를 위한 대형연구시설 투자우선순위 분석", 한국정책과학학회보, 제10권 제1호, pp. 101-123.

김용주·김영찬 (2018), "국가연구시설장비의 유사도 판단기법에 관한 연구", 정보처리학회논문지, 제7권 제12호, pp. 469-476.

김인호 외 (2002), "연구장비 수요조사 및 관리효율화 방안 연구", 한국과학재단.

김종범 (2017), "치안정책기조 변동의 맥락과 양상". 충남대학교 박사학위 논문, pp. 14.

김형민 (2022), "기술혁신형 중소기업의 경영성과에 미치는 영향요인 – 정부지원의 조절효과를 중심으로 –", 기술경영, 제7권 제4호, pp. 1-25.

노승철 외 (2018), "대형연구시설 국제기술협력체계 기반조성을 위한 사전연구", 과학기술전략연구소.

노화준 (2012), "정책학원론", 제3전정판, 박영사, pp. 285, 289-305.

박문수·장순우 (2022), "대학 및 연구기관의 지원역량 촉진을 위한 제도 개편 연구 * 연구지원체계 평가의 지표 개편을 중심으로 –", 기술경영, 제7권 제4호, pp. 77-100.

백승기 (2021), "정책학원론", 제5판, 대영문화사, pp. 31.

손경한·송용주, (2020) "국가 대형연구시설 관리 법제의 현황과 개선방향 – 가속기 관리 법제를 중심으로 –", 인권과 정의, 통권 490호, pp. 85-102.

안치수 (2005), "연구장비 공동활용을 통한 연구지원 성과의 경제적 효과에 관한 연구 : 첨단연구장비 공동활용사업을 중심으로", 충남대학교 대학원 박사학위 논문.

유경만 외 (2008), "연구시설·장비 효율적 확대 및 공동활용 제도화 방안", 한국기초과학지원연구원.

_____ (2015), "연구시설·장비 공동활용 성과관리체계 연구", 한국기초과학지원연구원.

윤수진 (2017), "대형연구시설 정책의 시기별 평가: 3세대 방사광가속기를 중심으로", 기술혁신연구, 제25권 제4호, PP 285-311.

이찬구 (2015), "기초연구 분야 연구장비 관리체계 발전방향", 사회과학연구, 제26권 제1호, pp. 269-296.

_____ (2016), "연구장비 공동활용 정책의 집행 효율화 방안: 정책집행의 상향적 접근 중심으로", 기술혁신학회지, 제19권 제2호, pp. 358-394.

이철원 외 (2003), "대형연구장비·시설의 효율적 구축방안 및 공동활용 제고방안 연구", 과학기술부.

정석인·정의덕 (2020), "연구장비산업의 비즈니스 생태계 모형 개발 및 사례 분석", 기술혁신학회지, 제23권 제2호, pp. 428-450.

정정길 외 (2003), "정책학원론", 박영사, pp. 64-68.

조만형·박종우·이형진 (2014), "국가 연구시설장비의 효율적 관리를 위한 법제화 방안", 과학기술법연구, 제20권 제1호, pp. 497-530.

홍재근 (2012), "연구장비 인프라의 사용자 중심 서비스 혁신에 대한 연구", 건국대학교 대학원 박사학위 청구논문.

허범 (1988), "공공정책의 형성과 집행", 허범 외, "행정학개론", 대영문화사, pp. 78.

황병상 (2013), "환경과 성장", 이담북스, pp. 219, 242-269.

_____ (2019), "한국 제4차 산업혁명 정책의 발전방향 논고", 과학기술정책, 제2권 제1호, pp. 8-9.

_____ (2020), "한국 연구시설장비정책의 변동 분석 및 발전방안", 한국기술혁신학회 2020년 추계 학술대회, pp. 23.

_____ (2022), "제2장 연구장비산업정책", 이찬구 외 5인 공저, "한국 과학기술정책 : 분석과 혁신", 임마누엘, pp. 65-105.

황윤민·이수재 (2021), "대형 연구시설기반 지역 혁신생태계 구축 전략에 대한 탐색적 연구 – 오창 방사광 가속기 중심으로 –", 기술경영, 제6권 제4호, pp. 111-131.

Anderson, James E., "Public Policy-Making"(3rd ed.), New York: Holt, 1984, pp. 3.

Hall, P. A., "Policy Paradigms, Experts, and the State: The Case of Macroeconomic Policy-Making in Britain". In S. Brooks & A.-G. Gagnon (Eds.), "Social Scientist, Policy, and the State", New York: Praeger., 1990, pp. 53-78.

Hood, C., "The Tools of Government", Chatham, NJ: Chatham House, 1986.

Howlett, Michael and M. Ramesh, "Studying Public Policy: Policy Cycles and Policy Subsystems", 2nd edition, Toronto : Oxford University Press, 2003.

Hwang, B. and Park J., "The Historical Change of Policies on Research Facilities and Equipment of South Korea", Asian Journal of Innovation and Policy 11.2, 2022, pp. 155-157, 163-164.

Justman, M. and Teubal, M., "Technological Infrastructure Policy (TIP): Creating Capabilities and Building Markets", Research Policy, 24(2), 1995, pp. 259-281.

Kruytbosch, C. E., "The Role of Instrumentation in Advancing the Frontiers of Science", Equipping Science for the 21st Century, Edward Elgar Publishing Ltd., 1997.

National Science Board, "Science and Engineerng Infrastructure For The 21st

Century", National Science Foundation, 2003.

Riggs, W. and Hippel, E., "Incentives to Innovate and the Source of Innovation: The Case of Scientific Instruments", Research Policy, 23, 1994, pp. 459-469.

Stephan, P. F. and Levin S. G., "Striking the Mother Load in Science: The Importance of Age, Place, and Time", Oxford University Press, New York. USA., 1992, pp. 13-15.

Tassey, G., "The Function of Technology Infrastructure in a Competitive Economy", Research Policy, 20(4), 1991, pp. 345-361.

Tomaskova, H., Maresova, P., Penhaker, M., Augustynek, M., Klimova, B., Fadeyi, O. and Kuca, K., "The Business Process Model and Notation of Open Innovation: The Process of Developing Medical Instrument", Journal of Open Innovation; Technology, Market, and Complexity, 5, 101, 2019.

Vedung, Evert, "Policy Instruments: Typologies and Theories" in Bemelmans-Videc, Marie-Louise, Ray C. Rist and Evert Vedung(eds.), Carrots, Sticks Sermons, 1998, pp. 21-22.

Yoon, Donghun, "The policy conflict research of interested parties for the efficient management of research equipment: With focus on the government and the scientist", Cogent Business & Management, 5, 2018.

Innovation of the Public Management Policy for
Government-funded Research Institutes

제3부

출연연 공공관리 정책의 혁신

제3부는 제1부와 제2부 각 장의 결론을 이찬구와 황병상이 종합 정리한 것이다.

제2부에서 출연연의 조직, 인력, 재정, 지식·정보, 연구시설장비에서의 공공관리정책의 현황분석과 정책문제를 도출하고, 정책주체로서의 출연연이 정책역량 증진을 통해 과거의 지식소비자에서 미래의 지식창출자로 거듭 나기 위한 정책방향을 도출하였다. 즉 출연연이 성공적인 또 다른 미래 50년을 준비하기 위해 필요한 과학기술 지식을 창출·확산할 수 있는 능동적인 정책주체로 전환하기 위한 방안과 함께 기존에 통제와 관리에 중점을 두어 왔던 출연연의 공공관리 정책을 연구 현장의 자율성과 책임성을 동시에 확보할 수 있는 방향으로 재설정하기 위한 방안을 제안하였다.

제3부에서는 제2부의 8개장에서 세부 주제별로 연구한 결과 중에서 출연연 공공관리 정책의 혁신을 위한 방안을 정리하여 소개하고자 한다.

제1장

조직 정책의 혁신

제1절 출연연 거버넌스로서의 연구회 적정성 검토

출연연 거버넌스 관련 개선에 대한 시사점은 다음과 같다. 우선 출연연에서는 자율성, 독립성이 일정부분 인정되어야 하지만 본질적으로 공공연구소들에게 완전한 자율성과 독립성을 부여하기는 쉽지 않다는 점이다. 출연연에서 자율성을 강조할수록 출연연에 대한 규제는 줄어들지만, 이 경우 다른 혁신 주체들과의 협력의 동기가 저하되며, 모니터링을 통한 성과 제고에 문제가 발생하는 것도 사실이다. 이 때문에 출연 연구소에서는 자율과 통제가 적절하게 균형을 이루는 것이 매우 중요하다. 이와 함께 출연연에 대해서는 출연연이 그동안 자율성 문제로 거론해 온 것 들 중 정치 권력으로부터의 연구 및 운영의 자율성이 더 강조될 필요가 있는 것으로 보인다. 이러한 차원에서 보면 그동안 문제점으로 지적되었던 출연연의 기관장 인사에 대한 정치적 영향, 정부가 변동되면서 연구 외적 규범과 규칙에 대한 준수 의무와 제재 위협은 대폭 축소할 필요가 있다. 더불어 연구에서 강조되는 자율성은 그동안 제도 등을 통해서 강조된 기관 차원의 경영에 대한 자율성 외에도 연구자의 연구자율성, 연구독립성 제고도 강조될 필요가 있다. 출연연에서의 자율성에는 당연히 사회적 계약 요소와 함께 책임있는 연구 및 혁신에 대한 강조가 뒤따라야 함은 물론이다.

다음으로 출연연 성과 제고 차원에서는 출연연별 특성을 고려하여 출연금 지원과 경쟁기반 지원 비중을 합리적으로 조정하는 것이 필요하다. 소속 측면에서 부처의 정책목적 달성(문제해결)에 직접적으로 연계되는 출연연의 경우는 연구회 소속 보다는 부처 직속으로 재편하는 것도 검토해 볼 만하다. 이렇게 보면 연구회 도입 당시 벤치마킹 대상이었던 독일의 연구회 체제를 원형대로 도입·운영하는 것도 필요하다. 기초과학과 산업기술 차원의 연구회로 재분리하고, 연구회 소속 출연연의 법인격을 폐지하며, 연구회에 소관 출연연구기관에 대한 기능 조정권한 부여 및 연구회 별로 소관 연구기관에 대한 재정지원 방식을 달리하는 것이 필요하다.

마지막으로, 연구회와 개별 출연연에 대해서는 전환적 혁신 차원에서 관련 거대한 도전 문제 해결 미션을 보다 명확히 부여하고, 이러한 관점에서 출연연의 성과를 강조할 필요가 있다. 연구회의 제도 및 운영상 문제에도 불구하고 이러한 차원에서 연구회를 출연연 조정과 협력을 촉진하는 기구로 운영하는 것은 출연연 거버넌스와 성과 문제 해결을 위해 충분히 검토해 볼 만 하다. 이 경우 연구회에 관련 프로그램 지원과 자원 배분 역할을 부여하는 것을 적극 검토해 볼 만 하다. 연구회 개편은 출연연, 연구회보다 상위 수준에서의 개편과도 연계되어야 한다. 전 정부적으로 전환적 혁신에 대한 기획, 조정, 관리 체계를 마련하는 것이 필요하다. 즉 거대 문제 해결 관련 연구개발사업을 총괄할 부처를 신설하고, 연구회와 출연연을 이 부처 소속으로 이관하며, 다층 지배구조 문제 해결 차원에서 연구회가 정책적 자율성을 보유하는 한편, 부처가 운영하는 연구관리기관의 통합 운영도 고려할 필요가 있을 것이다.

제2절 출연연 내부 조직설계의 영속성 확보

출연연의 자율성 증진을 위한 내부 조직설계 개선방향은 다음과 같다. 먼저 출연연 외부의 정책환경 측면에서는 세 가지로 정리할 수 있다. 첫째, 정부의 R&D 정책과 출연연에 대한 공공관리 정책이 정기적이고 지속적으로 수립된다면 출연연 또한 정부 정책에의 체계적인 대응과 함께 자율적인 성장 정책과 R&D 전략 및 이를 효율적으로 달성할 수 있는 조직개편 및 운영 전략을 수립할 수 있을 것으로 생각한다.

둘째, 정권별 기술정책의 차별화는 기술군이 아니라 기술에 대한 연구개발 전략이 되도록 하는 것이 바람직하다. 국가의 핵심 전략기술은 정권별로 크게 바뀌지 않고 유사한 측면이 있음에도 불구하고, 우리나라의 기술 관련 정책은 해당 정권 기술정책의 차별화를 위해 "성장동력기술", "혁신성장 전략투자 분야", "국가필수전략기술" 등 다양한 이름을 부여하며, 출연연의 기술 수용정책에 있어서 혼란을 야기하거나 빈번한 조직개편으로 이어지기도 하기 때문이다.

셋째, 출연연의 미션과 역할에 맞는 조직개편이 이루어지도록 NST는 조직설계의 원칙과 방향 등을 정한 가이드라인을 제공하고 각 출연연은 가이드라인 하에서 「직제 규정」을 자율적이고 유연하게 운영하는 체계 구축이 필요하다.

다음으로 출연연 내부의 조직운영 및 설계적 측면에서 살펴보면 다음과 같다. 첫째, 출연연의 기술기획 기능이 중요하며, 이를 위해서는 미래사회·기술에 대한 연구, 데이터 분석, 정책 연구 등이 병행되어야 한다. ETRI 사례분석에서 나타난 것처럼 기획·정책연구 기능은 기관장의 철학에 따라 통폐합을 거듭하기도 하고, 주요 역할이 변경되기도 하는 등 기획이나 정책연구 관련 역량을 쌓아가지 못하고 있는 실정이다. 그럼에도 기관장이 자율적으로 조직개편 한 영역은 기획-정책 영역이었으므로 이를 지렛대로 하여 연구조직 개편에서의 자율성으로 확대하는 전략이 필요하다. 기술패권 경쟁이 더욱 치열해 지는 상황에서 기술기획 역량의 확보는 더욱 중요해 지고 있기 때문에 출연연 별로 기술기획 기능이 지속적이고 안정적으로 역량을 쌓아갈 수 있도록 조직을 설계해 운영하는 것이 필요하다.

둘째, 출연연의 조직 안정성을 위해서는 출연연 자체적으로 지속적으로 수행해야 하는 핵심적인 연구개발 분야, 정부의 정책요구를 수용해 시기적절하게 변화가 필요한 연구개발 분야, 단기적인 프로젝트를 수행하고 종료하는 연구개발 분야 등 연구개발 영역을 크게 구분해 조직설계 방향을 정하고 조직개편 시에도 이를 고려해 하는 등 출연연 자체적인 조직설계 전략을 수립하는 것이 필요하다. 기관장이 선임된 후 새로운 비전과 철학을 경영에 반영하는 것은 불가피한 일이지만, 대규모의 조직개편이 불가피한 것인가는 고려해 볼 필요가 있기 때문이다.

제2장
인력정책 혁신

제1절 출연연 재직인력의 연구개발 전문역량 증진

출연연 재직인력의 연구개발 전문역량을 증진시키기 위한 개선방향을 정리하면 다음과 같다. 첫째, 연구개발 전문역량을 개인 차원의 실천적이고 경험적인 암묵지 영역으로만 이해하기보다 새로운 기술, 지식·스킬 등 새로운 형식지를 통해 암묵지로 빠르게 전환 또는 확장될 수 있도록 기관 차원에서 역량증진 요소를 탐색하고 습득할 수 있는 기회를 제공할 필요가 있다.

둘째, 출연연의 자체 교육훈련 프로그램에 대한 적극성이 부족한 상황이므로 출연연 고유임무에 해당하는 연구분야 전문지식을 습득하고 최신 연구개발 수행방법을 학습할 수 있는 교육훈련 프로그램을 자체적으로 기획하고 운영할 수 있도록 하여야 한다. 또한 다양한 혁신주체와 상호작용을 할 수 있도록 교류·협력 네트워크를 지원하고 연구개발 전문역량 증진활동에 대한 시공간적 기회와 수단을 다양화해야 할 필요가 있다.

셋째, 연구개발 전문역량 증진 실행동력에서 가장 우선되어야 할 것은 동기부여와 인재개발 지원체계 구축·운영 등 전문역량 증진을 실행하기 위한 근거를 마련하는 것이다. 따라서 과기출연기관법에서도 출연연이 구성원들의 전문역량을 증진시킬 수 있도록 인력양성에 관한 명시적 근거를 마련하도록 할 필요가 있다. 법률상 근거를 마련하는 것은 절차와 방법상 쉽지 않지만 매우 확실하고 강력한 정책집행 근거로 작용하기 때문이다. 명시한 규정사항만 시행하도록 허용하는 포지티브(positive) 규정에서는 소극적인 정책집행 행태가 발생할 가능성이 크므로, 최소 허용이 아닌 최소 규제의 형태인 네거티브(negative) 규정으로 하여 인력양성 정책수단과 도구를 적극적으로 개발하고 활용할 수 있도록 하여야 할 것이다.

넷째, 기관의 다양한 인사제도와 인재개발시스템을 연계 운영하여 연구개발 전문역량 증진에 대한 유무형적, 금전적·비금전적 인센티브 등을 포함하는 동기 부여가 반드시 요구된다. 역량증진 실행방법 가운데 동기 부여는 인재개발의 결과에 대한 인사관리의 수단과 연계가 필요한 사항이기 때문이다. 출연연 연구인력에게 연구개발 전문역량은 연구성과와 직결되고 이는 곧 기술이전과 같은 경제적 성과와 연결되므로, 연구성과 창출에 대한 기여와 함께 성과를 창출하는데 필요한 역량강화 노력에 대한 평가도 함께 이루어져야 할 것이다.

다섯째, 출연연의 인재개발 기능의 상향 평준화를 위해 출연연 재직인력의 연구개발 전문역량 증진을 위한 인재개발 통합지원체계를 구축하여 운영하는 방안을 검토할 필요가 있다. 출연연 전체적 관점에서 볼 때 연구개발인력에 대한 전문역량 증진정책은 여전히 미흡한 수준이며 기관간 인재개발 지원체계의 규모와 수준의 편차를 줄여나갈 필요가 있다. 이러한 기관

간 편차는 연구개발 전문역량 증진정책의 다양한 우수사례를 출연연간 공유하여 개별 기관의 사정과 특성에 맞게 벤치마킹할 수도 있을 것이다.

제2절 조직공정성을 통한 출연연 인력유지 강화

출연연의 인력유지를 위해서는 연구환경의 개선 및 연구자들 간의 관계개선, 노사관계의 안정, 합리적인 근무환경의 유지 및 발전, 근로생활의 질 향상 등이 대표적인 정책목표라 할 수 있다. 특히 출연연은 공공기관으로서의 보편성과 함께 과학기술 출연연의 수월성, 자율성, 독립성이라는 특수한 성격을 조화시키는 것이 중요하다.

이러한 출연연의 특수한 성격을 반영한 인력유지 정책 중 가장 중요한 이슈였고 향후에도 강한 정책적 영향력을 미칠 세 가지 정책은 주52시간 정책, 정년환원 정책, 비정규직의 정규직 전환 정책이었다. 조직공정성 이론의 관점에서 세 가지 인력유지 정책의 공정성을 다음과 같이 분석할 수 있을 것이다.

주52시간 정책은 비금전적 근로조건에서 시간의 분배공정성을 달성했고 연구회를 중심으로 정부의 정책을 체계적으로 도입하고 정착시켰으며 그 과정에서 재량근로제를 적극 도입하여 관련 연구기관의 모델이 되었다. 이는 연구회 중심으로 출연연에 맞는 주52시간 제도를 설계하고 이를 정착시킨 것으로 절차공정성의 측면에서도 우수하다고 평가될 수 있다.

정년환원 관련 정책은 출연연이 정년연장이라는 혜택을 우수연구원, 정년후재고용 제도를 통해 비교적 적절하게 분배하고 있으며 선발절차도 비교적 적절하게 운영되고 있다. 하지만 정년연장이라는 사회적 논의와 맞물려 대학과 같은 65세 정년을 제도적으로 확보하지 못했고 이는 조절변수로서 사회적 여론과 가치에 크게 영향을 받고 있는 것으로 볼 수 있다.

비정규직의 정규직 전환 정책은 출연연 내부로만 놓고 보면 안정적 고용유지 기회를 분배하고 그 절차도 연구회 중심으로 비교적 적절히 수행되었다고 볼 수 있다. 하지만 전체 청년과학기술인의 고용과 기회균등의 측면에서는 불공평한 정책이었으며 특히 대인적 처우의 방식이라는 상호작용공정성 측면에서는 실패한 정책이라 할 수 있다.

과학기술 출연연은 학계 및 산업계와 더불어 과학기술 인력을 양성하고 이들이 전문성을 발휘할 수 있는 기회와 환경을 제공해 주는 역할을 한다. 학계의 경우 과학기술 인력을 양성하는 것이 주된 역할이지만 출연연과 산업계는 이들에게 양질의 일자리 및 연구환경을 제공하는 것이 더욱 중요하다고 할 수 있다. 양질의 일자리 및 연구환경의 제공은 과학기술 인력이 유입되도록 하는 것과 함께 이들이 과학기술 출연연에서 잘 성장하고 유지되도록 하는 것을 의미하며, 인재가 만족하고 의욕을 갖고 일할 수 있는 연구환경을 마련하는 것이 이러한 인력유지 정책의 핵심이라 할 수 있다.

앞서 살펴본 바와 같이 근로환경 개선을 위한 과학기술 출연연 주52시간 제도 및 재량근로제 도입, 안정적인 연구환경에서 지속적으로 근무하게 하는 출연연 연구원의 정년연장과 우수연구원 제도, 기존 인력의 지속적인 활용을 위한 출연연 비정규직의 정규직 전환 등은 대표적인 인력유지 정책이자 과학기술 출연연의 특수성과 공공기관의 보편성을 조화시키기 위해 노력한 정책이라 할 수 있다.

각각의 정책은 도입과 운영에서 때로는 갈등을 불러일으키기도 하고 정부주도의 일방적 정책 환경에 영향을 받아 정책이 도입되는 과정에서 출연연의 특수성을 반영하지 못하기도 했다. 앞서 언급한 정책들은 출연연뿐만 아니라 공공부문의 공통적인 이슈로서의 성격이 강하며 변화하는 사회를 반영한 정책이란 점에서 출연연도 이러한 사회·정책적 변화에 적응할 필요가 있다. 앞으로 과학기술 출연연은 변화하는 사회와 국가의 정책에 적응하면서 출연연의 공공연구기관이라는 고유한 특성을 해치지 않도록 인력 관련 정부의 정책을 비판적으로 수용하는 정책적 역량을 길러야 할 것이다. 이러한 정책적 역량은 안정적 연구환경을 조성하는데 집중되어야 하며 이를 위한 핵심이념으로 '조직공정성'의 가치를 정책입안과 수행과정에서 염두해 두어야 할 것이다.

제3장
재정정책 혁신

제1절 재정확보 안정성을 위한 예산편성 제도 개혁

출연연 예산편성제도는 출연금의 경우 2004년에 하향식 예산편성제도인 총액배분자율편성제도가 도입된 이후 현재까지 큰 틀이 유지되고 있다. 경쟁예산 제도의 경우도 1996년 도입이후 점진적인 변화가 있어 왔으나, 미래 환경 변화에 대비하여 한정된 재원을 올바르게 배분하여 당초의 정책목표를 효과적으로 달성하기 위해서는 정책과정의 혁신이 필요하다.

이를 위해서는 첫째, 정부연구개발 투자방향 차원에서 살펴보면, 출연연의 임무를 정부와 연구회 그리고 출연연이 함께 중장기 계획을 마련하고 국가 과제로 중기계획에 반영하는 정책적 과정이 필요하다. 기존에도 과기부 연구기관지원팀과 연구회, 출연연이 R&R과 수입구조 포트폴리오를 수립하여 추진하였으나, 국가과제로 중기계획에 반영되지는 못하였기 때문이다.

둘째, 종합조정기구 측면에서는 정책의 실효성 확보를 위해 앞으로의 출연연 재정정책은 과기정통부 출연연 담당과 수준이 아니라 혁신본부, 기획재정부와 함께 타 R&D 부처, 연구회 및 출연연이 참여하는 정부위원회 등의 채널을 통해 정책추진이 필요하다. 즉, 국가연구개발 예산의 확대 정책의 방향은 부처의 임무와 수요를 반영한 프로젝트형 사업(예타 등)에 초점을 둔 반면, 출연금 확대를 위한 정부 및 출연연의 전략적 접근은 부족하였기 때문에 다양한 분야의 전문가들이 관료들과 함께 집단지성을 통해 합리적이고 효과적으로 예산 배분을 하는 것이 바람직하다.

셋째, 예산 편성과정 측면에서는 출연금 예산 요구 프로세스의 혁신과 부처 사업의 정책지정 예산의 확대가 필요하다. 현재의 예산 프로세스를 단순화하여 연구회와 과기부(혁신본부 포함)가 출연금 관련 연구협약을 체결하고, 연구회는 출연연의 연구개발 방향을 종합적으로 검토하여 예산배분을 하는 것이다. 또한 연구협약도 독일 등 외국처럼 5~10년 단위로 계약을 하여 기관에서 장기 계획을 수립하고 상황에 따라 연구 아이템을 변경하여 운용하도록 유연성을 부여해야 할 것이다.

넷째, 총액 한도 내에서 연구회를 중심으로 출연연 특성 및 중장기 계획 등을 고려하여 유연한 적용이 필요하며, 출연연의 특수성을 고려하여 기타 공공기관과 다른 예산체계 적용이 필요하다. 정부가 매년 출연연의 출연금 예산 요구과정에서 관행적으로 5~10% 수준에서 주요사업 구조개편 및 구조조정 재투자를 요구하고 있는 상황에서 기준 적용에 있어서의 유연성이 필요하기 때문이다.

다섯째, 출연금 인건비 100% 지급 제도 도입이 필요하다. 현재의 PBS 제도의 문제점 해결과 출연연의 안정적 연구환경 조성을 위해서는 인건비 제도개선이 핵심이라고 볼 수 있다. 출연금 인건비 확보는 기존 부처 수탁 사업비의 인건비 항목을 걷어서 출연금 인건비로 전환하면 해결될 수 있다.

제2절 재정 관점에서의 출연연 PBS 제도 혁신

역대 정부에서 추진했던 PBS 제도의 정책변동은 정책환경과 정책과정, 정책내용 측면의 문제가 서로 연계되어 문제를 표출하고 있으므로 이 세 가지 측면에서 혁신이 필요하다. 먼저 정책환경 측면에서는 첫째, 정부는 정책의 큰 틀을 설계함으로써 전체 정책과정의 진행을 바르게 유도하며 정부와 연구회 및 출연연 간 역할 분담의 효과성을 높여 나가야 할 것이다. 정부는 연구개발 기본 이념과의 부합성, 상위 정책과의 정합성, 기존 정책과의 상충 여부 등을 고려하여 관련 정책 전반을 총괄할 권한과 자격을 갖고 있다. 그러나 PBS 제도가 출연연 육성정책의 일환으로 추진되었다는 점에서 정부는 거시적인 목표를 검증하고 미세 조정은 과감히 이양하는 자세가 필요하다. PBS 제도를 통해서 출연연의 자율성과 책임성의 균형을 확보하기 위해서는 정부와 연구회, 그리고 출연연이 최적안의 도출에 협업하는 체계가 바람직한 것으로 여겨진다. 구체적인 내용과 현실을 가장 잘 아는 주체에게 스스로 책임을 지움으로써 열심히 할 기회를 마련하고, 출연연 예산의 미세조정 등 예산편성과정에 대한 막중한 책임감을 부여함으로써 예산확보보다는 예산을 잘 활용하는데 좀 더 신중할 수 있도록 유도해야 한다.

둘째, '연구자율성'을 출연연 정책의 기본원칙으로 설정해야 한다. 연구자의 자율적인 연구환경을 조성하기 위해 Haldane원칙 및 Harnack원칙과 같은 연구개발의 특성을 반영한 국가차원의 기본철학 수립이 필요하다. 출연연 연구현장에서의 설문조사에 의하면 좋은 과학을 위해 '국가 차원'에서 해야 할 일은 정권이 바뀌어도 흔들림 없이 일관성 있게 연구할 수 있는 '환경'이라는 의견이 지배적이었다. 실제로 정권이 교체되면서 추진 중이던 연구 프로젝트가 무산되거나 연구비 대폭 삭감 등으로 연구에 몰입이 어려웠음을 토로하며 정치적 성향에 좌우되지 않는 안정적인 연구환경 구축에 대한 다양한 의견이 제시되었다. 이러한 의견을 모아 출연연을 비롯한 공공연구 전반에 적용할 수 있는 우리만의 원칙을 수립하는 것이 출연연의 자율성과 책임성을 강조하면서도 안정적 연구환경 조성하는 첫걸음이 될 것이다.

다음으로 정책과정 측면에서는 첫째, PBS 제도의 설계 및 운영방식의 전면 재검토가 필요하다. 그동안 PBS 제도의 정책변동이 있었으나, 실질적인 정책내용은 과거 정책을 답습하는 강한 경로의존성을 보여왔다. PBS 제도가 출연금 인건비 비중 상향 및 수탁과제 비중 축소라는 기존 제도의 경로의존성을 극복하기 위해서는 PBS 제도에 국한하지 않고 출연연을 포함한 정부 연구개발제도 전반에 대한 체계적이고 종합적인 접근을 통해 거너번스, 인력, 평가제도, 연구개발추진 전략 및 연구문화 등과 같은 다수의 연관된 정책들의 혁신이 필요하다. 그럼에도 불구하고 우선적으로 추진되어야 할 과제는 재정구조로부터 출발해야 할 것으로 본다. 안정적 연구환경 구축을 위해서 인건비 100%를 지원하며 PBS 제도를 폐지하는 것까지도 고려하는 획기적인 정책혁신이 필요하다. 재원확보는 총연구비 범위 내에서 비목 변경을 통해 조정하는 방법으로 보완할 수 있으리라 판단한다. 장기적 관점에서 단계적으로 연구 직접비에 대한 정부수탁(PBS) 비중을 축소하고 정부 출연금 비중을 증가시키는 것이 바람직할 것이다. 단기적으로는 연구비(직접비)와 인건비 관리를 분리해서 검토할 필요가 있다. 인건비 100% 지원을 전제로 정부출연금을 묶음예산으로 지원하여 예산 비목 간 자유로운 전용을 허가하는 방안을 먼저 추진할 것을 제안하고자 한다. 더불어 묶음예산

제도를 활용하여 출연연의 자율성과 책임성에 부합되는 출연연 운영제도로 정착할 필요가 있다.

둘째, 정책평가를 근거로 일관된 정책변동의 추구가 필요하다. 그동안 많은 정책이 과거에 집행된 정책성과에 대한 적절한 평가와 환경변화를 고려한 합리적인 미래예측 없이 정부 변화에 따라 정책의 단절과 지체를 반복해 왔다. PBS 제도도 예외는 아니어서 묶음예산, 정책지정과제 등 무조건 안정적인 예산지원만 하면 된다는 단순한 접근을 하였고, 지속해서 추진되어야 할 출연연 중장기 발전계획이나 주요 예산정책(수입구조 포트폴리오) 등이 단지 정부 변화에 따라 단절되거나 지체된 것이다. 이를 극복하기 위해서는 증거 기반의 정책변동 관리전략이 요구된다. 정책변동의 구체적인 영향요인들을 확인하고 향후의 변동가능성 등을 점검하여 지속적이고 일관성 있게 정책변동이 일어나도록 해야 할 것이다.

마지막으로 정책내용 측면에서는 첫째, 정책기조의 전환 및 협력적 거버넌스의 구축이 필요하다. 출연연을 관리의 대상에서 지원의 대상으로 인식을 전환하고 PBS 제도의 목적을 자율적 연구를 통해 질적 성장을 추구하는 책임 있는 연구개발체계로 재설정하는 것이 필요하다. 아울러 PBS 제도를 둘러싼 수직적 거버넌스의 경직성 해소가 중요하다. 출연연을 지원하고 육성하는데 초점을 두어 하위 정책주체들과 협업의 관계로 전환하는 방안이 마련되어야 한다. 연구회는 수직적 거버넌스의 중간에서 부처의 간섭으로부터 출연연을 보호하되, 통제하지는 않아야 한다. 이를 위해서 연구회의 권한이 확대될 필요가 있다. 또한 나열식 정책 추진에서 벗어나 컨트롤타워가 주도하는 통합적인 전략주제와 정책방향 연계가 필요하다. 전문가 집단인 연구조직 중심의 정부 연구개발 추진체계 강화가 필요하며, 출연연이 주도하는 기존 정부부처사업의 기획권한을 출연연에 위임해 사업기획의 전문성과 책임성을 강화하는 것이 긴요하다.

둘째, 개별 출연연의 특성을 고려한 연구자의 자율성 강화가 필요하다. 질적 연구성과를 강조하는 과제기획 및 평가 방식을 적극적으로 도입하는 것으로부터 연구자의 자율성 강화의 실마리가 될 것이다. 각 출연연의 특성에 따라 PBS 제도가 어떻게 창의적인 연구활동의 성과창출에 부담으로 작용하는지 점검하여 각각에 부합하는 유인 설계가 필요하며, 연구의 특성 및 자율성 강화를 위한 묶음예산 제도 도입 및 확대와 기관의 임무 및 연구 특성 등을 반영한 성과지표의 발굴과 평가결과의 긍정적 예산 환류 강화가 필요하다. 아울러 PBS 제도로 확보한 연구비 사용이 번거로움을 초래하고 있으므로 연구비 관련 규정의 단순화를 통한 연구 자율성 제고가 중요하다.

제3절 출연연 연구비 사용의 자율성 강화

연구비와 관련된 문제 사항 및 일부 불필요한 절차적인 문제와 관련하여 좀 더 행정적인 부담을 낮추는 것과 함께 성과관리측면의 데이터공유 노력을 제도적으로 마련하는 것이 필요하다. 이를 위한 향후 정책방향을 다음과 같다. 첫째, 실무상 '승인'을 '협의 확인'으로 용어를 변경하는 것이 필요하다. 연구개발혁신법 제11조 제2항에서 '연구개발의 중요사항 변경에 대하여는 협의하여야 한다'라고 규정하고 있으나 같은 법 제13조 제3항 제3호에서는 연구비에 대한 승인개념이 동시에 존재하고 있는바 이를 모두 '협의로 변경' 또는 '협의 후 확인하여야 한다'로 시정하는 것이 필요하다. 아울러 실제 승인이 무의미한 경우가 많으므로 협약변경 사유를 좀 더 축소하고 기업이나 정부출연연구기관 등으로 분류하여 승인사항을 정비하는 것이 바람직하다. 이러한 개념의 도입은 입법 취지에도 맞으며 행정청과 연구자 간의 관계가 보다 연구자율성과 연구도전성을 존중하는 관계로 형성되는 계기가 될 것이다.

둘째, 인센티브 제도 범위의 확대가 긴요하다. 연구개발 사업비중 인건비의 20%범위내로 한정하고 있는 연구수당의 지급범위를 점진적으로 확대하는 방안을 검토 할 필요가 있다. 이는 매우 도전적인 연구분야 또는 연구실적이 부진한 인문사회연구소를 포함한 출연연구기관 등에 좋은 인센티브로 활용 될 수 있는 요소로 볼 수 있다. 아울러 다년도 협약에서 연구수당의 이월이나 증액까지 포함하여 과학기술인에 대한 보상체제를 확대하는 것이 필요하다.

셋째, 연구개발주체의 연구개발정책수립에 대한 참여 확대가 중요하며, 보다 적극적으로 과학기술인의 의견을 반영할 수 있는 조직적이고 지속적인 체계가 필요하다. 상위 거버넌스의 의사결정을 위하여 실무집행성격을 지닌 전문기관의 업무절차와 의견을 함께 파악하여 법령의 제·개정을 추진하여야 할 것이다. 법령 따로 매뉴얼 따로인 구조는 개선되어야 한다. 아울러 새로운 정책집행에 대한 점검 체계가 필요하다. 예를 들면 간접비 계상 산출위원회의 구성을 보면 당연직 위원으로 기획재정부를 중심으로 한 각 부처의 과장급 공무원과 산·학·연의 전문가를 위촉직 위원으로 둘 수 있는 구조로 되어 있으나, 실제 간접비를 사용하는 주체를 위촉직이 아닌 당연직으로 구성하여 그 비율을 함께 정하는 것이 보다 효과적이면서 적절할 것이다. 또한 주요한 과학기술정책과정에 그 수혜를 받는 사용자가 함께 참여하는 과학기술 정책결정과정에서의 협업적인 거버넌스를 만들어 나가는 것이 필요하다.

넷째, 연구개발혁신법 집행점검체계를 수립하여야 한다. 정책의 완전한 이행을 위해서는 상위 거버넌스에서 의도한 바와 같이 정책의 이행이 제대로 이행되고 있는지의 여부도 조사하고 점검하는 일이 필요하다. 실제 상위법의 취지가 하부 시행령이나 매뉴얼 등에서도 잘 이행되고 있는지의 여부를 살펴볼 수 있는 체계가 마련되어야 한다. 아울러 추가적으로 통합된 연구관리시스템의 경우에도 실제 시스템은 통합되어 있으나 각 부처별 재원은 통합되지 않았으므로, 연구과제 수행 및 관리에 있어서 과제관리와 사업비 집행의 이중적 구조가 잔존하지 않는지 점검할 필요가 있다.

제4장

연구시설장비 정책 혁신
: 출연연에 특화된 정책구성 요소별 혁신 추진

국가연구시설장비정책의 정책 구성요소별 분석을 통해 출연연 연구시설장비정책의 차별적 요소를 도출한 후, 이를 기준으로 출연연을 위한 연구시설장비정책을 정책목표 측면과 정책수단 측면으로 나누어 다음과 같이 제안하였다. 먼저 정책목표에 대해서는 첫째, 출연연은 국가 R&D 수행이 주목적이므로 연구 중심의 연구시설장비 활용이 중요하며, 연구시설장비 중심의 학·연·산 공동연구를 통해 우수 연구성과를 창출한다는 목표 설정이 필요하다. 아울러 산업기술 지원과 기술사업화 지원 목표가 중요하다. 이러한 목표는 가급적 정량적인 목표를 포함하여 달성도 파악이 용이하게 해야할 것이다.

둘째, 출연연 연구시설장비정책의 목표 수립과정에 공청회와 같은 공개적인 토론의 장을 포함한 좀 더 개방적인 시스템이 필요하며, 학계, 연구계 및 산업계의 중요한 정책행위자들이 폭넓게 참여할 수 있도록 하는 것이 필요하다.

다음으로 정책수단 중 조직 측면에서는 첫째, 출연연 연구시설장비정책을 위한 NST의 능동적인 역할이 필요하다. 국가연구시설장비정책을 일률적으로 적용하는 과정에서 출연연 고유의 국가 R&D 수행에 일부 역행하는 사례가 노정된 바 있으므로, 이제는 정책대상집단별로 특성화된 정책이 요구되는 상황이기 때문이다. 또한 연구시설장비에 대한 관리가 부처별로 그리고 지방자치단체별로 분산화하려는 경향이 있기 때문에 출연연의 관리기관인 NST가 출연연에 전문화된 연구시설장비정책을 펼칠 때가 되었다고 생각된다.

둘째, NFEC이 출연연을 포함하여 정책대상집단별로 전문화된 세부정책을 마련할 수 있도록 정규직과 박사급 인력을 증대하고 전문성을 강화하는 것이 필요하다. '제3차 고도화계획'에 NFEC에 대해 "연구시설·장비 관리업무에서 벗어나 국가 연구시설·장비 선순환 생태계 구축을 지원하는 조직으로 위상 제고"라고 명시하고 있는 만큼 이대로 실행할 필요가 있다.

셋째, 출연연은 정부의 표준지침이나 NFEC의 요청사항에 대한 수동적인 수행에서 한 발 더 나아가 연구시설장비 관리주체로서 연구시설장비 관리에 필요한 제도와 방안을 능동적으로 만들어 시행할 필요가 있다. 또한 연구시설장비책임관에 대해서는 ZEUS 상의 역할 부여가 필요하다.

아울러 정책수단 중 재정 측면에서는 첫째, 출연연 연구시설장비 심의에 대해서는 NST가 위임받아 본심의 및 상시심의 기능을 수행하는 것을 검토할 필요가 있다. 출연연의 특성을 가장 잘 아는 NST에 출연연의 연구시설장비에 대한 심의를 맡겨 출연연의 R&R을 지원할 수 있는 방안이기도 하다.

둘째, 정부위탁사업의 경우 3천만원 이상 1억원 미만 장비에 대해 연구개발과제평가단이 심의하도록 되어 있는 것을 부처별 위임을 받아 NST가

수행하도록 개선하는 것을 검토할 필요가 있다. 아울러 연구기관기본사업인 경우에는 현재의 자체연구시설장비심의위원회의 심의 의무로부터 연구기관의 자율에 맡기는 방향으로 개선하는 것이 바람직하다.

정책수단 중 관리 측면에서는 첫째, 표준지침을 출연연의 임무에 맞게 좀 더 세분화할 필요가 있다. 예를 들면 별표 7 '연구시설장비 활용실적지표'에서 출연연의 경우 연구시설장비의 활용목적이 단독활용을 통한 연구성과 창출인지, 공동활용을 통한 서비스인지 등에 따라 지표를 다르게 구성하는 것이 바람직하다. 단독활용인 경우 논문, 특허, 시제품 개발 및 기술이전 등 R&D 성과위주로 지표를 구성해야 할 것이다.

둘째, ZEUS 연구시설장비정보의 연계를 통해 NST 주도하에 25개 출연연의 연구시설장비의 공동연구/공동활용을 위한 온라인 플랫폼을 만들어 운영하는 것이 필요하다. 이 플랫폼은 단순 장비활용을 넘어 공동연구와 지식교류의 장으로서의 기능과 역할을 해야 할 것이다.

셋째, 출연연에 대한 연구시설장비 실태조사는 매년조사 방식에서 3년에 1회 조사로 줄이되, 보다 심층적이고 세부적인 조사보고서로 업그레이드할 필요가 있다. 또한 NST 차원에서 NFEC과 협조하여 25개 출연연 연구시설장비 실태조사에 대한 통합관리를 도모해야 할 것이다.

또한 정책수단 중 유인수단 측면에서는 첫째, NST 차원에서 공동활용을 목적으로 하는 출연연의 연구장비들을 모아 '출연연 연구시설장비공동활용센터'를 만든 다음 여기에 연구장비공동활용촉진사업을 통해 예산을 지원하는 방안에 대한 검토가 필요하다. 각 출연연이 독자적으로 운영하기 어려운 연구장비를 이 센터에 집적시켜 공동활용을 촉진하고 전문적인 연구지원이 가능하도록 하는 것이다.

둘째, 기관 단위의 연구시설·장비비통합관리에서 한 발 더 나아가 NST의 별도 재원을 통해 NST 차원에서 출연연 공동의 연구시설장비 계정을 마련하여 출연연의 연구시설장비에 대한 유지보수를 지원할 필요가 있다.

셋째, 연구시설장비 중심의 커뮤니티 및 협의체 육성지원에서 한 발 더 나아가 NST 차원에서 25개 출연연을 포괄하는 기술인력 커뮤니티를 구성하여 '출연연 연구시설장비공동활용센터'에 기술지원하는 방법을 강구해 볼 수 있다.

넷째, NST 주도로 출연연의 유휴·저활용장비에 대한 재활용 수요를 분석한 후 출연연 간에 무상양여 방식으로 장비를 이전하여 활용을 증진하는 것이 바람직하다.

끝으로 정책수단 중 설득수단 측면에서는 첫째, NST 차원에서 출연연을 대상으로 연구시설장비에 대한 관리/윤리 교육을 위한 지원활동을 펼칠 필요가 있다. 이렇게 하면 출연연에 특화된 관리/윤리 교육 지원이 활성화 될 것으로 생각된다.

둘째, NST가 과기정통부와 협의를 거쳐 출연연 연구시설장비정책에 대한 현장수요 조사, 포럼 및 정책기획/제안 프로그램을 운영하는 것이 바람직하다. 아울러 NST가 출연연 연구시설장비의 활용실적과 성과에 대한 포럼을 개최한다면 지식과 정보를 확산하고 연구네트워크를 확장해 나가는데 도움이 될 것으로 보인다. 또한 NST 차원에서 출연연을 대상으로 연구시설장비정책에 대한 정책기획이나 제안 프로그램을 운영하는 것도 검토할 필요가 있다.

제5장
출연연의 정책역량 강화와 지식창출 선도

    앞의 네 개 장에 걸쳐서 제안한 출연연 공공관리 정책의 혁신은 이들의 정책역량 강화로 이어져, 궁극적으로는 출연연이 향후 국가사회의 미래 변화에 대응 및 선도할 수 있는 지식창출 및 확산의 선도자가 되기 위한 기반이 되어야 할 것이다.

    인류가 시작된 이래로 모든 사회는 정치·경제·사회·문화의 다양한 문제에 직면하고, 그 문제의 성격과 본질은 시대적 상황과 여건에 따라 항상 변화하여 왔다. 동서고금의 모든 선진국은 당시의 사회문제를 해결하기 위하여 학문을 숭상하고 혁신을 장려함으로써 시대 상황에 부합하는 과학기술, 사회과학, 인문학 지식을 창출하고 활용하여 왔다. 학문과 혁신으로 새로운 지식을 발견하고 활용하여 사회문제를 해결하여 온 과정은 인류 공동체의 발전과정이라고 해도 과언이 아닐 것이다. 이러한 사회문제 해결 과정에서 자체적인 지식창출 체계를 가지고 있었는가의 여부는 현대의 선진국과 개발도상국을 구별하는 중요한 기준이 되고 있다. 같은 관점에서 특정 국가가 자신들의 사회문제 또는 정책문제를 해결하기 위해서 독자적인 지식창출

체계를 갖춘다는 것은 그 국가와 사회의 지속가능성을 확보·유지하는데 필수적인 요인이 될 것이다.

이러한 논의의 연장선상에서 (그림 1)과 같이 미국, 영국, 프랑스, 독일, 일본 등 현대의 대표적인 선진국이 지식공동체의 핵심인 대학과 공공연구소들을 설립·운영한 역사는 우리에게 의미하는 바가 매우 크다고 할 수 있다. 근대 과학기술의 관점에서 볼 때 이들 선진국은 우리보다 짧게는 80여 년, 길게는 900여년 빠르게 대학과 공공연구소를 설립하여 자신들에게 필요한 지식을 자체적으로 창출함은 물론 관련 지식을 다른 지역과 국가에 확산함으로써 인류공영이라는 대의를 달성하여 왔음을 알 수 있다. 이에 비하여 2023년 현재 시점에서, 우리나라의 지식공동체는 한국과학기술연구원(KIST)을 출발점으로 할 때에 60여년 남짓한 짧은 역사임을 알 수 있다. 이와 같은 선진국과 우리나라 간의 지식공동체 역사를 비교할 때에, 그동안

(그림 1) 선진국과 우리나라의 지식공동체 역사 개관

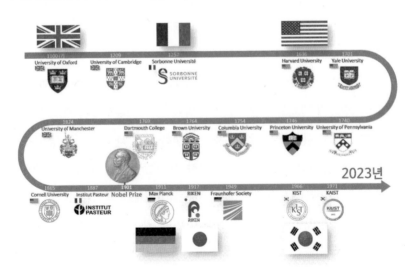

우리나라의 대학과 공공연구소가 문제해결을 위한 지식창출의 역할에서 한계가 있는 것은 당연한 일일수도 있다.

한편, 최근의 세계 정치경제는 군사력과 제조업 등의 경쟁에서 정보통신, 보건의료, 우주개발 등의 첨단산업과 이를 뒷받침하는 과학기술의 경쟁체계로 전환하고 있다. 이 과정에서 미국을 비롯한 선진국들은 기술패권주의 또는 기술안보주의를 더욱 강화하면서, 기존의 동맹국 간에도 과학기술지식의 공유를 제한하거나 이전을 엄격하게 통제하고 있다. 이러한 국제 환경 속에서 우리나라는 과거 선진기술의 도입과 개량을 통해 경제성장과 사회발전을 추구하여 온 추격형 국가발전 전략의 한계에 직면하고 있다. 이처럼 과학기술 경쟁력이 국제사회의 지도력을 결정하는 핵심요인이 될 미래에, 우리사회의 문제해결에 필요한 과학기술 지식을 우리 스스로가 확보하지 못한다면 과거의 우리나라와 같은 또 다른 혁신적인 추격자에 의해 이번에는 우리가 추월당하는 상황이 발생할 것이기 때문이다.

이와 같은 변화하는 국제환경 속에서 우리나라의 과학기술 정책기조를 추격형에서 선도형으로 전환해야 한다는 주장은 이미 공감대를 형성하고 있다. 선도형 과학기술정책의 성공을 위한 핵심 내용에 대해서는 다양한 논의가 있을 것이나, 이번 공동연구에서는 우리나라의 대학, 출연연, 기업과 같은 지식공동체가 과학기술을 포함한 사회과학과 인문학 등의 다양한 지식을 우리 스스로가 창출하고 확산할 수 있어야 함을 논의하고자 하였다. 즉, (그림 2)와 같이 우리나라 지식공동체의 역할을 추격형 과학기술정책 시대의 지식수입자·전달자라는 수동적 역할에서 선도형 과학기술정책에 부합하게 지식창출자·확산자로서의 능동적 역할로 전환해야 할 것이다.

지식공동체가 지식의 창출자·확산자로서 능동적 역할을 수행하기 위해

(그림 2) 과학기술 정책기조의 전환과 지식공동체의 역할 전환

	과거 50년	미래 50년
과학기술 정책기조	추격형 과학기술정책 ➡	선도형 과학기술정책
지식공동체 역할 (대학, 출연연, 기업)	**[수동적 역할]** 지식의 수입자 지식의 전달자	정책역량 강화 ➡	**[능동적 역할]** 지식의 창출자 지식의 확산자

서는 무엇보다도 이들의 정책역량이 강화되어야 한다. 출연연을 포함한 지식공동체의 정책역량은 다양한 관점에서 접근할 수 있으나, 정책과정 관점에서는(policy process approach) 지식창출과 확산을 위한 정책기획(policy planning)과 정책집행(policy implementation) 역량으로 정의할 수 있을 것이다. 이를 좀 더 구체화하면 (1) 국가사회의 문제를 혁신적으로(innovative) 정의하고, (2) 문제 해결을 위한 지식창출(연구개발)의 목표와 수단을 자율적으로(autonomously) 설정하여 실행하고, (3) 연구개발 결과에 책임(responsibility와 accountability)을 지는 과정으로 정의하고자 한다. 여기에서 책임성은 대응적이며 자율적인 책임(responsibility)과 함께 제도적이며 외부적인 책임(accountability)을 동시에 포괄하는 용어가 될 것이다.

지식창출에서는 기본적으로 개인이 가장 중요한 역할을 하는 것으로 논의된다. 즉, (그림 3)과 같이 문제의식을 가진 개인은 암묵지(tacit knowledge)와 형식지(explicit knowledge)를 결합(combination)하여 사회화(socialization)하고, 이를 다시 외부화(externalization)하고 내부화(internalization)하는 과정을 거치면서 새로운 지식을 창출한다. 그리고 개인에 의해 창출된 지식은 사회적인 상호작용의 검증을 거쳐 집단, 조직, 사

(그림 3) 암묵지와 형식지의 상호작용에 의한 지식창출 과정

	암묵지　　　　　To	형식지
암묵지 From	① 사회화 (socialization)	③ 외부화 (externalization)
형식지	④ 내부화 (internalization)	② 결합 (combination)

회, 국가 간으로 확산되면서 축적된다(Nonaka, 1994; 이공래 2000). 이러한 Nonaka 이론을 우리나라의 지식공동체에 적용하여 출연연의 지식창출과 확산의 과정을 개념적으로 도식화하면 (그림 4)와 같이 나타낼 수 있을 것이다. 즉, 우리나라의 출연연은 지난 50년의 추격형 발전과정에서 국가·사회적으로 가장 많은 암묵지와 형식지를 축적하여 왔고, 이러한 지식을 출연연을 넘어 대학, 산업, 국가, 국제사회 등의 다양한 지식공동체로 확산·이전한 풍부한 경험을 가지고 있다.

(그림 4) 출연연의 지식창출·확산 과정 개념화

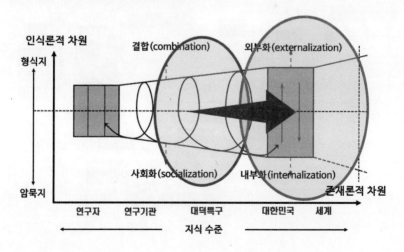

우리나라의 미래 국가발전 전략은 선도형으로 전환되어야 하고 이를 위해서는 우리만의 경쟁력 있는 지식창출자 집단이 있어야 함을 고려하면, (그림 5)와 같이 대한민국 지식공동체의 역할 전환을 개념적으로 논의할 수 있다. 과거에는 외부로부터 대량의 지식유입이 가능한 상태에서 우리나라의 지식공동체는 개발지식 중심으로 공공연구를 수행하여 경제발전의 핵심 수단인 각종 제품과 서비스를 제공하였다. 이후 2000년대 이후에는 우루과이라운드와 세계무역기구 등의 국제규범으로 인해 외부로부터의 지식유입이 축소되는 상황에서, 우리나라의 지식공동체는 공공연구와 민간연구가 협력하여 발견, 발명, 개발 지식 간의 균형점을 찾아 경제발전과 사회문제 해결을 이루어낼 수 있었다. 그러나 미래에는 선진국의 기술패권주의 및 기술안보주의와 맞물려 외부로부터의 지식수입이 어려운 상황에서 우리나라 공공과 민간의 지식공동체는 우리가 필요한 지식을 우리 스스로가 창출할

(그림 5) 지식창출·확산 관점의 대한민국 지식공동체 역할 개념도

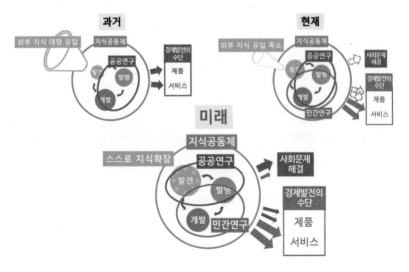

수밖에 없는 상황을 직면하게 될 것이다. 따라서 대한민국의 미래 지식공동체는 외부 의존성이 큰 개발과 발명 지식보다는 원천 지식인 발견을 실행하여 우리의 지식영역을 확장하는 능동적인 역할을 수행해야 할 것이다. 이를 통해 대한민국은 점차 증대하는 사회문제 해결과 경제발전에 필요한 균형적인 지식을 확보할 수 있을 것이다.

이상의 규범적인 논의를 우리나라에서 과학기술 지식의 생산과 확산에서 중요한 역할을 담당하는 출연연에 적용하면, 과거에는 (1) 선진국 지식(형식지)을 습득하고 소화하는(암묵지) '내부화'와 (2) 선진국 지식(형식지)을 개선된 지식으로(형식지) 발전시키는 '국내적 결합'을 수행하는 지식의 수입·전달자만으로도 출연연의 역할은 충분했다고 할 수 있다. 그러나 미래에는 출연연이 (1) 대덕연구개발특구의 축적된 지식(암묵지)을 활용하여 사회문제(암묵지)를 정의하는 '사회화', (2) 사회문제(암묵지)를 해결하기 위한 과학적·실천적 대안(형식지)를 제시하는 '외부화', (3) 과학적·실천적 대안(형식지)을 국가와 국제사회로 확산(형식지)하는 '글로벌 결합'을 수행하는 지식의 창출·확산자로 역할을 전환해야 할 것이다.

물론 우리나라의 혁신체계가 대학과 산업체 등으로 확장되면서 출연연의 역할과 비중이 과거보다 낮아진 것은 사실이다. 이는 국가 전체적인 지식생태계에서 대학, 출연연, 산업체의 역할이 과거와 달리 깊은 상호 연계성을 가지면서, 출연연은 공공기관이라는 특성 때문에 기초연구에서는 대학과의 관계에서, 응용 및 개발연구에서는 산업체와의 관계에서 조직, 인력, 재정과 같은 각종 연구자원의 동원과 배분에서 제약과 한계가 있기 때문이다.

이러한 구조적인 불리함에도 불구하고 우리나라의 출연연은 과거 50년의 과학기술 혁신에서 기초연구, 응용연구, 개발연구를 연계하는 시스템적 역량을 축적하여 왔다. 따라서 이번의 공동연구를 통하여 연구진은 출연연을 지식소비자로 한정하는 과학기술정책의 대상이 아니라, 성공적인 또 다른 미래 50년을 준비하기 위해 필요한 과학기술 지식을 창출할 수 있는 능동적인 정책주체로 자리매김하기 위한 방안을 논의하였다. 또한 이를 위해 기존에 통제와 관리에 중점을 두던 출연연의 공공관리 정책을 연구 현장의 자율성과 책임성을 동시에 확보할 수 있는 방향으로 재설정하기 위하여 기존 정책의 문제점을 도출하고 이를 혁신하기 위한 방안을 제안하였다.

종합적으로 대덕연구개발특구가 50년의 짧지 않은 역사를 가지고 있지만, 선진국의 지식공동체와 비교하면 우리나라의 출연연이 핵심적인 지식공동체로 굳건히 뿌리를 내리기에는 충분하지 않음을 국민과 정부, 그리고 연구자 모두가 공감할 필요가 있다. 이러한 공감대가 형성되면 국민과 정부는 기다리고, 연구자는 최선을 다함으로써 상호 신뢰를 만들어 나갈 수 있을 것이다. 국민·정부와 연구자 간의 상호 신뢰가 형성되면, 출연연은 과학기술 활동에서 스스로 정책역량 강화를 통해 지식창출·확산자로서의 자율성을 확보할 수 있을 것이다. 지식창출자로서의 자율성을 확보한 출연연은 공공관리 정책에서 자신들이 정책대상자를 넘어 중요한 정책집행자임을 인식하고, 정책과정에서 외적 책임성(accountability)을 넘어 내적 책임성(responsibility)을 스스로 강화하는 노력을 기울여야 할 것이다.

▌네 번째 정책총서를 마무리하며

　그동안 한국기술혁신학회 정책총서위원회와 충남대학교 국가정책연구소는 우리나라의 과학기술정책과 혁신정책의 이론화 및 체계화를 위한 노력의 일환으로 정책총서를 발간하여 왔다. 이 과정에서 자연스럽게 과학기술연합대학원대학교(UST)의 이성국 교수를 비롯한 학회의 여러 선배들께서 출연연정책의 연구 필요성을 제안하였다.

　2021년 11월 어느 날, 충남대 이찬구 교수께서 "다음 정책총서의 주제로 출연연정책을 다루어 보려고 하는데 참여할 의향이 있으신지요?"라고 필자에게 물었다. 이에 바로 집필에 참여하겠다고 대답하였다. 필자가 평생을 출연연에 몸담아 왔고 출연연에서 많은 혜택을 받았기 때문에, 고마움의 일부라도 갚을 수 있는 기회가 될 수 있겠다는 생각이 들었기 때문이다.

　이후 이교수 주도로 연구계획서를 만들어 2022년 8월에 발표한 후, 학회 회원을 대상으로 한 공모 등을 통해 집필진을 위촉하여 연구에 착수하였다. 2023년 2월에는 집필진 회의를 통해 좀 더 완성도 높은 원고를 위해 먼저 논문으로 만들어 투고한 다음에 정책총서로 발간하기로 결정하였다. 원고는 학회의 학술대회에 특별 세션을 개설하거나 정책 콜로키움을 개최하는 방식으로 5차례에 걸친 발표회를 통해 지속적으로 검증하고 수정·보완하였다. 2023년 11월 학술대회에서는 라운드 테이블을 만들어 연구과정의 소회를 말하고 향후 연구방향에 대해 토의하는 시간도 가졌다. 논문 투고 결과 2023년 12월 현재, 총 8편의 원고 중에서 4편이 학술지에 게재되는 성과를 올렸다. 이 연구를 진행한 과정은 〈표 1〉과 같이 정리할 수 있다.

〈표 1〉 연구일정 및 주요 내용

주요 활동	일시 및 장소 (행사)	주요 내용
연구 필요성 제기	2019년 경	• UST 이성국 교수 등이 이찬구 교수에게 출연연정책에 대한 연구 필요성 제기
정책총서 발간 제안	2021. 11.	• 이찬구 교수가 정책총서 발간제안
연구계획서 발표	2022. 8. 26. 충북대 (하계학술대회)	• 연구계획서 발표 및 토의 : 이찬구·황병상·오현정 공동
집필진 공모 및 구성	2022. 9. 1. ~ 2022. 9. 24.	• 집필진 총 12인 위촉 • 목차 및 작성 양식 확정
연구착수 회의 (Kick-off 미팅)	2022. 9. 30. 충남대 사회과학대	• 향후 일정 토의
제1차 발표회	2022. 11. 4. 제주도 (추계학술대회)	• 연구계획(원고 12편) 발표 및 토론
제2차 발표회	2023. 2. 17. 유성호텔 (제1차 정책콜로키움)	• 원고 11편 발표 및 토론 • 선 논문투고, 후 총서발간 결정
제3차 발표회	2023. 4. 7.충남대 영탑홀 (제2차 정책콜로키움)	• 논문원고 11편 발표 및 토론
제4차 발표회	2023. 5. 26. KAIST (춘계학술대회)	• 논문원고 11편 발표 및 토론
원고 접수	2023. 7. 25.	• 논문투고용 원고 접수
제5차 발표회	2023. 9. 7. 계룡스파텔 (충남대/원정연구원 포럼)	• 원고 4편 발표
논문 투고	2023. 8. ~ 2023. 11.	• 개별적으로 학술지에 논문 투고 : 3편 게재 완료, 1편 게재 확정
라운드 테이블	2023. 11. 3. (추계학술대회)	• 연구 소회, 향후 연구방향 등 토의
정책총서 발간	2023. 12.	• 2023.11.13. 최종원고 접수 • 정책총서 발간(500부 인쇄)

이 연구서는 출연연 공공관리정책을 정책학 및 행정학적 관점에서 세부 정책별로 분석하고 혁신 방안을 제안한 것이다. 이 책이 출연연 공공관리정책이 연구현장의 자율성(自律性)과 책임성(責任性)을 동시에 확보하는 방향으로 나아가는데 실효성 있는 정책대안의 역할을 할 수 있기를 기대한다. 또한 모든 정책행위자들에게 필요한 지식을 제공하고, 정책혁신 방향을 함께 숙고하는 계기가 되기를 바란다. 아울러 학회 회원들의 공동 작업으로 이루어낸 이 결과물이 학회의 설립목적인 '융·복합 학술연구'와 '정책문제 해결'에 조금이나마 기여할 수 있기를 바란다. 현재 과학기술분야 25개 출연연 중 16개가 대덕연구개발특구에 소재하고 있고, 올해 2023년이 특구 50주년을 맞는 뜻깊은 해인만큼 이 총서가 가지는 의미는 더 그다고 생각한다.

이 책이 나오기까지 많은 분들의 도움과 수고가 있었다. 연구의 출발점을 만들어 주신 이찬구 교수(2017년 학회장)와 1년여의 집필 기간 동안 열정을 쏟으신 집필진께 먼저 감사드린다. 학회장으로서 그리고 지정토론자로서 연구를 지원해 주신 과학기술정책연구원 이민형 박사(2022년 학회장)와 정보통신기획평가원 이효은 박사(2023년 학회장)께 감사드린다. 연구계획서 발표와 원고 발표회 등에서 지정토론자 등으로 좋은 의견을 주신 과학기술연합대학원대학교 이병민 교수(2002~2003년 학회장)와 이성국 교수, 광주과학기술원 임기철 총장, 한국과학기술기획평가원 이장재 박사(2014

년 학회장), 건국대 송영화 교수, 한국기초과학지원연구원의 이석훈 박사와 정석인 박사, 한국과학기술원 김의석 교수와 류춘렬 박사, 한국생명공학연구원 김정석 박사, 한국기계연구원 박주형 박사, 한국화학연구원의 최호철 박사와 이영석 박사, 한국법제연구원 한민지 박사께 고마움의 말씀을 드린다. 아울러 관련 사무를 지원하신 충남대 국가정책연구소의 최서윤 간사와 출판을 위해 수고하신 임마누엘의 이성현 디자이너 등 관계자 여러분께도 감사드린다.

출연연의 설립과 대덕연구개발특구의 조성은 박정희 대통령의 혜안과 추진력, 그리고 우리나라 과학기술 발전에 대한 사명감으로 귀국의 결단을 내린 선배 과학자들의 열정이 있었기에 가능했으며, 이후 여러 정부에서 많은 노력을 기울여왔다는 사실을 잘 알고 있다. 과학기술분야 선배들의 열정을 이어받아, 출연연이 앞으로도 국가연구개발과 산업 지원의 중심기구로서 더욱 발전하기를 바란다. 앞서 펴낸 세 권의 정책총서를 통해 집필진들의 역할을 어느 정도는 했다고 생각했는데, 네 번째 정책총서를 펴낼 수 있게 되어 다행(多幸)으로 생각하며, 감사(感謝)한다. 한국기술혁신학회와 충남대 국가정책연구소의 정책총서 발간이 앞으로도 계속되기를 기원한다.

2023년 12월
차기(2025년) 학회장 겸 정책총서위원회 위원장 황병상(黃昞相)

제3차 발표회 (충남대, 2023. 4. 7.)

제4차 발표회 (KAIST, 2023. 5.26.)

한국기술혁신학회 정책총서 ❹
충남대학교 국가정책연구소 과학기술정책 기획연구 ❸

출연연 공공관리 정책 : 지식창출자로 자리매김

초   판   2023년 12월 29일
연구총괄   이찬구·황병상
지 은 이   이찬구·황병상·고순주·김태수·박기주·오현정·이상길·장문영·정용남·최원재
펴 낸 곳   충남대학교 국가정책연구소(공진화정책연구단)
            34134 대전광역시 유성구 대학로 99 사범대학(W15) 210호
            Tel. 042.821.8066 Email. stp_gnppcnu@cnu.ac.kr
            https://coev.cnu.ac.kr/policy
디 자 인   이성현
발 행 처   임마누엘
            등록번호: 대전 중구 143호 (2002년 11월 27일)
발 행 인   오인탁
            디자인연구소: 소장 김윤학, 선임연구원 이성현
            대전광역시 중구 선화로 106 (임마누엘 빌딩 1층)
            Email. 2536168@hanmail.net Tel. 042.253.6167~8 Fax. 042.254.6168
총   판   가나북스 www.gnbooks.co.kr
            Tel. 031.408.8811 Fax. 031.501.8811

이 저서는 2022년 대한민국 교육부·한국연구재단의 지원(NRF-2022S1A5C2A02093522)과
2020년 과학기술정보통신부·국가과학기술인력개발원의 '과학기술정책전문인력육성·지원사업'의
지원을 받아 이루어졌습니다.

ISBN 978-89-98694-84-5 93350 (값 23,000원)
* 잘못되거나 파손된 책은 구입처에서 교환해 드립니다.